# Römische Villen in Nordafrika

Untersuchungen zu Architektur und Wirtschaftsweise

Mareike Rind

BAR International Series 2012
2009

Published in 2016 by
BAR Publishing, Oxford

BAR International Series 2012

*Römische Villen in Nordafrika*

ISBN 978 1 4073 0588 2

© M Rind and the Publisher 2009

The author's moral rights under the 1988 UK Copyright,
Designs and Patents Act are hereby expressly asserted.

All rights reserved. No part of this work may be copied, reproduced, stored,
sold, distributed, scanned, saved in any form of digital format or transmitted
in any form digitally, without the written permission of the Publisher.

BAR Publishing is the trading name of British Archaeological Reports (Oxford) Ltd.
British Archaeological Reports was first incorporated in 1974 to publish the BAR
Series, International and British. In 1992 Hadrian Books Ltd became part of the BAR
group. This volume was originally published by Archaeopress in conjunction with
British Archaeological Reports (Oxford) Ltd / Hadrian Books Ltd, the Series principal
publisher, in 2009. This present volume is published by BAR Publishing, 2016.

Printed in England

PUBLISHING

BAR titles are available from:

        BAR Publishing
        122 Banbury Rd, Oxford, OX2 7BP, UK
EMAIL   info@barpublishing.com
PHONE  +44 (0)1865 310431
  FAX   +44 (0)1865 316916
        www.barpublishing.com

I Vorwort ................................................................................................................. 1
II Einleitung ............................................................................................................. 3

1. Quellen über Klima, Natur und Vegetation ........................................................ 6
2. Regionale Wirtschaftsstrukturen ....................................................................... 11
2. 1 Siedlungsentwicklung ..................................................................................... 11
2. 2 Landnutzung .................................................................................................... 14
3. Wirtschaftstrukturen der Villa ........................................................................... 19
3. 1 Pachtbedingungen ........................................................................................... 19
3. 2 Landwirtschaftliche Erzeugnisse:
Das Beispiel der Olivenölproduktion .................................................................... 21
3. 2. 1 Antike Quellen über den Ölbaum ................................................................. 22
3. 2. 2 Technik ......................................................................................................... 23
3. 2. 3 Handel .......................................................................................................... 24
4. Verbreitung und Lage der Villen ........................................................................ 25
4. 1 Quellen ............................................................................................................ 25
4. 2 Archäologische Zeugnisse .............................................................................. 26
Libyen .................................................................................................................... 26
Tunesien ................................................................................................................. 29
Algerien .................................................................................................................. 32
Marokko ................................................................................................................. 33
5. Darstellung von Villen und des ländlichen Lebens auf
nordafrikanischen Mosaiken .................................................................................. 35
6. Architektur ......................................................................................................... 47
6. 1 'einfache' *villae rusticae* .............................................................................. 47
6. 1. 1 Vorrömisch .................................................................................................. 47
6. 1. 2 Römisch ....................................................................................................... 49
6.2 *Villae rusticae* mit Turmarchitektur ............................................................. 53
6. 3. *Villae urbanae* .............................................................................................. 66
6. 3. 1 Ausstattung ................................................................................................... 77
7. Zusammenfassung und Ergebnis ........................................................................ 83
8. Summary and Conclusion .................................................................................. 87
9. Katalog ............................................................................................................... 91
10. Bibliographie .................................................................................................... 135
8. Anhang ............................................................................................................... 145

I Vorwort

Die vorliegende Arbeit ist die überarbeitete und leicht veränderte Fassung meiner im WS 2006/07 von der am Lehrstuhl für Klassische Archäologie der Friedrich Schiller- Universität Jena abgegebenen Magisterarbeit. Seitdem erschienene Literatur konnte weitgehend bis Januar 2009 eingearbeitet werden.

Während eines Vorbereitungsseminars zur Exkursion „Antike Stätten in Tunesien", habe ich mich mit dem Thema „Römische Wohnarchitektur in Nordafrika" auseinandergesetzt und bin bei der Zusammenstellung der Ausstattung auf die Villenmosaiken von Tabarka und Karthago gestoßen. Dabei wurde in der Literatur jedoch nie auf archäologische Zeugnisse von Villen in den nordafrikanischen Provinzen verwiesen. Gerade, weil Nordafrika als „Kornkammer" des römischen Reiches galt[1], muss aber die Provinz voll von landwirtschaftlichen Betrieben gewesen sein. Auch über die sonst in den Provinzen so zahlreichen Villen mit luxuriöser Ausstattung war nur selten etwas zu finden. Die städtische Wohnarchitektur dagegen war neben zahlreichen Zusammenstellungen auch in Einzeluntersuchungen und Grabungsergebnissen schon mehrfach untersucht worden[2]. Die Suche nach Literatur zu Villen war jedoch mühsam, da diese sich hinter einzelnen Surveyprojekten oder Berichten über die Verbreitung von Olivenölproduktionsanlagen versteckten[3] und nur in Ausnahmefällen archäologisch erschlossen bzw. ausreichend publiziert wurden. Daher war eine Zusammenstellung und Bewertung von Villen in den nordafrikanischen Provinzen ein dringendes Desiderat.

Mein Dank gilt zuallererst meiner Betreuerin Angelika Geyer, die mir stets mit Rat und Tat zur Seite stand und den Fortgang der Arbeit mit großem Interesse und nützlicher Kritik begleitete.

Für weitere vielfache Hilfe, wertvolle Hinweise und Kritik danke ich ferner Marcolf Baliga, Hugo Brandenburg, Korana Deppmeyer, Dennis Graen, Torsten Kleinschmidt, Uta Kron, Uta Lische, Sebastian Matz, Thomas Schierl, Günther Schörner, Yvonne Schmuhl.

Bei der Übersetzung der Zusammenfassung in Englische half mir Henning Wabersich.

Freundliche Antworten und Abbildungsgenehmigungen gaben mir Lucilla Anselmino, Helmut Bernhard, Elizabeth Fentress, Richard Figuier, Reinhard Förtsch, Anita Gaubatz-Sattler, Bruce Hitchner, Xavier Lafon, Philippe Leveau, Hans Lohmann, Nicolò Masturzo, David J. Mattingly, Harald Mielsch, Linda Mulvin, Ehud Netzer, Andreas Oettel, Thomas Schattner.

---

[1] Nordafrika produzierte im 1. Jh. n. Chr. etwa 2/3 des Getreides, welches in die Hauptstadt importiert wurde: Haywood (1959) 1-44; Rickman (1980) 231-235.
[2] Rebuffat (1969); Rebuffat (1974) 445-499; McKay (1980); Thébert (1989) 309-387; Muth (1998); Bullo – Ghedini (2003).
[3] Buck – Mattingly (1985); Mattingly (1985) 27-46; Jones (1985) 263-289; Hitchner (1988) 7-41; Mattingly (1988a) 33-56; Mattingly (1988b) 21-41; Hitchner (1990) 231-256; Ørsted u.a. (1992) 69-85; Dietz u. a. (1995); Munzi – Ricci (1997) 158-160; Barker u.a. (1996); Musso (1996) 152-158; Musso u.a. (1997) 257-294; Zenati (1996) 165-168; Masturzo (1997) 216-217; Absalam – Masturzo (1997) 214-216; Ali Asmia – Ahmed al-Haddad (1997) 218-220; Fentress (2000) 73-85; Fentress (2001) 249-268.

## II EINLEITUNG

Die wissenschaftliche Erforschung der römischen Provinzen Nordafrikas begann am Ende des 19. Jhs. in Tunesien, Algerien und Marokko durch französische Archäologen, seit 1912 durch die Italiener auf dem Gebiet des ehemaligen Tripolitanien[1]. Dabei konzentrierte man sich aber vor allem auf die Erforschung und Freilegung ganzer Stadtanlagen. Durch den Ausbau der Infrastrukturen im nun italienischen Libyen stieß man auch außerhalb der Städte auf zahlreiche Reste römischer Wohngebäude, deren prachtvolle Mosaiken in die Museen überführt wurden. Dabei wurde in fast allen Fällen eben nur diese Mosaikausstattung der Villen dokumentiert, so dass man zwar von der Existenz der Villen und deren Ausstattung etwas weiß, über die Architektur jedoch fast keine Aussagen mehr getroffen werden können[2]. Erst in den 80er Jahren des 20. Jhs. wurden die ersten großflächigen und systematischen archäologischen Untersuchungen von Villen im Umland von Caesarea unter Ph. Leveau veröffentlicht[3]; vorher waren nur einzelne, zufällig entdeckte und weit um Caesarea verstreute Anlagen bekannt[4]. Auch in Tunesien und Libyen wurden seit Beginn der 80er Jahre großflächige Surveyprojekte zur Erforschung der ländlichen Besiedlung in Angriff genommen. Im Zuge dieser Untersuchungen konnten zahlreiche *villae rusticae* lokalisiert werden[5].

Jedoch wurden in den einzelnen Forschungen immer nur Teilaspekte betrachtet, daher war eine zusammenfassende Untersuchung zur Wirtschaftsweise und Architektur der römischen Villen im gesamten Nordafrika ein dringendes Desiderat. In der vorliegenden Arbeit sollen also römische Villen – *villae urbanae* sowie *villae rusticae* – zusammengestellt und Aspekte zu ihrer Wirtschaftsweise, Lage, zu ihren Ursprüngen, Chronologie, Typologie sowie Unterschiede zu anderen Provinzen erörtert werden. Da in den Provinzen Creta et Cyrene und Aegyptus jedoch offenbar keine Villen aus der Zeit der römischen Herrschaft existieren[6], beschränkt sich die Untersuchung materialbedingt und gewissermaßen zwangsläufig auf die Provinzen Mauretania (Caesariensis, Tingitana) und Africa Proconsularis, die Regionen Numidia und Tripolitania eingeschlossen. Zunächst ist aber eine Definition des Themas und der einzelnen Begriffe des Titels voranzustellen.

Unter einer *villa* verstanden die Römer zunächst in erster Linie keine Wohnform, sondern eine Wirtschaftsform[7] und erst in zweiter Linie einen Baukomplex, der – im Gegensatz zur innerstädtischen *domus* – außerhalb der Stadtmauern lag[8]. Der Begriff ist jedoch so unscharf, dass sogar Varro im Jahre 37. v. Chr. den Gegensatz zwischen einer Villa auf dem Marsfeld voller Kunstwerke und einer Villa mit Landwirtschaftsbetrieb ohne kulturelle Ansprüche deutlich macht (III, 2, 3) (siehe Quellen). Der Gegensatz ist aus der historischen Entwicklung zu sehen: „Villa" ist seit jeher Wirtschafts- und Wohngebäude eines bäuerlichen/ländlichen Anwesens; welches zusammen mit dem dazugehörigen Grund und Boden (*ager*) auch *praedium* oder *fundus* genannt wurde. Als der städtische Luxus auf die Landgüter übergriff, ergab sich eine Trennung des Wohngebäudes vom Wirtschaftsteil (*villa rustica*)[9]. In manchen Fällen fehlte *villa rustica* (Wirtschaftseinheit) gänzlich. Nun unterschied man zwischen *villa urbana* und einer *villa rustica*; hierbei können auch kleinere Gehöfte mit rein landwirtschaftlichem Gepräge genauso als *villa rustica* angesprochen werden als repräsentative Gutsbetriebe[10]. Der Terminus „*villa*" ohne weiteren Zusatz bezeichnet in erster Linie ein Landhaus/Bauernhof oder ein Gutsgebäude, den man bis in die Spätantike beibehielt, so dass die ganze Spannbreite möglicher Wohngebäude außerhalb der Stadt so genannt werden kann[11]. Als Synonym für das ganze Gefüge *villa rustica* können auch die Bezeichnungen Farm, Gehöft, Gutshof, Fattoria u.a. gebraucht werden[12].

Während *villae urbanae* reine Erholungsvillen darstellten und mit städtischem Luxus ausgestattet waren (Wandmalerei, Mosaiken, Marmor, Bädern etc.)[13], verstand man nun unter einer *villa rustica* einen Gutshof, auf dem Landwirtschaft betrieben wurde[14]; bei den meist am Meer (*villae maritimae*) oder in ähnlich reizvoller Lage, z. B. über Flusstälern oder auf Hügeln, errichteten *villae urbanae* fehlte die landwirtschaftliche Komponente meist völlig[15]. Nach neuesten Forschungen werden diese Villen Otiumvillen genannt[16].

Der Begriff „*villa*" wird also für extraurbane, isolierte Baukomplexe verwendet (ob mit oder ohne Wirtschaftstrakt), die sich in gewisser Distanz zu Siedlungen und Städten befinden.

---

[1] Bechert (1999) 87f.; 160.
[2] Bartoccini (1927) 213-248; Aurigemma (1924-25) 47-58; Romanelli (1922) 35-38; Bartoccini (1929) 77-110; Aurigemma (1929) 246-261; Guidi (1933) 1-56; Aurigemma (1926); Aurigemma (1960).
[3] Leveau (1984).
[4] Ballu (1911) 75 ; Ballu (1925) 9-10; Lassus (1956) 164-165; Lassus (1958a) 201; Lassus (1958b) 119-121; Leglay (1954) 140.
[5] Tunesien: Dietz u.a. (1995); Fentress (2000); Fentress (2001); Hitchner (1988); Hitchner (1990); Ørsted u.a. (1992). Libyen: Barker u.a. (1996); Buck- Mattingly (1985); Jones (1985).
[6] Einzige Ausnahme ist eine Anlage der Vandalenzeit im Umland von Kyrene. – Die Gründe für das scheinbar völlige Fehlen von Villen im östlichen Nordafrika dürften – neben der noch schlechteren Forschungssituation – in der über Jahrtausende gewachsenen, grundsätzlich anders organisierten und im Wesentlichen von der Nilschwemme bestimmten Landwirtschaft, z. B. durch dörfliche Gemeinschaften, zu suchen sein; dazu: Lembke (2004) 6 f., 32 f.

[7] RGA (2006²) s.v. Villa (F. Reutti) 375-386.
[8] Daremberg – Saglio V 870 s.v. villa; RE VII 1 (1912) 296-98 s.v. fundus (A. Schulten); RE XXII 1 (1954) 1213-15 s.v. praedium (A. Hug); Mielsch (1987); Marzano (2007) 83-85.
[9] RGA (2006²) s.v. villa (F. Reutti) 375.
[10] RGA (2006²) s.v. villa (F. Reutti) 375; DNP s.v. Villa (C. Höcker) 213.
[11] Daremberg – Saglio V 870 s.v. villa; RE VII 1 (1912) 296-98 s.v. fundus (A. Schulten); RE XXII 1 (1954) 1213-15 s.v. praedium (A. Hug); Mielsch (1987); Marzano (2007) 83-85.
[12] Daremberg – Saglio V 870 s.v. villa.
[13] Daremberg – Saglio V 885 s.v. villa.
[14] Daremberg – Saglio V 871 s.v. villa.
[15] Daremberg – Saglio V 885f. s.v. villa
[16] DNP s.v. villa (C. Höcker) 210; Accardo (2000) 12.

Die „*villa*" lässt sich in kein einheitliches Schema drängen, es gibt auch kein allgemeingültiges Modell dafür. Sowohl Architektur, Wirtschaftsweise als auch Besitzzugehörigkeiten sind schon im italischen Mutterland so grundsätzlich verschieden, dass es in den Provinzen noch viel schwieriger ist Einheitlichkeit bzw. Homogeneität zu erlangen, da eben nicht nur italische Architekturmodelle und Wirtschaftsstrukturen einheitlich überführt wurden, sondern auch z.T. einheimische Vorbilder in Bezug auf Architektur und Wirtschaftsweise übernommen werden konnten.

Als „römisch" werden solche Villen bezeichnet, die während der römischen Herrschaft errichtet worden sind. Eine Sonderstellung nehmen zwei im Katalog aufgenommene Anlagen ein, die schon in vorrömischer Zeit bestanden und entweder infolge von Umbauten weitergenutzt worden sind oder eventuell als Vorbilder gedient haben können.
Der zeitliche Rahmen der Arbeit definiert sich von selbst. Die Untersuchung beginnt – abgesehen von den zwei Anlagen mit Sonderstellung – mit dem Beginn der römischen Herrschaft und endet im 4./5. Jh. mit dem immer geringer werdenden Einfluss Roms bzw. Ostroms und dem Beginn der Vandalenherrschaft.

Der Katalog dieser Arbeit erhebt keinen Anspruch auf Vollständigkeit; der schlechten Forschungslage ist es zu verschulden, dass einige Anlagen nur zum Teil, andere zwar erwähnt, aber archäologisch überhaupt nicht erschlossen sind. Erst den neueren Untersuchungen und Surveys ist es zu verdanken, dass neben einigen *villae urbanae*, insbesondere das ländliche Leben in den nordafrikanischen Provinzen genauer betrachtet wurde (s.o.). Im Katalog wurden solche Villen aufgenommen, die ausreichend archäologisch dokumentiert und entweder als *villa rustica* oder *villa urbana* zu identifizieren sind. Nicht berücksichtigt wurden Anlagen, deren genaue Identifikation nicht möglich war und solche, deren geringe archäologische Reste keinerlei Aussagekraft für das Thema dieser Arbeit haben. Über das im Katalog vorgelegte Material werden Lage, Verbreitung und typologische und chronologische Unterschiede erschlossen.

Die Arbeit beginnt mit einer Zusammenstellung von antiken Quellen über die geomorphologischen, pedologischen und klimatischen Gegebenheiten der Provinzen Nordafrikas und einem Vergleich mit der heutigen Situation. Diesem Kapitel folgen die Siedlungsentwicklung und die daraus resultierende Landnutzung der Römer. Ein weiteres Kapitel beleuchtet die Wirtschaftsstrukturen einer *villa rustica* mit dem Problem der Pachtbedingungen, landwirtschaftlichen Erzeugnissen und Handel. Die Verbreitung und Lage der Villen in Nordafrika wird im darauffolgenden Kapitel mit vorangestellter Quellenlage erörtert. Ein breites Spektrum von Villendarstellungen auf Mosaiken mit wichtigen Aspekten vom ländlichen Leben bis hin zur Chronologie der Villen schließt sich dem Kapitel zu Lage und Verbreitung an. Die Untersuchung zur Architektur einzelner Villentypen und ihrer Chronologie sowie deren Ausstattung bildet das Schlusskapitel.

## 1. QUELLEN ÜBER KLIMA, NATUR UND VEGETATION

Die wichtigsten Quellen über Klima, Natur und Vegetation stellen Sallust mit dem *Bellum Iugurthinum*, Caesar mit dem *Bellum Civile* (Liber II) und das *Bellum africum* anonymer Autorenschaft[17] dar. Die Werke *Bellum Civile* und *Bellum Africum* nehmen Bezug auf die *Africa Vetus*, d. h. die Küstengebiete des heutigen Tunesien zwischen 49 und 46 v. Chr. Das *Bellum Iugurthinum* dagegen behandelt die 46 v. Chr. eingerichtete *Africa Nova*, d. h. den übrigen Teil des östlichen Atlasafrika - wahrscheinlich aus eigener Anschauung im Zeitraum der Stadthalterschaft des Sallust von 46-44 v. Chr.[18]

In diesen Quellen sind Klima und Natur sehr vielfältig dargestellt. Auf diese Weise lässt sich das geographische Erscheinungsbild sehr gut rekonstruieren.

Sallust beschreibt das Gebiet als regenarm, von Wassermangel bedroht und für den Baumwuchs ungeeignet; auf der anderen Seite aber reich an Ackerfrüchten und Vieh[19]. Weiterhin weiß er von den Gegenden, die aufgrund von Hitze, Unwirtlichkeit und Einöde weniger bevölkert sind, wenig zu berichten[20], denn er schreibt, dass nicht weit vom Meer entfernt alles unkultiviert sei[21].

Aus den Beschreibungen des Sallust lassen sich zudem vier landschaftliche Räume und die damit verbundenen geographischen Gegebenheiten abgrenzen: Als pflanzen- und tierloses Land nennt er das Gebiet zwischen Cyrene (Shahat) und Leptis Magna längs der Syrten und bezeichnet es als *ager harenosus*[22]. Als ein sehr abwechslungsreiches Gebiet, geprägt von Berg- und Hügelland[23], Wäldern, Fluren, mit wilden Ölbäumen, Steineichen, Myrten etc.[24] aber auch baumlosen Steppen[25] beschreibt er die *Numidia*[26]; hier waren die Winter zwar hart[27], brachten dem Land aber die Niederschläge, die es im Sommer, der von Dürreperioden geprägt war, brauchte[28]. Besonders betont Sallust, dass es im gesamten Land einen Mangel an Quellen gab, was dazu führte, dass die Böden im Sommer gänzlich austrockneten[29].

Zwischen der *Numidia* und dem *ager harenosus* lagen einige „leere" Landstriche, die Sallust als *magnae solitudines*[30] bezeichnet. Inmitten dieser Landstriche lag Gafsa (Capsa), dessen Umgebung als unkultiviert, leer, wasserarm und schlangengefährlich beschrieben wird[31]. Eine andere Region, welche mit dem Küstengebiet zwischen Bizerte (Hippo Diarrhytus) und Leptis Magna (Lebda) zu identifizieren ist, nennt er *ora marituma*[32], die sich mit ihren Städten wie Leptis Magna und Hadrumetum (Sousse) besonders vom unkultivierten Hinterland unterschieden haben musste[33]. Sie war vor allem durch ihre Vielseitigkeit gekennzeichnet, zum einen durch flache Küstenstriche mit Strandseen, zum anderen durch markante Vorgebirge mit schützenden Buchten[34]. Das Klima im Winter wird als sehr wechselhaft beschrieben, geprägt von Stürmen, ungleichmäßigen Niederschlägen, die sich mit Trockenperioden abwechselten[35]. Der Wassermangel war besonders in der Gegend von Thysdrus zu spüren, die lediglich durch eine einzige vier Meilen entfernte Quelle zu versorgen war[36]. Trotz der permanenten Wasserarmut, die von den Autoren an mehreren Stellen betont wird, muss es im Küstenhinterland einige sumpfige Areale (*loci depressi*) für die Erschließung von Brunnen gegeben haben[37].

Was die Vegetation betrifft, scheint es in der Umgebung von Karthago und im Hinterland *multitudo arborum* gegeben zu haben[38]. Hierbei stellt sich natürlich die Frage, ob es sich um natürliche Wälder oder um angelegte Haine handelte, da man sich hier laut der Quellen zur Beschaffung von Holz „weit entfernen musste"[39]. Bei angelegten Hainen müsste es sich wohl weitgehend um Olivenplantagen für die Ölgewinnung gehandelt haben, wie es aus den Quellen hervorgeht. So sagte man z. B. den Gegenden von Acholla und Leptis Minor nach, reich an Ölvorräten zu sein[40].

Aus den bereits besprochenen Quellen lassen sich aber nicht nur Erkenntnisse über Klima, Vegetation und geomorphologische Gegebenheiten gewinnen, sondern auch zur Besiedlung und Wirtschaftsweise der Bewohner. Die dichter besiedelten und kultivierteren Teile des östlichen Atlasafrika, die *frequens numidia* und die *ora marituma*, zeichneten sich durch urbane Siedlungen[41], Ackerbau[42] und Viehhaltung[43] aus. Besonders der an Mauretanien angrenzende Teil der Numidia wird als dicht besiedelt und reich an Ackerland beschrieben[44].

Die unkultivierteren Gebiete, die *magnae solitudines* und der *ager harenosus* werden weitgehend als menschen- und siedlungsarm bezeichnet[45].

Die Küstenregion scheint zum großen Teil landwirtschaftlich genutzt worden zu sein[46]. Dazu gehörten der Getreideanbau, besonders in der Umgebung von Karthago, Hadrumetum, Thusdrus[47], Olivenkultur zwischen Hadrumetum und Thabena[48], Weinanbau[49],

---

[17] *Das Bellum Africum* ist zur Zeit Caesars entstanden und der Autor nahm an dessen Afrikafeldzug teil.
[18] Fushöller (1979) 51.
[19] Sall. Iug. 17, 5.
[20] Sall. Iug. 17, 2.
[21] Sall. Iug. 89, 7.
[22] Sall. Iug. 79, 3.
[23] Sall. Iug. 55, 8.
[24] Sall. Iug. 48, 3, 4; 49, 5; 53, 1; 53, 3; 93, 4.
[25] Sall. Iug. 48, 4.
[26] Sall. Iug. 78, 5.
[27] Sall. Iug. 37, 3.
[28] Sall. Iug. 37, 4.
[29] Sall. Iug. 48, 3; 53, 1
[30] Sall. Iug. 80, 5.
[31] Sall. Iug. 89, 5.
[32] Sall. Iug. 19, 1.

[33] Sall. Iug. 89, 7.
[34] Caes. civ. 24, 4, 37, 5; Bell. Afr. 80, 1.
[35] Bell. Afr. 2, 5; 24, 3; 26, 3; 44, 1, 2; 62, 3; 69, 5; 76, 2; 79, 1; 96, 1.
[36] Bell. Afr. 76, 2.
[37] Bell. Afr. 51, 5; 61, 3; 80, 3.
[38] Caes. civ. 37, 6; Bell. Afr. 10, 1.
[39] Bell. Afr. 31, 1.
[40] Bell. Afr. 33, 1; 67, 2; 97, 3.
[41] z.B. bei Sall. Iug. 13, 2; , 19, 1; 19, 7; 46, 5, Bell. Afr. 2, 6; 6, 7.
[42] z.B. Sall. Iug. 20, 8; 46, 5; 54, 3; Caes. civ 37, 6; Bell. Afr. 7, 4; 9, 1; 20, 4; 61, 5.
[43] z.B. Sall. Iug. 44, 5; 75, 4; 90, 1; Bell. Afr. 9, 1; 26, 5.
[44] Sall. Iug. 16, 5.
[45] Sall. Iug. 17, 2; 18, 9; 80, 1; 89, 4; 103, 1.
[46] Bell. Afr. 7, 4; 20, 4; 26, 5; 65, 1.
[47] Caes. civ. 37, 6; Bell. Afr. 6, 7; 9, 1; 11, 3; 20, 4; Sall. Iug. 29, 4; 46, 5; 47, 2; 54, 6; 56, 3; 92, 7.
[48] Bell. Afr. 33, 1; 43, 1; 50, 1; 67, 2; 97, 3.
[49] Bell. Afr. 33, 1; 67, 2.

Feigenkultivierung[50], Viehzucht[51] und Salzgewinnung in der Gegend von Uthica[52].

Besonders über die Tripolitania gewähren uns weitere Quellen einen Einblick in die klimatischen Bedingungen. Das heutige Libyen lässt sich in drei geographische Gebiete unterteilen, die sich in den Erzählungen antiker Autoren wiederholen: Die Küstenebene (Gefara), die Hügelkette (Gebel) und das Vorwüstenplateau (Dahar)[53]. Während Strabon zu Beginn seines Kapitels über Libyen nur die Wasserarmut der Syrten erwähnt[54], geht er später detaillierter auf die einzelnen Gegenden ein; so spricht er z.B. über Berge und Ebenen zwischen der Küste und dem Gebiet der *Garamantes* wie auch über große Seen und Flüsse, die auch teilweise unter der Erde verschwinden. Hiermit meinte er vermutlich Schotts und Wadis[55]. Plinius beschreibt die Gefara als Wüste, die die *Emporia* von der Africa Proconsularis abtrennte. Südlich der Gefara findet man Wälder, die, wie auch schon Herodot[56] bemerkte, voller wilder Tiere seien (*excipiunt saltus repleti ferarum multitudine*)[57]; hier sind wohl Teile des bewaldeten Gebel gemeint[58].

Hinter dem Gebel traf man auf eine *deserta vasta*, und jenseits dieser Wüste befand sich das Land der Garamanten[59]. Aber auch der aus Africa stammende und im 6. Jh. wirkende Poet Corippus gibt eine lebhafte Beschreibung dieser Gegend: Er erwähnt eine verhältnismäßig trockene Gefara, einen bewaldeten und dicht besiedelten Gebel und unwirtliche Wüstenlandschaften im Dahar und der Syrtica[60], die er sehr eindrucksvoll darstellt: *calidas terrae sitientis harenas*[61]. Relativ schlicht ist dagegen die Beschreibung des Horaz in einer Ode: Hier spricht er nur von *Syrtes aestuoses*[62].

Schon von Sallust ist zu erfahren, dass das Land *caelo terraque penuria aquarum*[63], aber auch Hadrians Besuch der Provinz im Jahre 128 berichtet über das Ende einer 5-jährigen Dürre[64]. Um das wenige vorhandene Wasser für einen längeren Zeitraum nutzen zu können, benötigte man sorgfältig durchdachte Konstruktionen für die Speicherung wie Dämme, Terrassenanlagen und Zisternen: Strabon beschreibt einen Wall in einem Wadi in der Nähe von *Lepcis*[65] und Frontin bezeichnet den Dammbau als eine afrikanische Angewohnheit[66].

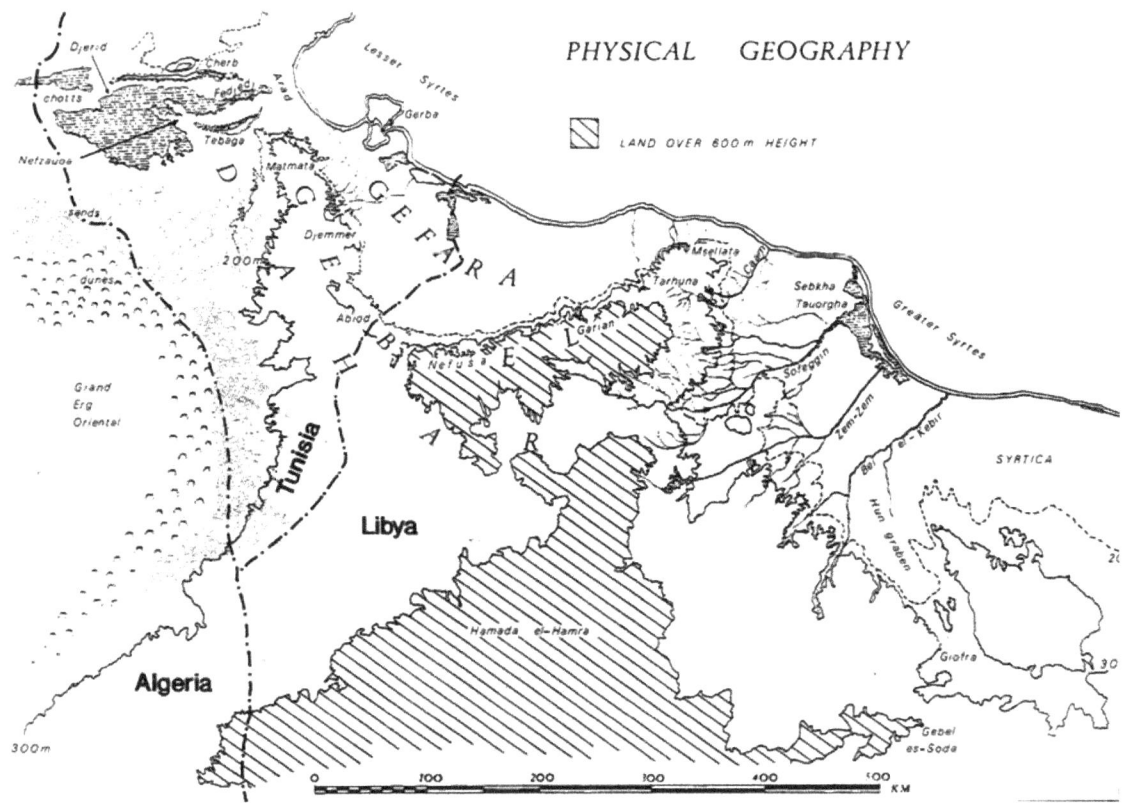

*Abb. 1: physische Geographie Tripolitaniens (Mattingly [1996] Abb. 1.1).*

---

[50] Bell. Afr. 67, 2.
[51] Bell. Afr. 9, 1; 26, 5; Sall. Iug. 29, 6; 46, 5; 48, 4; 90, 1.
[52] Caes. civ. 37, 5.
[53] Mattingly (1996) 1, Sjöström (1993) 9-16.
[54] Strab. 17, 3, 1.
[55] Strab. 17, 3, 19.
[56] Hdt. IV 181.
[57] Plin. nat. V 25, 26.; Auch von Elefanten ist die Rede: Plin. nat. V 26.
[58] Mattingly (1996) 1.

[59] Plin. nat. 5, 26.; auch Herodot erwähnt sie weit im Landesinneren: Hdt. 4, 183.
[60] Corippus Ioh. 2.51-62; 2.78-80; 6. 104-05; 6. 270-95; 6. 581.
[61] Corippus Ioh. 6. 294-95.
[62] Hor. Ode I 22.6
[63] Sall. Iug. 17, 5-6.
[64] SHA Hadr. 22.10.
[65] Strab. 17, 3, 18.
[66] Frontin. De contr. Agr. 2.

Herodot gibt Auskunft darüber, dass es in den Wüsten alle zehn Tagesreisen Salz gibt, sowohl größere Ansammlungen als auch vereinzelte Salzklumpen auf den Hügeln; inmitten eines jeden Hügels schießen in den Oasen Süßwasserquellen empor, um die gruppiert Menschen wohnen[67]. Auch Lukan beschreibt diese Quellen (*fons, qui putria terrae alligat*) in kargen Gegenden (*sicco pulvere*) [68].

Aus den Berichten lässt sich erschließen, dass sowohl die morphologischen, klimatischen als auch die hydrographischen Gegebenheiten mit den Verhältnissen des heutigen Nordafrika weitgehend vergleichbar sind: Im östlichen Atlasafrika gibt es ein im Süden durch Wüsten charakterisiertes Gebiet, im mittleren Bereich ein Areal mit steppenähnlichem Charakter und sowohl im Norden als auch der Küstenzone mediterrane Züge. Der Küstenverlauf entsprach ansatzweise dem heutigen; die Buchten der Nordküste sind seit Beginn der Römerzeit weiter verlandet und die Anschwemmungsküste des Golfes v. Tunis ist ins Meer vorgerückt[69].

Dasselbe gilt auch für das heutige Libyen: Neben einem ausgedehnter Küstenstreifen, der Gefara, die sich im Osten von Tripolis (Oea) bis zum Golf von Bou Ghara (Gigthis) erstreckt, schließt sich im Süden in einem weiten Bogen Richtung Leptis Magna der Gebel an, der in das Sahara-Plateau (Dahar) mündet **(Abb. 1)**[70].

Der größte Teil des heutigen Libyen besteht aus Vorwüste und Wüste. Nur neun Prozent des Landes weist keine Wüste auf und lediglich drei Prozent werden landwirtschaftlich genutzt. Dieselben Bedingungen galten auch für das römische Tripolitanien; es gab einen eingeschränkten fruchtbaren Küstenstreifen und ein leeres Wüstenhinterland[71].

In Bezug auf das Klima kann man den Gesamtraum Tunesiens und Algeriens in drei Klimazonen unterteilen: Die Zone des mediterranen Klimas, des Steppenklimas und des Halbwüsten- und Wüstenklimas. Das mediterrane Klima, welches im Norden und der Küstenzone vorherrscht, ist gekennzeichnet durch trockene Sommer und feuchte Winter, wobei die Anzahl der humiden Monate über fünf liegt. Südlich dieser Zone schließt sich das Steppenklima an, welches durch feuchte Winter und dürre Sommer charakterisiert ist und sich von Ostalgerien bis zum Südrand des Saharaatlas erstreckt. Die Anzahl der feuchten Monate liegen im Gegensatz zur mediterranen Zone unter fünf aber dennoch über eins. Südlich schließt sich das Halbwüsten- und Wüstenklima an mit weniger als zwei humiden Monaten im Jahr **(Abb. 2)**[72].

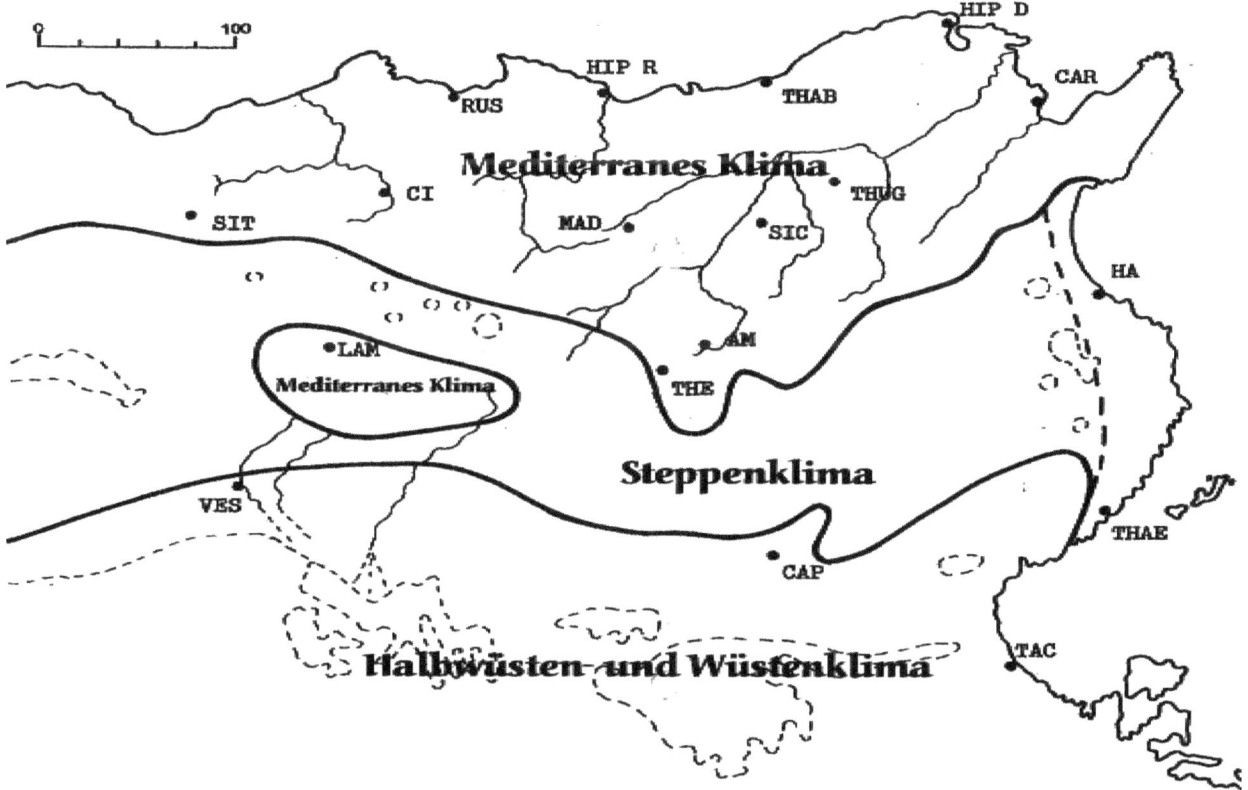

*Abb. 2: Klimazonen Tunesiens und Ostalgeriens in römischer Zeit (Fushöller [1979] 85).*

---

[67] Hdt. 4, 181.
[68] Lukan, Pharsalia 9, 522.
[69] Fushöller (1979) 80.
[70] Mattingly (1996) 5.
[71] Mattingly (1996) 5.
[72] Fushöller (1979) 83-86.

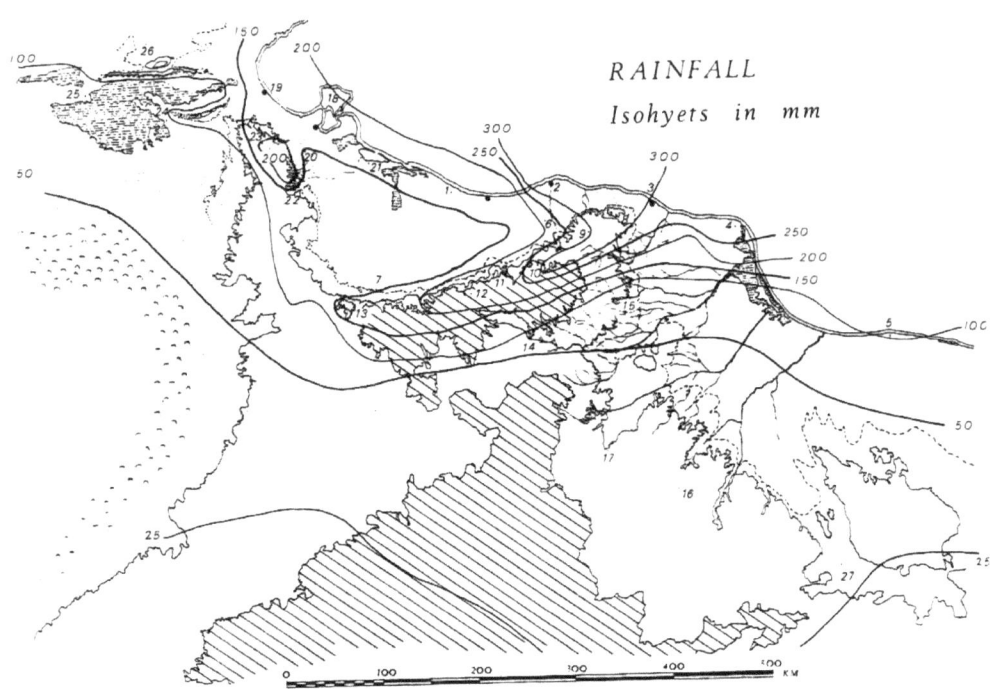

*Abb. 3: Klimazonen und Niederschlagsverhältnisse der Tripolitania heute und während der Römerzeit (Mattingly (1996) Abb. 1.1).*

Die Klimazonen der Tripolitania dagegen sind weniger differenziert: Nur in einem kleinen Gebiet des östlichen Gebel und der Küstenzone zwischen Tripolis (Oea) und Homs (Leptis Magna) liegt der jährliche Niederschlag über 300 mm. Der Rest der Küstenzone – Leptis Magna eingeschlossen – liegt bei ca. 150-200mm[73]. Prozentual ausgedrückt ergibt sich folgendes Bild: gerade 3, 6 % des gesamten Landes hat einen jährlichen Niederschlag von über 250 mm und nur 7, 8 % über 200 mm. Der größte Teil, 67 % des Landes, hat einen jährlichen Betrag von weniger als 50 mm pro Jahr und ist damit selbst für die Kultivierung der Olive ungeeignet, die pro Jahr mindestens 150 mm benötigt **(Abb. 3)**[74].

Daher ergibt sich auch für die Landwirtschaft ein anderes Bild: nur der Küstenstreifen, der Fuß des Gebel sowie die wüstenfreien Zonen der Gefara sind vom Niederschlag begünstigt und können durch Obstbäume, Getreide und Olivenkultivierung landwirtschaftlich genutzt werden **(Abb. 4)**[75].

Zusammenfassend lässt sich für das gesamte nördliche Afrika sagen, dass es im Bezug auf die klimatischen Verhältnisse von damals bis heute keine grundlegenden Änderungen der Temperatur und Niederschlagsverhältnisse gibt[76].

In einer Klimakarte des modernen Nordafrika ist festzustellen, dass auch heute noch die Niederschlagsverhältnisse in der Küstenzone von Algerien und Tunesien weit über denen von Libyen liegen und nur ein kleines Gebiet bei Tripolis und Cyrene durch höhere Niederschläge begünstigt ist.

Während sich nach den Berichten antiker Autoren eine sehr große Vielfalt an Bäumen und Wäldern in den genannten Zonen befunden haben muss, trifft man heutzutage nur noch vereinzelt großflächige und artenvielfältige Waldformationen an. Diese gravierenden Veränderungen sind durch Brandrodung, Waldraubbau und Weidebiss von der Antike bis in heutige Zeit hindurch zu erklären. An die Stelle einstiger Waldformationen treten begünstigt durch Erosion Freiflächen auf, die sich im Laufe der Zeit durch weiteren Raubbau immer weiter ausbreiten. Aber auch eine Vielzahl an wilden Tieren muss es in Nordafrika gegeben haben: Hier soll es u.a. Löwen sowie eine kleinere, dem afrikanischen Elefanten verwandte Form gegeben haben[77]. Der letzte in Nordafrika lebenden Löwe wurde 1922 im marokkanischen Atlas erschossen; andere Arten wie der Elefant oder die Giraffe überlebten selbst die römische Epoche nicht, da sie für Tierhetzen gefangen und auf diese Weise ausgerottet wurden[78].

---

[73] Mattingly (1996) 8.
[74] Mattingly (1996) 8.
[75] Mattingly (1996) 12f.; Sjöström (1993) 4-9.
[76] Durch geomorphologische und pflanzengeographische Untersuchungen sind zwar den Eiszeiten Europas entsprechende Feuchtzeiten (Pluvialzeiten) nachzuweisen, die Austrocknung in den subtropischen Breiten scheint jedoch ziemlich sicher schon von 15000 bis 5000 v. Chr. vorangegangen zu sein: Fushöller (1979) 82f; Mattingly (1996) 3; 13; Sjöström (1993) 4.
[77] Fushöller (1979) 88-93; Mattingly (1996) 4, 13; Quellen für die Existenz verschiedener Tier: Strab. 17, 3 5 über die Tiervielfalt; Löwe: Lukan 9.941-47; Elefant: Plin. nat. 5, 26, 8, 32; Giraffe: Plin. nat. 8, 69; Leopard: Plin. nat. 10, 202; Panther: Plin. nat. 8, 62 etc.
[78] Mattingly (1996) 4.

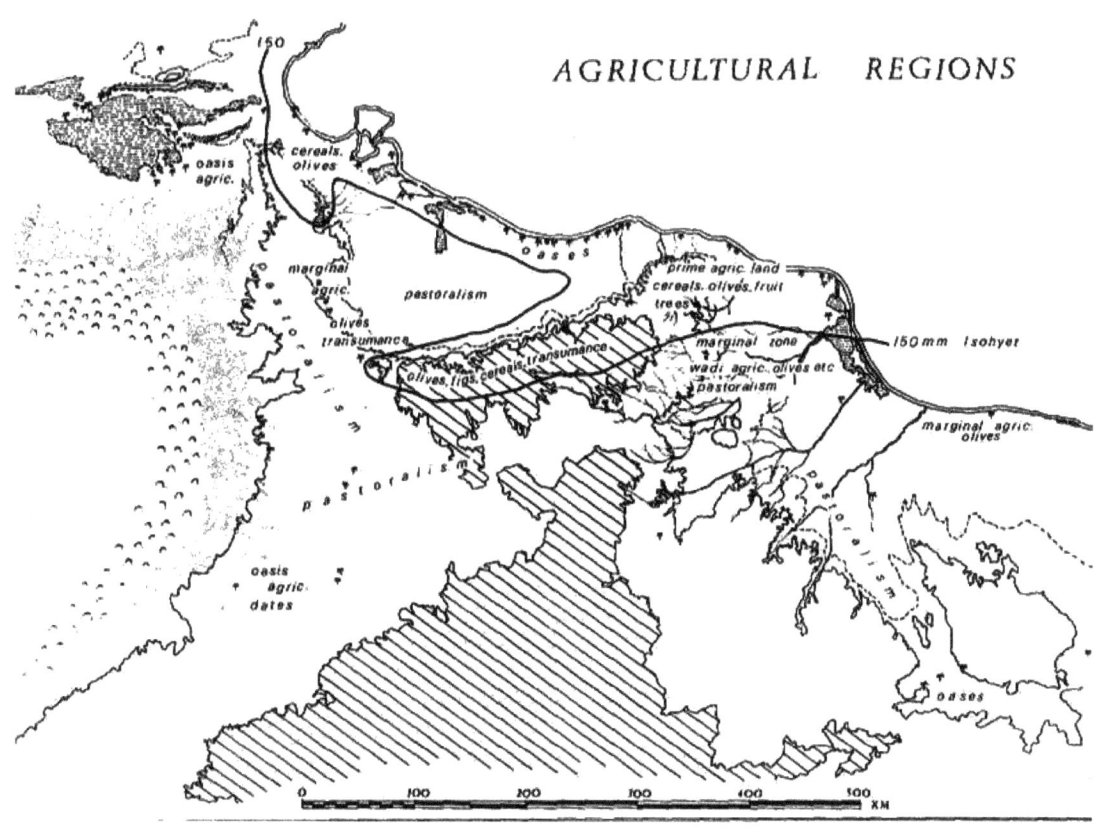

*Abb. 4: Landwirtschaftliche nutzbare Zonen und deren Nutzungsart (Mattingly [1996] Abb. 1:4).*

## 2. REGIONALE WIRTSCHAFTSSTRUKTUREN
## 2.1 SIEDLUNGSENTWICKLUNG

Da die wirtschaftliche Erschließung Nordafrikas nur im Zusammenhang mit der Siedlungsentwicklung gesehen werden kann, soll diese kurz thematisiert werden.

In republikanischer Zeit sind auf punischem Boden aufgrund der bereits zahlreich vorhandenen Strukturen keine weiteren Siedlungen geschaffen worden[79]; bereits der im Jahre 123 v. Chr. unternommene Versuch des C. Gracchus, anstelle des zerstörten Karthagos eine neue Kolonie für 6000 Neusiedler aus Italien zu gründen, schlug wegen der ablehnenden Haltung der Optimaten fehl[80].

Aber auch auf dem Boden der numidischen Bevölkerung wurden in dieser Zeit keine neuen Siedlungen gegründet, stattdessen schlossen sich Kolonien und Städte römischer Bürger an bereits vorhandene numidische oder punisierte Siedlungen an; so wurde durch Zuwanderung römischer Bevölkerungselemente der Grundstein zur allmählichen Romanisierung der bestehenden Niederlassungen gelegt[81]. Solche Bevölkerungselemente setzten sich im Wesentlichen aus Provinzialbeamten, aber auch aus Kolonisten und Händlern, sog. *negotiatores*, zusammen. Diese Zusammenschlüsse mit punischen und numidischen Siedlungen oder auch Eingeborenengemeinden werden als *conventus civium romanorum* oder *pagi* bezeichnet[82]. Als *conventus* sind quasi-kollegiale Verbindungen römischer Bürger mit Einheimischen zu verstehen, die mehr einen privaten Charakter vertreten, also wahrscheinlich eher aus Händlern und landwirtschaftlichen Unternehmern bestanden als aus *coloni*[83]; hier wären u.a. z.B. Abutucense (Henchir Oudeka), Tibigense (Bir Magra), Tabarka oder Utica zu nennen, die sich bis auf Utica ausschließlich auf numidischem Boden befinden[84].

Als *pagi* bezeichnet man dagegen Ansiedlungsverbände römischer Bürger auf dem Boden peregriner Gemeinden, innerhalb derer sie zwar eine eigene Verfassung haben, aber kein Bodenrecht besitzen; ein *pagus* hat also im Unterschied zum *conventus* einen staatlicheren Charakter[85].

Erste Kolonien auf numidischem Boden wurden unter Marius für dessen Heeresklientel errichtet; diese unterstanden keiner direkten römischen Kontrolle, da sie als „private", feldherrliche Kolonien gegründet worden sind und als Kriegsbeute des Feldherren – durch Konfiszierung von Teilen des Jogurtha Reiches – zu verstehen waren[86]; solche Kolonien sind z. B. Uchi maius (Henchir ed-Douamis), Thuburnica (Henchir Sidi Ali Bel Kassem), Thibaris (Thibar). Aber Marius siedelte auch seine gaetulischen Verbündeten auf numidischem Boden an (b. Afr. 35, 3; 32, 5; 56, 3), die sich als *clientes C. Mari* bezeichneten[87].

Mit der Anlegung von Kolonien hatte Marius eine Methode eingeführt, die in der Folgezeit von Caesar und Augustus übernommen werden sollte[88].

Diese in republikanischer Zeit eingeführten Siedlungsstrukturen der *pagi*, *coloniae* und *oppida civium romanorum* entwickelten sich allmählich zu Zentren der schrittweisen Romanisierung der „Eingeborenensiedlungen" des östlichen Atlasafrika **(Abb. 5)**[89].

Die ersten Maßnahmen zur Siedlungsentwicklung zur Zeit Caesars wurden auch auf dem Gebiet mit urbanem oder zumindest quasi-urbanem Charakter vorgenommen, auf einem Gebiet also, das schon einen gewissen Grad an Sesshaftigkeit erreicht hatte. Hier gründete Caesar Kolonien für ihm ergebene römische Bürger, insbesondere für Veteranen des Afrika-Feldzuges[90]; so sind seit 45 v. Chr. die *colonia iulia in clupea* (Kelibia), *Curubis* (Korba), *Neapolis* (Nabeul), *Carpis* (Henchir Mraissa), *Hippo Diarrhytus* (Bizerta) und nach seinem Tod durch Augustus die *colonia iulia Carthago*[91] entstanden[92]. Als weitere Koloniegründungen unter Kaiser Augustus sind Thabraca (Tabarka), Uthina (Oudna), Thuburbo Minus (Tébourda), Simitthus (Chemtou) und auch Cirta (Constantine) zu nennen[93].

Die von Caesar und Augustus gegründeten *coloniae* konzentrieren sich längs der Küsten um Karthago und im mittleren und westlichen Teil der Bagradasebenen (Medjerda). Die Koloniegründungen fungierten ursprünglich als Maßnahme zur Kontrolle der Einheimischen, zum Schutz der *oppida civium Romanorum* und Überwachung der Verkehrswege, stellten jedoch gleichzeitig wichtige Punkte für die militärische, wirtschaftliche und zivilisatorische Erschließung des Landes dar[94]. Neben der Einrichtung von Kolonien gehörten aber auch die Errichtung ländlicher Siedlungen für Veteranen, Freigelassene und Einheimische zum Maßnahmenkatalog der Frühkaiserzeit. Die wichtigsten Maßnahmen im Rahmen der Siedlungsentwicklung in nachaugusteischer Zeit dienten hauptsächlich dem Ziel, die einheimische Bevölkerung sesshaft zu machen[95]. Zu Beginn des 1. Jhs. n. Chr. stellten nicht nur die Aures- und Wüstenrandzone, sondern auch die Randbereiche der Küstenzone den Lebensraum der Nomaden dar. Besonders unter Tiberius zeichneten sich mit dem Bau der *via imperialis* durch das

---

[79] Hafemann (1981) 61.
[80] Fushöller (1979) 246; Hinrichs (1974) 115f.; Hafemann (1981) 62.
[81] Hafemann (1981) 61f.
[82] Fushöller (1979) 247f.
[83] Vgl. Plin. hist nat. 5, 4, 29; 5, 2, 22; 5, 3, 24.
[84] Fushöller (1979) 247f.
[85] Fushöller (1979) 249.
[86] In einer Inschrift um 100 n. Chr. wird Marius als *conditor coloniae* in Thuburnica bezeichnet: Fushöller (1979) 250f.; Hafemann (1981) 62.

[87] Diese Kolonien wurden zwar nach Sullas Sieg über Marius wieder aufgehoben, wurden aber zu *oppida civium romanorum*; auch die Ansiedlungen der Gaetuli vereinigte Sulla wieder mit Numiderreich (Afr. 56, 3): Fushöller (1979) 250f.
[88] Hafemann (1981) 63.
[89] Fushöller (1979) 251f.
[90] Dio Cass. 43, 13, 1.
[91] Diese Kolonie war ebenfalls eine Ansiedlung von Caesars Veteranen, die 29 v. Chr. zum Sitz des Prokonsuls und aufgrund seiner geographischer Lage zur bedeutendsten Siedlung im östlichen Atlasafrika wurde: Fushöller (1979) 258.
[92] Fushöller (1979) 255-258.
[93] Fushöller (1979) 260.
[94] Fushöller (1979) 260f.
[95] Fushöller (1979) 342.

Stamm- und Weidegebiet der Musulamii[96] erste ernsthafte Bemühungen zur Sedentation der Einheimischen ab[97], die bis zum Ende des 1. Jhs. n. Chr. in der Steppenzone bis zum Nordrand des Schott Fedjed weitgehend abgeschlossen waren[98].

Das Vorschieben der Legionslager nach Westen, der Bau einer Straße und die Errichtung von Militärkolonien am Rande des Steppenhochlandes der Numidia sind als frühe Maßnahmen zur Sedentation der Nomaden unter Nerva und Trajan zu verstehen.

Aber erst durch die Limitation von Stammesgebieten der Nomaden durch Trajan und Hadrian, die deren Siedlungsgebiete festlegten und abgrenzten, ist ein Erfolg bei der Sedentation im Laufe des 2. Jhs. zu verzeichnen[99].

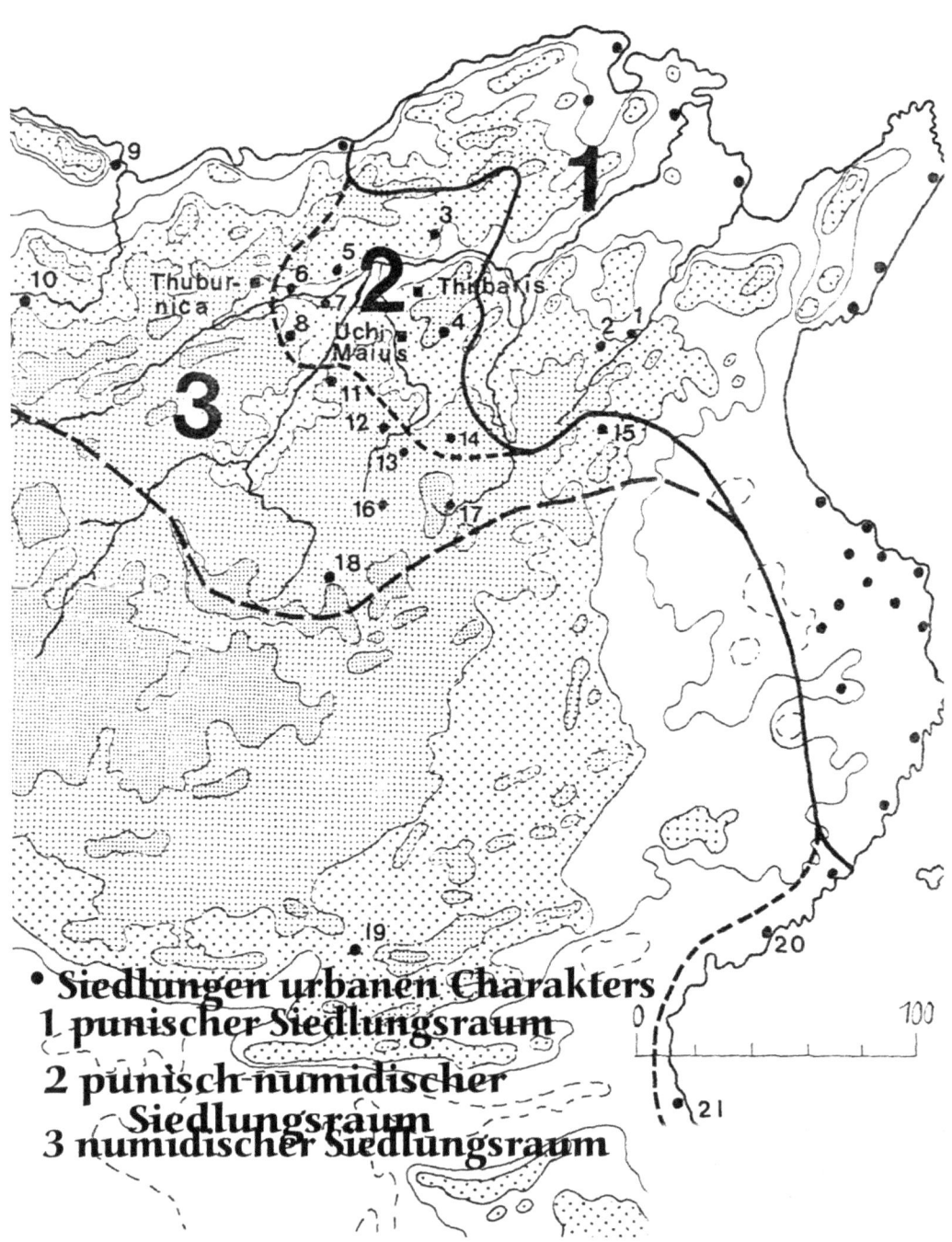

*Abb. 5: Siedlungsentwicklung in republikanischer Zeit (Fushöller [1979] 253).*

---

[96] Aufstand des Nomadenstammes unter Anführung des Tacfarinas: Ann. 4, 13; 3, 73.
[97] Fushöller (1979) 342f.
[98] Fushöller (1979) 343.
[99] Fushöller (1979) 344; Hafemann (1981) 64.

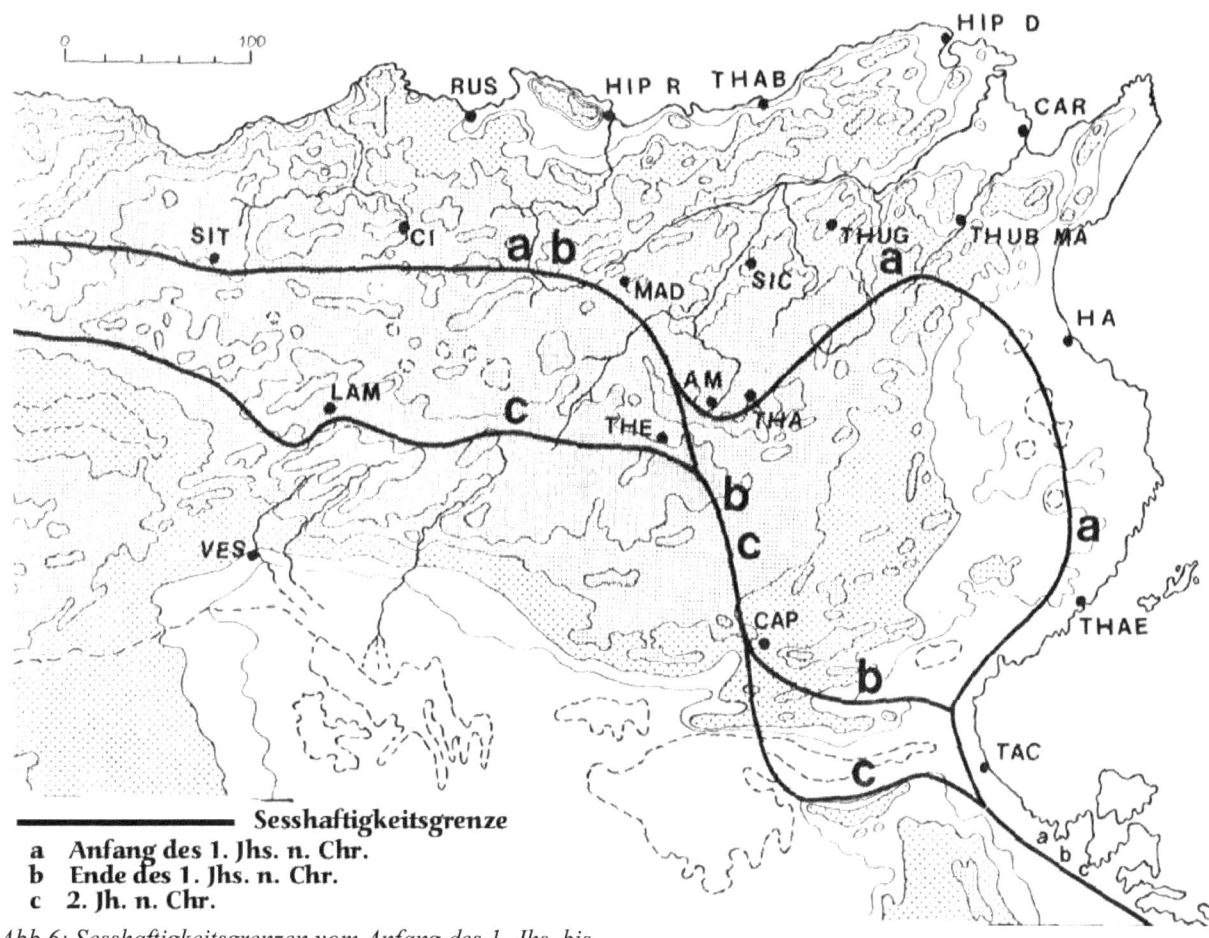

*Abb.6: Sesshaftigkeitsgrenzen vom Anfang des 1. Jhs. bis ins 2. Jh. n. Chr. verzeichnet (Fushöller [1979] 345.*

Die Bevölkerungsteile, die sich nicht zur Sesshaftigkeit hinführen ließen oder sich dieser widersetzten, wurden schrittweise nach Süden und Westen verdrängt; auf diese Weise veränderte sich das Bild der Sesshaftigkeitsgrenze von Tiberius bis Hadrian (**Abb. 6**)[100].

Durch die Bemühungen um die „Sesshaftmachung" der Nomaden und Errichtung von Militärkolonien[101] und Veteranenkolonien[102] vermehrte sich die Anzahl der Siedlungen urbanen Charakters, bis hin zur vollständigen Urbanisierung rapide[103].

Die Verbreitung der urbanen Siedlungen lässt sich in folgende Regionen unterteilen: zum einen die Küsten- und Tellzone, zu der das Umland von Karthago mit dem Ostteil der Bagradasebenen (Medjerda), der übrige Osten der Tellzone bis nach Thabraca (Tabarka) – Sicca (Le Kef) – Ammaedara (Haidra), der Westen der Tellzone und die Syrtenküstenregion gehört und zum anderen die Steppenzone mit dem Steppenhochland der Africa Proconsularis und den Randbereichen des Steppenhochlandes der Numidia[104].

Neben den Siedlungen urbanen Charakters gibt es aber auch rurale Siedlungstypen: diese sind durch ländliche und wirtschaftliche Lebensweise gekennzeichnet und bestehen aus mittleren bis kleineren Siedlungskomplexen. Einen besonderen Typus dieser ruralen Siedlungsweise stellen die Einzelhofsiedlungen (*villae*) dar, die Schwerpunkt dieser Arbeit sind[105]. Deren Verbreitungsgebiete decken sich in den dicht besiedelten Regionen weitgehend mit denen der urbanen Siedlungen. Nur in den Gebieten, die entweder kaum oder gar nicht von der Urbanisierung erfasst worden sind oder in den Randbereichen der urbanen Siedlungen „treten sie kulturlandschaftsbestimmend in Erscheinung"[106].

Vergleicht man die Besiedlung zur Zeit Hadrians und die naturgeographischen Begebenheiten miteinander, so kann festgestellt werden, dass die Siedlungsregionen mit den klimatisch und naturgeographisch begünstigten Landschaftsräumen übereinstimmen, nämlich im

---

[100] Fushöller (1979) 344.
[101] Zu den größeren Militärlagern des 1. und beginnenden 2. Jhs. gehören Theveste (Tebessa), Thamugadi (Timgad) und Lambaesis (Lambèse): Fushöller (1979) 344.
[102] Veteranenkolonien entstanden unter Vespasian in Ammaedara (Haidra, nach Verlegung der Legion), Madaurus (Mdaourouch), unter Nerva und Trajan in Sitifis (Sétif) und Cuicul (Jamila), in Theveste und Thamugadi (nach Abrücken der Legion): Fushöller (1979) 346f.
[103] Die Militärlager und Kolonien legten sich ringförmig um das Steppenhochland der Numidia und fungierten so als Kontrollpunkte der sesshaft gemachten einheimischen Bevölkerung: Fushöller (1979) 347.

[104] Fushöller (1979) 355.
[105] Diese ruralen Siedlungsregionen sind in der Karte Abb. 8 unter Nr. 8 und 9 verzeichnet.
[106] Fushöller (1979) 358.

mediterranen Norden und der tunesischen Sahelzone, d.h. das Küstenhinterland von Sousse, El Djem und Sfax[107]. Außerhalb dieser Zonen sind Siedlungsregionen im Steppenhochland der Africa Proconsularis, welches sich durch seine begünstigte verkehrsgeographische Lage hervorhebt, und am Rande des strategisch und klimatisch günstig liegenden Steppenhochlandes der Numidia zu finden[108]. Die kaum besiedelten Gebiete stimmen mit der Aureszone und der Wüstenrandzone überein, die sowohl wegen ungünstiger geographischer als auch klimatischer Verhältnisse für Siedlungsstrukturen ungeeignet sind[109]. Die militärischen Siedlungen im Ost- und Westteil der Wüstenrandzone hatten lediglich strategische Funktion als Grenzabschnitte[110].

Die Siedlungsentwicklung in der Mauretania unterschied sich maßgeblich von der der Africa Proconsularis[111]. Augustus verzichtete zunächst darauf das Land zur Provinz zu machen und gründete stattdessen einige Kolonien an der Küstenzone wie die Städte Cartennae (Ténès) und Banasa (Sidi-Ali Bou Djenoun)[112]. Erst im Jahre 25 v. Chr. machte er Juba II, den Sohn des letzten Numiderkönigs, der in Rom erzogen wurde und das Bürgerrecht inne hatte, zum Klientelkönig von Mauretanien mit den Residenzen Volubilis und Iol [113]. Da die Außenpolitik Sache der kaiserlichen Exekutive war, widmete er sich Bauvorhaben. Zu Ehren des Kaisers nannte er Iol in Caesarea um[114]. Im Jahre 40 n. Chr. wurde Mauretanien römische Provinz. Doch durch den Wiederstand der einheimischen Bevölkerung dauerte es noch weitere zwei Jahre bis die beiden Provinzen Mauretania Caesariensis und Tingitana entstanden[115]. Die Bevölkerung der südlichen Grenzstädte lebte in ständiger Bedrohung durch Raubzüge und Überfälle von Stämmen des angrenzenden Hochlandes. In Rom verfolgte man die Absicht, nur sesshaft gewordenen Stammesgruppen die Ansiedlung auf römischen Boden zu gestatten. Die Landvermessung erfolgte nur auf einem Gebiet von 150 km Tiefe, ausgespart wurden die für die Landwirtschaft ungeeigneten Gebiete und Gegenden, in denen die einheimische Bevölkerung sich der römischen Herrschaft wiedersetzte[116]. Um die sesshaft gemachte Bevölkerung vor den Angriffen und Überfällen aus dem Hinterland schützen zu können, wurden entlang der Gebirgs- und Wüstenränder Auxiliareinheiten stationiert, die u. a. auch die Aufgabe hatten Nomaden fernzuhalten und den Saharahandel zu kontrollieren[117]. Aber auch gut geschützte Küstenstädte wie Tipasa und Caesarea waren gefährdet. In antoninischer Zeit sind langanhaltende Auseinandersetzungen mit den Mauren bekannt, bei denen die Städte zusätzlich militärisch gesichert werden mussten. Diese Unruhen erwiesen sich als Dauerzustand und im weiteren Verlauf reduzierte sich der Einflussbereich der Römer immer mehr. Bereits zu Beginn des 3. Jhs. n. Chr. gab es ein großes Gebiet zwischen beiden Provinzen, welches bereits in den Händen einiger Stämme des Hochlandes war[118]. Die Mauretania Tingitana bestand nur noch aus dem küstennahen Gebiet zwischen Tingis und Volubilis[119]. Aufgrund dieser Situation war eine Siedlungsentwicklung mit verstreuten Villen wie in der Africa Proconsularis nicht möglich. Die Bevölkerung zog sich entweder in gut befestigte Städte zurück oder musste durch Auxiliartruppen geschützt werden.

2. 2 LANDNUTZUNG

Schon **in vorrömischer Zeit** gab es verschiedene Formen der Landnutzung. Hier ist vor allem der sesshafte Feldbau mit ortsgebundener Viehhaltung zu nennen. Auf diesen traf man vor allem im Siedlungsgebiet der punischen Bevölkerung, die seit dem 5. Jh. v. Chr. ihr Land weitgehend erschlossen hatten; deren Hauptlandnutzungsarten waren Getreideanbau und Baumkulturen mit Viehhaltung[120]. Hierzu gehörten neben Olivenkulturen auch der Wein-, Feigen-, Mandel- und Granatapfelanbau. Die Aufteilung der landwirtschaftlich nutzbaren Flächen erfolgte im Umland der punischen Besiedlungen unter mehreren, kleineren Grundbesitzern und Bürgern Karthagos sowie anderer punischer Zentren[121]. Der andere, weitaus größere Teil dieser landwirtschaftlich nutzbaren Flächen wurde wohl von der ansässigen bzw. eingeborenen Bevölkerung genutzt. Ob diese jedoch auf Staatsdomänen arbeiteten oder selbst in Besitz des Landes waren, ist nicht mit absoluter Sicherheit zu sagen[122]. Aber sowohl außerhalb des punischen Siedlungsbereiches, hauptsächlich in den Ebenen der Medjerda-Region, des Tell-Atlas, im flachen Hinterland der Küstenzone, als auch in den Gegenden begünstigter hydrographischer Begebenheiten, wie in den Randbereichen der Schotts des Hochlandes und auch auf numidischem Boden gab es die Landnutzung des sesshaften Feldbaues. Von einigen antiken Autoren wird die Förderung der sesshaften Feldwirtschaft, wozu Getreideanbau und Viehhaltung – insbesondere Pferdezucht – gehörten, durch den numidischen König

---

[107] Fushöller (1979) 361.
[108] Fushöller (1979) 362.
[109] Fushöller (1979) 363.
[110] Fushöller (1979) 363.
[111] Das Königreich Mauretanien, ein Zusammenschluss mehrerer Berberstämme aus dem Landesinneren lebte bis in republikanische Zeit fort. Im Jahre 105 v. Chr. hatten die Römer unter König Bocchus einen treuen Vasallen gefunden, der sie mit den eigenen Truppen unterstützte, ihnen aber auch wilde Tiere für die Circusspiele lieferte. Nach dessen Tod wurde das Reich unter seinen zwei Söhnen aufgeteilt (81 v. Chr.); die Grenzen waren auch die der späteren Provinzen *Mauretania Caesariensis* und *Tingitana*. Der letzte in den Quellen verzeichnete König, der zumindest den Westteil Mauretaniens regierte war Sosus, dessen Söhne und Nachfolger sich im römischen Bürgerkrieg auf die Seite Caesars schlugen (nach 49 v. Chr.). Mit der Ermordung Caesars endete das Einvernehmen der beiden Könige; der eine schloss sich Marc Anton an, der andere Oktavian. Beide hinterließen keine Erben und somit war die Situation Mauretanians ungeklärt (Bechert [1999] 157).
[112] Bechert (1999) 157.
[113] Bechert (1999) 157f.
[114] Bechert (1999) 158.
[115] Bechert (1999) 158.
[116] Bechert (1999) 158f.

[117] Bechert (1999) 159.
[118] Bechert (1999) 159.
[119] Bechert (1999) 159.
[120] Bechert (1999) 86.
[121] Vgl. Kap. 6.1.
[122] Fushöller (1979) 131f.

Massinissa gewürdigt[123], der selbst eine außerordentlich große Domäne besaß und seinen Erben (44-55 Söhne) Ländereien von je 900 ha hinterließ[124].

**Zu Beginn der römischen Besiedlung** war der *ager publicus* wie bereits angedeutet durch die Karthager in den Grenzen der Provinz Africa wirtschaftlich gut erschlossen[125]. Deshalb sahen die Römer weder Anlass zur Ausweitung der Kulturflächen und Intensivierung des Anbaus noch zur Änderung der Landnutzungsformen sowie der Anbaumethoden der Karthager[126]. Die während dieser Zeit durchgeführte Limitation[127] des Landes in der Provinz war wohl eher zur Ordnung der Besitzverhältnisse und der dadurch resultierenden Erhebungen von Abgaben zu verstehen[128].

Wie bereits in vorrömischer Zeit gehörten der Getreideanbau, die Olivenkulturen und auch die Viehhaltung zu den wichtigsten landwirtschaftlichen Nutzungsformen. Hierbei deckte sich das Gebiet des Getreideanbaus maßgeblich mit den Olivenkulturen, nämlich im Umland von Karthago und Hadrumetum, an der Syrtenküste und in dessen Hinterland[129].

Das Getreide gehörte zu den wichtigsten Exportprodukten der Provinz und weitete sich flächen- sowie ertragsmäßig durch Zuwanderung römischer Bürger, die sich allmählich zu Großgrundbesitzern und Händlern entwickelten, aus[130]. So erwähnen z. B. Sallust[131] und der Autor des *Bellum Africum*[132], dass die *negotiatores* aus Thysdrus und Cirta Getreidehändler oder Pächter von Domänen waren, die aus dem italischen Mutterland kamen[133]. Außerhalb der römischen Provinz im numidischen Kernland entsprachen die Wirtschaftsformen weiterhin denen der vorrömischen Zeit. Im Gebiet der provinznahen Teile Numidiens kam es wahrscheinlich zur Intensivierung der Landnutzung mit der Ansiedlung der Veteranen des Marius, die mit Ackerland versorgt wurden und das Land als *coloni* bewirtschafteten[134].

Nach der Schaffung der neuen Provinz Africa Nova und Gründung weiterer Kolonien auf ehemals numidischen Boden beschleunigte sich die landwirtschaftliche Erschließung, und nun gehörte auch in Numidien das Getreide zum wichtigsten Anbauprodukt, deren Anbau- und Handelszentrum vermutlich die ehemalige Königsburg Cirta war[135].

Dank der Erwähnung der wichtigsten Zentren der Getreidewirtschaft und des Handels sowie der Lage von Gutshöfen (*villae*) durch den Autor des *Bellum Africum* kann man eine ungefähre Vorstellung von der Ausdehnung der landwirtschaftlich genutzten Flächen durch Getreide gewinnen. Hieraus lässt sich ein in großen Flächen betriebener Getreideanbau in der Gegend von Hadrumetum, Thysdrus und Acholla rekonstruieren[136]. Als wichtigste Getreideumschlagplätze werden zudem noch die Städte Thysdrus[137] und Cercina (Kerkenna) auf der gleichnamigen Insel[138] genannt. Die Ertragsmengen für die Getreideausfuhr müssen immens gewesen sein: waren es zur Zeit Caesars etwa 42 000 Tonnen Getreide[139], verzehnfachte sich etwa hundert Jahre später die Menge durch die Provinzerweiterung von Numidien und Tripolitanien. Damit war der Getreidebedarf Roms zu zwei Dritteln gedeckt, der Rest wurde aus Ägypten importiert[140].

Eine weitere landwirtschaftliche Nutzung stellte die Kultivierung der Olive dar. Diese scheint jedoch zur Zeit Caesars und des Augustus nur in den Küstenstreifen zwischen Hadrumetum und Thabena verbreitet gewesen zu sein[141]. Dass es sich hier wohl zunächst um das Hauptverbreitungsgebiet der Olivenkultur handelte, ergibt sich u.a. auch aus den hohen Ölabgaben, die Caesar den Bewohnern von Leptis Minor auferlegte[142].

Neben der Kultivierung des Ölbaums finden sich aber auch andere Landnutzungsarten wie Feigen- und Weinanbau, über die wir erfahren, dass sich deren umfangreiche Anbaugebiete in Aggar befanden (b. Afr. 67, 2)[143].

**In tiberischer Zeit** war die wirtschaftliche Erschließung der Africa Proconsularis, die möglicherweise ihren Abschluss in der im Jahre 38 n. Chr. beendeten Vermessung der Provinz hat, bis zur Linie Tacape (Gabes) – Turris Tamalleni (Telmine), also fast zur Agrikulturgrenze vorgestoßen. Im Hauptachsenkreuz dieser unter Augustus begonnenen Vermessung verlief der *Decumanus* aus N-NW nach S-SO, also bei einem Punkt zwischen Rusicade (Skikda-Philippeville) und Hippo Regius (Annaba-Bône), weiter durch Sufetula (Sbeitla) hindurch und erreicht bei Tacape die Ostküste. Der *Cardo* verband Ammaedara (Haidra) mit dem Kap Bon[144].

In Numidia ging die wirtschaftliche Erschließung mit den Bemühungen der Römer, die einheimische Bevölkerung sesshaft zu machen, einher. In tiberischer Zeit machte sie an der Grenze der Sesshaftigkeit des 1. Jhs. v. Chr. halt, drang dann aber im 1. Jh. n. Chr. weiter nach Süden vor und erreichte schließlich in trajanischer Zeit die Linie Theveste (Tebessa) – Lambaesis (Lambése). Erst in hadrianischer Zeit ist eine Landerschließung über diese Linie hinaus in Richtung Agrikulturgrenze nachzuweisen. Für eine systematische Vermessung Numidiens, die den

---

[123] Polyb. 36, 16, 7-8; Strab. 17, 3, 15.
[124] Diod. 32, 17; Fushöller (1979) 133-135; Kehoe (1988) 8.
[125] Fushöller (1979) 268.
[126] Fushöller (1979) 268.
[127] Für einen Überblick zur Landvermessung siehe: Bussi (2003); Schubert (1996); Hinrichs (1974).
[128] Fushöller (1979) 268; Hafemann (1981) 57f.
[129] Fushöller (1979) 270.
[130] Fushöller (1979) 271.
[131] b. Iug. 26, 3.
[132] b. Afr. 36, 2.
[133] Fushöller (1979) 271; Kehoe (1988) 9.
[134] Fushöller (1979) 271; Kehoe (1988) 10.
[135] Fushöller (1979) 271.

[136] b. Afr. 6, 7; 9, 1, 2; 33, 1; 36, 2; 61, 5; 65, 2; 67, 2; 75, 2; 76, 1; 89, 1, 2.
[137] b. Afr. 36, 2; 97, 4.
[138] b. Afr. 8, 3.
[139] Ios. bel. Iud. II 383.
[140] Bechert (1999) 86f.
[141] b. Afr. 33, 1; 43, 1; 50, 1; 67, 2; 97, 3.
[142] b. Afr. 97, 3; Fushöller (1979) 272f.
[143] Fushöller (1979) 272f.
[144] Fushöller (1979) 375. Zur Vermessung der Africa Proconsularis siehe: Barthel (1911) 39-126; Hinrichs (1974) 115-119; Ørsted (1994a) 75-82.

endgültigen Abschluss der wirtschaftlichen Erschließung dieses Landesteils hätte bedeuten können, hat man bislang noch keine Anzeichen gefunden[145].

Eine Limitation im östlichen Atlasafrika wurde auch in nachrepublikanischer Zeit vorgenommen, deren Spuren nicht nur im Norden der eigentlichen Provinz Africa zu finden sind, sondern auch im Küstenbereich im Süden von Horrea Caelia und im Gebiet des Schott Fedjedj[146]. Zwei Katastersysteme, die in der tunesischen Sahelzone (gemeint ist das Küstenhinterland Tunesiens) heute noch sichtbar sind, weichen in der Ausrichtung voneinander und vom republikanischem Schema ab; das eine erfasste die Küstenzone zwischen Horrea Caelia und Acholla (Ras Boutria), das andere das südliche Umland von Acholla, und beide sind wahrscheinlich unabhängig voneinander zu unterschiedlicher Zeit entstanden. Vielleicht sind diese beiden Systeme als eigene Katastersysteme der beiden Städte Hadrumetum und Acholla zu verstehen[147].

Die Bereiche der Centuriatsvermessung deckten sich bis in tiberische Zeit mit den karthagischen Stadtgemeinden und deren Ackerland, welche die wichtigsten Getreideanbaugebiete der *Africa Vetus* umschlossen. In der Folgezeit jedoch wurde auch das neue Land außerhalb dieser Bereiche für die Landnutzung erschlossen.

Sinn und Zweck war nicht etwa primär die Vermessung des Landes, vielmehr ging es um die Erleichterung des Einzuges der Getreideabgaben. Wenn man nun die vermessenen Gebiete mit den geographischen Gegebenheiten vergleicht, so ist festzustellen, dass diese Gebiete weitgehend auf ebenem Gebiet und ebenfalls sowohl klimatisch als auch hydrographisch begünstigt sind[148].

Aus dem Gebiet des einstigen numidischen Königreiches sind Inschriften über Limitationen bekannt, die Siedlungsgebiete einzelner Stämme von deren benachbarten Stämmen oder von Stadtgemeinden abtrennen sollten[149]. So wurden z. B. laut einer Inschrift aus den Jahren 80-117 n. Chr. die Grenzen des Siedlungsgebietes der Stämme der *Suburbures* und der *Nicibes* in der Gegend von Cirta festgelegt[150].

Wie schon in republikanische Zeit sah man auch zu Zeiten von **Tiberius und Hadrian** keinen Anlass die zu nutzenden Kulturflächen weiter auszuweiten; man griff auf die bereits auf karthagischem Boden weit fortgeschrittene Landkultivierung zurück[151]. In Numidien schritt die Landnutzung im Laufe des 1. Jhs. n. Chr. bis zum Anfang des 2. Jhs. n. Chr. weiter voran, während in dieser Zeit in den übrigen Gebieten, z. T. in den Hauptverbreitungsgebieten der nomadischen Bevölkerung, nur langsam Fortschritte zu verzeichnen sind[152].

In hadrianischer Zeit waren von rund 100.000 km² wirtschaftlich erschlossener Fläche unter Berücksichtigung der klimatischen, hydrographischen und morphologischen Gegebenheiten nur ca. 20.000 km² zur Ackerkultivierung geeignet[153].

Anhand der Siedlungsdichte und der geographischen Gegebenheiten lassen sich vier Gebiete im östlichen Atlasafrika mit unterschiedlich hohem Kulturlandanteil ausmachen: einen sehr hohen Anteil, bei dem die kultivierten Anbauflächen dicht beieinander lagen und sich sogar teilweise berührten und somit „große zusammenhängende Kulturlandkomplexe entstanden"[154], haben das Umland von Karthago und die Bagradasebenen[155], einen hohen Anteil mit weniger dicht beieinander liegenden kultivierbaren Flächen die Syrtenküstenregionen zwischen Puppput (Souk el Abiod) und Acholla (Ras Boutria), die Region von Cirta und die Hochebene der Tellzone der Africa Proconsularis und einen geringeren Kulturlandanteil die Syrtenküstenregion südlich von Acholla, das Steppentief und -hochland der Africa Proconsularis, der Ostteil der Wüstenrandzone und das Steppenhochland der Numidia. Äußerst geringe Flächen, die „als kleine Agraroasen in großer Streuung in sonst unberührten Naturlandschaftsräumen"[156] lagen, haben der Ost- und Westteil der Aureszone und der mittlere und Westteil der Wüstenrandzone[157].

Ungenutzte Gelände, die aufgrund ihrer morphologischen und klimatischen Gegebenheiten nicht nutzbar waren, blieben als *subseciva* liegen, während diejenigen Areale, die zwar kultivierbar waren, aber zu weit von einer Siedlung entfernt lagen oder auch wegen ihrer schlechten Verkehrsanbindungen schlecht erreichbar waren, oft unbeackert liegen blieben[158].

Als wichtigste Nutzpflanze für den Ackerbau in Nordafrika gilt nach den *leges manciana* und *hadriana* das Getreide – insbesondere Hartweizen und Gerste – und wurden daher in der Zeit von Tiberius bis Hadrian besonders gefördert.

Die wichtigste Baumkultur war, schon wie in vortiberischer Zeit, der Olivenbaum[159], die wichtigste Strauchkultur die Weinrebe. Für diese Nutzarten kamen auch unebenere Gebietsteile in Frage, die für den Ackerbau weniger geeignet waren[160].

Besondere Anbaugebiete für Getreide waren die Bagradasebenen mit den wichtigen Zentren der

---

[145] Fushöller (1979) 376.
[146] Zum Schott Fedjedj: CIL VIII 22786: Die Inschrift besagt, dass die legio III Augusta die Ackerlimitation in diesem Bereich durchgeführt hat und ist in die Jahre 29-30 n. Chr. zu datieren.
[147] Fushöller (1979) 377. Für die zeitliche Einordnung dieser beiden Katastersysteme siehe: Chevallier (1958) 61ff.
[148] Fushöller (1979) 378f.
[149] Fushöller (1979) 380.
[150] AE 1957, Nr. 175.
[151] Fushöller (1979) 383.
[152] Fushöller (1979) 383.
[153] Anhand von Siedlungen (*vici, pagi, oppida, urbes*) und Einzelgehöften (*villae*) kann man nun die ungefähre flächenmäßige Ausdehnung der Kulturflächen erahnen. Bei etwa 250-300 größeren Siedlungen in hadrianischer Zeit und einer Gesamtkulturfläche von 15000-20000km² blieb für jede Siedlung eine landwirtschaftliche nutzbare Fläche von rund 40-50 km²; Fushöller (1979) 383f.
[154] Fushöller (1979) 385.
[155] Gemeint ist der heutige Medjerda.
[156] Fushöller (1979) 385.
[157] Fushöller (1979) 384f.
[158] Fushöller (1979) 388.
[159] Granatapfel- und Feigenbäume nahmen nur einen verhältnismäßig kleinen Teil im Gegensatz zur Olivenkultur ein (Fushöller [1979] 389).
[160] Fushöller (1979) 389; Hafemann (1981) 59f.; 64.

Getreidewirtschaft (Bulla Regia [Hammam Darraji] und Vaga [Béjà]), die Hochflächen um Mactar und auch Bereiche der Syrtenküste, von der wir auch aus der Zeit Caesars wissen[161], dass hohe Ernteerträge eingefahren worden sind (z. B. in Thysdrus)[162].

Anhand der Auffindung von Ölpressen sind als wichtige Verbreitungsgebiete der Olivenkulturen des 1. und beginnenden 2. Jhs. die Bagradasebenen mit Thubursicu Bure (Téboursouk) und Thugga (Dougga), die Syrtenküstenregion südlich von Pupput (Souk el Abiod) und in der Numidia das Umland von Madaurus (Mdaourouch) zu nennen[163].

**In nachhadrianischer Zeit** kommen zu den genannten Olivenanbaugebieten noch das Steppenhochland der Africa Proconsularis mit den Zentren Theveste (Tèbessa), Thelepte, Sufes (Sbiba) und Sufetula (Sbeitla), die Region südlich der Syrtenküste und die Randbereiche des Steppenhochlandes der Numidia dazu, in denen man zahlreiche Olivenpressen gefunden hat[164]. Vor allem in der Tripolitania ist eine Steigerung der Kultivierung unter Septimius Severus zu verzeichnen[165].

Zu den wichtigsten Anbauformen gehören Regenfeldbau[166], Feuchtbodenfeldbau[167], Trockenfeldbau[168] und Bewässerungsfeldbau[169]. Bis auf die Methode des Bewässerungsfeldbaus sind alle anderen Landnutzungsformen aufgrund der klimatischen und hydrographischen Bedingungen nur bis zur Agrikulturgrenze möglich[170]. So ist beispielsweise der Getreideanbau in klimatisch begünstigten Gebieten, wie der Küstenzone, der Tellzone und in einigen Randbereichen des Steppenhochlandes der Numidia, durch Regenfeldbau weiter verbreitet als in den Gebieten, in denen aufgrund der schlechten hydrographischen Begebenheiten nur Trockenfeldbau möglich gewesen wäre[171]. In nachhadrianischer Zeit wurde die wirtschaftliche Erschließung des Landes, vor allem in der Steppen- und der Wüstenrandzone weiter vorangetrieben; aber auch bislang noch nicht genutztes Land im Bereich des ehemaligen numidischen Königreiches und des karthagischen Herrschaftsraumes wurde für Getreide-, Baum- und Strauchkulturen erschlossen. Besonders gefördert wurde in dieser Zeit der Anbau von Getreide, durch Trockenfeldbau in der weniger klimatisch begünstigten Steppenzone und durch Bewässerungsfeldbau durch aufwendige Bewässerungssysteme in der Wüstenzone[172].

Die Landnutzungsmöglichkeiten der Mauretania konnten sich aufgrund der schwierigen politischen Situation und Sicherheitslage nicht so entfalten wie in den anderen Provinzen Nordafrikas. Ertragreiche Flächen für Weizen gab es in den Ebenen der gut gesicherten Städte Sala und Volubilis[173]. Aber auch Olivenpressen sind in der Umgebung von Volubils nachgewiesen worden[174]. Ein weiteres Handelsprodukt war der Export von Tieren, insbesondere Löwen und anderen exotischen Arten. Aber auch die Pferdezucht war ein wichtiger wirtschaftlicher Faktor.

Die Siedlungsentwicklung und wirtschaftliche Erschließung beschränkte sich zunächst auf die bereits vorhandenen Infrastrukturen im numidischen und punischen Siedlungsgebiet durch Ansiedlung römischer Bevölkerung und Übernahme der vorhandenen landwirtschaftlichen Strukturen. Die Haupterzeugnisse in vorrömischer Zeit waren vor allem das Getreide und das Olivenöl. Durch die begünstigten hydrographischen Gegebenheiten und vorhandenen Landnutzungsformen der Getreidewirtschaft ist anzunehmen, dass diese Gebietsteile zum größten Teil in die Staatsdomäne durch Sicherung der Getreideversorgung Roms übergingen und im Laufe der Zeit durch neuerschlossene Gebiete immer mehr ausgeweitet und besonders gefördert wurden.

---

[161] b. Afr. 36, 2; 97, 4.
[162] Fushöller (1979) 393.
[163] Fushöller (1979) 394.
[164] Fushöller (1979) 394.
[165] Fushöller (1979) 443, Hafemann (1981) 58f.
[166] Der Regenfeldbau stützt sich allein auf die atmosphärischen Niederschläge. und der Bewässerungsfeldbau auf die Oberflächenbewässerung.
[167] Der Feuchtbodenfeldbau kann nur auf hydrographisch begünstigten Gebieten, d.h. sowohl begünstigt durch Niederschläge als auch durch im Boden vorhandenes Quellwasser, angewendet werden. Hierfür eigneten sich Waditalsohlen, Schwemmfächer, Grundwasseraustritte.
[168] Der Trockenfeldbau hängt von der Speicherung der Niederschläge im Boden für ein Anbaujahr ab.
[169] Der Bewässerungsfeldbau kann auch in klimatisch ungünstigen Gebieten ausgeübt werden, da er ausschließlich auf der Oberflächenbewässerung beruht. Hierzu benötigte man Wasserspeicher Zisternen, Talsperren, Brunnenanlagen.
[170] Fushöller (1979) 94-98.
[171] Fushöller (1979) 395-396; Hafemann (1981) 58f.

[172] Fushöller (1979) 442. Zu den einzelnen Bewässerungssystemen siehe Fushöller (1979) 401-408.
[173] Bechert (1999) 159.
[174] Ponsich (1970); Risse (2001).

## 3. WIRTSCHAFTSTRUKTUREN DER VILLA

Im 1. und beginnenden 2. Jh. wurde der Getreideanbau in bedeutendem Maße sowohl durch die Form der Latifundienwirtschaft, d. h. es gab in vielen Stadtgemeinden der Africa Proconsularis und Numidia Großgrundbesitzer und Getreidehändler, die zur Oberschicht gehörten[175], als auch in Form der Verpachtung von stattlichem/kaiserlichen Grundbesitz betrieben. In nachhadrianischer Zeit kamen aus den neuerschlossenen Gebieten der Steppen- und Wüstenrandzone Getreide- und Olivenanbau von Großgrundbesitzern dazu[176].

Vor allem in der Tripolitania war das Olivenöl ein wichtiger wirtschaftlicher Faktor für die dort lebende Elite. In den Gegenden von Leptis Magna, Oea und Sabratha muss es den Großgrundbesitzern zu enormen Reichtum verholfen haben[177].

Pudentilla z.B., eine reiche Witwe aus Oea, mit einem Vermögen von Millionen Sesterzen, besaß nach den Schilderungen ihres Mannes – des Dichters Apuleius[178] – großzügige Ländereien und mehr als 400 Sklaven in der Umgebung von Oea[179].

Aber neben den privaten Grundbesitzen wurden auch die staatlichen Domänen immer weiter zur Getreideversorgung Roms ausgeweitet[180]. Besonders in den bereits in vorrömischer Zeit wirtschaftlich erschlossenen Gebiet ist eine Übernahme in den stattlichen Großgrundbesitz anzunehmen. Tatsächlich sind in diesen hydrographisch begünstigten Gebieten zahlreiche Inschriften gefunden worden, die die Verpachtung kaiserlicher Domänen regeln.

### 3.1 PACHTBEDINGUNGEN

Dank einiger schriftlicher Quellen über die Pachtbedingungen kaiserlicher Großgrundbesitze und Quellen über die Bewirtschaftung von landwirtschaftlichen Gütern bis hin zum Olivenanbau kann man die Wirtschaftsstrukturen einer *villa rustica* sehr gut rekonstruieren.

Über die Verwaltung kaiserlicher Güter in Nordafrika sind vier inschriftliche Zeugnisse zu erwähnen, die in der mittleren Bagradasebene[181] gefunden worden. Hierbei handelt es sich um die Inschriften von Ain Wassel[182], Suk el-Khmis[183], Henchir Mettich[184] und Ain el-Djemala[185].

Die Inschrift von Henchir Mettich enthält die ausführlichsten Regelungen über die Bedingungen der *Villa Magna Variana id est Mappalia Siga* und wird nun im Folgenden ausgewertet[186]. Die *Villa Magna* befand sich dem antoninischen Itinerariun[187] zufolge 35 Meilen vom Municipium Pons Zita und 30 Meilen von Fisida entfernt[188]. Die Regelungen und Verpflichtungen zu Lieferungen und Leistungen des Gutes wurden von den zuständigen Procuratoren Licinius Maximus und Felicior, in deren Verwaltungsgebiet das Gut lag, geregelt ([...] *data a Licinio [Ma]ximo et Feliciore Aug[usti] lib[erto] pro[curatoribus]*)[189]. Aus der Inschrift geht hervor, dass sie am Ende der Regierungszeit Hadrians verfasst wurde. Auch die Kolonen werden genannt: *[...] a Lurio Victore Odilonis magistro et Flavio Geminio defensore et Felice Annobalis Birzilis* [190].

Das zu bewirtschaftende Land unterteilte sich in vermessenes (*centuriae*) und unvermessenes Gelände (*subseciva*). Letzteres waren Randstücke, die bei der Feldvermessung abfielen. Hierbei war geregelt, dass die Kolonen bei der Bewirtschaftung dieser *subseciva* nicht mehr aber auch nicht weniger Erträge wie bei den *centuriae* abliefern mussten. Die Nutzung unterschied sich aber in dem Punkt von den *centuriae*, dass die *subseciva* nicht befristet und auch vererbbar waren[191].

Über das Ablieferungsverfahren wird berichtet, dass bei allen Erträgen die Menge geschätzt und den Verwaltern (*conductores*) übermittelt werden musste. Diese Schätzung der Erträge musste sowohl mündlich vorgebracht als auch innerhalb einer bestimmten Frist schriftlich eingereicht werden[192]. Die Abgabesätze waren ebenso einheitlich geregelt und galten für alle Kolonen gleichermaßen. Sie waren nach der Anbauart gestaffelt. Vom Wein, Olivenöl, Weizen und der Gerste war ein Drittel, von den Bohnen ein Viertel oder ein Fünftel und vom Honig ein Sechstel an die Pachtunternehmer oder Verwalter (*conductores*) des Gutes abzuführen, der Rest konnte für den Eigenbedarf verwendet werden[193].

> *Fructus cuiusque culture, quos ad aream deportare et terere debebunt,*
> *summas r[edd]ant arbitratu [s]uo conductoribus vilicis[ve ei]us f(undi); et si*
> *conduct[or]ibus vilicisve eius f(undi) in assem p[artes c]olonicas daturas*
> *renuntiaverint, tabell[is intra dies tr]es caveant eius fructus partes, qu[as in*
> *assem dar]e debent conductoribus vilicisve eius [f(undi): ita col]oni*
> *colonicas partes prestare debeant.*(I 13-20)

---

[175] Hinweise auf Großgrundbesitz in der Africa Vetus: Plin. nat. 18, 6, 35 (Fushöller [1979] 392).
[176] Fushöller (1979) 443.
[177] Mattingly (1996) 143f.
[178] Apul. Apol. 93, 4: *[...] praeterea ex re familiari sua fructuosissimos agros et grandem domum opulente ornatam magnamque vim tritici et ordei et vini et olivi ceterorumque fructuum, servos quoque haud minus CCCC, pecora amplius neque pauca neque abiecti pretii [...]*; außerdem: Apul. apol. 44, 6; 71, 6; 87, 7; 91, 7; 92, 3.
[179] Flach (1990) 86; Mattingly (1996) 143; Hammerstaedt (2002) 9-22 bes. 11-15.
[180] Hafemann (1981) 57f.
[181] Gemeint ist der heutige Medjerda.
[182] CIL VIII 25943.
[183] CIL VIII 10570.
[184] CIL VIII 25902.
[185] CIL VIII 26416.

[186] Whittaker (1978) 355-361; Flach (1982) 427-469; Kehoe (1988) 29-70; Ørsted (1994b) 115-125.
[187] Straßen- und Stationenverzeichnis der Kaiserzeit (Kubitschek [1902] 20-96; Van Berchem [1973] 123-126; Van Berchem [1974] 301-307; Reed [1978] 228-251; Kolendo [1986] 149-161).
[188] Kolendo (1986) 152; Jacques (1993) 63-69.
[189] Kehoe (1988) 33.
[190] Flach (1982) 430.
[191] Flach (1982) 430f.; Kehoe (1988) 33; Flach (1990) 91.
[192] Flach (1982) 433; Kehoe (1988) 33.
[193] Flach (1982) 433f.; Kehoe (1988) 33f.

Wie beim Honig sollte auch der Obstanbau den Eigenbedarf decken. Wenn das *pomarium* eine bestimmte Größe nicht überschritt, blieben alle Erträge von der Abgabepflicht ausgenommen. Zu einem Drittel abgabepflichtig waren also nur diejenigen Erträge der Bäume, die außerhalb des *pomarium* standen[194].

> *Ficus aride arbor[es eius f(undi)], que extra pom[a]rio erunt, qua pomarium*
> *[ita int]ra villam ips[am] sit, ut non amplius iu[erid tot pate]at, col[on]us*
> *arbitro suo co[actorum fructuu]m con[ducto]ri vilicisve eius f(undi) par[tem*
> *tertiam d(are) d(ebebit)].*(II 13-17)

Über neu gepflanzte Bäume oder angelegte Weinstücke gibt uns die Inschrift Auskunft, dass die Erträge in den ersten fünf Jahren abgabefrei waren. Wenn wilde Ölbäume gepfropft wurden, betrug die Abgabefrist ebenfalls fünf Jahre. Bei der Bepflanzung von unbebautem Boden verdoppelte sich die Frist sogar auf zehn Jahre. Danach handelte es sich um das übliche Drittel[195].

Die Aufgabe, das Gut zu bewachen, hatten sog. *custodes* inne, als die sich die Kolonen gegenseitig abwechselten. Ihre Tätigkeit bestand nicht allein darin, das auf dem Gut weidende Vieh zu bewachen, sie mussten ebenso darauf achten, dass niemand auf dem Gelände der *villa magna* Schäden anrichtete oder Diebstähle beging. Für jede Beschädigung oder jeden Diebstahl mussten die Kolonen den Pachtunternehmern bzw. den Verwaltern des Gutes den Schaden innerhalb von zwei Jahren erstatten[196].

> *Si quis ex f(undo) Ville Magne sive Mappalie Sige fructus stantem pendentem*
> *maturum inmaturum caeciderit exciderit exportatverit deportaverit*
> *conbusserit desequerit, sequ(entis) [b]iennii detrimentum conductoribus*
> *vilicisve eius f(undi) [prestare c]oloni erit.*(III 20-IV 1)

Auch wenn die Kolonen selbst das Grundstück und die darauf kultivierten Bestände mindestens zwei Jahre verwahrlosen ließen, fiel es den Pachtunternehmern bzw. dem Verwalter zu. Nach dieser Zweijahresfrist mussten sich die Pachtunternehmer bzw. Verwalter so lange um das verwahrloste Grundstück selbst kümmern, bis sie einen neuen Pächter gefunden hatten (IV 9-15)[197].

Damit sich die Erträge ständig steigerten, legten die Verwalter Wert darauf, dass die Kolonen neue Bäume oder Weinstöcke setzten, wenn die Erträge der älteren zurückgingen. Wenn dabei die Bäume von den Kolonen selbst angepflanzt wurden, konnten sie testamentarisch vererbt werden[198].

> *[Qui in f(undo) Ville Magna Varia]ne sive Mappalie Sig[e ficetum olivetum*
> *vineas se]verunt severint[t, eis eam superficiem heredibus], qui e legitim[is*
> *matrimoniis nati sunt eruntve], testamen[to relinquere permittitur.*( IV 2-6)

In der Inschrift war nicht nur die Abgabehöhe geregelt, sondern auch die Arbeitszeiten und Pflichtarbeitstage (*operae*) für die Kolonen. Wenn sie dabei auf dem Gut Villa Magna selbst wohnten, fielen ihnen dabei sechs Pflichtarbeitstage jährlich zu (IV 22-27). Auf welche Arbeiten sich diese jedoch verteilten ist nicht geklärt. Vermutlich handelte es sich dabei um je zwei Arbeitstage: im Frühjahr um zu pflügen, im Herbst um zu ernten und um zwei Arbeitstage anderweitiger Art. Weder die Pflichtarbeitstage noch die Aufsichten (*custodiae*) wurden ihnen vergütet. Sie waren bei Pachtannahme dazu verpflichtet, diese Aufgaben zu übernehmen[199]. Die Regeln der Henchir Mettich-Inschrift wurde nach dem Vorbild der sog. *lex Manciana*[200] verfasst, die jedoch die Bedingungen privater Guteigentümer regelte. Sie mussten deshalb den Erfordernissen der kaiserlichen Gutsherrschaft angepasst werden. Das heißt, die Kolonen mussten die Pachtabgaben nicht den Grundeigentümern (*dominis vilicisve*) übergeben, sondern dem Großpächter bzw. dessen Verwalter (*conductoribus vilicisve*). Die Abgaben der kaiserlichen Ländereien entrichteten die Kolonen nicht dem Kaiser selbst, sondern Großpächtern bzw. deren Verwaltern[201].

Die *lex Manciana* wird in der Inschrift von Henchir Mettich mehrfach zitiert:

> *[...] data a Licinio Maximo et Feliciore Aug(usti) lib(erto) proc(uratoribus)*
> *ad exemplu(m) [leg]is Man[c]ian(a)e [...].*  (I 5-6)

> *qui eorum [i]ntra fundum Villae Mag[n](a)e Varian(a)e id est Mappalia Siga*
> *villas habebunt, eis eos agros qui su[b]- [c]esiva sunt excolere permittitu*
> *lege Manciana [...]* (I 6-8).

Die *lex Manciana* regelte wie die bereits besprochene Inschrift zu welchen Bedingungen die Kolonen privaten Grund und Boden in republikanischer Zeit nutzen durften. Sie diente mehrere Jahrhunderte als Richtlinie für private Grundeigentümer[202]. Noch in der Spätantike wird sie auf den sog. *Tablettes Albertini*[203] zitiert, kleinen

---

[194] Flach (1982) 435f.; Kehoe (1988) 34.
[195] Flach (1982) 436.
[196] Flach (1982) 437; Kehoe (1988) 35; Flach (1990) 97.
[197] Flach (1982) 440f.; Kehoe (1988) 36.
[198] Flach (1982) 438; Kehoe (1988) 36.

[199] Flach (1982) 442f.
[200] Es besteht die Möglichkeit, dass dieses Gesetz nach Titus Curtilius Mancia, einem Proconsul, benannt wurde, der um 56 v. Chr. in die Provinz Africa versetzt wurde (Flach [1982] 444).
[201] Flach (1990) 82; 89.
[202] Whittaker (1978) 358; Kehoe (1988) 37f.; Mattingly (1996) 138; Marcone (1997) 187; Ørsted (1994b) 119; Flach (1990) 89.
[203] Diese Holztäfelchen fand E. Albertini, zu dessen Ehren sie auch benannt wurden, im Jahre 1928 im algerisch-tunesischen Grenzgebiet 65 km westlich von Gafsa (Albertini (1930) 23f.

Holztäfelchen, auf denen der Verkauf von Boden an freie Pächter von privaten Grundeigentümern festgehalten wird[204]. Die *lex Manciana* regelte also nicht nur die Bedingungen auf kaiserlichem Besitz, sondern auch private Großgrundbesitzer orientierten sich bei der Verpachtung des Landes an ihr. Die sog. *saltus privati* (Privatgrundbesitze) erklären sich aus dem großen Areal des *ager publicus* in der Provinz Africa, welcher nicht in Territorien untergliedert war und durch den großen Landverkauf am Ende des 2. Jhs. n. Chr. in die Hände von 'Privatleuten' gekommen war[205]. Diese Privatleute konnten aus der neben der Sklavenwirtschaft[206] existierenden berufsmäßigen Erntehilfe freier Feldarbeiter aus dem Kleinbauertum kommen, wie der Fund einer Grabinschrift[207] zeigt. In dieser wird überliefert, wie sich ein einfacher Mann ohne Vermögen in zwölf Jahren vom Erntehelfer zum Grundbesitzer emporarbeitete[208].

## 3.2 LANDWIRTSCHAFTLICHE ERZEUGNISSE: DAS BEISPIEL DER OLIVENÖL-PRODUKTION

Wie im Kapitel über die Quellen antiker Autoren über Klima und Landwirtschaft bereits besprochen wurde, soll Nordafrika der größte Getreidelieferant des römischen Reiches gewesen sein; die Getreideanbaugebiete erstreckten sich über die gesamte Provinz. Auch Plinius spricht davon, dass Africa weniger für seinen Wein und sein Öl bekannt war als für Getreide[209]. Diese Einschätzung kann aber so nicht ganz richtig gewesen sein, wie die archäologischen Zeugnisse beweisen; auch Iuvenal rühmt die hohe Qualität des afrikanischen Öls[210]. Die Bedeutung des Olivenöls war in der Antike sehr groß. Es diente nicht nur als Grundnahrungsmittel, sondern war auch Grundsubstanz für zahlreiche Medikamente, Parfüme und Kosmetika[211]. Bereits in vorrömischer Zeit existierten solche landwirtschaftlichen Zentren für die Produktion von Olivenöl[212]. Im Hinterland jeder größeren Stadt, an Flussufern und sogar an der Küste befinden sich in römischer Zeit zahlreiche *villae rusticae* mit umfangreichen Olivenproduktionsanlagen und z. T. eigenen Töpferöfen für die Herstellung von Amphoren für den Transport des gewonnenen Öls (**Anlage 1**)[213]. Der römische Autor Cato, der selbst eine Villa mit Olivenhainen in Italien besaß[214], stellte bereits in seiner Schrift *De agricultura* heraus, dass der Wein und das Olivenöl die Haupterzeugnisse einer Villa sein sollten[215]. Besonders in Tripolitanien entwickelte sich die Olivenkultivierung sehr schnell, da das Land aufgrund der schlechten klimatischen Bedingungen für den Getreideanbau völlig ungeeignet war. Der Ölbaum dagegen erwies sich als sehr robust[216] und kam auch mit einer jährlichen Niederschlagsmenge von nur 150 mm aus. Im 3. Jh. n. Chr. waren allein die Erträge in der Region von Maghreb so hoch, dass der Export des Öles der höchste aller römischen Provinzen war[217]. Es konnten insgesamt 1500 Olivenpressen um Leptis Magna und dessen Hinterland archäologisch nachgewiesen werden, die Existenz weiterer ist anzunehmen (**Abb. 7**)[218]. Die Erträge solch einer durchschnittlich großen Olivenpresse betrugen 5000-10000 Liter pro Jahr. Ein Komplex wie Sidi Hamdan (**LM 18**) produzierte ca. 100000 Liter pro Jahr. Hochgerechnet auf alle in dieser Region gefundenen Olivenpressen müssten somit ca. 15 Millionen Liter Olivenöl pro Jahr gewonnen worden sein[219].

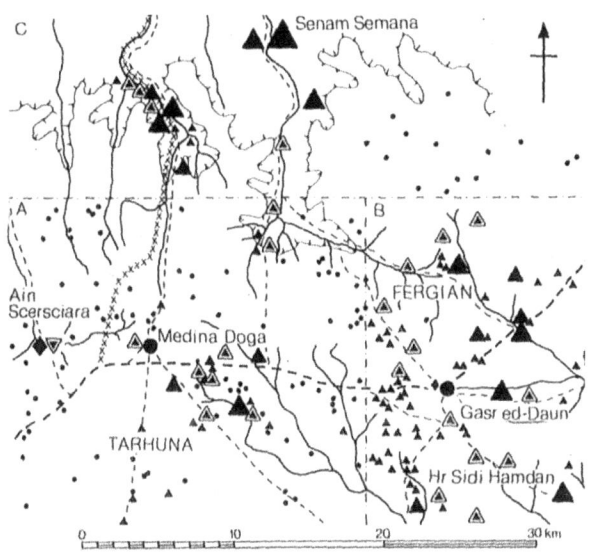

*Abb. 7: Verbreitung der Villen und Olivenpressen im Küstenhinterland von Leptis Magna (Mattingly [1988a] Abb. 1).*

---

[204] Whittaker (1978) 358f.; Flach (1982) 443f.; Kehoe (1988) 47f.; Ørsted (1994b) 122-125.
[205] Hinrichs (1974) 118.
[206] Vgl. Apul. Apol. 93.
[207] CIL VIII 11824.
[208] Flach (1990) 86.
[209] Plin. nat 15, 2; 3, 8.
[210] Iuv. 5, 5, 88.
[211] Mattingly (1996) 140; Précheur-Canonge (o.J.) 48f; Raven (1993) 92-94; Kloft (2006) 24f.
[212] Fentress (2001) 249-268.
[213] Hafemann (1981) 58f.; Mattingly (1988a) 37.
[214] Cato agr. 22, 3; 145, 1; 146, 1.
[215] Cat. agr. 1, 7.

[216] Verg. georg. 2, 420 f.; Colum. 5, 8, 1.
[217] Mattingly (1996) 139; Mattingly (1988a) 35.
[218] Mattingly (1988a) 37; Mattingly (1988b) 29; Mattingly (1996) 143.
[219] Mattingly (1988a) 37.

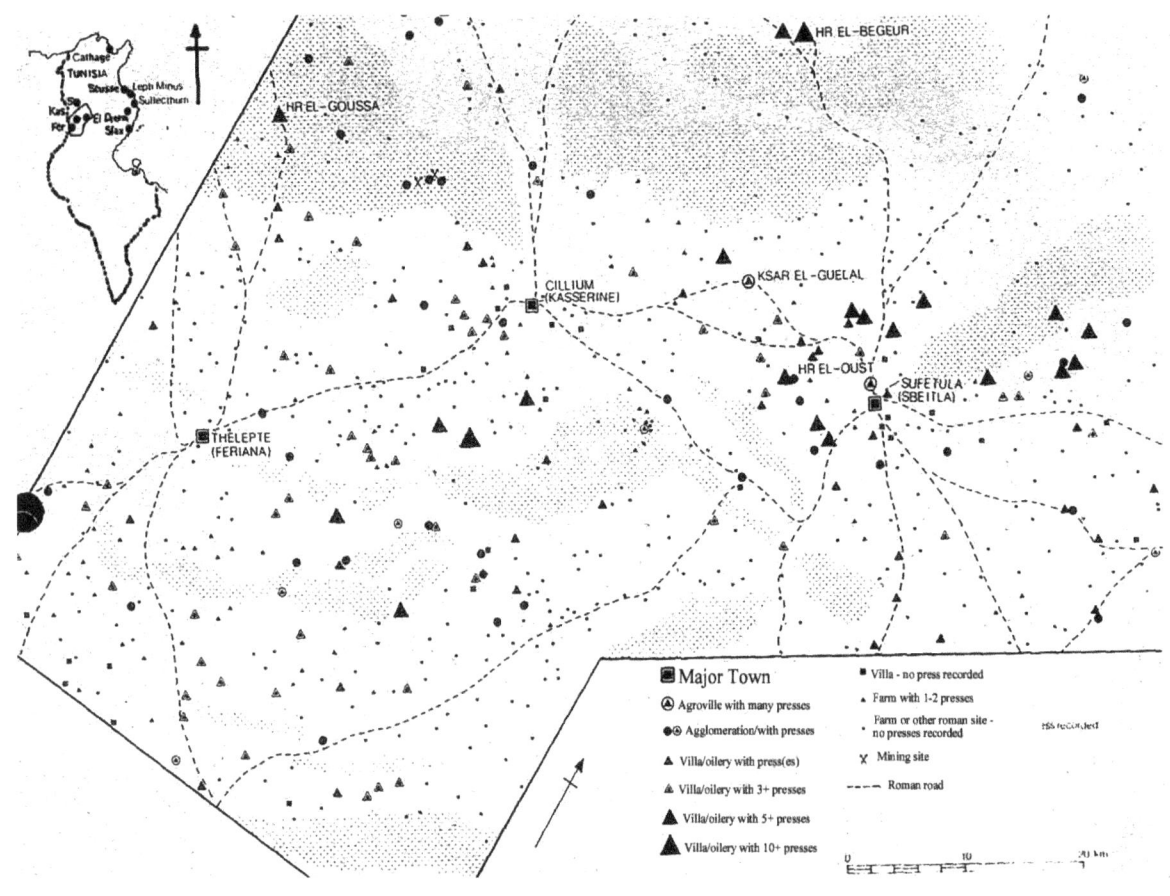

*Abb. 8: Verbreitung von Villen und Olivenpressen in der tunesischen Sahelzone (Mattingly – Hitchner [1993] Abb. 2).*

Das Hauptverbreitungsgebiet der Olivenölproduktion des heutigen Tunesiens (**Abb. 8**) lag im Küstenhinterland von Sousse, El Djem und Sfax in der Gegend von Kasserine (Cillium), Sbeitla (Sufetula) und Thelepte (Feriana). Hier sind ca. 350 Olivenpressen archäologisch nachzuweisen[220]. Zur Zeit Caesars muss die Region ein wichtiges Olivenanbaugebiet gewesen sein[221], wie die hohen Ölabgaben sein, die Caesar den Bewohnern von Leptis Minor auferlegte beweisen könnten[222].

### 3.2.1 Antike Quellen über den Ölbaum

Über den Ölbaum in antiken Quellen viel zu erfahren[223]. Besonders Columella, ein Autor des 1. Jhs. n. Chr., widmet sich im fünften Buch seiner Agrarschrift *De re rustica* sehr ausführlich dem Anbau und der Pflege des Olivenbaumes: Er ist leichter zu pflegen als jeder andere Baum und verlangte den geringsten Aufwand an Arbeit und Kosten[224]. Wenn man ihn z. B. im Vergleich zum Rebstock einige Jahre vernachlässigte, starb er nicht ab, sondern es gibt immer noch Erträge zu verzeichnen und nach einiger erneuter Pflege vervielfachten sich die Erträge wieder[225]. Für die Herstellung von Olivenöl benötigte man eine kleinere Olivenart wie die *Licinia* oder die *Sergia*, für den normalen Verzehr die große „fleischige" *Posia* oder die *Regia*. Man konnte auch aus der *Posia* Olivenöl gewinnen, welches allerdings zu schnell verdarb. Das beste Öl wurde aus der *Licina* gewonnen, die meisten Erträge stammten dagegen von

---

[220] Hafemann (1981) 58f.; Mattingly (1988a) 47; Mattingly – Hitchner, in: Amouretti – Brun (1993) 440f.; Lassère (1977) 299-312.
[221] Vgl. Kap. 2.2.
[222] b. Afr. 97, 3; Mattingly (1985) 27.

[223] Zusammenstellung bei Flach (1990) 283-289; Oehme (1988) 63.
[224] Verg. Georg. 2, 420 f.; Colum. 5, 8, 1.
[225] Colum. 5, 8, 2.

der *Sergia*[226]. Keine der Arten vertrug besonders viel glühende Hitze und eisige Kälte. So pflanzte man den Ölbaum in heißen Gegenden am Nordhang, in kalten Gebieten am Südhang an. Die *Posia* vertrug am besten die Hitze, die *Sergia* am besten die Kälte. Aber auch tiefe Senken und steile Böschungen bekamen dem Ölbaum nicht, er wuchs bevorzugt auf Hügeln mit sanfter Neigung[227]. Auch über die Bodenbeschaffenheit äußerte sich Columella: am geeignetsten waren Kalksandböden, aber auch auf Gelände mit grobkörnigem Sand oder dichter fruchtbarer Erde wächst der Ölbaum gut[228]. Morastiges Quellgebiet oder reiner Kalkboden waren für dessen Kultivierung dagegen völlig ungeeignet; er ging dadurch nicht ein, die Erträge waren jedoch nur mäßig. Er durfte nie in der Nähe von Eichen stehen, weil deren Wurzeln eine Substanz enthielten, die den Ölbaum absterben ließen[229].

Da Olivenbäume nur alle zwei Jahre üppige Erträge brachten, war es sinnvoll, den Olivenhain in zwei Hälften zu unterteilen, um darauf in jährlichem Wechsel Getreide anzubauen und zu ernten. War das Feld unter den Bäumen nicht besät, trieben die Bäume Sprösslinge, war das Feld dagegen bestellt, brachte es Getreide hervor. Auf diese Weise lieferte ein Olivenhain gleichbleibende Erträge[230]. Bei der Pflege des Baumes reichte es, ihn alle acht Jahre auszuschneiden. Wenn die Erträge zurückgingen, sollte man Zweige wilder Ölbäume einpfropfen[231].

Die Ernte der Oliven erfolgte unmittelbar nach der Weinlese[232], von Oktober bis Januar oder in einigen Regionen sogar später[233] (**Abb. 9; Vgl. Abb. 26**) Der beste Zeitpunkt dafür war, wenn sie zwar schon gegessen werden konnten, jedoch noch nicht selbst vom Baum fielen. Die vom Baum gefallenen Früchte mussten binnen zweier Tage zu Öl verarbeitet werden, da sie sonst sehr schnell zu verderben begannen[234]. Je länger man gepflückte Oliven lagerte, um so leichter konnte man sie pressen. Man erhielt jedoch mehr – und vor allem qualitätvolleres Öl – wenn man sie presste, bevor sie begannen breiig zu werden[235]. Mit der Pressarbeit fing man erst ab der Mitte (Anfang Dezember) der Olivenernte an[236]. Zu Beginn der Ernte gewann man nur das sog. Sommeröl (*oleum aestivum*), welches man nur aus heruntergefallenen Oliven herstellte, darauf folgte das „grüne Öl" (*oleum viride*), welches sehr ertragreich war, und zum Ende der Erntezeit gewann man das „reife Öl" (*oleum maturum*), das nur dann hergestellt wurde, wenn der Olivenhain so groß war, dass man für die Ernte längere Zeit aufwenden musste[237].

*Abb. 9: Detail eines Mosaiks aus Oudna, Olivenernte (Bardomuseum; Percheur-Canonge [o.J.] Taf.5)*

Diese Informationen lassen sich gut mit den natürlichen Gegebenheiten Nordafrikas vereinbaren. Der Ölbaum war sehr widerstandsfähig Wind und Wetter gegenüber, und er wächst auf Sandboden und hügeligem Gelände. Die morphologischen und klimatischen Verhältnisse Nordafrikas sind ideal für einen großflächigen Anbau eines so genügsamen Baumes. Besonders in der Tripolitania, in der nur ein kleiner Teil landwirtschaftlich nutzbar war, breitete sich die Olivenkultivierung besonders aus, weil sich die Olive mit weniger Niederschlag zufrieden gab als Getreide.

### 3.2.2 TECHNIK

Die zahlreichen Olivenpressen in und um Villen zeugen von der besonderen Bedeutung der Olivenproduktion in Nordafrika. Sowohl die antiken Quellen als auch die archäologischen Reste vermitteln uns einen Eindruck von ihrer Funktion. Die Pressen in der Tripolitania waren die größten aller römischen Provinzen: Eine durchschnittliche Presse produzierte bis zu 10000 Liter pro Jahr. Dabei spielte die Technik eine wichtige Rolle: Nachdem man die Kerne mit Hilfe von Ölmühlen (*mola olearia*) aus der Frucht entfernt hatte, füllte man die entkernte Olivenmasse (*sampsa*) in die Ölpresse um, die aus zwei Steinorthostaten (*arbores*)[238], zwischen denen der Pressbaum (*prelum*) befestigt ist und einem Pressstein (*ara*), auf dem sich zwischen Flechtmatten mit einer hölzernen Abdeckung (*orbis*) die Oliven befanden, besteht. Am anderen Ende des Pressbaumes befindet sich ein mit einer Winde befestigtes Gegengewicht (*stipites*). Durch Betätigen der Winde drückt der Pressbaum mit Hilfe des Gewichtes auf die zwischen den Flechtmatten gelagerten Oliven. Das gewonnene Öl fließt

---

[226] Colum. 5, 8, 3-4.
[227] Colum. 5, 8, 5.
[228] Colum. 5, 8, 6.
[229] Colum. 5, 8, 7.
[230] Colum. 5, 9, 11-12.
[231] Colum. 5, 9, 15-16; zum Pfropfverfahren vgl. auch Cato agr. 40.
[232] Plin. nat. 18, 320.
[233] Flach (1990) 285.
[234] Varro rust. 1, 55, 1-2; Cato agr. 64, 1; 65, 1.
[235] Cato agr. 64, 2.
[236] Colum. 12, 52, 1.
[237] Colum. 12, 52, 2.

[238] Diese Orthostaten konnten bis zu 3 m hoch sein: Mattingly (1996) 142.

nun von der *ara* über kleine Kanäle in einen Sammeltank (*labrum*) (**Abb.10; 11**)[239].

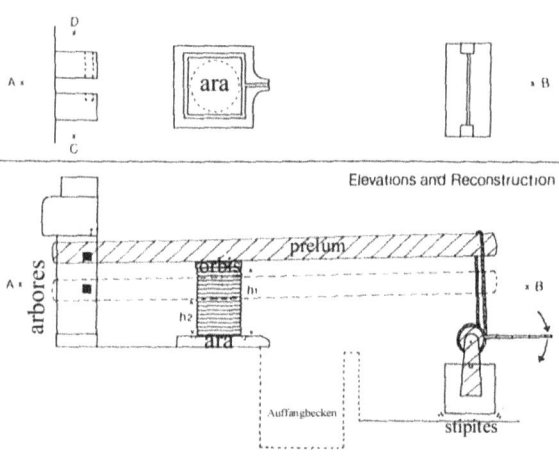

*Abb. 10: Schematische Darstellung einer Olivenpresse (nach: Mattingly – Hitchner (1993) Abb. 1).*

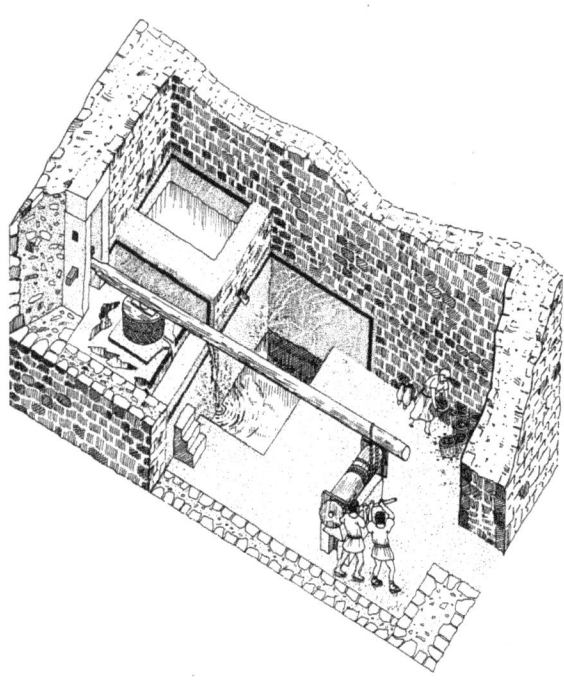

*Abb. 11: Rekonstruktion einer Olivenpresse (Jones [1985] Abb. 16:17.)*

### 3.2.3 HANDEL

Einigen Aufschluss über die Handelsbeziehungen zwischen Nordafrika – speziell Tripolitanien – und der Hauptstadt geben die auf dem Monte Testaccio[240] südlich des Aventin gefundenen Amphorenscherben[241]. Unter den dortigen 50 Millionen Scherben dieser kaiserzeitlichen Müllhalde im Gebiet antiker Lagerhäuser konnten einige als tripolitanische Transportamphoren des Types I (Typ Ostia LXIV) und III (Ostia XXIV) identifiziert werden[242]. Typ I ist ebenfalls in Pompeji nachgewiesen worden und beweist einen regen Handel im 1. Jh. n. Chr. Allerdings machen diese Amphoren keinen besonders großen Anteil im Vergleich zu den anderen Amphoren aus, gerade mal 1-5 % des Gesamtimports stammt aus Tripolitanien. In Ostia allerdings konnten 10 % den tripolitanischen Werkstätten zugeordnet werden. Das würde im 1. Jh. n. Chr. einen Jahresimport von 1.000000 Olivenöl aus Tripolitanien ausmachen[243].

Das wesentlich häufigere Vorkommen der ins 3. Jh. datierenden Tripolitania Typ III im gesamten Mittelmeerraum belegt einen Aufschwung des Handels unter dem in Leptis Magna geborenen Kaiser Septimius Severus[244].

Viele der Fabrikstempel der Amphoren konnten mit Mitgliedern der Oberschicht von Leptis Magna im 2. und frühen 3. Jh. in Verbindung gebracht werden, wie mit dem Praetorianerpräfekten Gaius Fulvius Plautianus oder mit L. Septimius Aper, einem Cousin Caracallas[245]. Zusätzlich sind in direktem Zusammenhang mit römischen Villen zahlreiche Töferöfen entdeckt worden[246], die den Schluss zulassen, dass die Besitzer von Landgütern nicht nur landwirtschaftliche Erzeugnisse produzierten, sondern auch die Transportmittel für die Exportgüter[247]. Das lässt vermuten, dass sie nicht nur Erzeuger von Öl waren, sondern auch Vermarkter ihrer Produkte[248].

---

[239] Cato agr. 66, 2-67, 2; – Flach (1990) 287; Mattingly (1988a) 47; Mattingly – Hitchner (1993) 441f.; Peacock – Williams (1991) 33f.; Mattingly (1985) 30f.; Mattingly (1996) 142; Virzi Hägglund (1995) 14-17.

[240] Rodríguez Almeida (1972); Rodríguez Almeida (1980) 103-130.
[241] Mattingly (1996) 153; Mattingly (1988b) 31.
[242] Mattingly (1988b) 31; Mattingly (1996) 153; Zur Zuordnung der Amphoren: Panella (1973) 460-633.
[243] Mattingly (1996) 153; Mattingly (1988b) 31; Aber auch andere Amphoren nordafrikanischer Herkunft konnten nachgewiesen werden: sie wurden z. B. mit der Oberschicht aus Hadrumetum, Leptis Minus oder Sullecthum in Verbindung gebracht ( Rodríguez Almeida [1972]). Die nachweisbaren Töpferöfen befinden sich ebenfalls in dieser Gegend (Mattingly [1988a] 48).
[244] Mattingly (1988b) 31; Mattingly (1996) 153.
[245] Mattingly (1996) 154f.; Mattingly (1988a) 38; Mattingly (1988b) 32-35.
[246] Mattingly (1988b) 32; Peacock-Williams (1991) 72; Goodchild (1951) 43-77; Mattingly (1988a) 37.
[247] Mattingly (1996) 155.
[248] Mattingly (1996) 155.

# 4. VERBREITUNG UND LAGE DER VILLEN
## 4.1 QUELLEN

Die frühen Quellen wie Sallust oder der Autor des *bellum Africum* bemerken einen besonderen Siedlungstypus in der Numidia. Sie sprechen von Einzelhöfen, sog. *villae*, in deren Umkreis sich landwirtschaftlich genutzte Flächen befinden[249]. Weiterhin wird berichtet, dass die Aufbewahrung der landwirtschaftlichen Erzeugnisse entweder in Türmen oder unterirdischen Getreidespeichern erfolgte[250]. Die wichtigsten Zentren und Umschlagplätze der Getreidewirtschaft und des Handels dieser *villae* waren den Quellen nach in der Gegend von Hadrumetum, Thysdrus und Acholla sowie auf der Insel Cercina (Kerkenna) **(Abb. 12)**[251].
Aber auch kleinere Gutshöfe mit Getreideanbau werden zwischen Ruspina (Monastir) und Uzitta erwähnt **(Abb. 12)**[252].
Ab der Mitte des 2. Jhs. sind Quellen und epigraphische Zeugnisse bekannt, die die Existenz verschiedener Villen und Großgrundbesitze in einigen Regionen Nordafrikas bezeugen[253].
Die bereits im Zusammenhang mit der Olivenproduktion erwähnte[254] höchstvermögende Frau (*locupletissimae mulieris*) des Dichters Apuleius besaß nach seinen Angaben in der Umgebung von Oea **(Abb. 12)** mehrere Landsitze mit 400 Sklaven für die Kultivierung von Wein und Oliven[255].
Ca. 600 m außerhalb der Stadt Cillium (Kasserine) liegt ein 20 m hohes Turmmausoleum, aus dessen 110 Verse langem Grabgedicht[256] hervorgeht, dass es der Familie der Flavii gehörte[257]. Man erfährt aus dem Epigramm, dass es sich um eine sehr einflussreiche und vermögende Familie handelte, die in der Umgebung von Cillium **(Abb. 12)** große Besitztümer und Land besaß[258].
Eine weitere Grabinschrift[259] aus Biha Bilta in der nordöstlichen Tellregion der Africa Proconsularis **(Abb. 12)** nennt den *conductor* einer großen Domäne, dem *fundus Aufidianus*[260].
Im nördlichen Grenzgebiet zu Numidien, in Thubursicu Numidarum, ist Q. Vetidius Iuvenalis auf einer Grabinschrift als Großgrundbesitzer benannt **(Abb. 12)**[261]. Der Grabstein stand in einer Nekropole, in der weitere 12 Grabsteine mit Mitgliedern der Vetidii gefunden wurden[262]. Auch der bereits bekannte 'Schnitter von Mactar'[263] hinterlässt auf seiner Grabstele in einem Gedicht wichtige Informationen über seinen Werdegang vom armen Erntehelfer zum Grundbesitzer in der Umgebung von Mactar **(Abb. 12)**[264].
Weitere inschriftlich/epigraphisch erwähnte Villen und große Landgüter sind der *saltus Beguensis* des Lucilius Africanus[265] im Nordwesten von Sbeitla, die Dömane des Phosphorus[266] von Aïn Melouk in der Nähe von Cirta und die in der Nähe gelegenen Landgüter der Antonia Saturnina[267] von Aïn Mechira und des Munatius Flavianus[268] von Aïn Kerma **(Abb. 12)**[269].
Im antoninischen Itinerarium sind neben auch in der Inschrift von Henchir Mettich[270] erwähnten *villa magna variana* noch fünf weitere Villen verzeichnet **(Abb. 12)**[271]: *Agma sive Fulgurita villa*, welche auch auf der Tabula Peutingeriana als *Fulgurita* eingetragen ist, liegt 30 Meilen von Tacapae (Gabes) und 25 Meilen von Gigthis (Bou Ghara) entfernt[272]. Eine Villa der Familie der Anicii ist in der Nähe von Sabratha bekannt (*Casae, Villa Aniciorum*)[273]. In der Umgebung von Oea sind zwei *villae* verzeichnet[274]: Die *Vax villa Repentina* und eine weitere Villa der Anicii (*Megradi villa Aniciorum*). 28 Meilen westlich von Leptis Magna besaß der Proconsul von Africa (26-29), C. Vibius Marsus, eine Landgut mit dem Namen *Minna villa marsi*[275].

Durch die epigraphischen Zeugnisse und antiken Schriftquellen kann man nur ansatzweise eine Verbreitung der Villen in Nordafrika rekonstruieren. Es handelt sich lediglich um sporadische Erwähnungen, die kaum Aussagekraft haben. Jedoch ist ersichtlich, dass es sowohl private Großgrundbesitze als auch kaiserliche Domänen für die Verpachtung von Landgütern gab.

Eine Konzentration von Landgütern ist in der Gegend von Sufetula und Cillium feststellen, die in direkter Verbindung zu den genannten Handelsumschlagplätzen Hadrumetum, Cercina, Ruspina und Thysdrus stehen **(Abb. 12)**. Eine weitere Konzentration gibt es an der Küstenzone zwischen Sabratha und Leptis Magna; hier werden Dömanen reicher Grundbesitzer erwähnt. Erinnert sei hier noch einmal an Pudentilla, die in der Umgebung von Oea mehrere Villen besessen haben soll (s.o.) **(Abb. 12)**.

---

[249] b. Iug. 44, 5; b. Afr. 91, 1.
[250] b. Afr. 65, 1; Fushöller (1979) 65.
[251] b. Afr. 6, 7; 9, 1, 2; 33, 1; 36, 2; 61, 5; 65, 2; 67, 2; 75, 2; 76, 1; 89, 1, 2; 97, 4; zur Bedeutung der Insel innerhalb der Getreidewirtschaft: Kolendo (1981) 241-248.
[252] b. Afr. 9, 1; 26, 5; 40, 1; 65, 1; 67, 2.
[253] Stone (1998) 103-113.
[254] Vgl. Kap. 3.2.
[255] Apul. apol. 87, 8 (Heirat); 93, 4 (Vermögen); 91, 7, (Landgüter).
[256] CIL VIII 211, 212.
[257] Zum Mausoleum: Flavii (1993).
[258] Stone (1998) 105f.
[259] AE 1975, 833.
[260] Kehoe (1988) 47.
[261] ILAlg 1362.
[262] Stone (1998) 106.
[263] Der Begriff 'Schnitter' bezeichnet den Beruf des *demessor* (Stone [1998] 106).

[264] CIL VIII 11824 = ILS 7457; Stone a.O. 106; Raven (1993) 84-86.
[265] CIL 23246 = 270 = 11451.
[266] AE, 1913, 226;
[267] CIL 8280 = 20077.
[268] AE, 1903, 243.
[269] Zusammenstellung bei : Chaouali (2002-03) 375-386 ; Pavis (1981) 251-258; Morizot (1993) 177-240.
[270] S. Kap. 3.1.
[271] *Itinerarium provinciarum Antonini Augusti* bezeichnet ein Straßen- und Stationenverzeichnis zur Zeit Caracallas (Kubitschek [1902] 20-96; Van Berchem [1973] 123-126; Van Berchem [1974] 301-307 ; Reed [1978] 228-251 ; Kolendo [1986] 149-161).
[272] Kolendo (1986) 151f.
[273] Kolendo (1986) 153.
[274] Kolendo (1986) 153f.
[275] Kolendo (1986) 154.

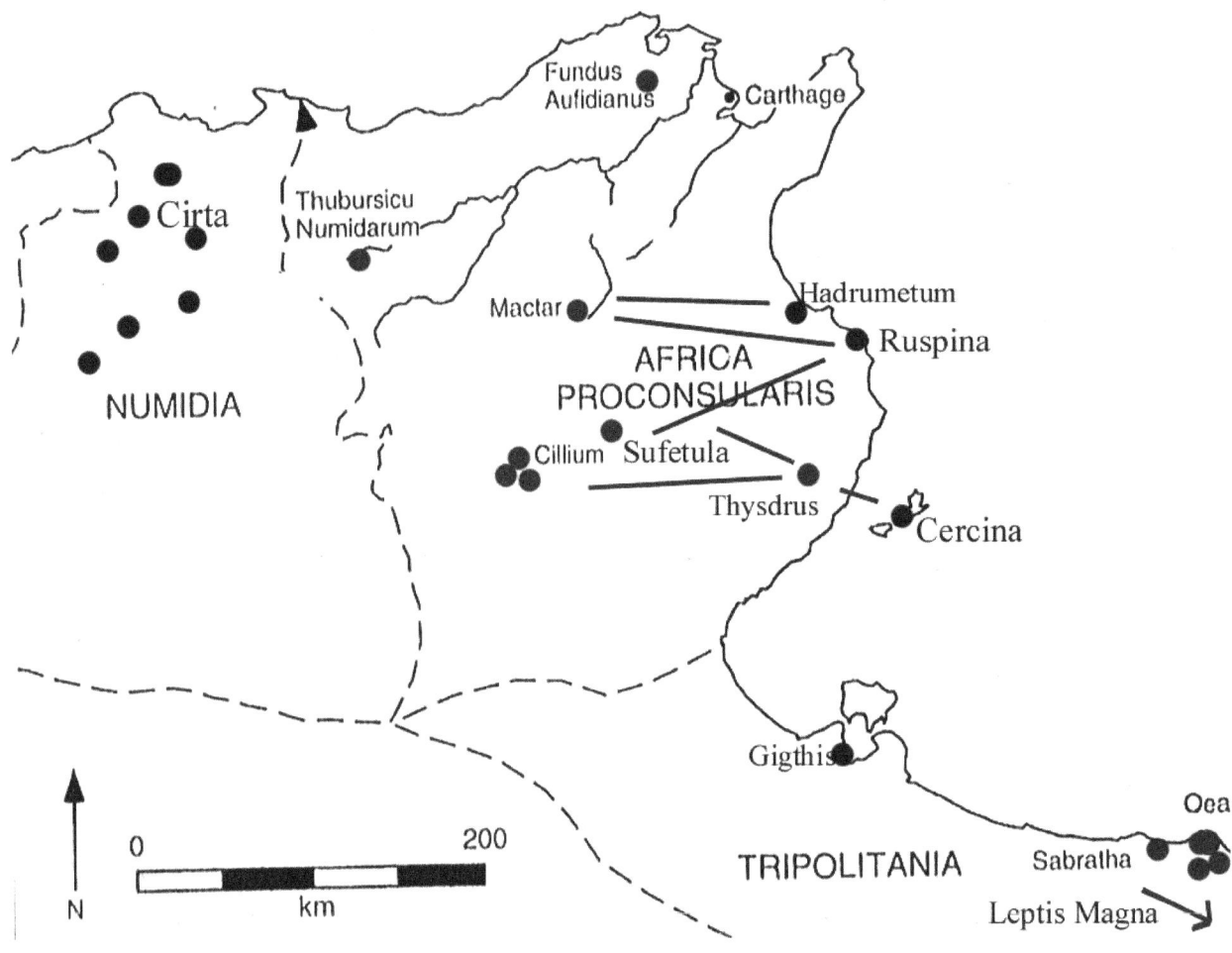

*Abb. 12: Lage von Landgütern und Handelsumschlagplätzen nach den inschriftlichen Quellen (nach: Stone [1998] Abb. 1).*

4. 2 ARCHÄOLOGISCHE ZEUGNISSE

Im einführenden Kapitel über die klimatischen und morphologischen Gegebenheiten Nordafrikas wurden die vom Niederschlag begünstigten und für die Landwirtschaft weniger geeigneten Regionen Nordafrikas und deren Landnutzungsmöglichkeiten bereits erörtert[276]. Im Folgenden soll nun die Verbreitung und Lage der Villen genauer betrachtet werden[277].
Über die ideale Lage einer Villa wird in den Quellen, u. a. bei Columella, viel berichtet: Wichtig sei für die Errichtung einer *villa rustica* „[...] ein gesundes Klima, [...] teils Ebene, teils Hügelland, das nach Osten oder Süden sanft abfällt und teilweise Ackerland, teilweise Wald [...] und liegt nicht weit vom Meer oder einem [...] Fluss [...]"[278]. Neben einer ebenen Fläche zu Füßen des Wirtschaftsgebäudes für den Getreideanbau, soll das hügelige Land mit Ölbäumen und Weinstöcken bepflanzt sein. Auch auf eine ausreichende Wasserversorgung für das zu bewirtschaftende Land soll geachtet werden[279]. Inwiefern die theoretischen Vorschläge in die Praxis umgesetzt worden sind, lässt sich aus der Verbreitung und Lage der Villen erschließen.

LIBYEN

Die klimatischen Bedingungen der Tripolitania lassen sich sehr gut mit der Verbreitung der Villen vereinbaren (**vgl. Abb. 3 u. 4**). Nur in diesem vom Niederschlag begünstigten Gebiet zwischen Tripolis/Oea und Leptis Magna und deren Hinterland lässt sich eine Verbreitung von zahlreichen Villen feststellen[280]. An der Küste entlang erstrecken sich reich ausgestattete *villae urbanae*, unmittelbar im Küstenhinterland bis in die Tarhuna- und Fergian- Region dehnen sich landwirtschaftlich genutzte Villen aus (**Abb. 13**).

---

[276] S. Kap. 1.
[277] Die Verbreitung der Villen erfolgt geographisch von Osten nach Westen.
[278] Colum. 1, 2, 3; vgl. auch Plin.nat. 18, 28.

[279] Colum. 1, 2, 3-5; vgl. auch Varro rust. 1, 11, 2.
[280] In der Karte ist die Region verzeichnet, die eine jährliche Niederschlagsmenge von 300 mm hat. Nur in dieser Region befinden sich auch die im Katalog besprochenen Villen.

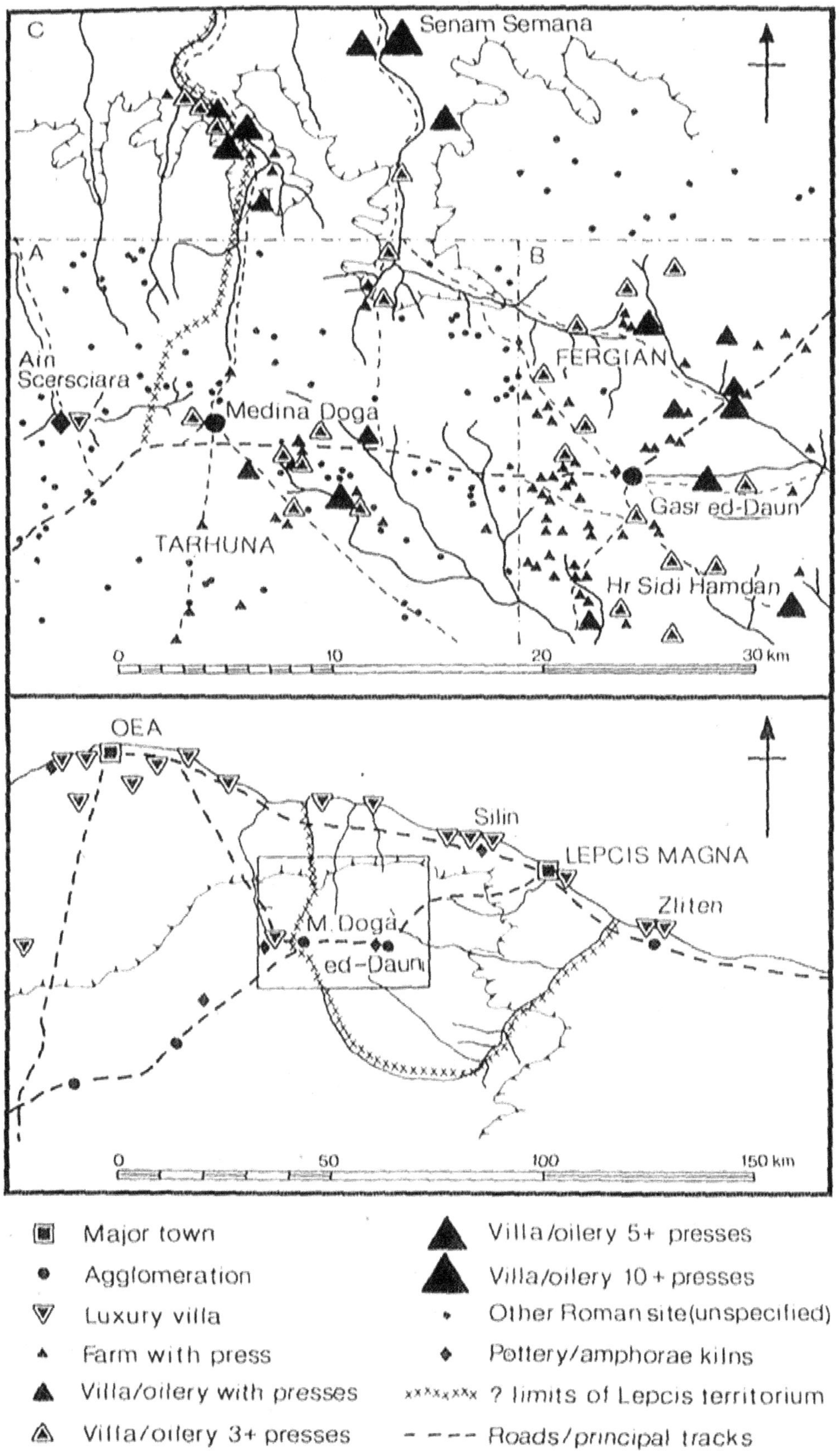

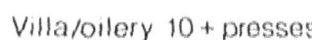

*Abb. 13: Oben: Verbreitung von Villen im Küstenhinterland von Leptis Magna und Oea. Unten: Verbreitung der villae maritimae (Mattingly [1988b] Abb. 3).*

Nicht alle auf der Karte verzeichneten Villen (**Abb. 13**) sind publiziert oder archäologisch untersucht worden. Viele sind nur aufgrund von noch sichtbaren Mauerstrukturen an der Oberfläche und Oberflächenfunden in die Verbreitungskarte aufgenommen worden. Die archäologisch untersuchten *villae urbanae/maritimae* liegen – wie auch aus den Quellen hervorgeht (s.o.) – im Suburbium bzw. im näheren Umland der großen Städte von Leptis Magna, Oea/Tripolis sowie Sabratha und sind als reine Erholungsvillen zu verstehen (**Abb. 13**). Die einzige im Suburbium von Oea nachgewiesene Villa liegt zwischen der Stadtmauer und der Meeresküste (**O6**). Westlich der Stadt ist die 'Villa di Gurgi' (**O1**) zu nennen, die zwar 4, 5 km im Hinterland liegt, aber dennoch einen Blick auf das Meer gewährte. Die anderen erstrecken sich entlang der Küste, sowohl westlich in Richtung Sabratha (**O4**), als auch östlich von Oea in Richtung Leptis Magna (**O2**, **O3**). Im Landesinnern südöstlich von Oea befindet sich die Villa von Ain Zàra, die auf einer Erhebung errichtet wurde und dadurch ebenfalls ein Meerespanorama bot (**O5**). Die Villen konnten weitgehend in das 2. Jh. n. Chr. datiert werden[281].

Auch in der Küstenzone von Sabratha sind einige Meervillen nachgewiesen worden, von denen aber nur zwei ansatzweise publiziert sind[282] (**SA 1**, **SA 2**). Eine größere Anzahl reich ausgestatteter Villen befindet sich im Umland von Leptis Magna. In der für Villen bevorzugten Region Silin, westlich von Leptis Magna, sind vier prunkvoll ausgestattete Villen ausgegraben worden (**Abb. 14**), die jeweils auf Landspitzen errichtet worden sind, die ins Meer ragen (**LM 1**, **LM 2**, **LM 3**, **LM 4**). Einige hundert Meter südlich der Küste von Silin schließen sich einige *villae rusticae* mit Olivenpressen an, die möglicherweise entweder von den Besitzern der „Meervillen" selbst betrieben oder verpachtet worden sind (**Abb. 14**; **LM 5**, **LM 6**). Die Villen von Silin datieren bis auf die 'Villa du Taureau'[283] (**LM 1**) in die frühe bis in die mittlere Kaiserzeit.

Im östlichen Suburbium von Leptis Magna befinden sich die 'Villa del Nilo' (**Abb. 15**; **LM 7**) und die 'Villa fuori Porta Lebda'[284] (**Abb. 15 LM 8**). Beide Villen verstehen sich als repräsentative *villae urbanae/maritimae* mit auf das Meer gerichteten Fassaden. Auch die 29 km östlich von Leptis Magna gelegene Villa von Zliten (**Abb. 15**; **LM 20**), eine der repräsentativsten Villen Nordafrikas reiht sich in das Schema der „Meervillen" ein. Sie wurde wie die Villen von Silin auf einem von der Küste aufsteigenden Hügel mit Blick auf das Meer errichtet und lässt sich auch chronologisch mit diesen verbinden. 500 m westlich der antiken Stadtmauer ist in unmittelbarer Nähe zum Wadi er-Rsaf die Villa gleichen Namens zu lokalisieren (**Abb. 17**; **LM 12**). Ein Triklinium der Villa wurde bewusst mit Blick auf das Wadi ausgerichtet. Im Hinterland von Leptis Magna sind in der Nähe des Wadi Guman (**LM 10**), auf dem Tarhuna-Plateau mit Blick auf einen Wasserfall (**LM 11**) und auf einem Geländesporn mit Blick auf das Wadi al-Fani (**LM 9**) drei reich ausgestattete Villen urbanen Charakters zu erwähnen. Die Mehrzahl der Villen um Leptis Magna lassen sich ins 2. und 3. Jh. n. Chr. datieren (**LM 7**; **LM 8**; **LM 10**; **LM 12**[285]).

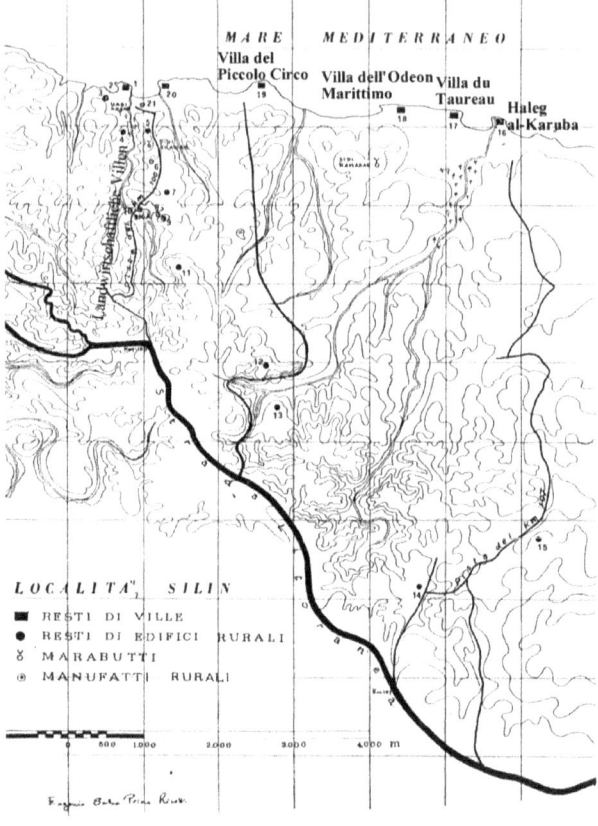

*Abb. 14: Lage der Villen in Silin (Salza Prina Ricotti [1970-71] Abb. 1)*

Keine 500 m im Hinterland schließen an die luxuriösen *villae urbanae/maritimae* landwirtschaftlich genutzte Villen mit Olivenproduktionsanlagen an. Sie sind in den meisten Fällen an Flussbetten errichtet worden (**Abb. 1**), da die Nähe zu den Wadis für die Landwirtschaft schon wegen der Wasserversorgung besonders wichtig war (**LM 13**; **LM 14**; **LM 15**; **LM 16**; **LM 17**; **LM 18**; **LM 19**). Alle Villen besaßen mindestens eine oder mehrere Olivenpressen. Die Datierung dieser *villae rusticae* lässt sich am Ende des 1. und am Anfang des 2. Jhs. n. Chr. festmachen.

---

[281] Aufgrund der mangelnden Erschließung der genannten Villen zu Beginn des 20. Jhs., als man nur an den Mosaiken interessiert war, konnten die *villae maritimae* nur anhand stilistischer Merkmale datiert werden. Die Ziegelstempel der 'Villa gara delle Nereidi' (**O2**) datieren ebenfalls in diese Zeit.
[282] Zenati (1997) 224; Alcock (1950) 92-100.
[283] Die 'Villa du Taureau' datiert aufgrund stilistischer Merkmale der Mosaiken ins 1. Viertel des 3. Jhs. n. Chr. (**siehe Kat. Nr. LM 1**)
[284] Die Villa liegt westlich des Wadi Lebda, vor dem heutigen Stadttor Porta Lebda.

[285] Die erste Bauphase von LM 12 datiert bereits in das Ende des 1. Jhs. n. Chr. Hierbei sind aber nur noch wenige Spuren nachweisbar. Der Hauptbau datiert in das letzte Viertel des 2. Jhs. n. Chr. (s. Kat. Nr. LM 12).

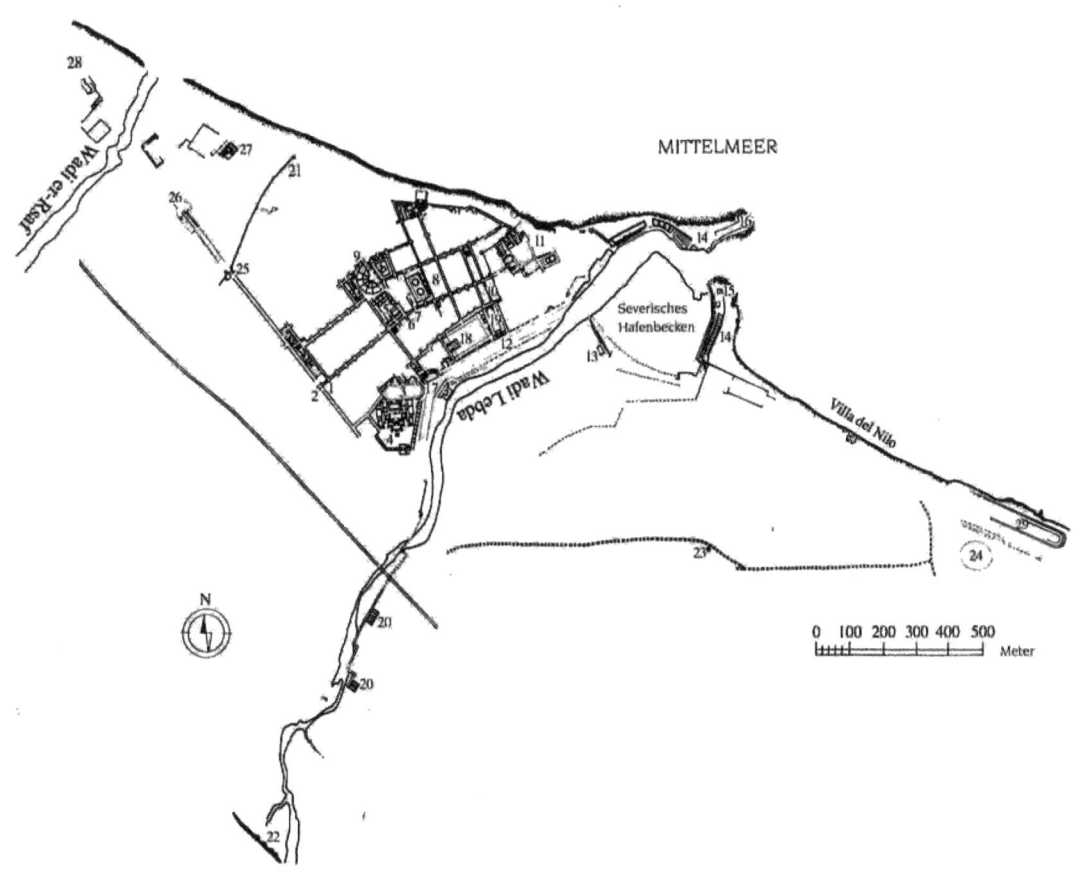

*Abb. 15: Leptis Magna, Plan der antiken Stadt (A. Di Vita u.a., Das antike Libyen [1999] 47).*

TUNESIEN

In den neuesten Forschungen ist die Verbreitung von *villae rusticae* in Tunesien intensiv untersucht worden[286]. Dabei konzentrierte man sich besonders auf das Küstenhinterland der vom Klima begünstigten tunesischen Sahelzone. Durch die Surveys der Forschungsprojekte in der Gegend von Kasserine und Segermes sind übereinstimmend mit den Quellen (s.o.) zahlreiche *villae rusticae* mit Olivenproduktionsanlagen gefunden worden. Nur einige dieser Villen sind bislang in den Forschungsberichten publiziert und ausgewertet worden, die verbleibenden wurden lediglich zur Erstellung der Verbreitungskarte verzeichnet.

Auch im Katalog dieser Arbeit konnten nur einige ausgewählte signifikante Beispiele berücksichtigt werden. Dennoch ist die Bedeutung dieser Villen anhand der Verbreitungskarte zu erkennen.

Die *villae rusticae* der Region von Segermes befinden sich im Küstenhinterland des Oued R'mel zwischen Bou Ficha und Zaghouan (**Abb. 16**). Sie liegen alle in der klimatisch begünstigten Region der tunesischen Sahelzone und erstrecken sich entlang der Wadis – meist auf leichten Geländeerhebungen – wie es auch in der Tripolitania der Fall war (S 1; S 2; S 3; S 4; S 5; S 6; S 7). Die Funde von Ölmühlen und Gegengewichten für die Olivenpresse belegen zwar deren Vorkommen (S 1; S 2; S 3; S 4), sie sind jedoch im Gegensatz zu den bis zu drei Meter hohen Pressbaumverankerungen der tripolitanischen Olivenpressen schwer lokalisierbar. Das völlige Fehlen dieser *arbores* in der Segermes-Region lässt den Schluss zu, dass es sich um eine kleinere Art der Olivenpresse vom Typ A-3[287] gehandelt haben muss[288].

Die bei den Untersuchungen gemachten Oberflächenfunde geben nur eine vorläufige, jedoch keine zuverlässige Datierung der Villen. Die Funde tendieren zu einer Entstehungszeit im 1. u. 2. Jh. mit einer Kontinuität bis ins 6. Jh. n. Chr. Weiter südwestlich von Segermes im Landinneren in der Gegend von Sufetula (Sbeitla), Cillium (Kasserine) und Thelepte (Feriana) sind insgesamt 350 Olivenpressen in Verbindung mit *villae rusticae* lokalisiert worden (**Abb. 17**).

---

[286] Dietz u.a. (1995); Ørsted (1992); Hitchner (1990) 231-255; Hitchner (1988) 7-41; Hitchner (1994) 35-37; Fentress (2001) 255-260.

[287] Brun (1987) 86.
[288] Ørsted (1992) 78.

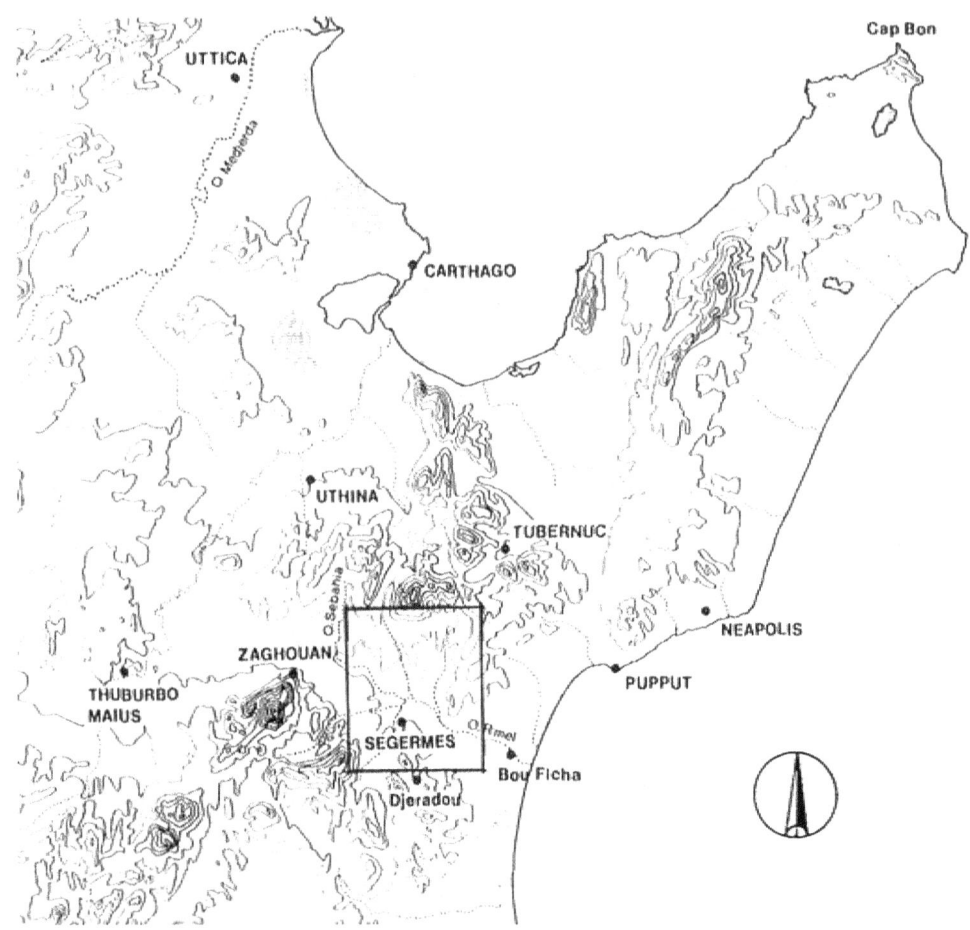

*Abb. 16: Lage der untersuchten Region von Segermes (Ørsted u.a. [1992] Abb. 1).*

Auch hier ist die Nähe zu Wadis nachweisbar (K1; K2; K3; K4). Im Unterschied zu den Olivenpressen in der Gegend von Segermes sind die der Kasserine-Region durch ihre Pressbaumorthostaten wie in der Tripolitania nachweisbar. Die Datierung der Oberflächenfunde variiert vom 2. bis ins 4. Jh. n. Chr.

Auch auf der Insel Djerba an der Ostküste Tunesiens lässt sich nach neuesten Untersuchungen die Existenz von 'Villen' mit Produktionsanlagen nachweisen[289]. Besonders stark ist die Konzentration in der Gegend von Meninx an der Südostküste (**Abb. 18**). Die Ergebnisse dieser Untersuchungen liegen zum jetzigen Zeitpunkt nur als Vorbericht vor, in dem bislang nur eine einzige Anlage publiziert ist (T 2). Die Oberflächenfunde scheinen jedoch eine Datierung schon in punische Zeit zu stützen. Sie nehmen daher innerhalb dieser Untersuchung eine Sonderstellung ein[290].

Über reich ausgestattete Villen an der Küstenzone ist im Gegensatz zur Tripolitania wenig bekannt. Nur in den summarischen Berichten über die archäologischen Funde zu Beginn des 20 Jhs. ist die Existenz von mehreren *villae urbanae/maritimae* u.a. in der Gegend von El Alia bezeugt[291]. Die Mosaiken wurden entfernt und in die Museen überführt, ohne dass deren Fundorte genauer dokumentiert wurden. Nur die 7 km nordwestlich von Sfax nicht weit vom Meer entfernt gelegene *villa urbana* (T 1) und eine vergleichbar gut ausgestattete Anlage im Landesinneren am Oued Medjerda sind ausreichend dokumentiert und publiziert worden. Sie datieren aufgrund stilistischer Analysen ihrer Mosaiken in das 1. (T 3) bzw. 3. Jh. n. Chr. (T 1).

Bei im Jahre 1966 vorgenommenen Prospektionen am Kap Bon im Norden von Tunesien sind drei kaiserzeitliche *villae rusticae* nachgewiesen worden. Sie wurden jedoch lediglich im Vorbericht von 1973 kurz erwähnt[292]. Die Anlagen befinden sich im Südwesten des Kaps, im Westen der Halbinsel in Ain Niscua und im Südosten in El Anngar. Auffällig ist auch hier wieder die Nähe zu den Wadis (**Abb.19**).

---

[289] Fentress (2000) 73-85; Fentress (2001) 249-268.
[290] S. Kap. 6.1.1.

[291] AA 1900, 66-70; AA 1902, 59; AA 1903, 95; AA 1904, 129
[292] Aquaro u.a. (1973) Abb. 1 mit Verzeichnis der Fundstellen.

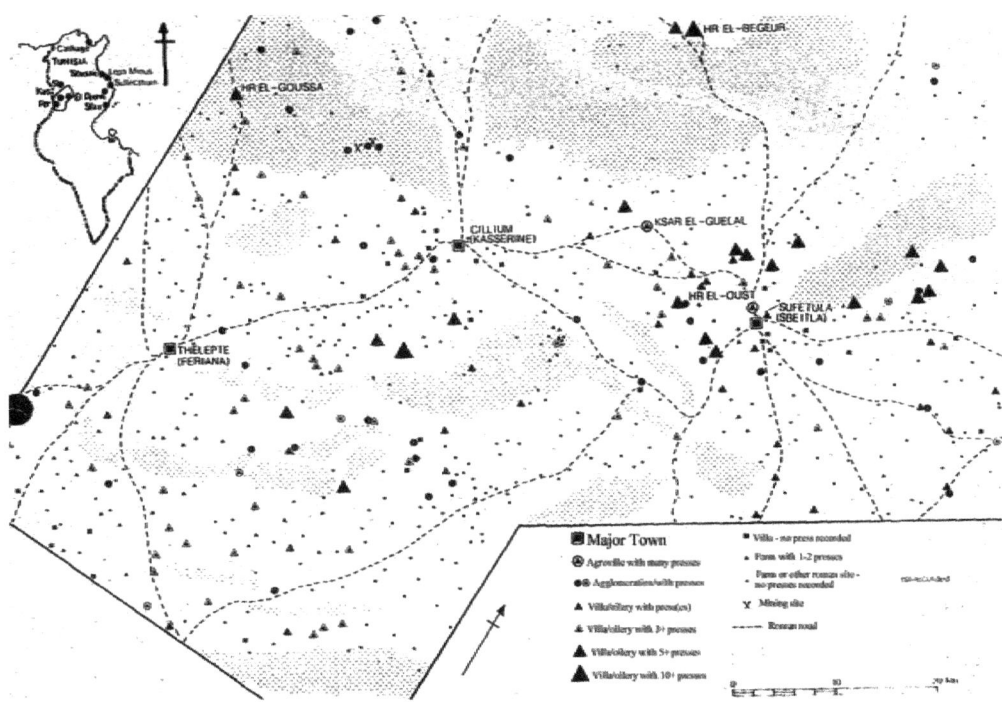

*Abb. 17: Verbreitung von Villen und Olivenpressen in der Region Sbeitla-Kasserine-Feriana (Mattingly – Hitchner [1993] Abb. 2).*

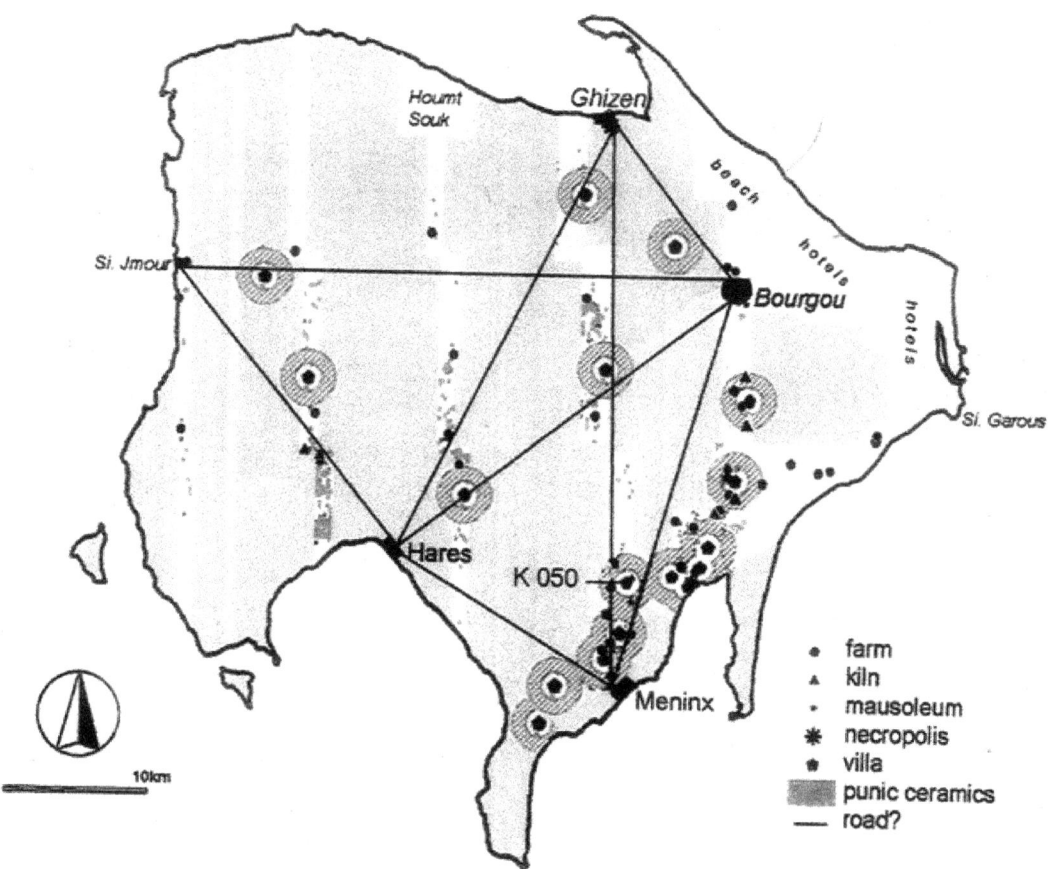

*Abb. 18 : Verbreitung von Villen auf Djerba (Fentress – Holod – Drine [2009] S.188).*

*Abb. 19: Karte des Kap Bon mit den drei villae rusticae (Aquaro u.a. [1973] Abb. 1).*

Eine Erklärung für die geringe Anzahl von reich ausgestatteten Villen in dieser Region könnte die schon von der punischen Bevölkerung geschaffene Infrastruktur sein, die zur Sicherung der Getreideversorgung in die Staatsdomäne übergegangen ist; jedoch muss dieses Problem vorerst unerklärt bleiben[293].

ALGERIEN
Die Verbreitung der Villen in Algerien konzentriert sich auffällig stark in der Gegend von Caesarea, der Residenz des Klientelkönigs Juba II., welcher in der Stadt zahlreiche Bauvorhaben realisierte[294]. Nicht alle der verzeichneten Villen (**Abb. 20**) sind vollständig dokumentiert und wurden infolge von Surveys und Oberflächenfunden in die Verbreitungskarte aufgenommen. Die in dieser Arbeit besprochenen Villen stellen nur eine Auswahl signifikanter und ausreichend dokumentierter Beispiele dar.

Neben den wenigen *villae urbanae/maritimae* gehobener Ausstattung in der westlichen und östlichen Küstenzone von Caesarea (C1; C2; C12) ist die Zahl der im Hinterland liegenden Villen weitaus größer. Diese Anlagen erstrecken sich entlang der Wadis auf natürlichen Geländeerhebungen oder künstlich errichteten Terrassenanlagen (C 3 bis C 23) und sind *villae rusticae* mit Produktionsanlagen für die Olivenölproduktion. Bei einigen sind zudem Töpferöfen für die Amphorenproduktion (C2; C 5; C 6; C16; C21) und Weinkelterbecken (C 6; C 9; C 10) nachgewiesen worden. Die Oberflächenfunde belegen eine Nutzung vom 1. Jh. n. Chr. bis in die Spätantike. Eine sehr frühe, jedoch nur z. T. erschlossene Villa urbanen Charakters ist in der Gegend von Algier in Aïn Sarb entdeckt worden (A 1). Sie erstreckt sich entlang des Oued Bou Kayes auf einer kleinen Anhöhe und weist auf eine Entstehungszeit im 1. Jh. v. Chr. und wurde bis in die Spätantike genutzt. Eine weitere – jedoch bislang einzige – im numidischen Kernland entdeckte *villa rustica* mit Produktionstrakt liegt etwas südlich von Constantin (Cirta) (A 2)[295].

---

[293] Vgl. auch Kap. 6.3.
[294] Bechert (1999) 157f.

[295] Die Funde von zahlreichen Resten von Olivenpressen in der Aureszone in Numidien lassen den Schluss zu, dass auch hier einige

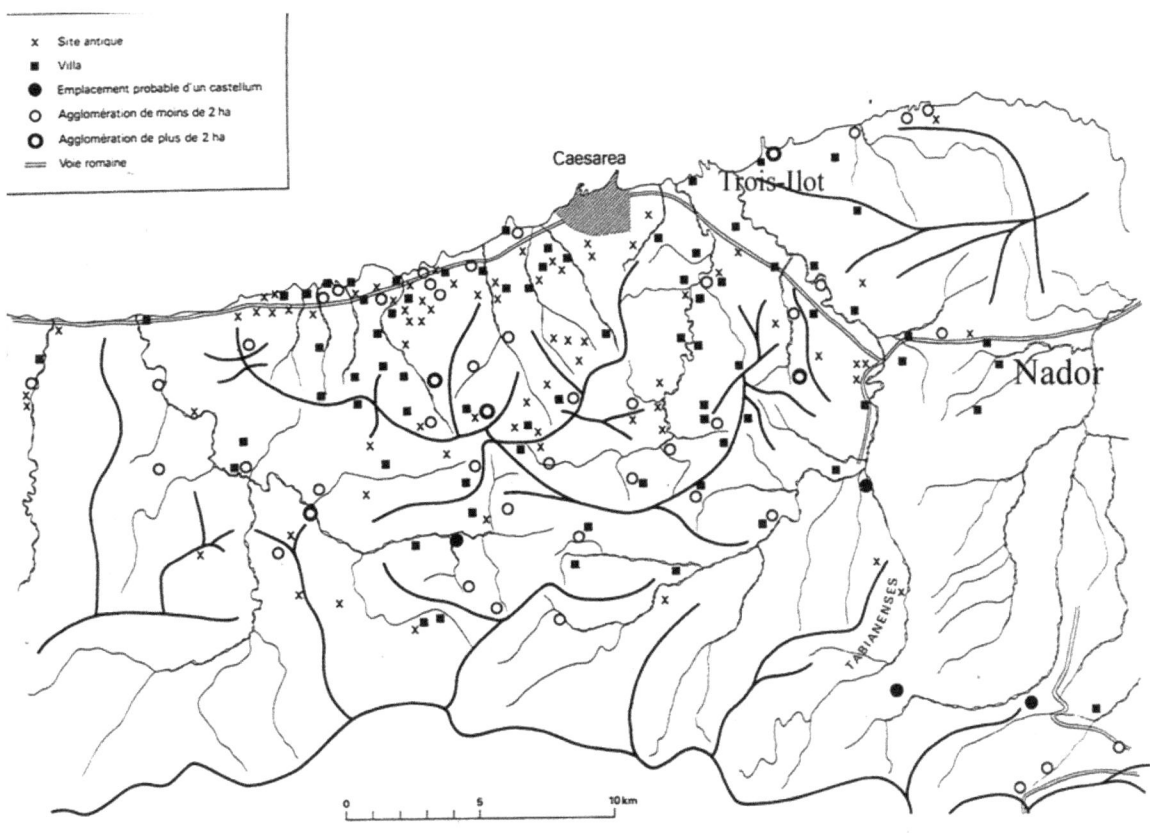

*Abb. 20 : Verbreitungskarte der Villen im Umland von Caesarea (Leveau [1984] Abb. 249).*

MAROKKO

Die Situation der ehemaligen römischen Provinz Mauretania sieht etwas anders aus. Bis zum heutigen Zeitpunkt sind lediglich eine einzige *villa urbana* und nur vereinzelt *villae rusticae* nachgewiesen bzw. publiziert worden, was auf die schwierige politische Situation und Sicherheitslage zurückzuführen sein könnte. Die Bevölkerung zog es vermutlich eher in die gesicherten Gebiete der Städte an der Küste als in einsame ungeschützte Villen auf dem Land. Die zwei *villae rusticae* lassen sich in der Gegend des Oued Djibila im Hinterland von Cotta (**Abb. 21**) und die *villa urbana* aus der Zeit des Klientelkönigs Juba II auf der kleinen Insel Mogador an der Atlantikküste (M 3) nachweisen. Eine dieser *villae rusticae* liegt in Jorf el Hamra (M 2) in unmittelbarer Nähe zum Wadi und belegt eine Nutzung vom 1. Jh. bis ins 3. Jh. n. Chr. Eine andere, bereits ins 1. Jh. v. Chr. datierende *villa rustica* befindet sich in Koudiat Daïat in der Nähe von Tanger in einer klimatisch begünstigten Gegend (M 1). Die relativ kurze Nutzungsphase ist auf den immer geringer werdenden Einfluss der Römer zurückzuführen, zu einem Zeitpunkt, als Teile der Provinz bereits in den Händen verschiedener Stämme des Hinterlandes waren[296].

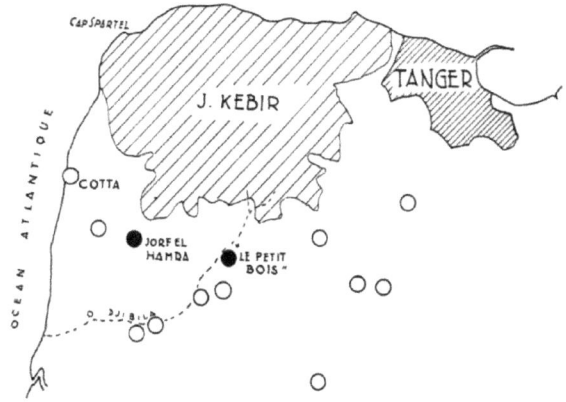

*Abb. 21: Lage der villae rusticae von Jorf el Hamra und 'Le petit Bois' (Ponsich [1964] Abb. 1).*

---

*villae rusticae* gegeben haben muss, die aber bislang noch nicht archäologisch erschlossen worden sind: Morizot (1993) 177-240.

[296] Vgl. Kap. 2.

Die bei Columella beschriebenen Kriterien zur Errichtung einer Villa, treffen, wie wir es für jede Region einzeln klären konnten – soweit es der Forschungsstand zulässt – auf alle Regionen Nordafrikas zu. Die Villen erstrecken sich entlang der klimatisch begünstigten Gebiete entlang des Meeres oder in der Nähe eines Wadi. Sie wurden bis auf wenige Ausnahmen auf natürlichen Geländeerhebungen oder auf künstlich geschaffenen Terrassen errichtet.

## 5. Darstellung von Villen und des ländlichen Lebens auf nordafrikanischen Mosaiken

Im Vergleich zu anderen römischen Provinzen wurden in Nordafrika zahlreiche Mosaiken gefunden, auf denen Villen und die ländliche Lebensweise dargestellt sind. Diese Darstellungen gewähren einen Einblick in das Leben im Umfeld einer *villa rustica* und geben einen in den Regionen Nordafrikas speziellen Architekturtypus wieder. Aber neben den *villae rusticae* sind auch Villen urbanen Charakters – zum größten Teil am Meer gelegen – abgebildet worden. Zum Thema der Villendarstellungen auf nordafrikanischen Mosaiken wurden bereits mehrere Untersuchungen vorgelegt, auf die ich mich bei der folgenden Behandlung der Mosaiken im Wesentlichen stütze[297].

Die bekannteste Gruppe mit Villendarstellungen sind Mosaiken des 4. Jhs. n. Chr. im Bardo-Museum in Tunis. Hierbei handelt es sich um ein Mosaik aus Karthago mit der 'Villa des Iulius'[298] und um drei zusammengehörige halbrunde Mosaikfelder eines großen Trifoliums aus Tabarka[299].

Das ca. 4,30m x 5,50m große Mosaik mit der 'Villa des Iulius' (**Abb. 22**) stammt aus einem Stadthaus in Karthago[300]; der Besitzer dieses Stadthauses war vermutlich Iulius selbst, der sich auch hier seiner repräsentativen Landvilla erinnern wollte. Die Bedeutung der Darstellung wird auch aus der Größe des Mosaikes deutlich; die Figuren sind über 1 m groß.

Auch der Raum, in dem es sich befand, ist durch architektonischen Aufwand repräsentativ hervorgehoben; er besaß eine Apsis mit einer Spannweite von 4, 80 m, auf die das Mosaik ausgerichtet war[301].

Das Mosaik besteht aus einem dreistufigen Aufbau: Im Zentrum des oberen Teils der Komposition sitzt die Hausherrin auf einer von Bäumen umgebenen Kline in einer parkähnlichen Anlage. Am rechten und linken Bildfeld sind Winterarbeiten den Sommerarbeiten entgegengestellt: auf der rechten Seite eine Hirtenszene und auf der linken Seite Personen bei der Olivenernte und eine Entenjagd. Den ganzen mittleren Teil des Bildes nimmt die Darstellung einer Villa ein. Die Fassade der Villa wird von zwei Ecktürmen begrenzt. Im Zentrum liegt der Haupteingang, der wahrscheinlich auf einen offenen Hof führte. Das Obergeschoss wird von einer offenen Loggia mit Säulen dominiert. Im Hintergrund sind mehrere Kuppeln zu erkennen, die wohl einer Thermenanlage zugeordnet werden können (**Abb. 23**). Zu beiden Seiten wird der Villenbesitzer auf der Jagd gezeigt. Im unteren Bildfeld steht die Darstellung des Frühlings (links) der des Herbstes (rechts) gegenüber. Die Hausherrin befindet sich auf der linken Seite in frühlingshafter Umgebung vor einem Stuhl stehend, ihr wird von links ein Korb voll Blüten gereicht. Auf der rechten Seite sitzt der Hausherr, dem eine Schriftrolle mit den Buchstaben IV DOM (=Iulius Dominus) von links und ein Korb voll Trauben und ein Kaninchen von rechts gereicht werden[302].

*Abb. 22: Villenmosaik aus Karthago (Bardo Museum; Sarnowski [1978] Taf. 2).*

---

[297] Sarnowski (1978); Précheur-Canonge (o.J.); Duval (1986) 163-176.
[298] Yacoub (1996) 125, Abb. 87 – Inv. 1.
[299] Yacoub (1996) 123f., Abb. 85 a, b, c – (A 25, A, 26, A, 27; Inv. 940 b, c, d)
[300] Zum Fundort: Picard (1951) 37, Taf. 4,4.
[301] Schneider (1984) 68f.
[302] Merlin (1921) 95-114; Romanelli (1930) 53-59; Dunbabin (1978) 118f.; Sarnowski (1978); 34f.; Parrish (1979) 279-285; Mc Kay (1980) 173f.; Schneider (1984) 68-84; Slim (1995) o.S.; Ennaïfer (1996) 167-183; Ghedini (2003) 349-351; Précheur-Canonge (o.J.) 27-30; 36-38.

Die Rekonstruktion (**Abb. 23**) geht von einer ebenerdigen Portikus im Zentrum der Villa aus. Aufgrund der strengen Seitenansicht aller Motive des Mosaiks erscheint mir jedoch eine Säulenloggia im Obergeschoss plausibler, da eine Portikus im Erdgeschoss bei dieser Ansicht nicht zu sehen wäre.

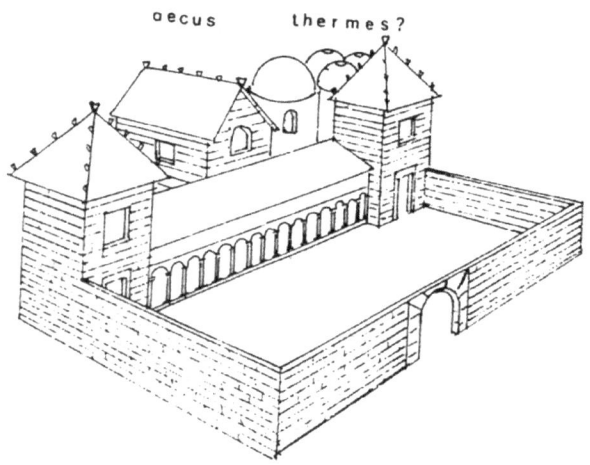

*Abb. 23: Rekonstruktionszeichnung der Villa, von Y. Iunius (Duval [1986] Abb. 4).*

Aus einem Trikonchos eines Stadthauses in Tabarka stammen drei halbrunde Mosaiken[303]. Jede dieser Darstellungen zeigt einen anderen Villentypus und unterschiedliche ländliche Szenen.

Das größere Apsismosaik – 'Tabarka 1' – (5.20 x 3.30m) zeigt im Zentrum einer Parklandschaft oder eines Gartens mit Enten und Gänsen ein repräsentatives Herrenhaus (**Abb. 24**). Die Architektur ähnelt wegen ihrer Ecktürme der der 'Iulius-Villa' aus Karthago, unterscheidet sich aber im Aufbau. Der Eingang zur Villa befindet auf der rechten Seite durch eine Toranlage, von der aus man in einen großzügigen Innenhof gelangt. Im hinteren Teil des Hofes befindet sich der Wohntrakt mit zwei Ecktürmen und dazwischen eine Säulenloggia im Obergeschoss. Im Vordergrund, mit einzeln überwölbten Räumen angedeutet, liegt wohl der Produktionstrakt der Villa, an dessen Fassade zudem fünf Fenster und auf der linken Seite eine leicht aus der Anlage hervorspringende Raumeinheit mit Satteldach sichtbar sind (**Abb. 25**)[304].

*Abb. 24: Trikonchos-Mosaik, 'Tabarka 1' (Bardo Museum; Sarnowski [1978] Taf. 4).*

---

[303] Romanelli (1930) 54; Dunbabin (1978) 122; Sarnowski (1978) 17; McKay (1980) 174; Schneider (1984) 11; 68-84; Ennaïfer (1996) 168.
[304] Romanelli (1930) 54-56; Duval (1986) 164f.; McKay (1980) 174f.; Dunbabin (1978) 122f.; Schneider (1984) 11; Ennaïfer (1996) 168-174; Précheur-Canonge (o.J.) 28f.

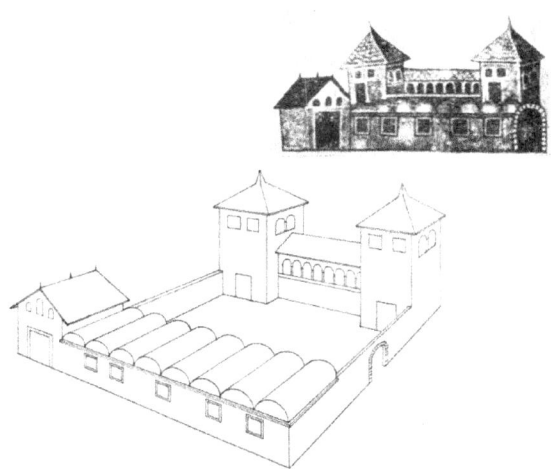

*Abb. 25: Rekonstruktionszeichnung von 'Tabarka 1', von Sarnowski (Sarnowski [1978] Taf. 18).*

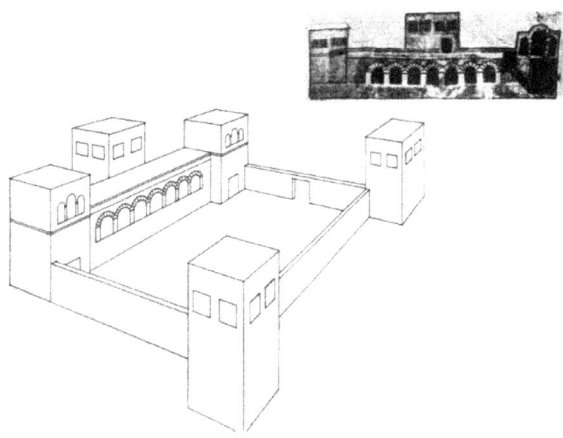

*Abb. 27: Rekonstruktion der Villa von Tabarka 2, von Sarnowski (Sarnowski [1978] Taf. 19).*

Auf den Apsismosaiken ('Tabarka 2, 3') sind ebenfalls Villentypen abgebildet. Die Villa von 'Tabarka 2' befindet sich, wie bei den anderen Darstellungen, im Zentrum des Bildes (**Abb. 26**). Hinter der Villa sind Olivenbäume und Weinstöcke in hügeliger Landschaft zu sehen. Im Vordergrund sitzt auf der linken Seite eine spinnende Hirtin, davor äsen Schafe. Der rechte untere Bildrand ist zerstört. Die Fassade ist durch Ecktürme charakterisiert; der Haupteingang, an dem ein Pferd angebunden ist, liegt auf der rechten Seite, und führt auf einen Innenhof. Im hinteren Teil des Hofes ist eine Loggia mit Arkaden im Obergeschoss und ein weiterer turmartig erhöhter Bau erkennbar[305]. In der Rekonstruktion von Sarnowski werden Türme an allen vier Ecken vorgeschlagen (**Abb. 27**)[306].

Das dritte Apsismosaik stellt eine etwas einfachere Form einer *villa rustica* oder ein Gehöft dar. Im Hintergrund sind Rebstöcke und Olivenbäume zu sehen, im Vordergrund weitere Olivenbäume, Tauben und zwei Nebengebäude der Villa (**Abb. 28**)[307]. Sarnowski schlägt eine sehr schlüssige Rekonstruktion mit einem Innenhof und sich darum gruppierenden Gebäudeteilen vor (**Abb. 39**)[308].

*Abb. 28: Trikonchos-Mosaik, Tabarka 3 (Bardo Museum; Sarnowski [1978] Taf. 6).*

*Abb. 26: Trikonchos-Mosaik, 'Tabarka 2' (Bardo Museum; Sarnowski [1978] Taf. 5).*

---

[305] McKay (1980) 174; Duval (1986) 164 f.; Dunbabin (1978) 122; Slim (1995) o.S.; Ennaïfer (1996) 168; Précheur-Canonge (o.J.) 27-31.
[306] Sarnowski (1978) Taf. 19.

[307] Romanelli (1930) 54-56; Dunbabin (1978) 122f.; McKay (1980) 174; Ennaïfer (1996) 168; Précheur-Canonge (o.J.) 34; 36f.
[308] Sarnowski (1978) Taf. 20.

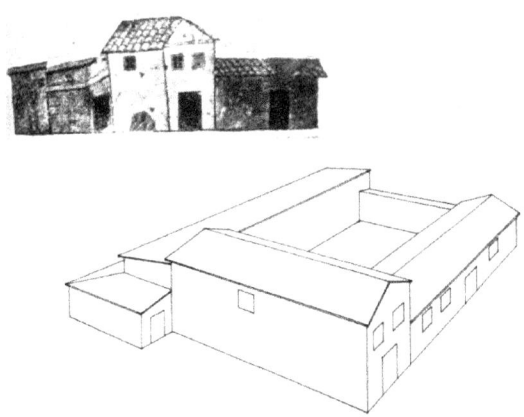

*Abb. 29: Rekonstruktion der Villa von 'Tabarka 3', von Sarnowski (Sarnowski [1978] Taf. 20).*

Da die drei Mosaiken aus Tabarka aus demselben Kontext stammen, geht man davon aus, dass sich die einzelnen Darstellungen auf einen einzigen Grundbesitz beziehen, auf dem es – wie bei Columella[309] beschrieben – eine *villa urbana* für den Grundbesitzer und eine oder mehrere *villae rusticae* zur Verpachtung sowie Lagerhäuser für die landwirtschaftlichen Produkte gab (*pars fructuaria*)[310].

Auf drei weiteren Mosaiken, die vom Ende des 4. bis ins 6. Jh. n. Chr. datieren[311], ist der Typus der *villa rustica* mit zwei oder mehreren Ecktürmen wiedergegeben. Eine Darstellung stammt von einem Jagdmosaik im Museum von Constantine, die anderen von nur fragmentarisch erhaltenen Mosaiken aus Karthago[312]. Im oberen Bildfeld des Mosaiks aus Constantine (**Abb. 30**) ist ein Löwe erkennbar, der eine Antilope gerissen hat. Im unteren Bild ist ein Mann mit Hund dargestellt, der von einer Jagd kommt, wie die umgehängte Beute zeigt. Im Hintergrund ist eine Villa zu sehen, dessen Fassade sich durch zwei Türme auszeichnet. Im Zentrum der Fassade befindet sich der Eingang zur Villa in Form einer Toranlage, die sich auf einen Innenhof öffnet und zum eigentlichen Wohngebäude mit Säulenloggia im Obergeschoss führt[313]. Im Hintergrund werden – wie bei 'Tabarka 2' – (**Abb. 27**) zwei weitere Ecktürme rekonstruiert (**Abb. 31**)[314].

Die anderen Darstellungen stammen wie bei der 'Villa des Iulius' aus Stadthäusern in Karthago[315]. In beiden Fällen sind Reiter in der Nähe einer Villa zu sehen (**Abb. 32; 33**); im Mosaik A entfernt sich der Reiter mit erhobener Handhaltung von der Villa[316] (**Abb. 32**), im Mosaik B kehrt er vermutlich von der Jagd zurück[317] (**Abb. 33**). Von der Villa ist auf der ersten Darstellung (Mosaik A) nur die linke Ecke erhalten (**Abb. 32**). Zu sehen sind zwei Türme, von denen sich einer an der Fassade befindet, der zweite an der hinteren linken Ecke[318]. Die Abbildung der zweiten Villa (Mosaik B) (**Abb. 33**) weist Fehlstellen im Zentrum und auf der rechten Seite auf. Dennoch ist rekonstruierbar, dass die Fassade aus zwei Ecktürmen besteht, zusätzlich ist – wie bei der Villa des Iulius (**Abb. 22**) – eine Säulenloggia im Obergeschoss und darunter eine Fensterreihe erkennbar. Auf der rechten Seite lässt sich ein Tor erahnen. Im Hintergrund sind weitere Gebäudeteile zu sehen, unter ihnen ein Kuppelbau[319]. Für die Rekonstruktion werden mehrere Vorschläge gemacht (**Abb. 34**): zum einen ohne Innenhof mit den zwei Türmen und der Säulenloggia an der Fassade, im Hintergrund die Thermen (?) und ein weiterer Gebäudeteil; zum anderen mit einem kleinen Innenhof und den Türmen und der Loggia im hinteren Teil des Hofes. Die aufgrund der Darstellungsart am ehesten zutreffende Rekonstruktion ist wohl diejenige mit dem großen Innenhof und den zwei Türmen an der Rückseite. Jedoch erscheint es mir logischer, eine niedrigere Umfassungsmauer und eine Säulenloggia im Obergeschoss anstelle einer ebenerdigen Portikus zu rekonstruieren[320].

*Abb. 30: Jagdmosaik aus Constantine (Museum Constantine; Sarnowski [1978] Taf. 9).*

---

[309] Colum. 1, 6: *Modus autem membrorumque numerus aptetur universo consaepto et dividatur in tres partes, urbanam, rusticam, fructuariam* […].
[310] Romanelli (1930) 54; Dunbabin (1978) 122; Slim (1995) o.S.; Ennaïfer (1996) 168; Précheur-Canonge (o.J.) 31-34.
[311] Sarnowski (1978) 8-16.
[312] Tunis, Bardomuseum, Inv. 771; British Museum, Inv. Tun. 763.
[313] Duval (1986) 163-175; Sarnowski (1978) 24; 36; 50.
[314] Duval (1986) 164f.; Sarnowski (1978) 50.
[315] Duval (1986) 163; Sarnowski (1978) 23; 24.
[316] Sarnowsi (1978) 23; 34f.
[317] Duval (1986) 166f.; Sarnowski (1978) 24; 34f.
[318] Sarnowski (1978) 52; 64.
[319] Duval (1986) 166; Sarnowski (1978) 64.
[320] Duval (1986) 166f.; Sarnowski (1978) 64; 69.

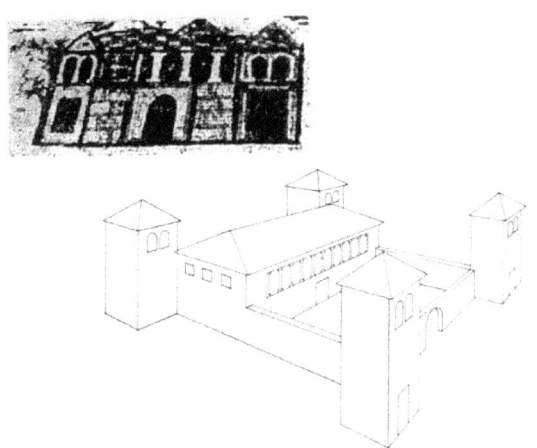

*Abb. 31: Rekonstruktion der Villa auf dem Jagdmosaik aus Constantine, von Sarnowski (Museum Constantine; Sarnowski [1978] Taf. 21).*

*Abb. 32: Mosaik A aus einem Wohnhaus in Karthago (British Museum, Inv. Tun. 763; Sarnowski [1978] Taf. 7).*

*Abb. 33: Mosaik B aus einem Stadthaus in Karthago (Bardomuseum, Inv. 771; Sarnowski [1978] Taf. 14).*

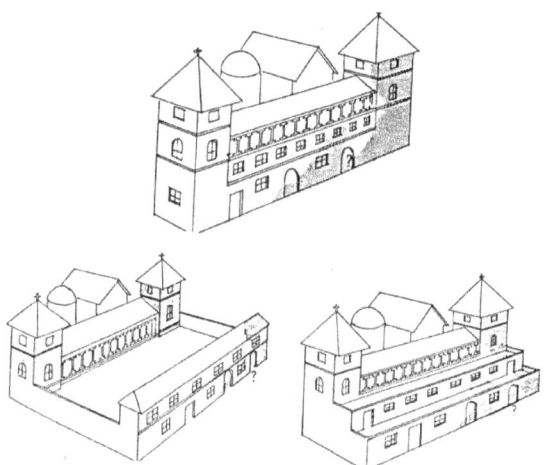

*Abb. 34: Rekonstruktion der Villa von Mosaik B (Abb. 37); von G. Ville, Y. Iunius (Duval [1986] Abb. 5).*

Weitere, jedoch nur partiell erhaltene Villendarstellungen des späten 4. und des 5. Jhs. n. Chr. mit Türmen stammen aus Uthica und Thina[321]. Auf dem Apsismosaik aus Thina kann man einen Eckturm, ein Eingangstor und eine Fensterreihe im Obergeschoss erkennen (**Abb. 35**). Auf dem Mosaikfragment aus der 'Maison de la Chasse' in Uthica sind lediglich zwei Türme erkennbar (**Abb. 36**).

Auf einem Mosaikfußboden der Villa von Zliten (**LM 20**) steht nicht die Darstellung der Villa selbst im Vordergrund, sondern Aktivitäten des ländlichen Lebens. Das Paviment besteht aus mehreren Emblemata, auf denen die Villa jeweils an den äußersten Bildrand verdrängt wird (**Abb. 37 a, b, c**). Das gesamte Hauptbild nehmen rurale Themen ein. Die erste Szene (**Abb. 37a**) beinhaltet die Tierhaltung. Im Vordergrund sieht man einen Unterstand, unter dem eine Ziege gemolken wird. Das Mittelfeld nimmt eine grasende Schafherde ein. Im oberen linken Bildfeldrand kann man einen von Bäumen flankierten turmartigen Baukörper erkennen. Der rechte Teil des Mosaiks ist stark beschädigt[322].

*Abb. 35: Mosaikfragment aus der Apsis einer Thermenanlage in Thina (Sarnowski [1978] Taf. 10).*

---

[321] Sarnowski (1978) 8-11; 36-38.
[322] Dunbabin (1978) 109 ; Aurigemma (1960) 59 ; Précheur-Canonge (o.J.) 5 ; 27f.

*Abb. 36: Mosaik aus Uthica, 'Maison de la Chasse' (Sarnowski [1978] Taf. 11).*

Ein anderes Emblem (**Abb. 37 b**) zeigt eine Dreschszene mit Pferden und Ochsen. Die Villa befindet sich am oberen Bildfeldrand. Man kann mehrere zusammenhängende Baukörper erkennen, u. a. eine Portikus[323]. Eine dritte Szene widmet sich der Bestellung des Bodens (**Abb.37 c**). Das Zentrum des Bildes nimmt eine Personengruppe ein, die den Boden z. T. mit hackenähnlichen Werkzeugen beackern. Rechts daneben ist ein Bau in *opus-quadratum*-Mauerwerk zu erkennen, vielleicht ein Brunnenhaus oder ein kleines, ländliches Heiligtum. Wieder am oberen Bildfeldrand sind neben Pferden einige Gebäudestrukturen, davon ein Turmbau, zu sehen[324].

*Abb. 37a: Mosaikemblem aus der Villa von Zliten (Sarnowski [1978] Taf. 22).*

*Abb. 37b: Mosaikemblem aus der Villa von Zliten (Sarnowski [1978] Taf. 23).*

In einigen Beispielen sind auch Villen in unmittelbarer Nähe zum Meer auf Mosaiken überliefert. Ein in Karthago gefundenes Mosaik vom Ende des 3. Jhs. n. Chr. zeigt eine Villa an der Meeresküste (**Abb. 48**)[325]. Im Zentrum sind ein Gebäude mit Satteldach, links daneben ein Baukörper mit zwei Kuppeln und ein Turm mit Spitzkegeldach zu erkennen. Rechts schließen eine Säulenportikus, ein weiterer turmartig erhöhter Baukörper und ein einfaches Nebengebäude an. Auf der linken Bildseite grenzen an den Turm mit Spitzkegeldach ein längliches Gebäude in *opus quadratum*-Mauerwerk und ein Pavillon mit Statuenbekrönung an. Im Hintergrund ist eine mit Bäumen bestandene Hügellandschaft zu erahnen, im Vordergrund ist das Meer mit Fischen und mythischen Meerwesen dargestellt[326].

---

[323] Dunbabin (1978) 109 ; Aurigemma (1960) 59 ; Précheur-Canonge (o.J.) 5 ; 27-29.
[324] Dunbabin (1978) 109; Aurigemma (1960) 59; Précheur-Canonge (o.J.) 5; 27f.

[325] Tunis, Bardomuseum, Inv. 2772; Yacoub (1996) 169f.; Sarnowski (1978) 45f.; Slim (1995) o.S.
[326] Sarnowski (1978) 46; Slim (1995) o.S.

*Abb. 37c: Mosaikemblem aus der Villa von Zliten (Sarnowski [1978] Taf. 23).*

Ein in El Alia, südlich von Mahdia gefundenes Mosaik wird der Gattung der nilotischen Szenen zugeordnet[327] (**Abb. 38**). Das Mosaik stammt aus einer am Beginn des 20. Jhs. ausgegrabenen, am Meer gelegenen Villa, von der heute jedoch jegliche Spur fehlt[328].

Neben Fischereiszenen mit Boot und Netz im Vordergrund, kann man im Hintergrund mehrere Gebäude an Land erkennen. Auf der linken Seite weist das Mosaik einige Fehlstellen auf, dennoch kann man den Rest eines Baukörpers mit Turm erkennen. Rechts daneben ist ein sitzender Mann mit Werkzeug – eventuell ein Handwerker – und eine ihm zugewandte Person mit einem Gefäß zu sehen. Es folgen eine typische nordafrikanische Landarbeiterhütte aus Stroh (*mapalia*)[329] und ein Treiber mit Maultier. Am rechten Bildrand schließen eine Portikusvilla mit pavillonartigen Abschlüssen und ein Monopteros mit geschweiftem Kegeldach und einer auf einer Basis stehenden Statue darin an. Zwischen der Meervilla und dem Tempelchen bewegt sich ein Wasserträger[330].

Dasselbe Mosaik bietet in einem anderen Ausschnitt zudem eine Darstellung einer *villa rustica* mit vier Ecktürmen (**Abb. 39**). Im Zentrum ist wieder eine der typischen Strohhütten zu sehen. Rechts davon schließen eine Berglandschaft mit Ziegen und eine Säulenarchitektur, im linken Bildfeld eine Trinkszene mit zwei Gelagerten und zwei Bediensteten an. Etwas im Hintergrund – wahrscheinlich ein wenig im Landesinneren – befindet sich ein quadratischer Baukörper mit vier Ecktürmen, der bereits in den „archäologischen Neuigkeiten aus Nordafrika 1900" als „typisch römisches Landhaus" beschrieben wird[331]. Im Vordergrund ist das Meer mit zahlreichen Fischen und Meeresgetier dargestellt[332].

*Abb. 38: Detail eines Mosaiks aus El Alia (Bardomuseum; Sarnowski [1978] Taf. 28).*

---

[327] Diese Einordnung erfolgte aufgrund der kegelförmigen Rohrhütten am Ufer, die typisch für nilotische Szenen sind (Abb. 43), m. E. handelt es sich hierbei aber um alltägliche Szenen an der Meeresküste; Slim (1995) o.S.; Yacoub (1996) 144; Sarnowski (1978) 93f.
[328] Archäologische Neuigkeiten aus Nordafrika, AA 1900, 66.
[329] Raven (1993) 82; Rupprechtsberger (1997) 43f.
[330] Archäologische Neuigkeiten aus Nordafrika, AA 1900, 67f.; Slim (1996) o.S.; Sarnowski (1978) 93-97.
[331] Archäologische Neuigkeiten (1900) 68.
[332] Slim (1996) o.S.; Yacoub (1996) 144.

*Abb. 39: Detail eines Mosaiks aus El Alia
(Bardomuseum; Foto d. Verf.)*

Ein weiteres, jedoch stark fragmentiertes Mosaik unbekannter Herkunft aus dem 3. oder 4. Jh. n. Chr. zeigt die Darstellung einer am Meer gelegenen Villa (**Abb. 40**)[333]. Es handelt sich hierbei ebenfalls um den Typus einer Portikusvilla mit pavillonartigen Abschlüssen (Eckrisalite[334]) wie auf dem Mosaik aus El Alia (**Abb. 38**). Die beiden Villen unterscheiden sich jedoch im Aufbau der Portiken. Während die Villa auf dem El-Alia-Mosaik an allen Längsseiten Portiken zu haben scheint, besteht die Villa auf diesem Mosaik nur im zentralen Teil aus einer auf das Meer gerichteten Portikus. Im Vordergrund sind neben Fischen und Seevögeln auch fischende Eroten und Venus dargestellt[335].

Eine weitere Portikusvilla mit Eckrisaliten findet man auf einem Jagdmosaik des 3. Jhs. n. Chr. aus Henchir Toungar (**Abb. 41**)[336]. Im obersten Register dieses Mosaiks ist eine Portikusvilla in eine ländliche Szene gesetzt. Diese Darstellung der Villa ähnelt der vom El Alia-Mosaik (**Abb. 38**) mit einer ringsumlaufenden Portikus. Im Hintergrund kann man Zypressen, im Vordergrund einen Opferaltar, auf dem ein Feuer brennt, und zwei Jäger mit Hund und Pferd erkennen[337].

*Abb. 40: Mosaik unbekannter Herkunft im Bardomuseum
(Bardomuseum; Sarnowski [1978] Taf. 35).*

---

[333] Sarnowski (1978) 93f.
[334] Definition nach Swoboda (1924) 77f.
[335] Sarnowski (1978) 93f.
[336] Tunis, Bardomuseum, Inv. 3231.
[337] Yacoub (1996) 189f., Abb. 166.

*Abb. 41: Detail eines Mosaiks aus Henchir Toungar (Bardomuseum; Sarnowski [1978] Taf. 33).*

Hinsichtlich der Chronologie ist auffällig, dass die Mosaiken, auf denen Portikusvillen mit Eckrisaliten dargestellt sind vom 2. bis ins 3. Jh. n. Chr. datieren. Die Darstellungen befestigter Villen mit einem oder mehreren Türmen können dagegen in das späte 4. u. 5. Jh. n. Chr. eingeordnet werden.

Vergleicht man die im Katalog behandelten Villen mit denen, die auf Mosaiken abgebildet sind, so fällt auf, dass sich keine der Portikusvillen (**Vgl. Abb. 41**) mit gebogener Fassade erhalten hat oder bislang gefunden wurde. Dass dieser Typus jedoch tatsächlich existierte, beweisen Funde solcher Villen, z. B. in Wittlich (Rheinland-Pfalz) (**Abb. 42 a, b**)[338].

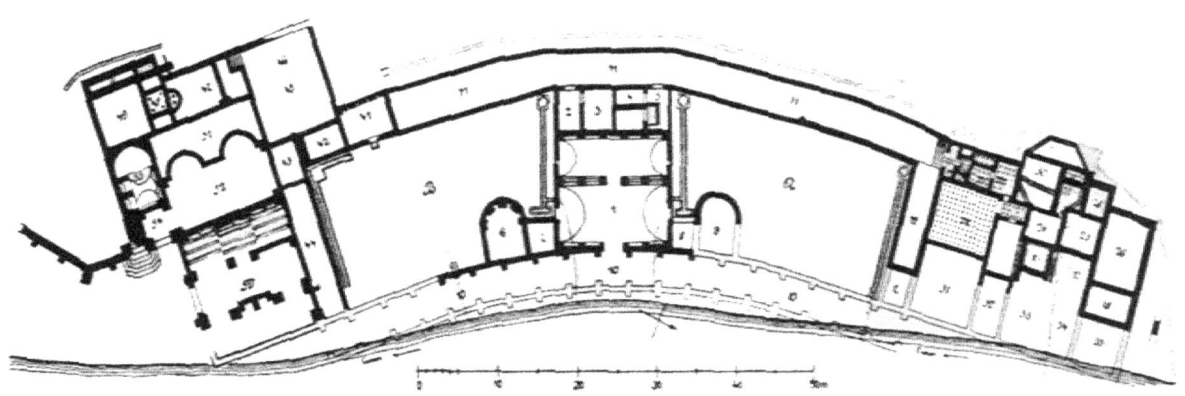

*Abb. 42a: Grundriss der Villa von Wittlich, Kreis Bernkastel-Wittlich (nach H. Bernhard, in: Cüppers [1990] Abb.615).*

---

[338] Cüppers (1990) 671f.; Gilles (1990) 50-68; Kuhnen (1999) 154f.

*Abb. 42b: Rekonstruktionszeichnung der Villa von Wittlich (K. Mehs, in: Cüppers [1990] Abb. 616).*

*Abb. 43: Bildfeld mit Darstellung einer Portikusvilla aus Pompeji (Neapel, Mus. Naz. 9406; Mielsch [2001] Abb. 217).*

*Abb. 44: Bildfeld mit Darstellung einer Portikusvilla mit Eckrisaliten aus dem Tablinum des Hauses des M. Lucretius Fronto (Schneider [1995] Abb. 2)*

*Abb. 45: Bildfeld mit Darstellung einer Portikusvilla mit Eckrisaliten aus Pompeji (Neapel, Mus. Naz. 9406; H. Mielsch, Römische Wandmalerei [2001] Abb. 217).*

Portikusvillen mit Risaliten und pavillonartigen Abschluss befinden sich in Silin/Leptis Magna. Hierbei handelt es sich um die 'Villa du Taureau' (**LM 1**) und die 'Villa dell'Odeon marittimo' (**Abb. 46; LM 2**). Tatsächlich datieren die beiden genannten Villen (**LM 1, LM 2**) nicht später als ins 3. Jh. n. Chr.; die archäologischen Befunde und die Darstellung auf den Mosaiken decken sich also hinsichtlich ihrer Chronologie. Dieser Typus der Portikusvilla erfreute sich auch in der römischen Wandmalerei besonderer Beliebtheit. Drei Wandmalereien aus Pompeji zeigen eine Portikusvilla mit Eckrisaliten mit einer Parklandschaft im Vordergrund (**Abb. 43-45**). Die beiden ersten Villendarstellungen (**Abb. 43, Abb. 44**) sind durch nach vorne springende Risalite charakterisiert, wie es auch bei dem Mosaik aus El Alia (**Abb. 38**) und dem im Bardomuseum befindlichem Mosaik unbekannter Herkunft der Fall ist (**Abb. 40**)[339]. Eine weitere – in einer Linie angeordnete – Portikusvilla mit Eckrisliten (**Abb. 45**)[340], für die es in den Mosaikdarstellungen Nordafrikas keine Beispiele gibt, ist mit der 'Villa dell'Odeon marittimo' (**Abb. 46; LM 2**) vergleichbar.

---

[339] Mielsch (1987) 56f.; Rea (1989) 30f.; Schneider (1995); Mielsch (2001) 184f.
[340] Mielsch (2001); Mielsch (1987) 56f.

*Abb. 46: Silin, 'Villa dell'Odeon marittimo' (LM 2), Rekonstruktion (Salza Prina Ricotti [1970-71] Abb. 2b).*

Das Beispiel der am Meer gelegenen Portikusvilla mit unregelmäßigeren angeordneten Baukörpern (**Abb. 48**) hat ebenfalls Parallelen mit einigen im Katalog behandelten Villen; z. B. die 'Villa del piccolo circo' (**Abb. 47**; **LM 3**), aber auch die Villa in Sabratha (**SA 2**). Ob jedoch die zwei Anlagen in Zliten (**LM 20**) und Tagiura (**O 2**) ebenfalls dazu zu zählen sind, oder ob sie Risalite besaßen, kann nicht mehr geklärt werden, da die zum Meer ausgerichtete Seite stark erodiert ist.

Auch diesen Darstellungstypus findet man neben dem Beispiel in Nordafrika (**Abb. 48**) auch in pompejanischer Wandmalerei. Zu sehen sind am Meer gelegene Villen mit Portiken vor einer Berglandschaftskulisse (**Abb. 49**)[341].

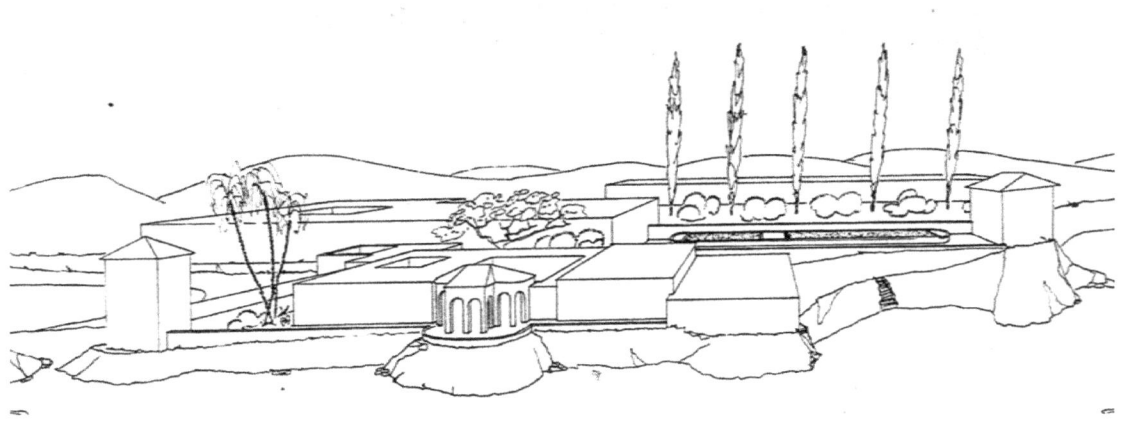

*Abb. 47: Silin, 'Villa del piccolo circo' (LM 3), Rekonstruktion (Salza Prina Ricotti [1970-71] Abb. 12)*

---

[341] Rea [1989] 30; Zanker (1995); Mielsch (2001) 184f.

*Abb. 48: Ausschnitt der villa maritima auf einem in Karthago gefundenen Mosaik (Bardomuseum; Foto d. Verf.).*

*Abb. 49: Bildfeld mit Darstellung einer Portikusvilla aus Pompeji (Neapel, Mus. Naz. 9482; Mielsch [2001] Abb. 218).*

Der Typus der befestigen Villen mit Türmen und Toranlagen des späten 4. u. 5. Jhs. n. Chr. auf Mosaiken hat ebenfalls Parallelen mit einigen im Katalog besprochenen Villen. Mindestens einen Turm besitzen die Villa von Bou Kisnaden östlich von Caesarea (**C 9**), eine im heutigen Tunesien gelegene Villa (**S 1**), und eine Anlage südlich von Leptis Magna (**LM 14**). Aber auch der Typus mit zwei oder mehreren Türmen konnte nachgewiesen werden: in Nador mit zwei runden Türmen an den Ecken und zwei den Toreingang flankierenden Rechtecktürmen (**C 10**), in Sidi Salah mit zwei Türmen an der Fassade (**C 18**), in unmittelbarer Nähe zum Wadi Mansur mit einem Halbrund- und einem Rechteckturm (**LM 16**) und in Kasserine (**K 2**) mit zwei Türmen an der Fassade. Die einzige nicht nur durch Oberflächenfunde datierte Anlage ist die Villa von Nador (**C 10**). Die Entstehungszeit wird im 2. Viertel des 1. Jhs. n. Chr. angegeben. Jedoch erst in der zweiten Bauphase, im 2. Viertel des 4. Jhs. n. Chr., kam die monumentale Fassade mit den vier Türmen dazu. Auch bei den anderen Villen,

die z. T. nur durch Oberflächenfunde (1.-4. Jh. n. Chr.) bzw. gar nicht datiert sind, kann von einer zweiten Bauphase ab dem späten 4. Jh., in der man die Villa befestigte und Türme errichtete, ausgegangen werden.

Zusammenfassend lässt sich feststellen, dass die Villendarstellungen auf Mosaiken generell zwei Architekturtypen wiedergeben, die ihre Parallelen auch im archäologischen Befund der Region haben. Zum einen handelt es sich dabei um den Typus der *villa rustica* mit einem oder mehreren Ecktürmen, zum anderen um die *villa urbana* als Portikusvilla mit Eckrisaliten[342].

Wie gezeigt werden konnte, bieten die Darstellungen auf Mosaiken nicht nur wichtige Hinweise auf das ländliche Leben im Umfeld der Villen, sondern ebenso – neben den archäologischen Befunden und datierenden Fundkomplexen – zusätzliche wertvolle Indizien zur chronologischen Einordnung der einzelnen Villentypen.

---

[342] Zur Architektur und deren Vergleiche s. Kap. 6.

# 6. ARCHITEKTUR
## 6.1 'EINFACHE' VILLAE RUSTICAE
### 6.1.1 VORRÖMISCH

Die archäologische Erforschung der Punier beschränkte sich bislang weitgehend auf deren städtische Zentren, Heiligtümer und Nekropolen. Die große wirtschaftliche Bedeutung der punischen Getreidewirtschaft stellt jedoch die Frage, wie und in welchem Umfang eigentlich Landwirtschaft betrieben wurde. Innerhalb von drei Jahrhunderten kam es zu einem rasanten Wachstum der Stadt Karthago, was auch anhand der Anzahl (Vervierfachung) der Bestattungen festzustellen ist[343]. Wie sich das Bevölkerungswachstum im Einzelnen erklären lässt, ist schwer zu beurteilen; wahrscheinlich ist eine Zuwanderung aus dem assyrischen Mutterland, aber auch die Eingliederung von einheimischen Bevölkerungsgruppen[344]. Bereits im 8. Jh. v. Chr. muss Karthago seiner Fläche nach zu den größten Siedlungen des Mittelmeerraumes gehört haben; bei einer solchen Größe war die Versorgung mit Nahrungsmitteln eine Grundfrage, die nicht allein durch Getreideanbau im Hinterland beantwortet werden konnte[345]. Dieses Problem konnte durch mehrere Wege behoben werden, von denen der Ausbau der einheimischen Produktion, Import durch Handel und die Kolonisation als wichtige wirtschaftliche Faktoren des Landes an erster Stelle stehen[346]. Neben dem „klassischen Ackerbaugebiet"[347] Sizilien steht wohl auch bei der Kolonisation Sardiniens das Interesse Karthagos an der Landwirtschaft jener Region an erster Stelle; mehrfach ist die Bedeutung der Getreidelieferungen für Karthago bezeugt, die für die Karthager sogar wichtiger waren als Handel und Bergbau[348]. Der Ausbau der einheimischen Landwirtschaftszentren ist erst spät nachzuweisen, aber aufgrund der Bedeutung des Getreides schon in früherer Zeit anzunehmen. Die Abfassung von Handbüchern über die Landwirtschaft unterstreicht dessen Bedeutung[349]. Dem Käufer eines Landgutes empfiehlt etwa der Schriftsteller Mago, sein Stadthaus zu verkaufen und sich ganz auf sein Landgut zurückzuziehen[350]. Hierbei sprach er nicht den Adel an, da dieser sicherlich mehrere Grundbesitztümer besaß, sondern vielmehr ein breiteres Publikum, welches nicht genug Vermögen besaß, um ein Stadt- <u>und</u> ein Landhaus zu unterhalten[351].
Aber nicht nur Getreide, sondern auch Wein, Garum und Olivenöl wurden in den Landgütern produziert, denn in zahlreichen gesunkenen karthagischen Handelsschiffen wurden diese als Exportgüter gefunden. Besonders das Olivenöl als eines der wertvollsten und einträglichsten Exportprodukte der antiken Welt ist noch in zahlreichen Amphorenfunden vom Meeresgrund nachweisbar[352].
Es war daher nur eine Frage der Zeit, wann auch archäologisch punische Landgüter und landwirtschaftliche Produktionszentren nachgewiesen werden konnten. So wurden bei einem in den neunziger Jahren durchgeführten Survey auf der Insel Djerba einige großflächige 'Villen' und auch kleinere 'Farmen' aus vorrömischer Zeit entdeckt[353]. Diese 'Villen' erstrecken sich – mit einigen Ausnahmen – entlang der SO-Küste der Insel (**Abb. 18**). Die Überreste dieser Anlagen sind jeweils durch ein bis zu 2 m erhöhtes, hügelartiges und mehr als 1 ha großes Areal gekennzeichnet (z. B. **Abb. 50**), welches von umfangreichem Kulturschutt bedeckt ist (Baumaterial, Scherben, z.T. Architekturelemente)[354]. In diesem Schutt befindet sich eine starke Konzentration schwarzglasierter Keramik, von denen die frühesten Beispiele ins späte 3. bzw. frühe 2. Jh. v. Chr. datieren[355].

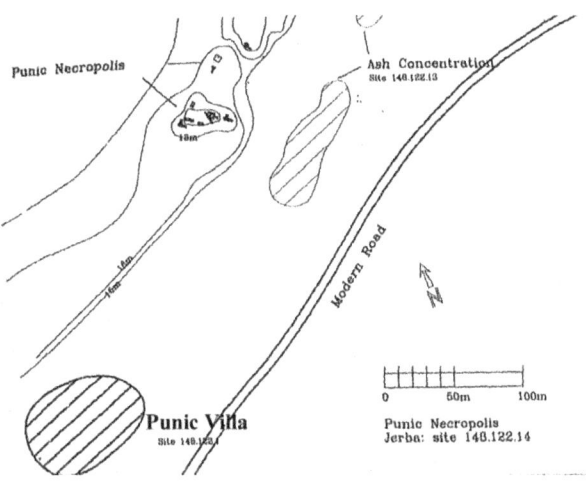

*Abb. 50: Punische 'Villa' und dazugehörige Nekropole nördlich von Meninx (Fentress [2000] Abb. 2).*

An einigen Fundplätzen konnten außer der schwarzglasierten Keramik keine weiteren Keramikfunde gemacht werden, die eine Kontinuität bis in römische Zeit belegen könnten. In zwei Beispielen dagegen befinden sich römische Grabbauten in unmittelbarer Nähe zur 'Villa', die eine Weiterbenutzung der Anlage in römischer Zeit beweisen[356]. In der Nähe fast aller Fundplätze konnten Töpferöfen lokalisiert werden, die anhand der Scherbenfunde eine rege Amphorenproduktion vom 2. Jh. v. Chr. bis ins 1. Jh. n. Chr. belegen[357]. Die an einer Fundstelle (**Abb. 18**) mit zahlreichen Oberflächenfunden vorgenommene geophysikalische Prospektion zeigte zahlreiche Anomalien, aus denen sich ein rechteckiger Grundriss

---

[343] Vom 8. bis 5. Jh. v. Chr. wuchs Karthago von 25 ha auf 100 ha: Ameling (1993) 251.
[344] Ameling (1993) 252.
[345] Ameling (1993) 252.
[346] Ameling (1993) 252.
[347] Ameling (1993) 252.
[348] Bernadini (2004) 148f.; Diod. 11, 20, 4; 14, 63, 4; 77, 6.
[349] Mago bei Plin. Nat. 18, 22; Colum.12, 4, 2.
[350] [...] *qui agrum paravit, domum vendat, ne malit urbanum quam rusticum larem colere; cui magis cordi fuerit urbanum domicilium, rustico praedio non erit opus* [...]: Colum. 1, 1, 18; s.a. Plin. Nat. 18, 35.
[351] a.O. 260.
[352] Aubet (2004) 323-327.
[353] Fentress (2000) 78f.; Fentress (2001) 255; Zur Lage und Verbreitung s. auch Kap. 4.2.
[354] Fentress (2000) 78; Fentress (2001) 255.
[355] Fentress (2000) 78f.; Fentress (2001) 255.
[356] Fentress (2001) 255.
[357] Die frühesten Amphoren vom Typ van der Werff 2 und 3 aus dem späten 3. oder frühen 2. Jh. v. Chr. dürften gleichzeitig mit der Errichtung der Villa sein: Fentress (2001) 262; Van der Werff (1978) 171-200.

von 26 m x 46 m mit großzügigem Innenhof zusammensetzen ließ (**Abb. 51; T 2**). Weitere dipolare geomagnetische Anomalien im Norden und Süden der Anlage konnten als Töpferöfen gedeutet werden (**Abb. 51**). Zahlreiche Amphorenfunde, die meisten vom Typ Mau 35[358] aus dem 1. Jh. n. Chr., bestätigten dies[359]. Die Tatsache, dass einige der Töpferöfen sehr nah an die Mauern der 'Villa' gedrängt sind, spricht – laut Fentress – dafür, dass diese später als die 'Villa' entstanden sind und so einen *terminus ante quem* für die 'Villa' bieten. Die frühen Keramikfunde des späten 3. bzw. frühen 2. Jhs. v. Chr. stützen diese These[360].

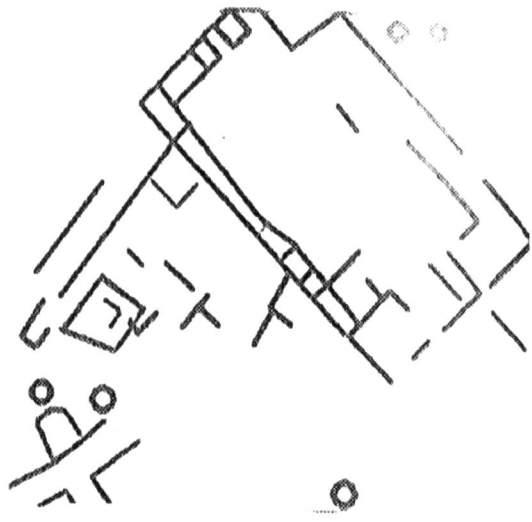

Abb. 51: *Interpretation des geophysikalischen Bildes von K 050 (Fentress [2001] Abb. 2).*

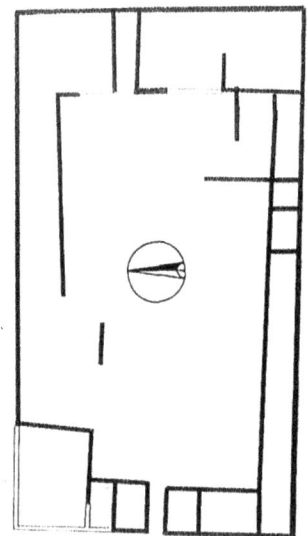

Abb. 52: *Rekonstruierter Grundriss von K 050 (Fentress [2001] Abb. 4)*

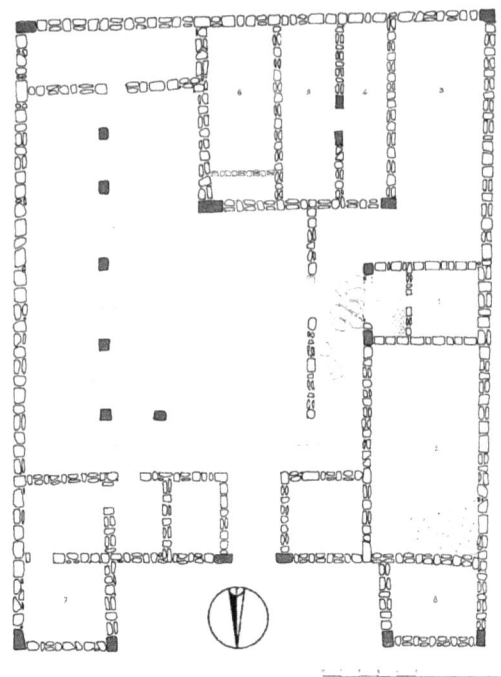

Abb. 53: *Grundriss der Anlage von Kuodiat Daïat ( Ponsich [1970] Abb. 57).*

Eine weitere vorrömische 'Villa' ist aus der Nähe von Tanger (Marokko) in Kuodiat Daïat bekannt (**Abb. 53; M 1**)[361]. Auch diese Anlage zeichnet sich durch einen rechteckigen Grundriss und einen Innenhof aus. Auffällig ist in beiden Fällen der asymmetrisch angeordnete Innenhof und ein zentral angelegter Haupteingang (**Abb. 52; 53**). Die Besonderheit der in Marokko entdeckten 'Villa' besteht aus den an der Nordseite befindlichen quadratischen Vorsprüngen, die als Türme interpretiert werden[362]. Ob sich an der 'Villa' auf Djerba ebenfalls Türme befanden, lässt sich nur aufgrund der Geophysik nicht erschließen[363]. Die antiken Quellen berichten zwar in einigen Fällen von Turmarchitekturen in vorrömischer Zeit, jedoch nicht ausdrücklich in einem baulichen Zusammenhang, z. B. einem Gehöft[364]. Da aber auch keine freistehenden Turmbauten archäologisch gesichert sind, könnte man daran denken, dass es sich bei den in den Quellen erwähnten Türmen um eine Art Turmgehöft gehandelt hat, in die sich die auf dem Land lebende Bevölkerung bei Gefahr zurückziehen konnte[365]. Auch im

---

[358] Der Typ der Amphora vom Typ Mau 35 ist eine kleinere Form der italischen Dressel 2/4, bekannt aus Ostia und Pompeji: Mau (1909).
[359] Fentress (2001) 262.
[360] Fentress (2001) 256.

[361] Ponsich (1970) 214-217; Fentress (2001) 256.
[362] Ponsich (1970) 214-217; Fentress (2001) 260; Die Fundamente der quadratischen Vorsprünge müssten bei einer Interpretation als Türme eigentlich stärker als die übrigen Mauern sein. Beispiele von Türmen in dafür geeignetem *opus quadratum*-Mauerwerk sind z.B. im Umland von Caesarea (C 9; C 10; C 18) erhalten. Da sich die Mauerstärke jedoch nicht von der des übrigen Gebäudes unterscheidet, könnte man allenfalls an eine Turmkonstruktion aus Holz denken.
[363] Fentress (2001) 260.
[364] App. Pun. 101 s.a. 117 ; Diod. 3, 49, 3.
[365] Der Architekturtypus der Villen mit Türmen ist in Nordafrika bislang nur in diesem einem Beispiel aus vorrömischer Zeit bekannt. In der Folgezeit gibt es keine Beispiele für Villen im Zusammenhang mit Turmarchitektur. Erst ab dem späten 3. Jh. n. Chr. konnte dieser neben den Mosaikdarstellungen auch in einigen archäologisch untersuchten

Umkreis von Karthago sind durch Surveys zahlreiche rurale Zentren identifiziert worden[366]. Die Untersuchungen ergaben, dass die Anzahl der Anlagen im 5. Jh. v. Chr. von neun auf ungefähr 50 im 3. und 2. Jh. v. Chr. anstieg. Die Bemerkung Diodors, dass die *chora* von Karthago durch intensiv betriebene Landwirtschaft charakterisiert sei, untermauert diese Funde[367]. Ein solches landwirtschaftliches Zentrum aus dem 3. Jh. v. Chr. ist vielleicht in Gammarth nördlich von Karthago entdeckt worden[368]. Die beiden ergrabenen 'Villen' in Kuodiat Daïat und Gammarth besitzen dieselbe Fundamentkonstruktion mit Kiesel-Lehm-Packungen[369]. Vermutlich sind auch die Anlagen auf Djerba in dieser Konstruktionsweise errichtet worden, doch kann dies nur durch weitere archäologische Untersuchungen geklärt werden. Eine weitere Gemeinsamkeit dieser drei vorrömischen 'Villen' ist das gänzliche Fehlen von Dachziegeln; die Dächer müssen auf eine andere Weise gedeckt gewesen sein, vielleicht mit Lehm oder anderen organischen Materialien[370].

Nun stellt sich die Frage, was in den 'Villen' produziert wurde. Die Töpferöfen für die Amphorenproduktion auf der Insel Djerba deuten darauf hin, dass neben einer wahrscheinlichen Getreideproduktion (s.o.) auch Olivenöl und/oder Wein produziert wurde[371]. Auch heute noch ist der gesamte Südosten der Insel – in dem Gebiet, in dem es auch die starke Konzentration der vorrömischen *villae rusticae* gibt – reich an Olivenbaumplantagen[372]. Auch die mit Sicherheit unter dem punischem Einfluss stehende Anlage in Marokko, in der zahlreiche Amphorenscherben und ein Gegengewicht für die Olivenpresse gefunden worden sind, belegen die große Bedeutung des Olivenölhandels (**M 1**).

Die Untersuchung von E. Fentress zu vorrömischen/punischen 'Villen' ist die bislang erste Arbeit zu diesem Thema. Dennoch lässt sich feststellen, dass es bis auf wenige Ausnahmen keine signifikanten Unterschiede zu römischen *villae rusticae* in Nordafrika zu geben scheint. In beiden Fällen kultivierte man den Ölbaum und Wein, selbst für die Transportmittel war gesorgt. Darüber hinaus wurden wohl einige punische Villen von den Eroberern übernommen und bis in die Kaiserzeit weitergeführt: die vorhandene Infrastruktur wurde – nicht nur auf Djerba – nahezu unverändert weitergenutzt[373].

### 6. 1. 2 RÖMISCH

Der schlichte Grundrisstyp der vorrömischen 'Villen' ist auch in römischer Zeit ein weit verbreiteter Typus in Nordafrika. So finden sich vergleichbare Anlagen im Umland von Caesarea (**C 3, C 4, C 5; C 6, C 7, C 8, C 11, C 13, C 14, C 15, C 16, C 17; C 20; C 21, C 23**), Segermes (**S 2, S 3, S 4, S 5, S 6, S 7**), Kasserine (**K 1, K 4**), Leptis Magna (**LM 5, LM 6, LM 13, LM 15, LM 17, LM 18, LM 19**) und in Marokko (**M 2**).

Die oft nur durch Surveys untersuchten Villen bestehen aus einem einfachen rechteckigen Grundriss mit z.T. leicht asymmetrisch angelegtem Innenhof, um den sich die einzelnen Raumkompartimente gruppieren (**Abb. 54; Abb. 55**)[374]. In einer Ecke der Anlage befindet sich der Produktionstrakt mit den Pressen für die Olivenölproduktion. Die nordafrikanische *villa rustica* besitzt meist zwei Eingänge: Einen, über den man über den Innenhof in den Wohnbereich gelangte und einen, der direkt in die Produktionsanlagen führte.

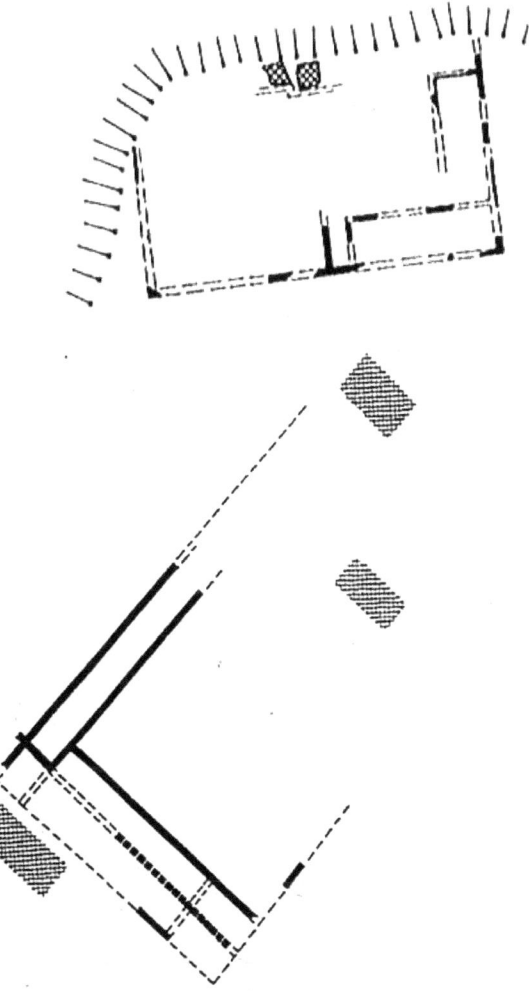

*Abb. 54: villae rusticae aus der Umgebung von Kasserine und Segermes (K4, S 2) (nach: Hitchner [1988] Abb. 4; nach Dietz u.a. [1995] 313).*

---

*villae rusticae* nachgewiesen. Dieser spezielle Typus der römischen Villenarchitektur wird im folgenden Kapitel behandelt (Kap. 6.2).
[366] Die Publikation dieser Surveys war 1992 angekündigt und ist bis heute nicht erschienen ; daher können keine Aussagen über Architektur und Verbreitung gemacht werden. (Vgl. Fentress [2001] 264).
[367] Diod. 20, 8.
[368] Fantar (1985) 3-18; Fentress (2001) 256.
[369] Fentress (2001) 257.
[370] Fentress (2001) 257.
[371] Der auf Djerba gefundene Amphorentypus Tripolitania 1 war mit Sicherheit für Olivenöl bestimmt, da er in der Tripolitania, einer bekannten Gegend für Olivenölproduktion hergestellt wurde: s. Kap. 3.2.3.
[372] Fentress (2001) 261.
[373] Fentress (2000) 80; Fentress (2001) 255.

[374] Vgl. Leveau (1984) 405-407.

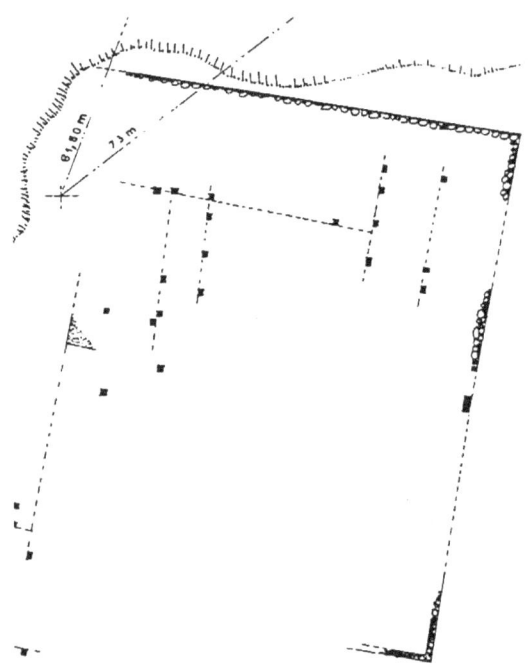

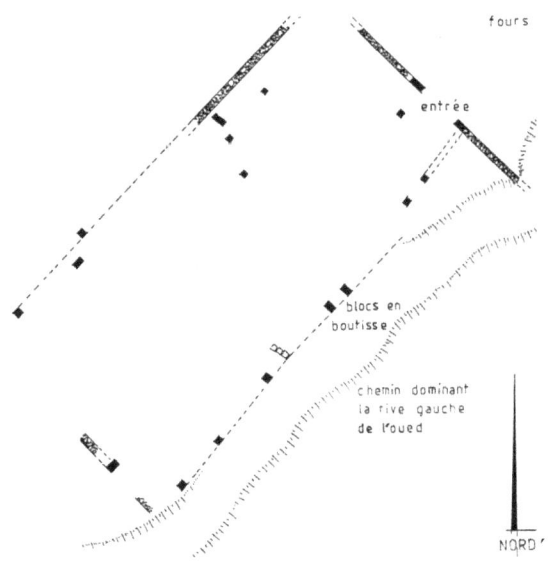

*Abb. 55: villae rusticae aus der Umgebung von Caesarea (C 20, C 16) (nach: Leveau [1984] Abb. 166; Abb. 119)*

Die Villen besitzen alle mehrere Zisternen, die z.T. in der Anlage selbst zu finden sind – wie in Caesarea (**Abb. 56**)[375] – oder außerhalb.

*Abb. 56: Zaouia (Caesarea), unterirdische ca. 10 m lange Zisterne unter dem Innenhof der Villa (Leveau [1984] Abb. 225).*

Archäologisch gesichert sind bei zwei Anlagen unterirdische Magazine für die Lagerung von Getreide o. ä. (**LM 5, LM 6**)[376]. Bei einigen *villae rusticae* ist der Wohnbereich vom Produktionstrakt durch eine Zweiteilung des Gebäudes getrennt (**LM 5, LM 8, LM 15, S 4**). Die Anlagen wurden bis auf wenige Ausnahmen (z. B. **C 6**) alle in *opus-africanum*-Bauweise errichtet, d. h., mit in regelmäßigen Abständen aufrecht stehenden Orthostaten, deren Zwischenräume mit kleineren, behauenen Steinblöcken verfüllt sind[377].

Besonders auffällig sind einige Anlagen in Leptis Magna (**LM 17, LM 18, LM 19**): Wie bereits in Kapitel 3. 2 erläutert wurde, kam der Olivenölproduktion in der Tripolitania eine besondere Bedeutung zu. Keine der Gegenden des antiken Mittelmeerraumes produzierte so viel Olivenöl wie die Tripolitania. Deshalb ist es auch nicht verwunderlich, dass die Olivenpressen dieser Anlagen mehr als die Hälfte des Gebäudes einnahmen. In Sidi Hamdan befinden sich insgesamt 9 Pressanlagen (**LM 19**), dem Wohnbereich kam dabei nur ein relativ kleiner Teil zu. Aber auch die Anlagen von Caesarea[378], Segermes, Kasserine und Leptis Magna waren bis auf einige Ausnahmen – was der schlechten archäologischen Erforschung geschuldet sein dürfte – mit Produktionsanlagen ausgestattet[379]. Der größte Teil kam der Olivenölproduktion zu (**C 3, C 4, C 8, C 11, C 13, C**

---

[375] Die *villae rusticae* von Caesarea besitzen z.T. aufwändige unterirdische Zisternen unter dem Gebäude selbst: vgl. Leveau (1984) 421-424.

[376] Vgl. b. Afr. 65,1; Salza Prina Ricotti (1970-71) 149-152.

[377] Leveau (1984) 408-410; Ørsted u.a. (1992) 69-83; Hitchner (1988) 7-37; Hitchner (1990) 231-255; Mattingly (1985) 34f.

[378] Im Umland von Caesarea konnten auch einige – nicht im Katalog aufgenommene – Anlagen mit mehr als vier Olivenpressen identifiziert werden. Die Reste der Olivenpressen waren dabei so im Gebäude verteilt, dass sie keinen Platz mehr für den Wohnbereich zuließen. Es schien sich hier also nicht um eine *villa rustica* gehandelt zu haben, sondern vielmehr um eine reine Olivenölproduktionsanlage: Leveau (1984) 326-329; 343-44; 368-369.

[379] vgl. Kap. 3.2.; s.a. Leveau (1984) 427-439; Ørsted u.a. (1992) 69-83; Hitchner (1988) 7-37; Hitchner (1990) 231-255; Mattingly (1985) 34f.

**14, C 15, C 16, C 20, C 23; S 1, S 2, S 3, S 4; K 1; K 4; LM 5, LM 6, LM 13, LM 15**); einige Anlagen besaßen zusätzlich Weinkelterbecken (**C 6, C 9**) und Töpferöfen (**C 6, C 8, C 16, C 21**) für die Amphorenproduktion in der näheren Umgebung. Sie besaßen keinen städtischen Luxus und sind daher als reine *villae rusticae* für die landwirtschaftliche Produktion – im speziellen Olivenöl – zu verstehen, die entweder zum kaiserlichen oder zu privatem Großgrundbesitz gehörten und an Kolonen verpachtet wurden. Die Großgrundbesitzer selber hatten – wie es beim Beispiel von Silin/Leptis Magna der Fall sein könnte – luxuriös ausgestattete Villen an der Küste (**LM 3**) oder in der Nähe der Stadt, und nur wenig entfernt im Hinterland gab es – wie bereits bei Columella beschrieben[380] – *villae rusticae* für die Verpachtung (**LM 5, LM 6**).

Da diese *villae rusticae* z. T. nur durch Oberflächenfunde datiert werden konnten, ist eine absolute zeitliche Eingrenzung nicht möglich. Dennoch lässt sich feststellen, dass die Mehrzahl der Anlagen aus der frühen Kaiserzeit (1./2. Jh. n. Chr.) stammen und eine Kontinuität bis in die Spätantike belegen (**Anlage 1**).

Der rechteckige 'schlichte' Grundrisstyp, der bereits in den vorrömischen/punischen Villen vorkommt, wird mit hellenistischen Vorbildern in Verbindung gebracht[381]. Eine ebenfalls aus dem 2. Jh. v. Chr. stammende, in Marsala auf Sizilien gefundene 'Villa' weist ähnliche Merkmale auf[382]: einen rechteckigen Grundriss und einen Innenhof, um den sich an allen vier Seiten Räume gruppieren (**Abb. 57**). Auch Gehöfte aus klassischer Zeit in Attika mit asymmetrischem Innenhof und Olivenpresse lassen sich diesem Typus hinzufügen (**z. B. Abb. 58**)[383].

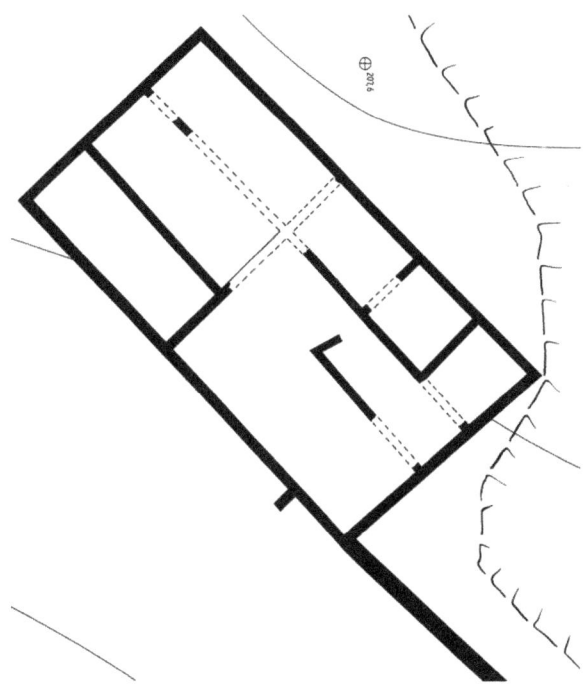

*Abb. 58: klassisches Gehöft in Thimari-Kastela (Lohmann [1993] Abb. 38).*

In römischer Zeit lässt sich dieser Typus – neben Nordafrika – auch in anderen Provinzen und in Italien selbst nachweisen. Die *villae rusticae* vom Vesuvabhang von vor 79 v. Chr. (**Abb. 59, Abb. 60**) und eine weitere bei Ancona[384] zeigen ähnliche Merkmale: einen leicht versetzten Innenhof und Produktionsanlagen für die Olivenölproduktion[385].

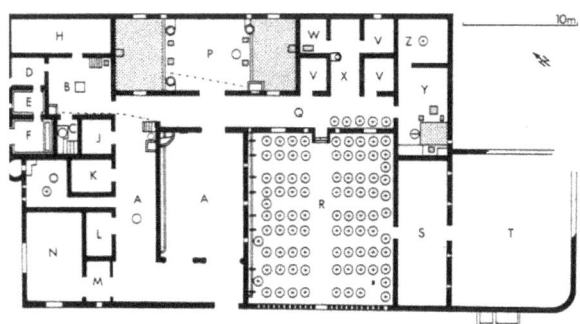

*Abb. 59: Boscoreale, 'Silberschatzvilla' (Oettel [1996] Abb. 2).*

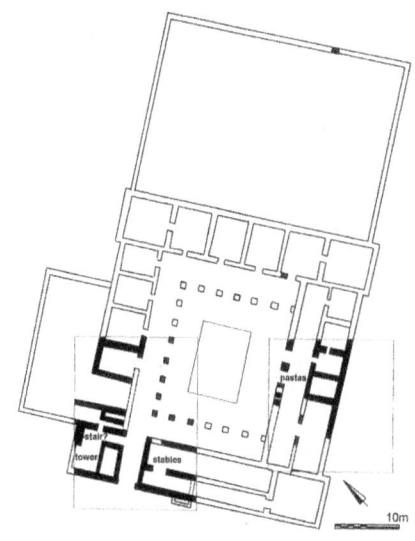

*Abb. 57: 'Villa' von Marsala (Sizilien) (Fentress [2001] Abb. 3)*

---

[380] Colum. 1, 6.
[381] Fentress (2001) 256f.
[382] Fentress (1998) 29-41.
[383] Lohmann (1993) 169; weitere Beispiele bei Lohmann (1993) 161-184, z.B. 168 Abb. 37.
[384] Virzí Hägglund (1995) Abb. 5.
[385] Oettel (1996) 63-73; ; Kloft (2006) 25.

Auch einige kaiserzeitliche Villen aus Germanien[386] (**Abb. 61; Abb. 62; Abb. 63 a, b**), den Donau-Balkan Provinzen[387] (**Abb. 64**), und der Provinz Syria[388] (**Abb. 65**) können diesem Typus zugeordnet werden.

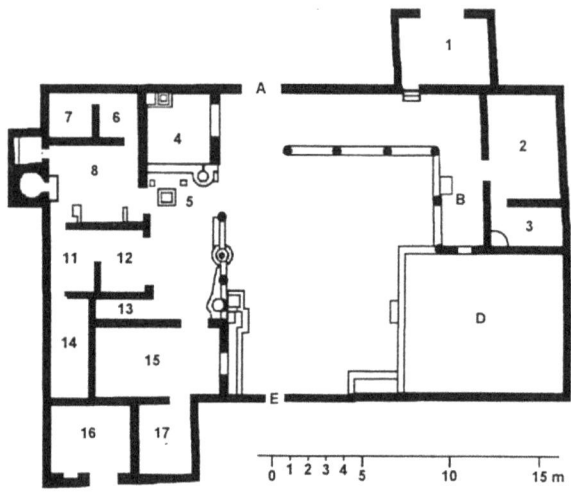

Abb. 60: Villa rustica bei Stabiae (Oettel [1996] Abb. 2).

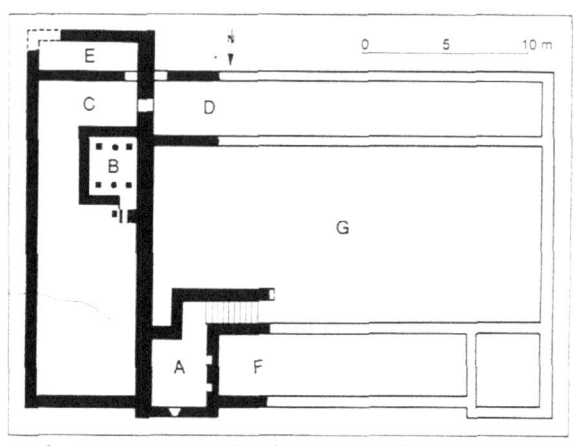

Abb. 61: villa rustica aus Breitenbach (Cüppers [1990] Abb. 238).

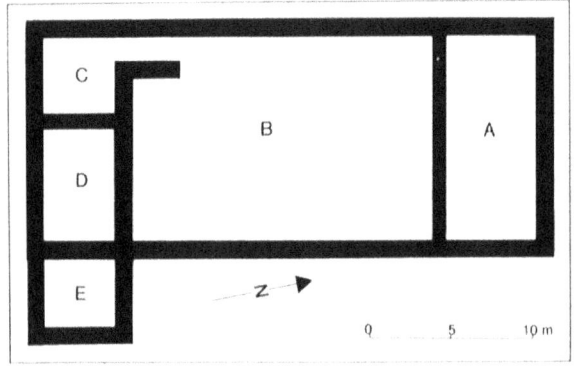

Abb. 63: villa rustica aus Breitenbach (Cüppers [1990] Abb. 241)

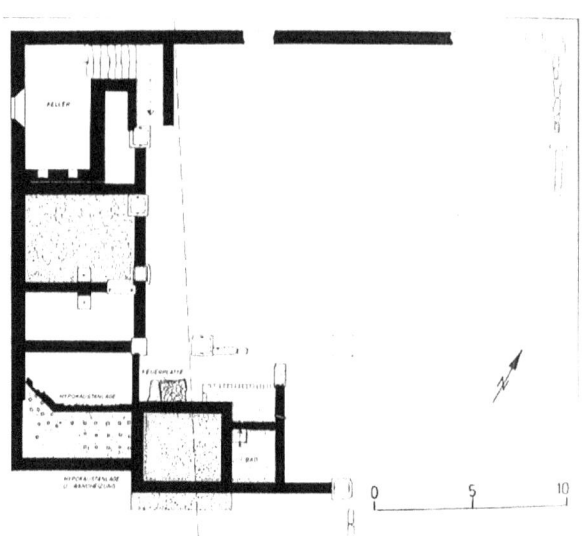

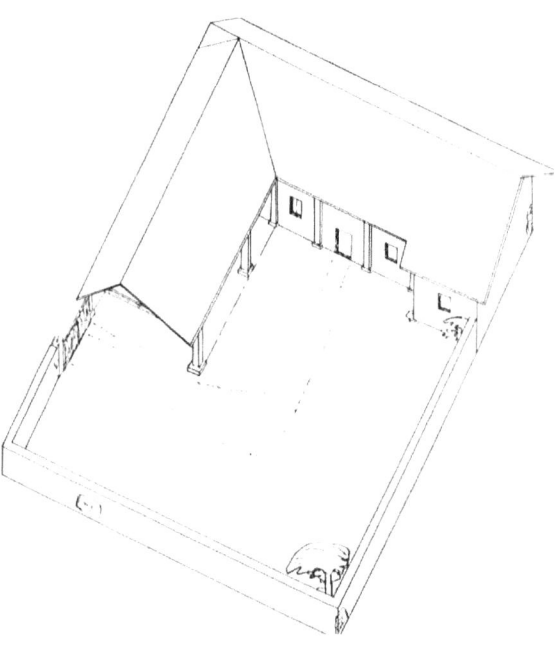

Abb. 63a, b: Grundriss und Rekonstruktion der villa rustica von Großsteinhausen (Cüppers [1990] Abb. 276, 277).

---

[386] Cüppers (1990) 347; 350; 377.
[387] Mulvin (2002) bes. 73-105.
[388] Tchalenko (1953).

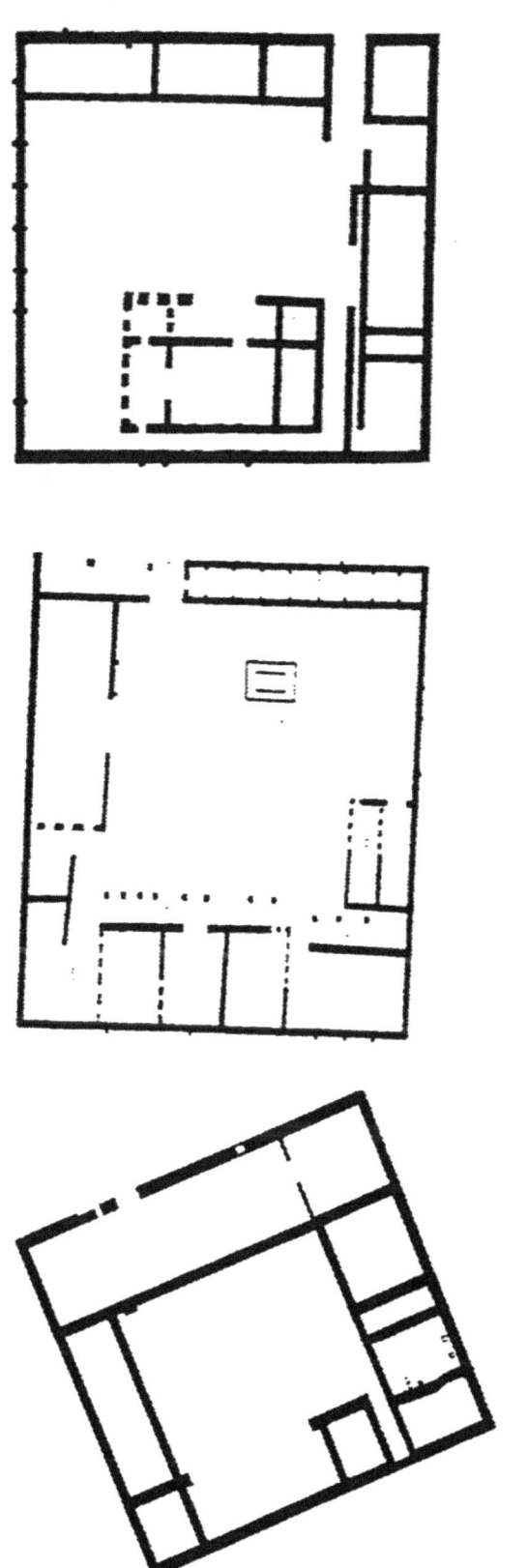

*Abb. 64: von oben nach unten: Römische Villen von Mogilets, Targoviste und Prisovo (Bulgarien) (Mulvin [2002] Abb. 72).*

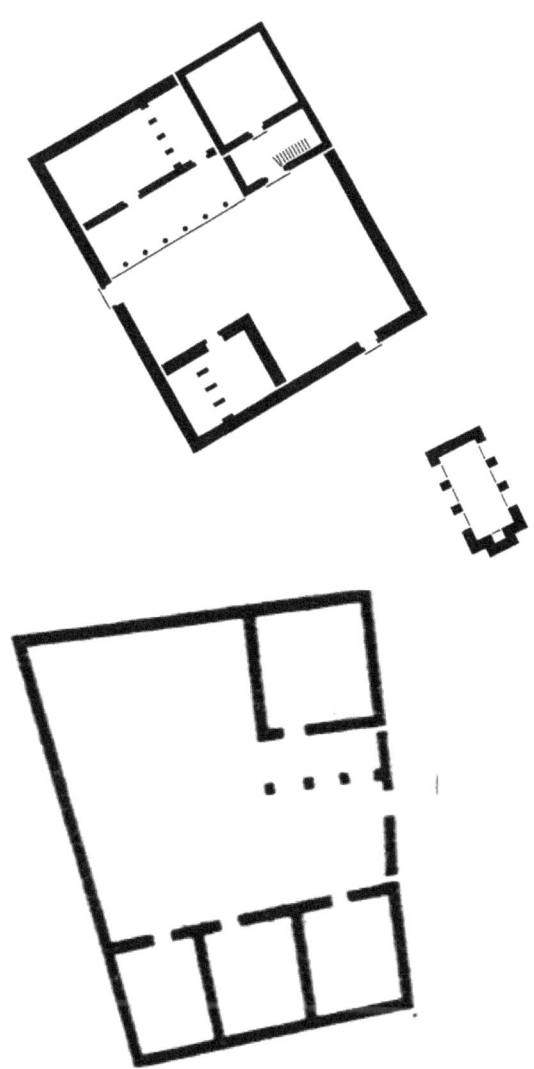

*Abb. 65: Villae rusticae mit Olivenpressen aus Bamuqqa und Behyo (Tchalenko [1953] Taf. 45 ; Taf. 66).*

Die Annahme einer Bautradition dieses „schlichten Typs", die von punisch-hellenistischer bis in römische Zeit reicht, ist beim jetzigen Forschungsstand und anhand der wenigen Vergleichsbeispiele nur schwer zu beweisen. Vielmehr handelt es sich wohl um einen schlichten und weit verbreiteten Typus der *villa rustica*. Er bot sich speziell in Nordafrika auch für Verpachtungen an Kolonen an und wurde vermutlich auch von privaten Kleinbauern verwendet und waren demzufolge reine Nutzanlagen für die Produktion landwirtschaftlicher Erzeugnisse.

### 6.2 *VILLAE RUSTICAE* MIT TURMARCHITEKTUR

Neben den „schlichten" *villae rusticae* existierte ein anderer – sehr charakteristischer – Typus von landwirtschaftlich genutzten Villen in Nordafrika. Dieser Typus, der auch mehrfach auf Mosaiken dargestellt wurde[389], ist durch einen bzw. mehrere Türme an der

---

[389] Vgl. Kap. 5.

Fassade bzw. an den Ecken der Villen charakterisiert. Bislang kannte man nur ein vergleichbares Beispiel in Nordafrika, das sich mit den Darstellungen auf den Mosaiken in Verbindung bringen ließ. Hierbei handelt es sich um die in der Umgebung von Caesarea gelegene Villa von Nador (**Abb. 66**; **C 10**). Die erste Bauphase der Villa aus dem 2. Viertel des 2. Jhs. n. Chr. umfasste eine schlichte rechteckige *villa rustica*, wie sie in Kap. 6. 1. 2 beschrieben ist. In einer zweiten Phase des 2. Viertels des 4. Jhs. n. Chr. wurde die Villa befestigt und mit Türmen ausgestattet (**Abb. 67**; **Abb. 68**)[390].

Insgesamt sind zwei Rundtürme an den Ecken und zwei das monumentale Eingangstor flankierende Rechtecktürme erkennbar. Über dem Eingang der Toranlage ist die Besitzerinschrift des *M. Cincius Hilarianus* und seiner Frau *Vetidia Impetrata* angebracht (**Abb. 67, Abb. 68**)[391].

Die zwei Rechtecktürme sowie der Eingangsbereich wurden in *opus quadratum* aus großen rechteckigen Blöcken eines lokalen Steinbruchs errichtet, die zwei Rundtürme und der Rest aus Mauerwerk mit regelmäßig behauenen Steinen (**Abb. 67**)[392]. Das Innere der Villa wird durch einen L-förmigen Hof dominiert, an dessen Südwand des Innenhofs sich wahrscheinlich eine Portikus befand[393]. Von diesem gelangte man in die *pars urbana* und den Produktionstrakt. Der gesamte südliche Teil der Anlage war für die Produktion von Olivenöl und Wein bestimmt. Neben Olivenpressen konnten ein Weinkelterbecken und mehrere in die Erde eingelassene *dolia* für die Aufbewahrung der Erzeugnisse ausgemacht werden (**Abb. 66; Abb. 69; Vgl. C 10**)[394].

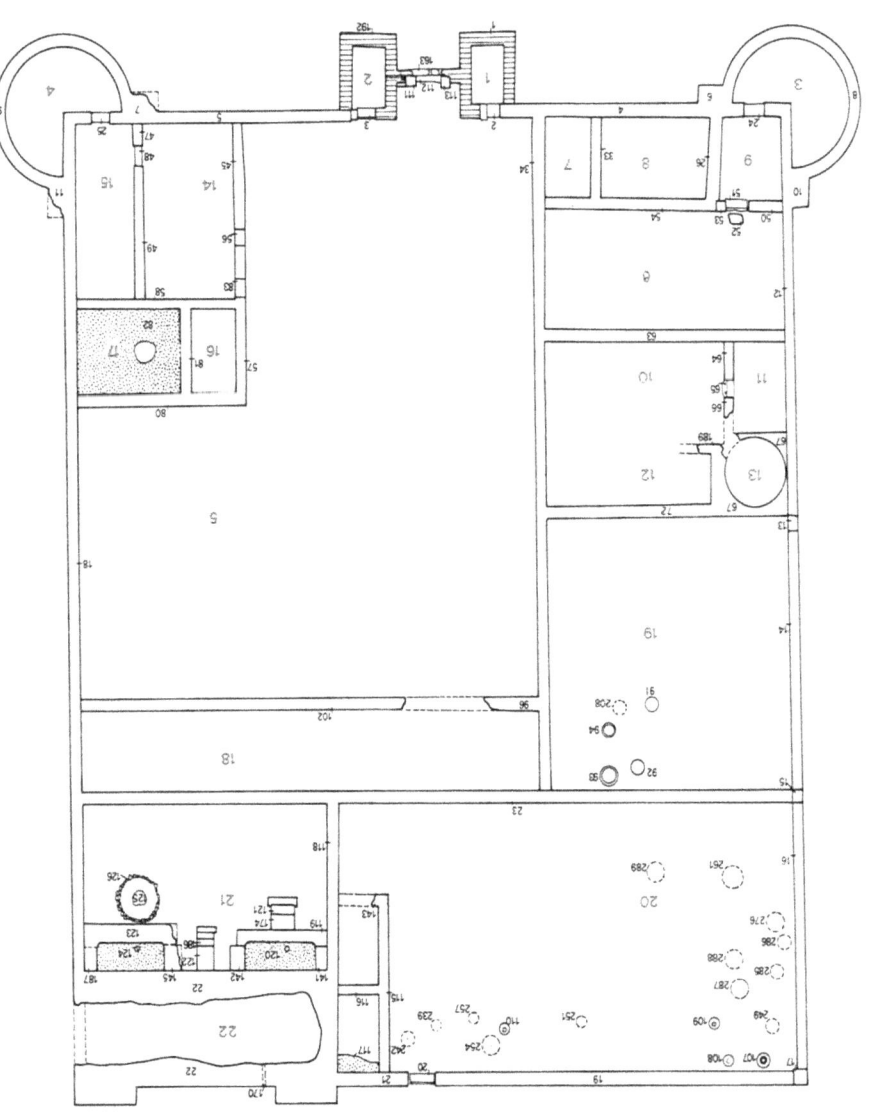

*Abb. 66: Grundriss der Villa von Nador (Anselmino u.a. [1989] Abb. 50).*

---

[390] Vgl. Kat. Nr. C 10; Leveau (1984) 280f. ; Mattingly – Hayes (1992) 408-418; Anselmino (1986).
[391] Vgl. zur Inschrift Anselmino u.a. (1986).

[392] Leveau (1984) 409f.
[393] Zur Rekonstruktion einer Portikus werden zahlreiche Vergleichsbeispiele, z. B. die Villenmosaiken und vergleichbare Anlagen in Syrien u.a. herangezogen (s.u.).
[394] Mattingly – Hayes (1992) 410.

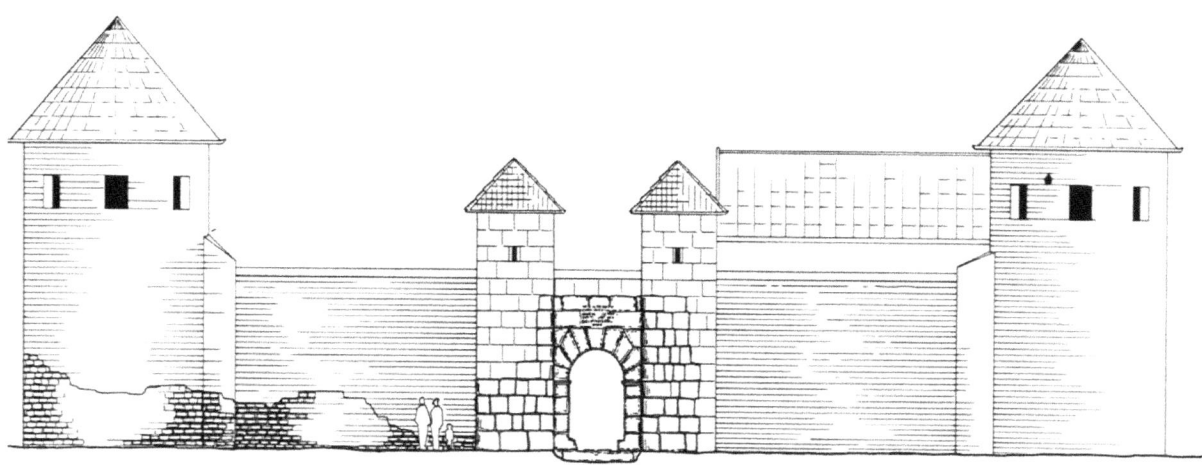

*Abb. 67: Rekonstruktion der Fassade von Nador (Anselmino u.a. [1989] Abb. 48).*

*Abb. 68: Eingangstor der Villa von Nador (Sarnowski [1978] Taf. 73).*

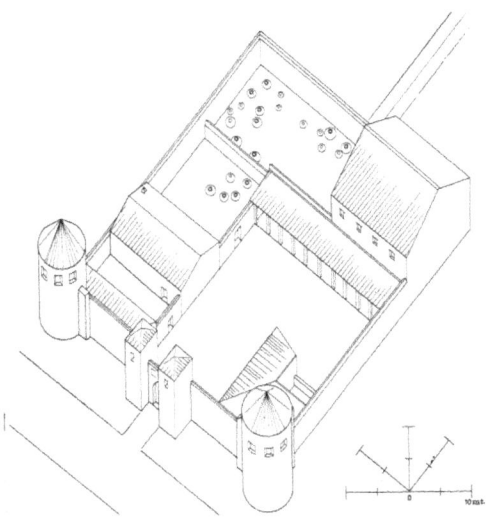

*Abb. 69: Rekonstruktion der Villa von Nador (Anselmino u.a. [1989] Abb. 49).*

Doch Nador sollte nicht das einzige Beispiel einer solchen *villa rustica* mit Turmkonstruktionen bleiben. Durch umfangreiche Untersuchungen konnten allein in der Umgebung von Caesarea weitere vier sicher nachgewiesen werden (**Vgl. C 9, C 18, C 19, C 22**), zwei weitere sind unsicher (**C 17; C 23**)[395]. Die Anlagen besaßen mindestens einen (**C22, C 9**)[396], in zwei Fällen zwei Türme (**C 18, C 19**)[397]. Sie zeichnen sich alle – wie Nador – durch monumentale Eingangsbereiche, deren Versturz meist noch zu sehen ist (**C 9; C 22, C 23**)[398],

---

[395] Leveau (1984); Mattingly – Hayes (1992) 415-418.
[396] Vgl. Kat. Nr. C 22; C 9.
[397] Vgl. Kat. Nr. C 18, C 19.
[398] Leveau (1984) 279f.; 361f.; 388f. ; Vgl. Auch Kat. Nr. C 9; C 22; C 23.

und Turmkonstruktionen aus. Die Eingangsbereiche sowie die Turmkonstruktionen sind – wie im Fall von Nador – in *opus quadratum*-Bauweise errichtet und dadurch auch leichter als solche zu identifizieren (**z. B. Abb. 70**); der Rest der Anlage wurde – im Unterschied zu Nador – in *opus africanum*-Mauerwerk erbaut[399]. Bis auf eine Ausnahme mit einem zusätzlichen Gebäude außerhalb (**C 19**) konnten in allen Villen Produktionsanlagen innerhalb der Umfassungsmauern lokalisiert werden[400].

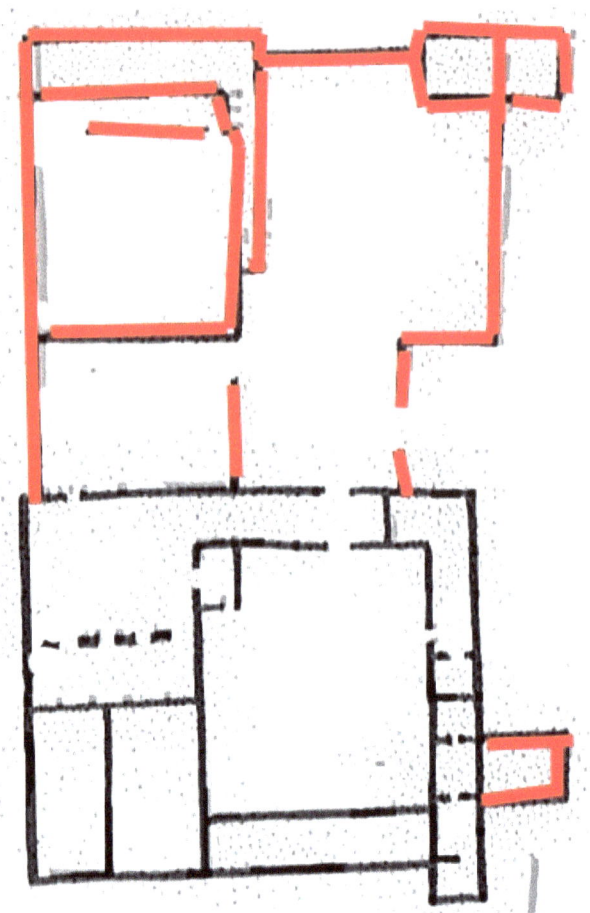

*Abb. 70 : Sidi Salah (C 18) NO-Ecke der Villa in opus quadratum (Leveau [1984] 332 Abb. 137).*

In der Umgebung von Segermes und Kasserine konnten ebenfalls vereinzelt Türme in Verbindung mit einer *villa rustica* nachgewiesen werden (**S 1; K 2; K 3 [?]**). Auch diese Anlagen sind jedoch nur durch Surveys untersucht worden[401]; daher lässt sich nicht mit Sicherheit sagen, ob es sich bei der Villa in Kasserine (**K 2**) um zwei Turmbauten oder lediglich um Risalite handelte[402]. Sicher ist jedoch, dass die 'Türme' sowie ein weiterer Baukörper einer späteren Bauphase angehören (**Abb. 71**)[403], wie es auch bei Nador (**C 10**) bezeugt werden konnte[404]. Bei der Anlage in der Umgebung von Segermes (**S 1**) kann die quadratische Verlängerung der Westmauer als Eckturm interpretiert werden; Zweifel können letztlich nur durch umfangreiche archäologische Untersuchungen beseitigt werden.

*Abb. 71: Villa rustica aus der Umgebung von Kasserine (K 2) (nach: Hitchner [1990] 5+7).*

Die Mitte der 80er Jahre durchgeführten Untersuchungen in Libyen erbrachten ähnliche Ergebnisse[405]. Aufgrund der bereits erwähnten Bauweise der Turmkonstruktionen in massiverem Mauerwerk, konnten zwei Villen mit Türmen belegt werden (**LM 14, LM 16**). Bei der Anlage von Grarat D'nar Salem konnte ein rechteckiger Turm an der Westseite (**Abb. 72**)[406], in Wadi Mansur ein Eckturm an der Westseite und ein halbrunder Turm am Eingangsbereich identifiziert werden (**LM 16**). Den Eingangsbereich zierte ein Torbogen, von dem der Versturz noch zu sehen ist. Darunter befindet sich ein quadratischer Block mit der Darstellung eines geflügelten Phallus (**Vgl. LM 16**)[407].

In beiden *villae rusticae* befinden sich Produktionsanlagen für die Olivenölherstellung[408].

---

[399] Für Turmkonstruktionen eignete sich *opus quadratum* eher als *opus africanum* aufgrund seiner Stabilität: Leveau (1984) 408-410.
[400] Vgl. Leveau (1984) 427-439.
[401] Mattingly – Hayes (1992) 416f.; Hitchner (1988) 7-41; Hitchner (1990) 231-256; Ørsted u.a. (1992) 69-85
[402] Es handelt sich jedoch auch hier um eine *villa rustica* mit Produktionsanlagen für die Herstellung von Olivenöl. Es konnte auch keinerlei städtischer Luxus an der Oberfläche nachgewiesen werden (Vgl. K2).
[403] Hitchner (1990) 231-255.
[404] Vgl. Anselmino u.a. (1989); Mattingly – Hayes (1992) 408-418.

[405] Barker u.a. (1996); Jones (1985) 263-289; Mattingly –Hayes (1992) 415f.
[406] Jones (1985) 263-289
[407] Jones (1985) 273-275; Hunt – Mattingly (1986) 7-47; Mattingly (1988a) 35f.; Barker u.a. (1996) 118-121; Mattingly (1996) 149-152.
[408] Vgl. Anlage 1 u. Kat. Nr. LM 14, LM 16.

Abb. 72: Rekonstruktion der villa rustica von Grarat D'nar Salem (Jones [1985] Abb. 16:5).

Zusammenfassend lässt sich feststellen, dass alle Villen, die mit Türmen ausgestattet waren, – wie die einfachen *villae rusticae* – reine Nutzbauten für die Olivenölproduktion ohne städtischen Luxus waren. Der Unterschied ergibt sich nur in der Zeitstellung. Die schlichten Anlagen ohne Türme datieren in die frühe Kaiserzeit und wurden in einigen Fällen erst in späterer Zeit umgebaut und erst dann mit Türmen befestigt. Diese Überlegung ergibt sich aus den an der Oberfläche gemachten Funden, die diese Anlagen bereits ins 1./2. Jh. n. Chr. datieren (**C 10; C 18, LM 16**). Die anderen Villen wurden erst im 4./5. Jh. n. Chr. (**C 19, C 22 [?], S 1, K 2; LM 14 [?]**) errichtet und gleich mit Turmkonstruktionen ausgestattet[409]. Die Ausstattung der 'einfachen' *villa rustica* mit Türmen scheint also in Nordafrika ein spätantikes Phänomen zu sein[410].

Die Turmkonstruktionen im Gebäudekontext haben eine lange Tradition. Sie verliehen den Gebäuden sowohl einen festungsartigen, aber auch einen repräsentativen Charakter. Die frühesten Beispiele stammen bereits aus dem 11. Jh. v. Chr[411]. Besonders im 4. Jh. lassen sich einige Anlagen in Kleinasien nachweisen[412]. Sie besaßen sowohl wehrhaften Charakter, konnten sich aber ebenso wegen des repräsentativen Äußeren als Element innerhalb der Palastarchitektur eignen[413]. Die ersten Turmkonstruktionen im ländlichen Kontext treten im späten 5. Jh. v. Chr. in Attika auf. Hierbei handelt es sich um Turmgehöfte (**Abb. 73**) und 'Farms'[414] (**Abb. 74**). Die Anlage in Legrena ist als bäuerliches Wehrgehöft zu verstehen und besteht aus einem rechteckigen Grundriss und einem aus Quadersteinen errichteten integrierten Turm an der NW-Ecke (**Abb. 73**)[415]. Diese Anlagen wurden oft fälschlicherweise als militärische Anlagen gedeutet, wobei man völlig außer Acht gelassen hatte, dass man in einigen Bauten Olivenölproduktionsanlagen nachweisen konnte[416]. Bei der sog. 'Princess'-Farm in Südost-Attika ist der Turm dagegen nicht die Außenmauer integriert, sondern befindet sich im Zentrum des Gehöftes. Die landwirtschaftliche Funktion dieser

---

[409] Vgl. Anlage 1.
[410] Ansatzweise ähnliche Erwägungen bei Mattingly – Hayes (1992) 418.
[411] Dieser Typus der 'Tetrapyrgia' konnte in einigen Festungsbauten in Palästina, z.B. in Tell el-Ful und Kuntilet Agrud, nachgewiesen werden: H. Weippert, Palästina in vorhellenistischer Zeit. Handbuch der Archäologie, Vorderasien II/1 (1988) 481.
[412] Als Beispiele können die Tetrapyrgia von Herakleia am Latmos und Theangela und Stratonikeia in Karien genannt werden: A. Peschlow-Bindokat, Die Tetrapyrgia von Latmos, in: Basileia. Die Paläste der hellenistischen Könige (1996) 170-175; R. Förtsch, Archäologischer Kommentar zu den Villenbriefen des jüngeren Plinius (1993) 124f.
[413] Erinnert sei hierbei z. B. an das Anaktoron von Demetrias: M. Marzolff, Der Palast von Demetrias, in: Basileia a.O. 148-163; Förtsch a.O. 124f.; aber auch an die Paläste der Hasmonäer und Herodes des Großen in Palästina (Machairous, Herodeion, Antonia): E. Netzer, Die Paläste der Hasmonäer und Herodes des Großen (1999); S. Japp, Die Baupolitik Herodes des Großen. Die Bedeutung der Architektur für die Herrschaftslegitimation eines römischen Klientelkönigs (2000).
[414] Für ein Beispiel der „Farms" z.B. Agrileza, 'Princess'-Farm; hierzu siehe: Goette (2000) Abb. 179.
[415] Lohmann (1993) 144f. (s.a. Lohmann [1993] für weitere Beispiele).
[416] Lohmann (1993) 144-158.

Anlage ist durch die Entdeckung eines ca. 60 m weiter östlich gelegenen Dreschplatzes sicher[417].

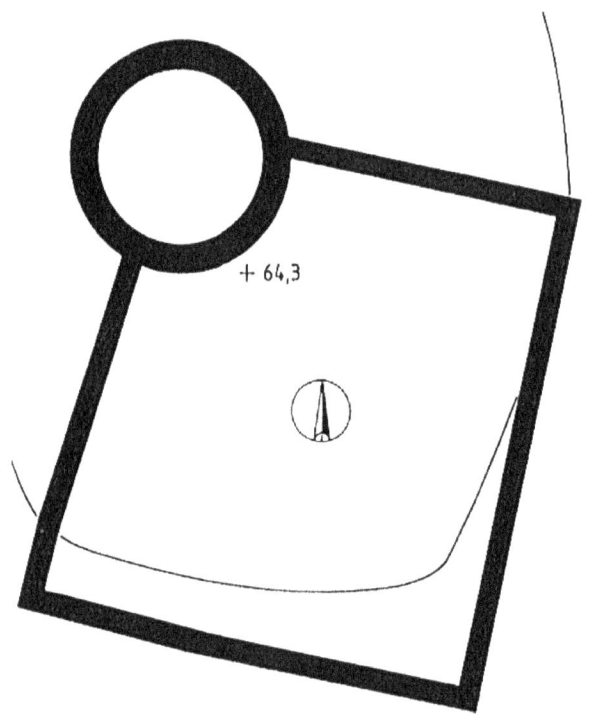

*Abb. 73: Legrena, klassisches Turmgehöft (Lohmann [1993] Abb. 23).*

Aber nicht nur in Griechenland selbst, sondern auch in Kleinasien konnten solche landwirtschaftlichen 'Farms' nachgewiesen werden. In der Umgebung von Halikarnass sind zahlreiche Gehöfte aus dem späten 5. und frühen 4. Jh. v. Chr. entdeckt worden. Sie waren fast alle mit Olivenpressen ausgestattet und konnten daher dem landwirtschaftlichen Bereich zugeordnet werden[418]. Einige zeichneten sich zudem durch einen in die Außenmauer integrierten Turm aus (**Abb. 74**)[419]. In Kleinasien lässt sich auch der Typus des Turmgehöftes mit zwei integrierten Ecktürmen nachweisen (**Abb. 75**)[420]. Er kommt einigen auf nordafrikanischen Mosaiken dargestellten *villae rusticae* am nächsten; der Haupteingang, der sich im Zentrum der Turmfassade befindet, mündet in einem Innenhof, um den sich verschiedene Raumeinheiten gruppieren.

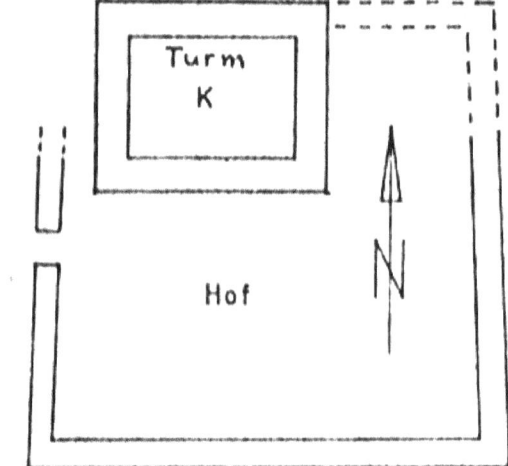

*Abb. 74: Turmgehöft aus der Umgebung von Halikarnass (Radt [1970] Abb. 16.6)*

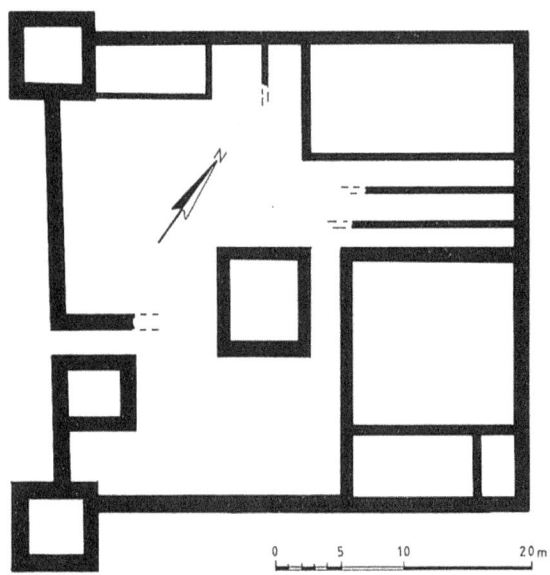

*Abb. 75: Metropolis, Turmgehöft (Förtsch [1996] 242 Abb. 1).*

Diese Turmarchitekturen bei den Gehöften stellten sowohl Repräsentationsobjekte als auch sichere Rückzugsorte der Bewohner bei Überfällen dar; eine andere Überlegung zur Funktion der Türme ergab sich in der Praxis: Wegen der guten Durchlüftung der oberen Geschosse eigneten sie sich zur Lagerung der landwirtschaftlichen Erträge; so war etwa das Getreide vor Ungeziefer und vor Feuchtigkeit geschützt[421]. Da in einigen Türmen zudem Olivenpressen nachgewiesen

---

[417] Goette (2000) 82f. ; Abb. 179 (s.a. Goette [2000] für weitere Beispiele).

[418] Radt (1970) 181-196.
[419] Radt (1970) 183-187.
[420] Keil – Premerstein (1914) 102; Förtsch (1996) 242; Förtsch (1993) 125.

[421] Lohmann (1993) 157; Goette (2000). 86; Förtsch (1993) 121; Ägyptische Papyri beschreiben Türme als Getreidespeicher: Papyrus BGU III 740. Im Mittelalter sind solche Funktionen ebenfalls noch bekannt; am Niederrhein baute man Holztürme auf künstlichen Inseln, die von einem Wassergraben umgeben waren um Ratten und Ungeziefer vor den eingelagerten landwirtschaftlichen Erträgen fernzuhalten: Laskowski (1981) 16.

werden konnten, kann ein rein verteidigungstechnischer Nutzen letztendlich ausgeschlossen werden[422]. In der Tradition der griechischen und kleinasiatischen Wehrgehöfte soll auch eine Gruppe von Anlagen aus dem 1. Jh. v. Chr. im Südwesten der iberischen Halbinsel stehen[423]. Hierbei handelt es sich um 'Gehöfte' (**Abb. 76**) mit einem turmartigen Bau im Zentrum (**Abb. 77**). Im allgemeinen geht man heute davon aus, dass es sich bei diesen turmartigen Bauten um Speicherbauten für Getreide und andere landwirtschaftliche Erzeugnisse, aber auch von Erzen handelte[424], da für eine lange Zeit vermutete militärische Nutzung durch die Römer letztlich schlüssige Beweise fehlen[425]. Die sog. „Casas fuertes" wurden zu einer Zeit im ungeschützten Landesinneren errichtet, als militärische Auseinandersetzungen, Aufstände und Plünderungen durch marodierende Banden alltäglich waren und fungierten vermutlich sowohl als Rückzugsort für die Bewohner in Gefahrensituationen als auch als wirtschaftliche Produktionseinheit[426].

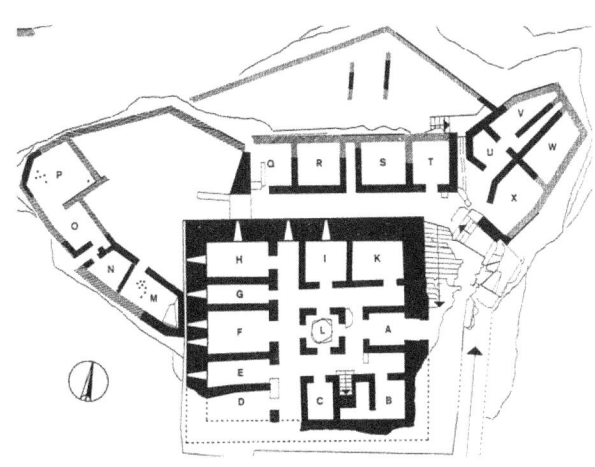

Abb. 76: Wehrgehöft von Castelo da Lousa/Portugal (J. de Alarcão, Roman Portugal, II [1988] Abb. 141)

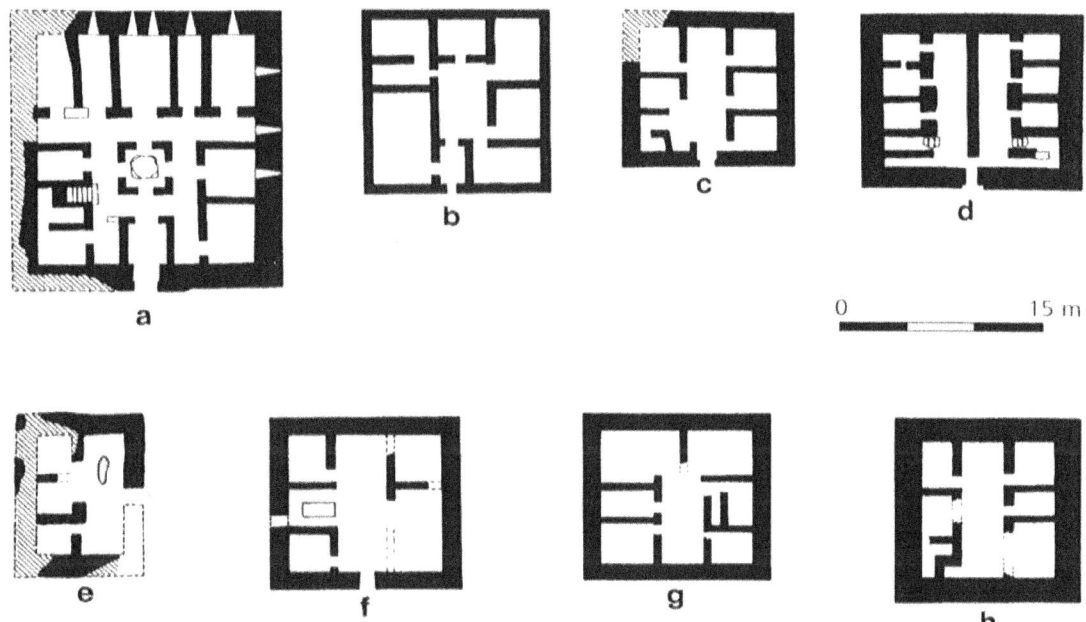

Abb. 77: Türme von Wehrgehöften der iberischen Halbinsel, Castelo da Lousa: a (Moret [1999] 60 Abb. 2).

---

[422] Eine Beispiel ist der Turm der sog. 'Cliff' –Farm im mittleren Agrileza-Tal in Südostattika: Goette (2000) 81f.; weitere Beispiele Lohmann (1993) 157 Anm. 1168.

[423] Zum einen besteht die Meinung, dass die Vorbilder dieser Anlagen im spätklassischen-frühhellenistischen ostmediterranen Raum liegen (Wahl [1985] 161-169), die von den Römern übernommen und in den Westen gebracht wurde, zum anderen meint man als Vorbild das Atrium italischer Villen in Verbindung mit einheimischer Bautradition zu sehen (Moret [1999] 59-72). Zusammenfassend zu diesem Thema: Schierl (2005) 101-133.

[424] Getreidespeicher: Wahl (1985) 168f.; Moret (1999) 77f.; Mataloto (2002) 193-196. Zur Erzaufbewahrung: zahlreiche Funde von Blei sowie Erzstücken in solchen Anlagen weisen auf diese Überlegung hin: Maia (1986) 214-222.

[425] Bis auf wenige Schleuderbleie fehlen Waffenfunde in größerem Umfang: Schierl (2005) 113 Anm. 131.

[426] Zahlreiche Aufstände und militärische Auseinandersetzungen seit 193. v. Chr. mit den einheimischen Bevölkerungsgruppen machten einen solchen Bau mit wehrhaftem Charakter erforderlich: Schierl (2005) 114.

Nachdem es am Ende des 1. Jhs. n. Chr. durch das Niederschlagen der letzten Aufstände zu einer Beruhigung der Lage auf der iberischen Halbinsel gekommen war, war auch die Gefahr im Landesinneren halbwegs gebannt; dies würde auch erklären, warum sich die besprochenen Turmgehöfte zeitlich lediglich auf das 1. Jh. v. Chr. beschränken. Doch die Turmkonstruktionen im baulichen Kontext gerieten nicht in Vergessenheit: Bereits aus der Zeit des 1. Jhs. n. Chr. stammt die römische Villa von Centum Celas in Portugal (**Abb. 78**). Die nicht ganz vollständig erschlossene Villa war durch zwei repräsentative Türme an der Fassade charakterisiert, von denen einer noch 12 m hoch erhalten ist (**Abb. 79**). Die Türme besitzen an allen Seiten Türen und Fenster; die dort angelegten Balkenlöcher und Stützkonsolen weisen auf eine Art Wandelgang hin, der den Blick auf die Landschaft freigab[427]. Ob hier die landwirtschaftliche Komponente eine Rolle gespielt hat, ist fraglich. Es wird sich bei den Türmen wohl eher um repräsentative Komponenten gehandelt haben.

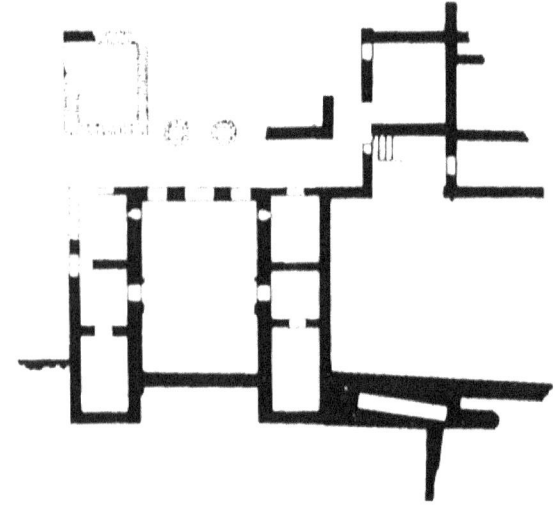

Abb. 78: Römische Villa von Centum Celas/Portugal (Schattner [1998] 109 Abb. 80).

Abb. 79: Turm der römischen Villa von Centum Celas/Portugal (Schattner [1998] 109 Abb. 81).

In den folgenden zwei Jahrhunderten kann der Typus der Turmkonstruktionen im Villenkontext im gesamten römischen Reich nicht mehr nachgewiesen werden. An dessen Stelle treten Peristyl- und Portikusvillen mit Eckrisaliten[428], bei denen Türme und Wehrhaftigkeit zugunsten von Repräsentationselementen (Säulenarchitektur) zurücktreten[429], da anscheinend das Sicherheitsbedürfnis aufgrund der beruhigten Lage in den Provinzen keine so große Rolle mehr spielte. Erst mit den vereinzelten zunehmenden Bedrohungen von außen im mittleren 3. Jh. n. Chr. kann ein verstärktes Aufkommen dieses Villentyps wieder beobachtet werden. In Pannonien

scheint ab dem Zeitpunkt des Goteneinbruches in der Mitte des 3. Jhs. n. Chr. diese außenpolitisch kritische Lage[430] dafür verantwortlich zu sein, dass sich die Besitzer 'sichere' Villen bauen ließen, um sich im Ernstfall besser schützen zu können. Besonders auffällig ist die Verbreitung der 'Turmvillen' um den *Pelso Lacus* (Balaton), der nur ca. 100 km von der Reichgrenze entfernt und somit den Bedrohungen aus dem Donauraum stärker ausgesetzt war.[431] Besonders plausibel scheint diese Vermutung für Gyulafirátót-Pogánytelek zu sein (**Abb. 80**). Neben einer Anlage mit vier Ecktürmen (III) ist auch ein weiteres Villengebäude (I) und ein Nebengebäude (II) zu erkennen. Die zeitliche Einordnung der beiden Anlagen (I, II) erfolgt ins 2. Jh. n. Chr.; zu einem späteren Zeitpunkt (4. Jh. n. Chr.), als die Goteneinfälle die Bewohner bedrohten, errichtete man ein weiteres, sicheres und mit vier Ecktürmen ausgestattetes Villengebäude (**Abb. 80: III, Abb. 81**)[432].

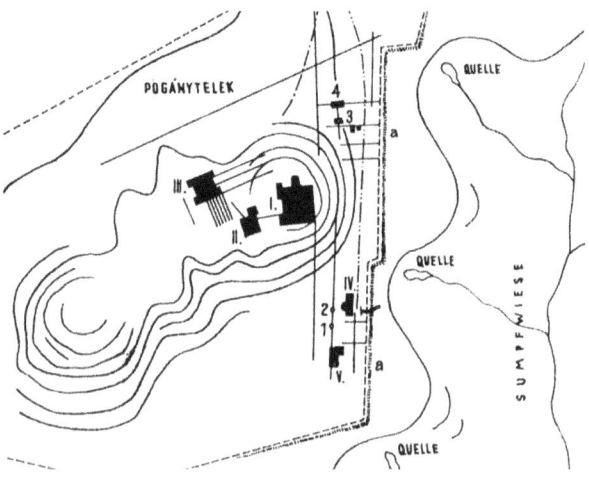

Abb. 80: Gesamtplan von Gyulafirátót-Pogánytelek/Ungarn (Thomas [1964] Abb. 13).

---

[427] Schattner (1998) 109; Ich danke an dieser Stelle Herrn T. Schattner für den Hinweis, dass es sich nach neuesten Untersuchungen des Baues nicht um eine Villa handeln soll, sondern um einen sog. gallo-römischen Umgangstempel (s. hierzu: Schattner - Guerra (im Druck).; auch die Villa von Cerro da Vila weist mindestens einen Turm an der Fassade auf, aber auch hier handelt es sich um keinen wehrhaften Charakter mehr: Teichner (2005) 85-100; weitere Beispiele bei Gorges (1979) 123f.

[428] S. dazu Kap. 6.3.
[429] Förtsch (1993) 122f.
[430] Bechert (1999) 144f.
[431] Bechert (1999) 144f.
[432] Förtsch (1993) 122f.; Thomas (1964) 34-49; Mulvin (2002) 84; Smith (1997) 199f.

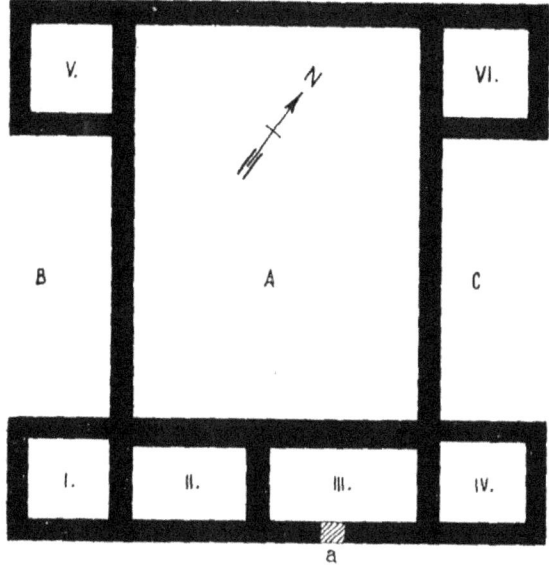

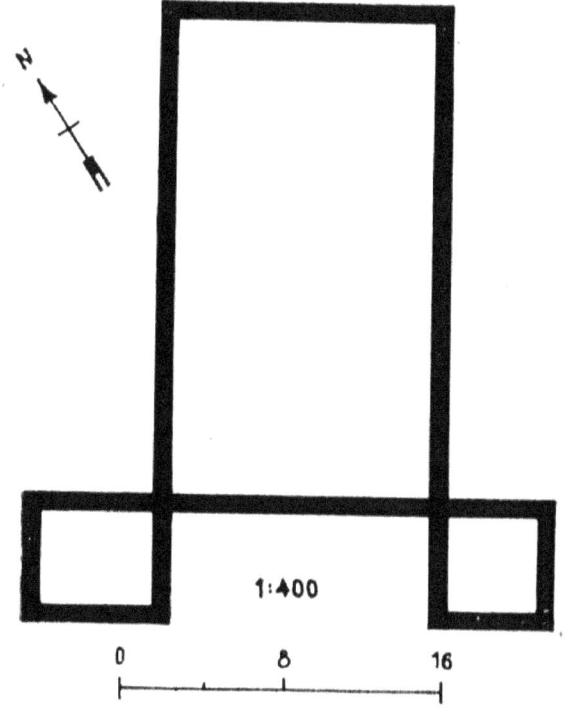

*Abb. 81: Grundriss und Rekonstruktion der Villa von Gyulafirátót-Pogánytelek (Thomas [1964] Abb. 19; Abb. 20).*

Zwei weitere Villen dieses Typs mit zwei oder vier Ecktürmen befinden sich in Szentkirályszabadja-Romkút (**Abb. 82**)[433] und Sümeg (**Abb. 83**)[434].

*Abb. 82: Grundriss und Rekonstruktion der Villa von Szentkirályszabadja-Romkút/Ungarn (Thomas [1964] Abb. 57, Abb. 58).*

---

[433] Auch bei dieser Fundstelle gehören weitere Gebäude zur Villenanlage dazu: die Anlage mit den zwei Ecktürmen könnte hier ebenso als Rückzugsort fungiert haben: Thomas (1964) 118-122; Mulvin (2002) 104f.

[434] Thomas (1964) 111-116; Mulvin (2002) 104 (s.a. für weitere Beispiele).

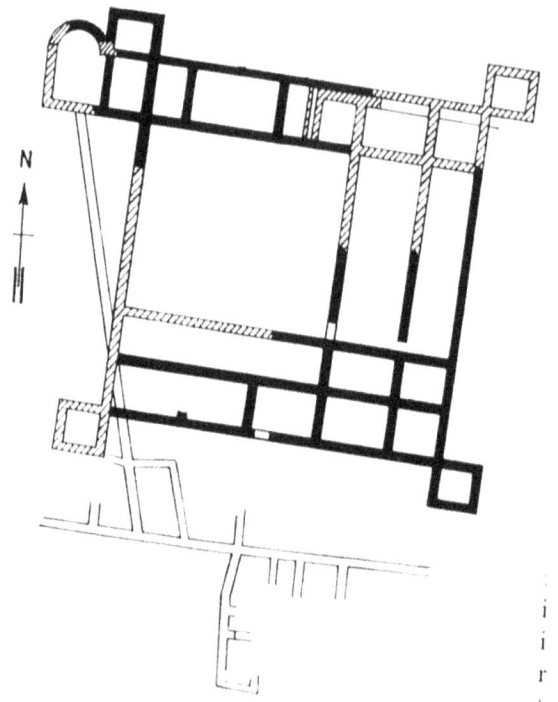

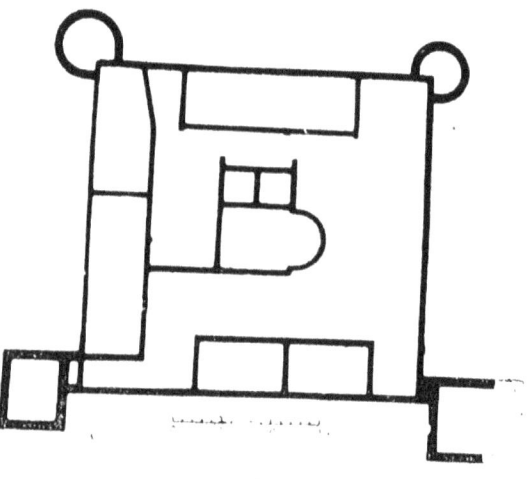

*Abb. 84: Grundriss der Villa von Orlandovtsi/Bulgarien (Mulvin [2002] Abb. 50).*

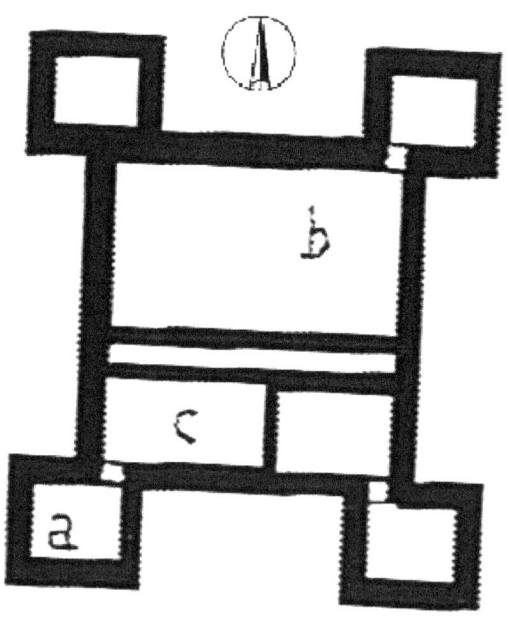

*Abb. 83: Grundriss und Rekonstruktion der Villa von Sümeg/Ungarn (Thomas [1964] Abb. 51, Abb. 52).*

*Abb. 85: Grundriss der Villa von Bistrica/Bulgarien (Mulvin [2002] Abb. 5).*

Aber nicht nur Pannonien, sondern auch die anderen Balkanprovinzen hatten ab dem 3. Jh. n. Chr. mit dieser Bedrohung von außen zu kämpfen. Die ständigen Barbareneinfälle schienen auch hier der Grund für die Errichtung befestigter Villen zu sein[435]. Einige der in der Provinz Thracia entdeckten Villen sind durch den gleichen wehrhaften Charakter ausgezeichnet: Die Villa von Orlandovtsi in der Nähe von Sofia besitzt vier Türme an den Ecken, von denen zwei rund und zwei quadratisch sind (**Abb. 84**)[436], die Villa von Bistrica dagegen zeichnet sich durch vier quadratische Ecktürme aus (**Abb. 85**)[437].

Auch in der tetrarchischen Palastarchitektur der Region sind die Turmkonstruktionen ein beliebtes Architekturelement (**Abb. 86, Abb. 87**)[438]. Ob die Residenzen in Split und Gamzigrad jedoch aus verteidigungstechnischen Gründen befestigt und mit Türmen ausgestattet worden sind und ob Vorbilder in der Militärarchitektur Pate standen, ist schwer zu beurteilen. Denkbar wäre jedoch tatsächlich eine bewusste Rezeption, immerhin standen die Tetrarchen in der

---

[435] Bechert (1999) 179f.
[436] Mulvin (2002) 98; Henning (1994) 495; Smith (1997) 209-211.
[437] Mulvin (2002) 76; Dremsizowa-Nelcinova (1969) 503-512.

[438] Gamzigrad: Mulvin (2002); 81-83; Lalović (1985) 164; Mano-Zisi (1956) 67-84 ;Mirković (1982) 485-492; Srejović (1996) 20-29; Srejović – Lalović (1991) 1-33; Srejović (1993) 31-45. – Split: Gabricević (1961) 411-429; McNally (1996); Marasović (1968); Wilkes (1993).

Tradition der Soldatenkaiser und hatten wie diese eine militärische Laufbahn absolviert[439].

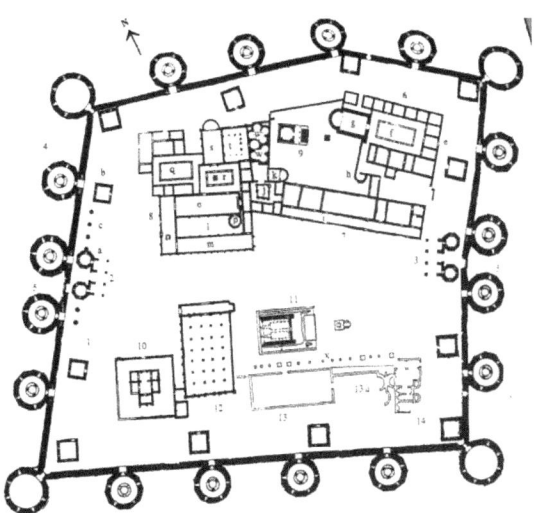

Abb. 86: Residenz des Galerius in Gamzigrad/Serbien (Mulvin [2002] Abb. 16).

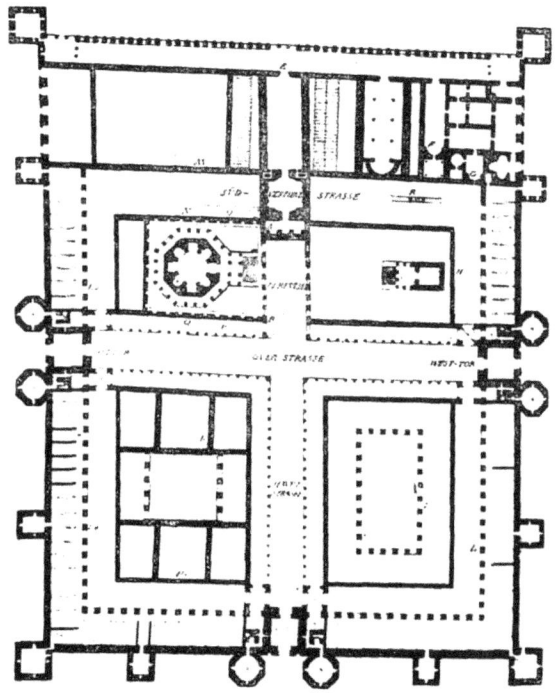

Abb. 87: Residenz des Diokletian in Split/Kroatien (Sarnowski [1978] Taf. 92).

In der ab dem 3. Jh. n. Chr. ständig von militärischen Auseinandersetzungen mit den Sassaniden gebeutelten Provinz Syria[440] existieren ebenfalls einige befestigte Villen mit Türmen[441]. Eine Villa in Dalloza ist durch zwei Türme an der Fassade (**Abb. 88**)[442] und eine andere bei Refada durch Turmkonstruktionen an der Rückseite des Hofes gekennzeichnet (**Abb. 89a, b**)[443]. Ein Vergleich in der Bildkunst findet sich auf einem Fußbodenmosaik aus Antiochia (**Abb. 90**)[444]. Zu sehen ist dort die Fassade einer befestigten Villa mit flankierenden Ecktürmen, wie sie auch auf den Mosaiken in Nordafrika vorkommt[445].

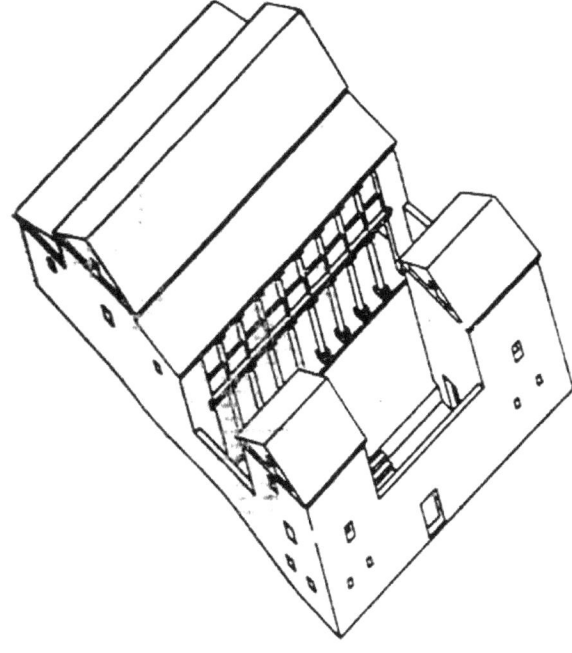

Abb. 88: Villa von Dalloza/Syrien (G. Tchalenko, Villages antiques de la Syrie du Nord. Le Massif du Bélus a L'Époque romaine, II [1953] Taf. 22).

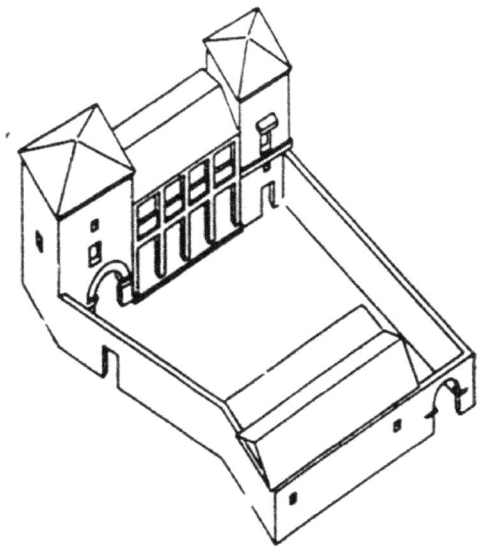

Abb 89a: Rekonstruktion und Reste eines Turmes der Villa von Refada/Syrien (Tchalenko [1953] Taf. 22).

---

[439] Mulvin (2002) 33.
[440] Bechert (1999) 115f.
[441] Tchalenko (1953) ; Butcher (2003) 138-140.
[442] Tchalenko (1953) CXLI; Butcher (2003) 138f.
[443] Tchalenko (1953) CXXVII; Sarnowski (1978) 64.
[444] Butcher (2003) 138f.; Sarnowski (1978) 46; 50.
[445] s. Kap. 5.

*Abb 89b: Rekonstruktion und Reste eines Turmes der Villa von Refada/Syrien (Tchalenko [1953] Taf. 22).*

In den anderen Provinzen des Reiches konnte dieser spezielle Architekturtypus einer befestigten Villa mit in die Fassade integrierten Turmkonstruktionen nicht archäologisch nachgewiesen werden. Das architektonische Element des Turmes ist am ehesten mit dem in den anderen Provinzen verbreiteten Typus der Portikusvilla mit Eckrisaliten vergleichbar. Jedoch tritt hier der wehrhafte Charakter zugunsten von Säulenarchitekturen und turmähnlichen Risaliten zurück (**Abb. 91**)[446].

Dass Turmbauten bereits im 1. Jh. v. Chr. in Italien selbst als reine Architekturelemente verwendet wurden[447], beweisen z. B. die in die Umfassungsmauer integrierten Ziertürme der Villa von Settefinestre und der Villa delle Colonne in der Toskana (**Abb. 92, Abb. 93**)[448], auch wenn einige Darstellungen aus der pompejanischen Wandmalerei neben spielerischen Architekturelementen auch Turmvillen zeigen[449]. Da aber auch in Italien keine *villa rustica* mit Türmen an der Fassade archäologisch nachgewiesen werden konnte, ist es denkbar, dass es sich bei den in den römischen Fresken dargestellten Turmvillen um die Rezeption von hellenistischer Architektur handelt.

Bislang herrschte die Meinung vor, dass es sich bei den Turmvillen um einen in der Spätantike aufkommenden, individuellen Architekturtypus bzw. eine 'Modeerscheinung' der Zeit handelte. Wie aber versucht wurde zu zeigen, stehen diese Anlagen möglicherweise im Zusammenhang mit Plünderungen und tatsächlichen außenpolitischen Bedrohungen, die in einigen Provinzen ab dem 3./4. Jh. n. Chr. verstärkt aufkamen. Die Situation der nordafrikanischen Provinzen war annähernd dieselbe. Die Provinz Mauretania beispielsweise – besonders deren westlicher Teil (Tingitana) – glich während der gesamten römischen Herrschaft einem „permanenten Belagerungszustand" (G. Ch. Picard); die Bewohner waren den Bedrohungen und Plünderungen der Stämme des angrenzenden Hochlandes stetig ausgeliefert[450]. Daher ist es nur verständlich, dass sich die Bevölkerung sichere Rückzugsorte für Gefahrensituationen schuf; diese Überlegungen decken sich auch mit der Verbreitung der befestigten Villen in der Gegend von Caesarea (**Abb. 94**). Dass die Türme zudem als Speicher genutzt werden konnten, widerspricht der Wehrhaftigkeit nicht (vgl. b. Afr. 65, 1).

*Abb. 90: Mosaik mit der Darstellung einer Villa aus Antiochia (Sarnowski [1978] Taf. 61).*

---

[446] Förtsch a.O. 122f.; S. Kap. 6.3.

[447] Förtsch a.O. 123f.
[448] Mielsch (1987) 48f.
[449] siehe dazu: Förtsch a.O. Taf. 33-38.
[450] Bechert (1999) 158f.

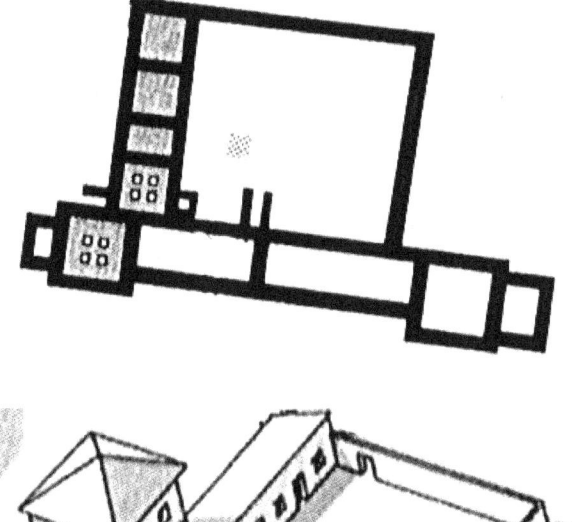

Abb. 92: Ziertürme der Villa von Settefinestre (Mielsch [1987] Abb. 21).

Abb. 91: Grundriss und Rekonstruktion des Hauptgebäudes der villa rustica von Bondorf/Kr. Böblingen (Nuber [2005] Abb. 339, Abb. 338).

Abb. 93: Ziertürme der Villa delle Colonne (Mielsch [1987] Abb. 22).

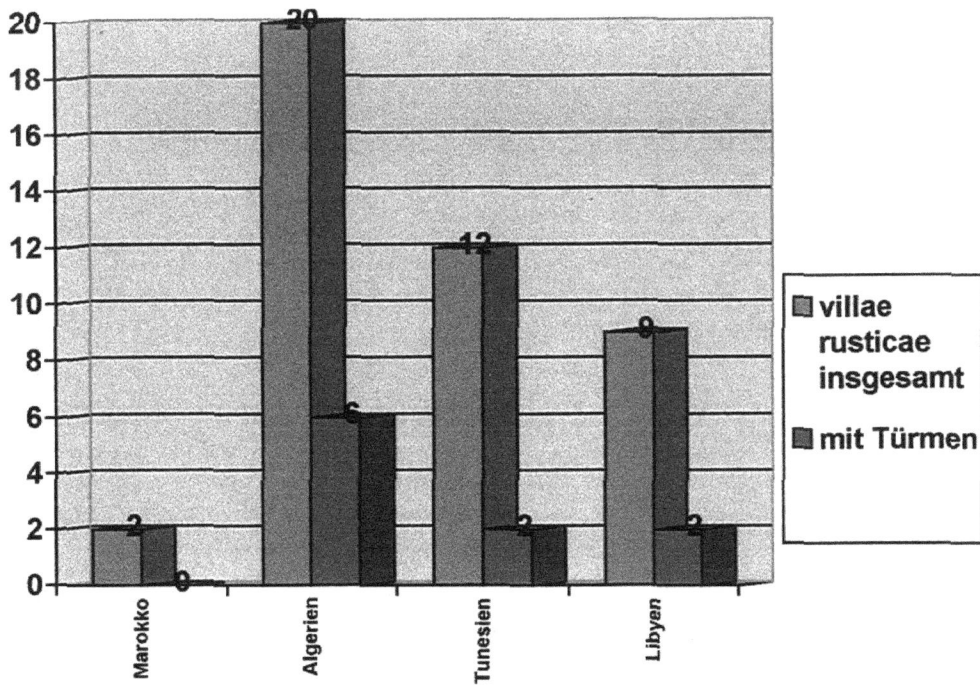

Abb. 94: Verteilung der villae rusticae/befestigten villae rusticae (Diagramm d. Verf.).

## 6.3. VILLAE URBANAE

Neben den *villae rusticae* im Hinterland konnten vor allem in Küstennähe und in vereinzelten Fällen auch im Landesinneren zahlreiche luxuriös ausgestattete *villae urbanae* archäologisch nachgewiesen werden (**Abb. 95**; **Anlage 1**). Besonders in der durch den Olivenölexport reich gewordenen Provinz Tripolitania existieren allein 19 *villae urbanae*, von denen 13 am Meer liegen (**Abb. 95**).

Nur wenige *villae urbanae* aus den Provinzen Nordafrikas sind archäologisch vollständig erschlossen; diese können daher nur ansatzweise auf ihre Architektur hin untersucht werden. Besonders im frühen 20. Jh. beschränkten sich die archäologischen Forschungen auf die Freilegung und Entnahme der Mosaiken, der bauliche Kontext wurde dabei völlig außer acht gelassen und ebenso wenig dokumentiert. Auffällig ist, dass in Marokko nur eine einzige *villa urbana* nachgewiesen werden konnte. Die nur partiell ergrabene Villa befindet sich auf der Insel Mogador vor der Atlantikküste südlich von Volubilis und wird aufgrund antiker Quellen und des Fundmaterials mit den Purpurinseln von Juba II. in Verbindung gebracht (**M 3**)[451]. Nachgewiesene Produktionsanlagen mit mehreren kleinen Becken und zahlreiche Purpurschnecken lassen auf eine Villa mit einer Purpurproduktion schließen. Die langgestreckte – jedoch nur partiell ergrabene – am Meer gelegene Anlage kann mit einer in Südportugal, ebenfalls am Atlantik liegenden Villa verglichen werden. Auch bei dieser Anlage konnten zahlreiche Purpurschnecken nachgewiesen werden; die wenige Jahre später entdeckten Produktionsanlagen mit mehreren Becken untermauerten diese Vermutung[452]. Die Lage im südlichen Marokko könnte durch die Purpurproduktion erklärt werden, da die Purpurschnecken vor allem in bestimmten Gegenden häufig vorkommen (Atlantik und westliches Mittelmeer)[453].

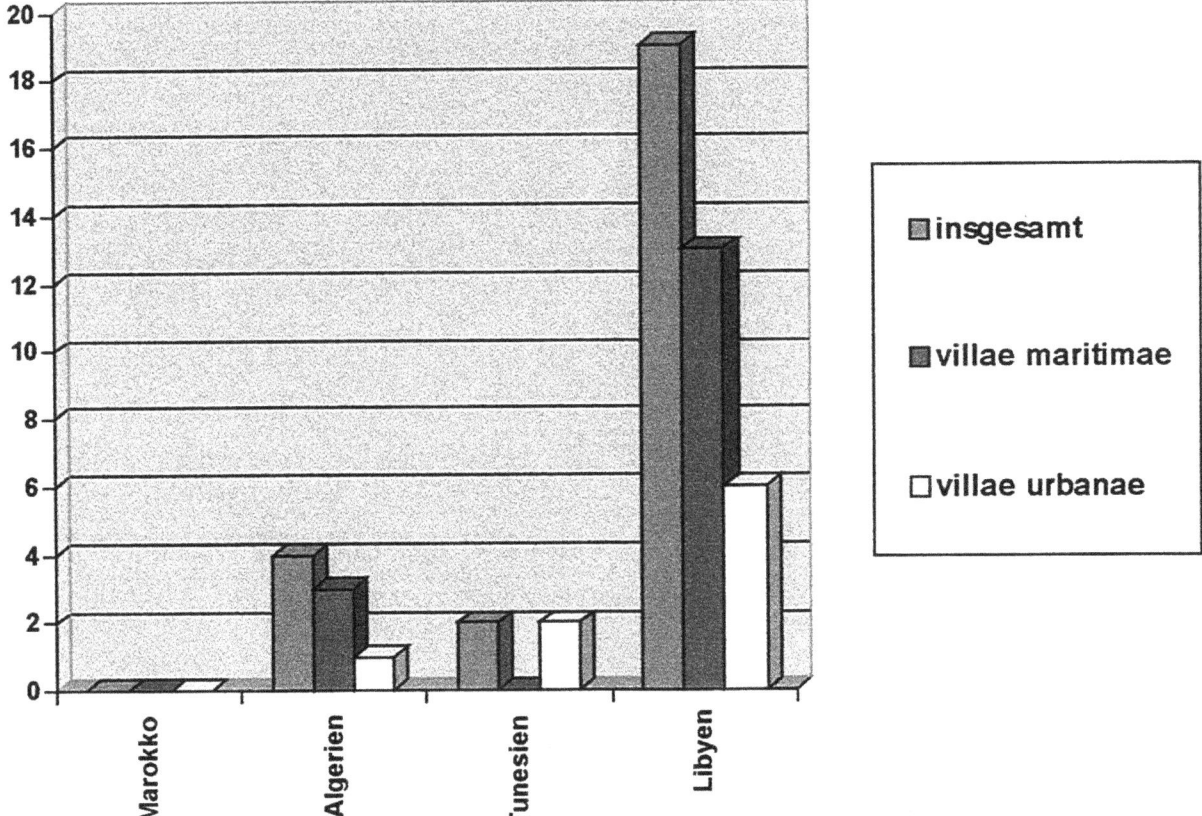

*Abb. 95: Verteilung der villae urbanae in Nordafrika (Diagramm d. Verf.).*

---

[451] Plin. nat. 6, 201: [...] *insulas [...] constat esse ex adverso Autololum, a Iuba repertas, in quibus Gaetulicam purpuram tingere instituerat* [...].
[452] Teichner (2005) 85-100.
[453] Jáuregui (1954) 271-276.

Das sonstige Fehlen von *villae urbanae* mochte vielleicht mit der isolierten Lage der Provinz Mauretania Tingitana zu tun haben, die vor Raubzügen und Plünderungen der im Landesinneren lebenden Stämme nicht sicher war[454]; ein anderer Grund könnte die schlechte Forschungslage sein, da man sich hauptsächlich auf die Erforschung der reich ausgestatteten und gut befestigten Städte beschränkte. In der weiter östlich gelegenen und besser „kontrollierbaren" Provinz Mauretania Caesariensis dagegen konnten drei am Meer gelegene *villae urbanae/maritimae* und eine *villa urbana* im Landesinneren identifiziert werden. Sie datieren ins 1. Jh. v. Chr. (**A 1**) und ins 1. Jh. n. Chr. (**C 1, C 2, C 12**) und können vermutlich ebenfalls mit der Herrschaft des Klientelkönigs Iuba II. in Verbindung gebracht werden, unter welchem die beiden Hauptstädte der mauretanischen Provinzen eine kulturelle Blüte erlebten[455]. Die maritimen Villen wurden auf einem Kap (**C 1, C 12**) oder einer Plattform (**C 2**) an der Küste errichtet. Die am besten archäologisch erschlossene Villa von 'Trois-Îlots' ist durch einen kompakten Grundriss mit einem zentralen Peristyl charakterisiert, um das sich die einzelnen Raumeinheiten gruppieren (**C 1**). Das Zentrum des von Arkaden umgebenen Peristyls bildet eine sorgfältig gearbeitete, kreuzförmige Wasseranlage. Die anderen, nur sporadisch untersuchten Villen können ebenfalls dem Peristyltypus zugeordnet werden – soweit dies bei der mangelnden archäologischen Erschließung möglich ist (**C 2; C 12; A 1**). Jedoch weisen der kompakte Grundriss (**C2, C 12**), die symmetrisch angeordneten Raumeinheiten sowie Reste von Säulenbasen (**A 1**) und Säulentrommeln (**C 2**) auf die Identifizierung als Peristylvilla hin.

Aus dem Gebiet der Provinz Africa Proconsularis, dem Kerngebiet des karthagischen Herrschaftsraumes, konnten nur zwei *villae urbanae* in den Katalog aufgenommen werden. In den frühen Forschungsberichten („Archäologische Neuigkeiten aus Nordafrika" im AA) wird zwar über die Entdeckung einiger weniger, am Meer gelegener und prunkvoll ausgestatteter Villen berichtet, dann verliert sich jedoch ihre Spur[456]. Vielleicht ließ aber auch die von den Karthagern bereits vorhandene Infrastruktur wenig Platz für weitere Villenkomplexe[457]. Zu der in der Nähe von Taparura/Sfax gefundenen Villa des 3. Jhs. n. Chr. können aufgrund der sporadischen archäologischen Erschließung keine detaillierten Aussagen über ihren Typus gemacht werden (**T 1**). Die erkennbaren Reste eines Innenhofes könnten jedoch, wie bei den *villae urbanae* in Algerien (**C 1, C 2, C 12, A 1**), auf einen Peristyltypus schließen lassen. Auch die zweite *villa urbana* des 1. Jhs. n. Chr. südlich von Karthago (**T 3**) kann aufgrund des zentralen Peristyls und Resten von korinthischen Kapitellen der inneren Säulenstellung dem Peristyltyp zugeordnet werden. Bei dieser konnte aber im Gegensatz zu den vorher besprochenen eine etwa gleichgroße, angegliederte, symmetrisch angeordnete Thermenanlage identifiziert werden. Spuren von weiteren Gebäuderesten und einer Olivenölproduktionsanlage außerhalb der Villa sprechen für die bei Columella erwähnte Dreiteilung des Villenkomplexes[458]: bei der besprochenen, reich ausgestatteten Villa handelte es sich vermutlich um die *pars urbana*; außerhalb befanden sich weitere Nebengebäude, wie z. B. die *pars rustica* und *pars fructuaria* für die landwirtschaftliche Nutzung.

Der größte Teil der im Katalog aufgenommenen luxuriös ausgestatteten *villae urbanae* stammt jedoch aus der Tripolitania, dem heutigen Libyen. Die Villen erstrecken sich entlang der Küste und des Küstenhinterlandes zwischen den drei alten phönizischen Handelsniederlassungen Sabratha, Oea und Leptis Magna[459]. Wie bereits versucht wurde darzustellen, lässt sich die Verbreitung mit der Herstellung und dem Export des Olivenöls vereinbaren, welches der Bevölkerung zu enormen Reichtum verhalf[460]. Auch die Herkunft des aus Leptis Magna stammenden Kaisers Septimius Severus hat dem schmalen Küstenstreifen entlang der Großen Syrte zu kulturellem und wirtschaftlichem Aufschwung verholfen: so gehen acht der fünfzehn datierten *villae urbanae* der drei Städte auf die Regierungszeit des Septimius Severus zurück, allein sechs von den elf Villen in der Umgebung von Leptis Magna fallen in dessen Regentschaft und von den fünf im 1./2. Jh. n. Chr. errichteten erlebte mindestens eine in severischer Zeit eine zweite Umbauphase (**Abb. 96**).

Von den neunzehn im Katalog aufgenommen Villen der Tripolitania können leider nur bei neun nähere Aussagen über ihren Architekturtypus gemacht werden (**SA 1, O 2, LM 1. LM 2, LM 3, LM 7, LM 8, LM 9, LM 11, LM 20**). Auch hier ist, wie in den bereits besprochenen Gegenden, der Peristyltypus vorherrschend (s.o.): Die nahezu vollständig ergrabene 'Villa di Homs' zeichnet sich durch eine blockartige, kompakte Architektur mit axialer Gliederung aus. Sie wird im Zentrum von einem quadratischen Peristylhof mit innerer Säulenstellung dominiert (**LM 8**). Auch die zur Hälfte von Sanddünen bedeckte Anlage von Haleg al-Karuba (**LM 4**) und die am Wadi al-Fani (**LM 9**) gelegene Villa sind durch einen rechteckigen Grundriss und Kompaktheit der einzelnen sichtbaren Raumeinheiten charakterisiert und können, wie **LM 8,** dem Peristyltyp zugeordnet werden.

Ob die Villa im Wadi er-Rsaf (**LM 12**) auch zu diesem Typus gehört, lässt sich zum jetzigen Zeitpunkt noch nicht mit Sicherheit sagen, da die Untersuchungen noch nicht abgeschlossen sind. Zu erkennen sind momentan lediglich einige Säulenbasen und Reste eines Kieselfußbodens, die auf ein Peristyl schließen lassen. In unmittelbarer Nähe zu **LM 12** und **LM 9** konnten die Reste von Thermenanlagen identifiziert werden. Im Unterschied zu der an das Villengebäude angegliederten

---

[454] s. Kap. 2.1.
[455] Bechert (1999) 157f.
[456] AA 1900, 66; AA 1902, 59f.; AA 1903, 94f-97, 98; AA 1906, 154f.
[457] s. Kap. 2.

[458] Colum. 1, 6.
[459] Bechert (1999) 85.
[460] S. Kap. 3.2.

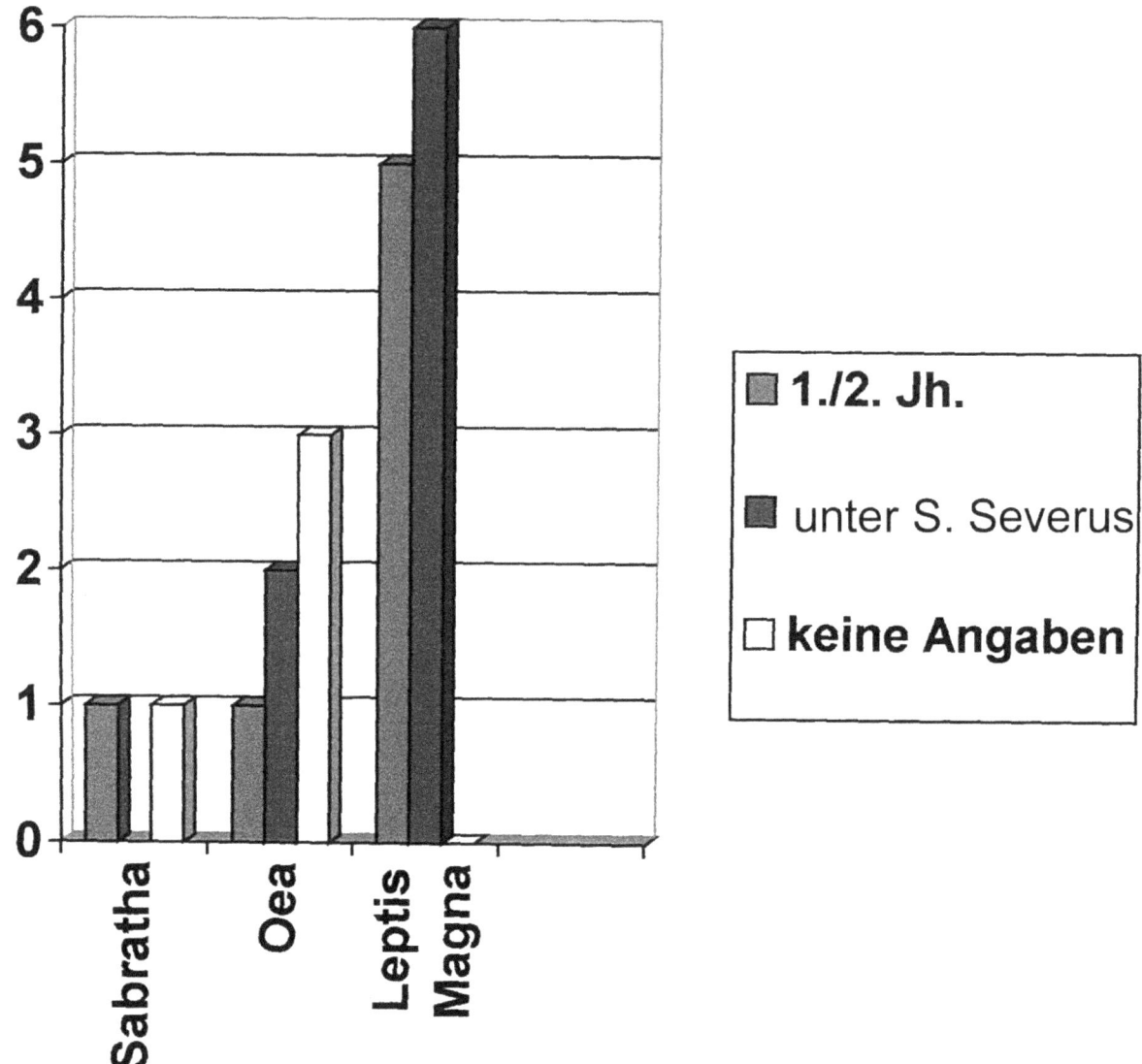

*Abb. 96: Chronologische Verteilung der villae urbanae in der Tripolitania (Diagramm d. Verf.).*

Thermenanlage von Sidi Ghrib (**T 3**) waren diese Badeanlagen jedoch isoliert und mindestens 150 m entfernt errichtet worden.

Der einheitliche und kompakte Peristyltyp wurde in den Provinzen Nordafrikas vom 1. Jh. bis ins 2./3. Jh. n. Chr. neben anderen Architekturtypen (s.u.) verwendet. Der Peristyltyp wurde aus der hellenistischen Wohnarchitektur übernommen und war für die frühen römischen Villen des 2. Jhs. v. Chr. ein häufig gebrauchter Typus[461]. Das bekannteste frühe Beispiel ist die 'Mysterienvilla' vor der Stadtmauer von Pompeji. Das Zentrum bildet dort ein weiträumiges Peristyl mit umlaufender Säulenstellung und – im Unterschied zu den nordafrikanischen Villen – ein angegliedertes Atrium[462].

Das Atrium wird in der Villenarchitektur relativ früh weggelassen; dafür wird die Peristyl- und Portikusausbildung weiterentwickelt[463]. Daraus bildet sich ein von einem Peristyl dominierter Typus, wie er bei der sog. Villa des Clodius in Albano aus dem späten 2. Jh. v. Chr.[464] (**Abb. 97**) und der 'Villa Iovis' des Tiberius auf Capri zu beobachten ist (**Abb. 98**)[465]. Zu der kompakten Anordnung italischer Villen um ein zentrales Peristyl kommt relativ bald eine Erweiterung von weiteren, locker angeordneten Gebäudeteilen hinzu[466].

---

[461] Mielsch (1987) 49; Grenier (1985) 827; Lafon (2001) 16-40; Thomas (1964) 359; Smith (1997) 183.
[462] Mielsch (1987) 39f., Abb. 15.

[463] Thomas (1964) 359.
[464] Lafon (2001) 356.
[465] Lafon (2001) 406; Mielsch (1987) 142f.
[466] Die bekanntesten Beispiele sind zwei Villen in Stabiae ('Villa di Arianna'; 'Villa di San Marco'). Der ältere Kern der Anlage besteht aus einem zentralen Peristyl und sich angliedernden Raumeinheiten. In einer späteren Bauphase wurde die Villa seitlich durch einzelne locker angeordnete Bauteile erweitert: Mielsch (1987) 59.

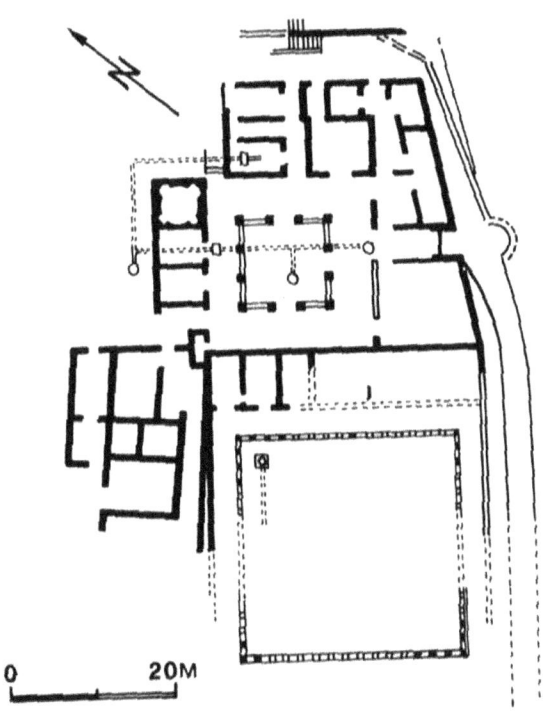

Abb. 97: Villa des Clodius in Albano (Lafon [2001] Abb. 85).

Auflockerung und Vergrößerung der Raumstrukturen, die sich um das Peristyl gruppieren, im Gegensatz zu den 'starren' pannonischen Villen zu beobachten (**Abb. 100, Abb. 101**)[468]. Von ihrer Größe her können sich die meisten nordafrikanischen *villae urbanae* dieses Typs mit den italischen und auch hispanischen Villen messen. Der Großteil besitzt eine flächenmäßige Ausdehnung von über 1000 m$^2$ (**C1, C 12, LM 4, LM 8, LM 9, LM 12**). Zusätzlich konnten bei einigen Anlagen in der Nähe externe Produktionsanlagen festgestellt werden (**C 1, C 2, T 3**), die auch vereinzelt bei den pannonischen und hispanischen Villen zu finden sind. Bei den frühen Villen des 1.-2./3. Jhs. n. Chr. wird es sich um die *pars urbana* einer großangelegten Villenanlage gehandelt haben[469], bei den später errichteten und umgebauten Villen des 4. Jhs. n. Chr. könnten die Gründe für diese rege Bautätigkeit auf dem Lande in den politischen und ökonomischen Veränderungen liegen: die vermögende Oberschicht nutzte die Landgüter, um sich den offenbar gestiegenen administrativen und steuerlichen Anforderungen der Stadt zu entziehen[470]. Keine der in Nordafrika entdeckten *villae urbanae* weist weder Umbauphasen ab dem 3. Jh. n. Chr. auf, noch wurde eine Anlage erst seit dieser Zeit errichtet (**Anlage 1**). Deshalb kann die in anderen Provinzen – besonders in Hispanien[471] – beobachtete Landflucht des 4. Jhs. n. Chr. in Nordafrika nicht zutreffen[472].

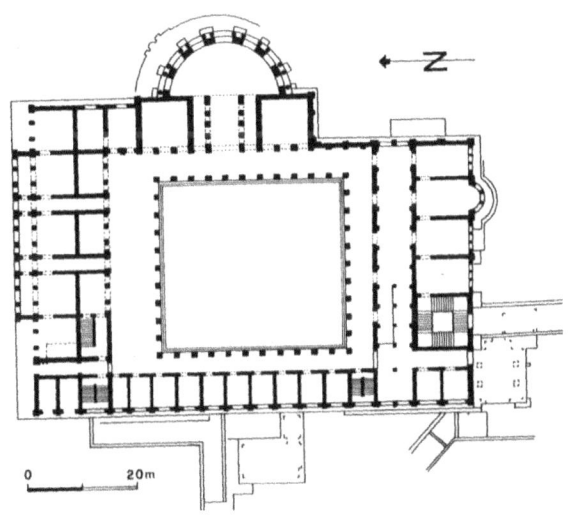

Abb. 98: 'Villa Iovis' auf Capri (Lafon [2001] Abb. 138).

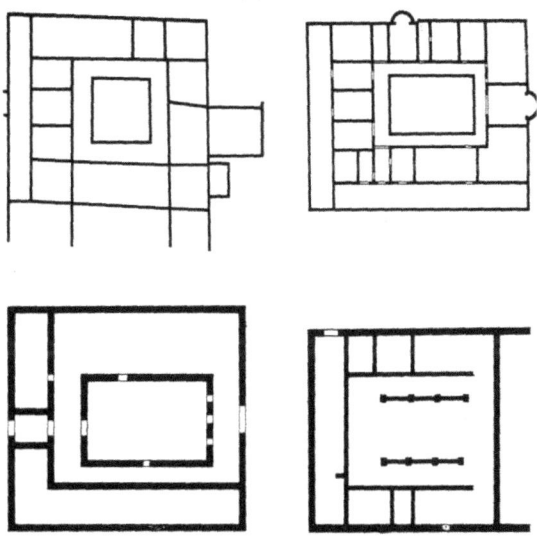

Abb. 99: Schematische Grundrisse von pannonischen Peristylvillen (Thomas [1964] Abb. 172).

Die Peristylvilla war auch in den Provinzen ein weit verbreiteter Typus. Besonders in Pannonien war er vom Ende des 1. Jhs. bis zum Beginn des 2. Jhs. n. Chr. der am häufigsten angewandte Villentypus (**Abb. 99**)[467] und zeichnete sich wie bei den Villen in Nordafrika durch seine Kompaktheit aus. Aber auch in Hispanien, Gallien und vereinzelt in Germanien bildet das Peristyl meist einen dominierenden Baukörper innerhalb des Gebäudekomplexes, jedoch ist dort eine leichte

---

[467] Thomas (1964) 359.
[468] Hispanien: Gorges (1979); Smith (1997) 183-190. Gallien: Grenier (1985) 827-842; Smith (1997) 183-190. Germanien: Grenier (1985) 827f.
[469] Vgl. Colum. 1, 6.
[470] Jones (1964) 767f.
[471] Teichner (1997) 71-98.
[472] Auch die erst im 3./4. Jh. n. Chr. errichteten *villae rusticae* mit Turmkonstruktionen können nicht in Verbindung mit dieser 'Landflucht' stehen, da in ihnen keinerlei städtischer Luxus nachgewiesen werden konnte und es sich bei diesem Phänomen um den Rückzug der wohlhabenden Oberschicht auf das Land handelte (Jones [1964] 767f.).

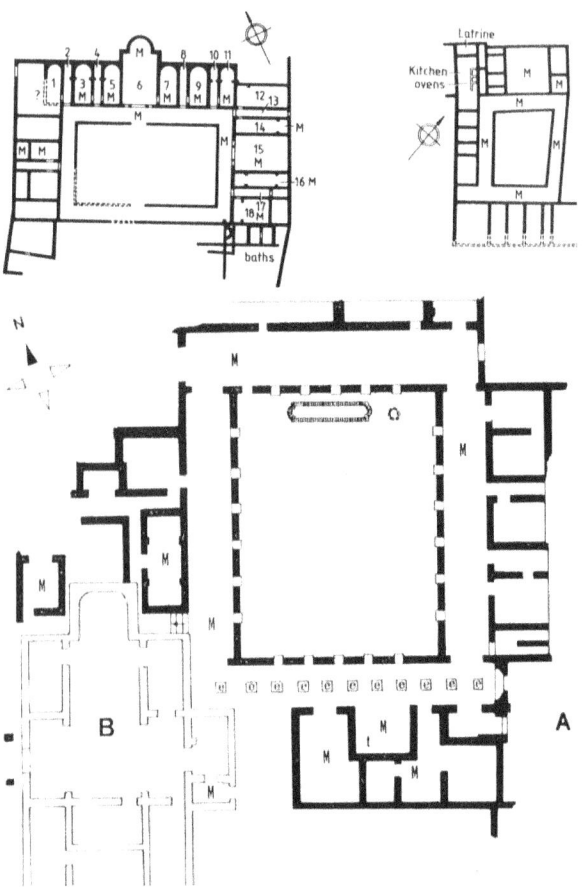

langrechteckig bzw. langgezogen angeordnet[473]. Drei dieser Villen sind in ihrem Aufbauschema sehr ähnlich (**O 2, LM 2, LM 3**). Sie sind gekennzeichnet durch eine auf das Meer gerichtete Portikus im Norden und eine parallel dazu errichtete Kryptoportikus im Süden. Dazwischen befinden sich die jeweils in einer Reihe angeordneten Wohnräume (**Abb. 102**). Die Thermenanlagen liegen jeweils im Südosten. Im Westen schließen weitere Raumeinheiten an, die als Winterquartiere gedeutet werden (**Abb. 103**)[474]. Dieses Aufbauschema würde der bei Vitruv geschilderten Anordnung der Räume nach den jeweiligen Himmelsrichtungen entsprechen, um das gegebene Klima und die natürlichen Lichtquellen optimal nutzen zu können[475]. Eine ähnliche Ausrichtung ist auch bei der archäologisch nur schlecht erschlossenen 'Villa del Nilo' zu beobachten (**LM 7**). Sie erstreckte sich auf zwei Terrassen; auf der höheren Terrasse befindet sich das Villengebäude, von dem auf der Südseite eine ca. 20 m lange, in den natürlichen Fels gehauene Kryptoportikus in O-W-Ausrichtung ergraben wurde. Diese öffnete sich, wie bei den anderen Beispielen, auf der N-Seite auf mehrere Raumeinheiten. Die weitere Raumsituation muss jedoch unklar bleiben. Denkbar wäre jedoch eine im Norden anschließende und auf das Meer gerichtete Portikus wie bei den vorher besprochenen Anlagen.

Im Gegensatz zu den Peristylvillen spielte bei diesem Villentyp die Annordnung der Portiken die zentrale Rolle und kann somit als Portikustypus identifiziert werden. Die Peristyle werden jedoch als zusätzliche Architekturelemente beibehalten. So konnten in der Villa von Tagiura zwei Peristyle nachgewiesen werden (**O 2**). Das eine befand sich vor der Portikus und war auf das Meer ausgerichtet; das integrierte Nymphäum wurde in einer Blickachse zum hinter der Portikus liegenden Triklinium angelegt. Die Reste eines zweiten Peristyls konnten östlich der Portikus-Kryptoportikus-Einheit identifiziert werden. Bei der Villa von Zliten konnten ebenfalls zwischen der Portikus und einer kleinen langrechteckigen Terrassenanlage Reste von einer Säulenstellung lokalisiert werden, die vielleicht zusammen ein kleines Peristyl mit einer Aussichtsplattform bildeten (**LM 20**).

*Abb. 100: Grundrisse hispanischer Villen vom Peristyltypus des 1.-3. Jhs. n. Chr. (Smith [1997] Abb. 49; Gorges [1979] Taf. 42).*

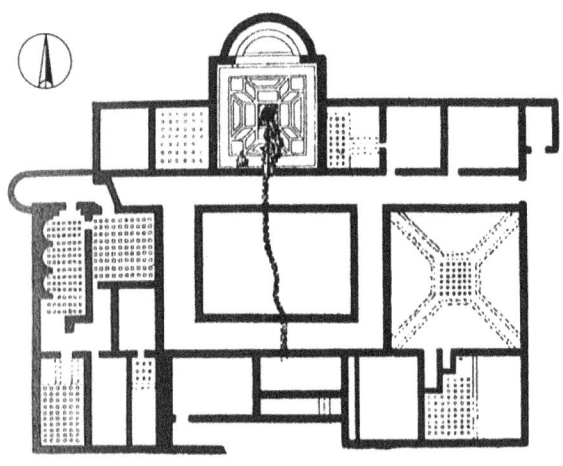

*Abb. 101: Peristylvilla von Westerhofen/ Ingolstadt (Grenier [1985] Abb. 301).*

Einen sehr charakteristischen Architekturtypus stellen einige Villen um Oea und Leptis Magna aus dem 1. u. 2. Jh. n. Chr. dar. Hierbei handelt es sich um einen speziell auf die klimatischen Bedingungen Nordafrikas ausgerichteten Villentypus mit zahlreichen, auf das Meer orientierten Raumöffnungen (**O 2, LM 2, LM 3, LM 20**). Sie sind im Reihenschema entlang der Sandsteinküste

---

[473] Def. nach Smith (1997) 167-171; Salza Prina Ricotti (1972-73) 79f.
[474] Salza Prina Ricotti (1972-73) 81f.
[475] Die Winterspeisesäle und die Thermen sollten im Süden gelegen sein und nach Westen ausgerichtet sein, um die Abendbeleuchtung zu nutzen. Schlafzimmer und Bibliotheken sollten gen Osten zeigen, da sie die Morgensonne brauchten. Um die Sommerhitze leichter ertragen zu können, sollten die Sommergemächer und Sommerspeiseräume Richtung Norden gerichtet sein, da von hier immer eine kühle Brise weht und die Räume kühl bleiben: Vitr. 3, 4, 1.

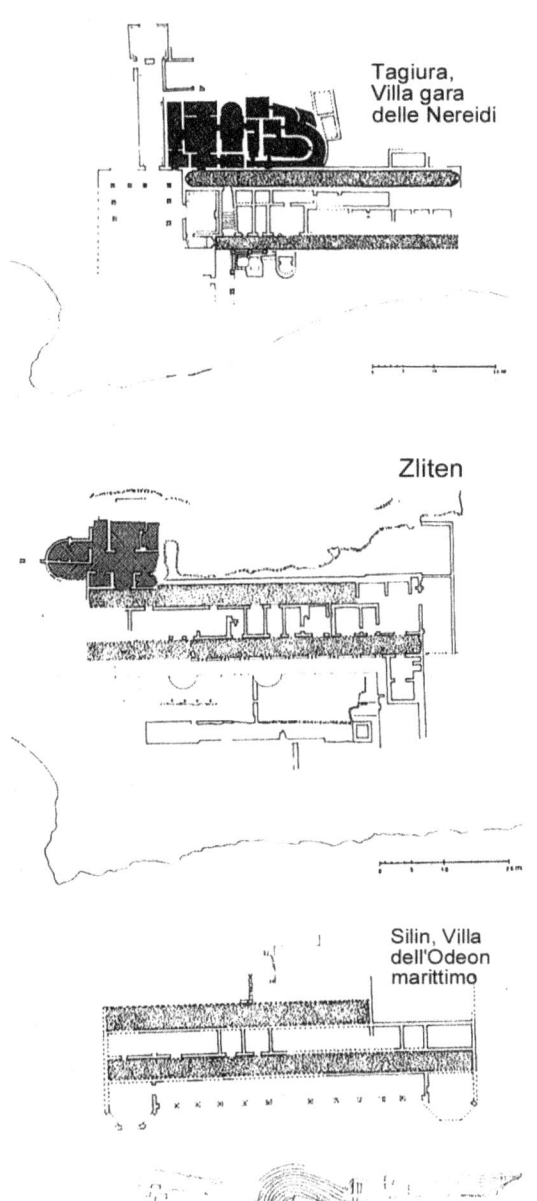

*Abb. 102: Grundrisse der villae maritimae von Tagiura (O2), Zliten (LM 20) und Silin (LM 2) (Salza Prina Ricotti [1972-73] Abb. 2)*

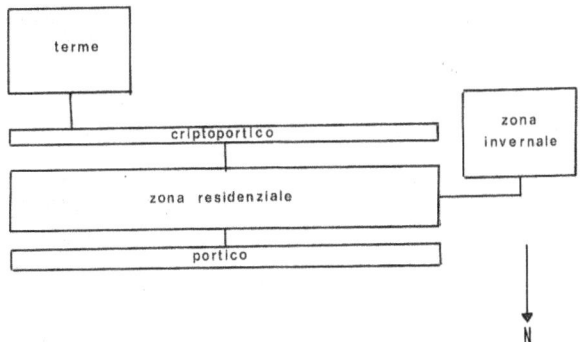

*Abb. 103: Aufbauschema der Villen mit doppelter Portikus (Salza Prina Ricotti [1972-73] Abb. 3)*

Eine weitere Gemeinsamkeit besteht bei den Villen **LM 2** und **O 2** in der Einbeziehung natürlicher Gegebenheiten. Vor der Errichtung der Villen befanden sich an diesen Stellen Sandsteinbrüche, die ein terrassenartiges Terrain geschaffen haben. Diese Beschaffenheit wurde ganz bewusst in die Architektur einbezogen. Bei der Villa von Tagiura (**O 2**) waren Villengebäude und Thermen durch die Terrassenanlage getrennt. Man gelangte in die tiefer gelegenere Wohneinheit über eine Treppe in eine in den Sandstein geschlagene Kryptoportikus. Bei der 'Villa dell'Odeon Marittimo' (**LM 2**) arbeitete man auf der tiefer gelegenen Terrasse am Meer ein zwölfstufiges Odeion (s.u.) mit einem Durchmesser von 14 m in einer Achse zur Villa und ein 2,50 m tiefes Wasserbecken[476] ein. Ob es sich bei der 'Villa del Nilo' (**LM 7**) ebenfalls um einen Steinbruch handelte, kann nicht geklärt werden. Die Kryptoportikus wurde jedoch, wie bei **O 2,** in den Felsen eingetieft.

Die 'Villa dell'Odeon Marittimo' (**LM 2**) weist eine zusätzliche architektonische Besonderheit auf. Die auf das Meer ausgerichtete Portikus ist durch zwei halboktogonale, pavillonartige Risalite begrenzt. Neben dem Portikustyp kann die Villa zugleich dem Typus der Portikusvilla mit Eckrisaliten zugeordnet werden. .

Dieses „langgezogene" Aufbauschema lässt sich auch in Italien (**Abb. 106**)[477] und anderen Provinzen wie Gallien (**Abb. 104, Abb. 105**)[478] und Hispanien (**Abb. 107**)[479] nachweisen. Es war besonders bei maritimen Villen verwendet worden, um den landschaftlichen Reiz und die Nähe zum Meer auf gesamter Länge optimal ausnutzen zu können (**Abb. 104, Abb. 106, Abb. 107**). Eine wichtige Rolle spielte bei all diesen Villen, wie bei denen in Nordafrika, eine Portikus bzw. Kryptoportikus, welche die einzelnen Raumeinheiten und Baukörper miteinander verband[480]. Zusätzlich konnten, wie bei **LM 2**, pavillonartige Eckrisalite die Portiken begrenzen, wie ein ähnliches Beispiel aus Hispanien beweist (**Abb. 108**)[481]. Die häufigeren und weit verbreiteten Portikusvillen mit Eckrisaliten sind in den Herrenhäusern der *villae rusticae* in Gallien, Germanien sowie Britannien zu finden und in zahllosen Beispielen belegt; der Grundriss ist jedoch wesentlich gedrungener und die Raumeinheiten sind nicht so stark differenziert (**Abb. 109**)[482]; sie ähneln eher den in Nordafrika nachgewiesenen *villae rusticae* mit Turmbauten, nur dass diese keine Portikus aufweisen (s.o.)[483]. Die Portikusvillen der Nordprovinzen konnten zwar vereinzelt eine doppelte Portikus aufweisen, jedoch keine Kryptoportikus, und in dessen Zentrum befanden

---

[476] Da dieses Becken nur wenige Zentimeter von Meer entfernt ist und als Zisterne somit unbrauchbar wäre, könnte es sich um ein Fischzuchtbecken handeln.
[477] Lafon (2001) 406.
[478] Grenier (1985) 819-827; Smith (1997) 166-170.
[479] Gorges (1979) 480.
[480] Smith (1997) 166f.
[481] Gorges (1979) 474; ein vergleichbares Beispiel in der Bildkunst findet sich in der pompejanischen Wandmalerei (s. Kap. 5).
[482] Grenier (1985) 798-802; Smith (1997) 130-143.
[483] S. Kap. 6.2.

sich nicht die Wohnbereiche, wie bei den besprochenen Villen, sondern eine Hofanlage (**Abb. 109 oben rechts**). Bei keiner Villa – bis auf eine Ausnahme[484] – konnte dieses für Nordafrika spezifische Aufbauschema mit einer Portikus und einer Kryptoportikus festgestellt werden (**vgl. Abb. 103**). Salza Prina Ricotti meint hier einen regionalen Typus ausmachen zu können und denkt dabei an eine gemeinsame Bauhütte, da die Villen auch chronologisch nah beieinander liegen[485].

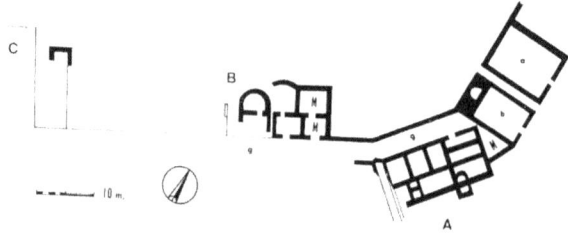

*Abb. 107: villa maritima von Boca do Rio/Portugal (Gorges [1979] Taf. 64).*

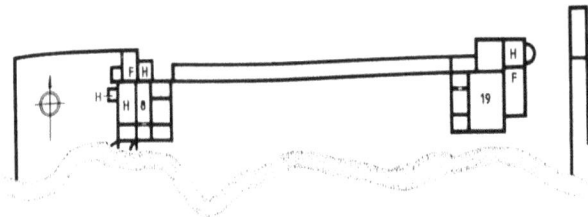

*Abb 104: Villa du Lodo (Morbihan) Gallien (Smith [1997] Abb. 45).*

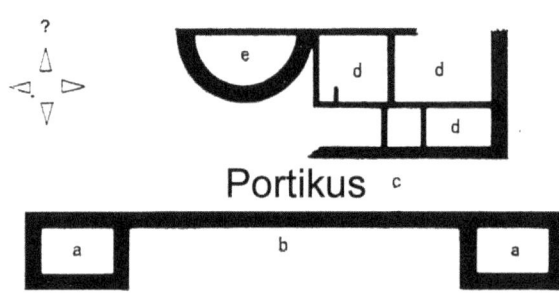

*Abb. 108: Villa von Cuba/Portugal (Gorges [1979] Taf. 33).*

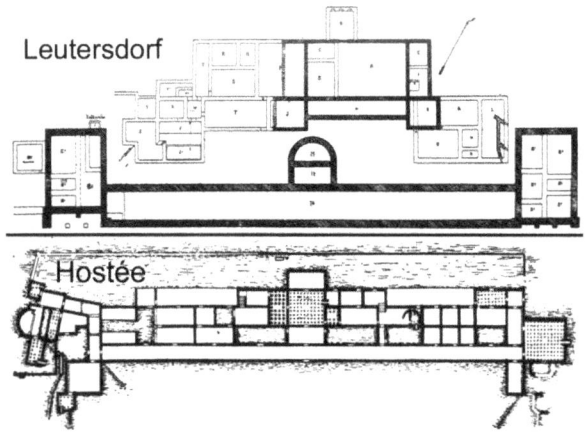

*Abb. 105: oben: Villa von Leutersdorf; unten: Villa von Hostée (Gallien) (Grenier [1985] Abb. 295).*

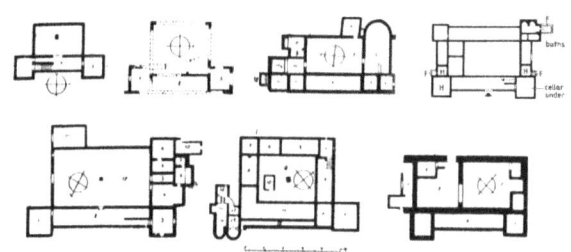

*Abb. 109: Portikusvillen mit Eckrisaliten aus dem nordöstlichen Gallien und Germanien (Grenier [1985] Abb. 276).*

Eine weitere Villa im Reihenschema ist die ebenfalls terrassenförmig angelegte 'Villa del piccolo Circo' (**LM 3**). Die sich auf dem Kap erstreckende 'Sommerresidenz' unterscheidet sich von vorher besprochenen Villen in ihrem Aufbau. Anstelle der auf das Meer gerichteten Portikus ist hier ein pavillonartiger Bau oder eine offene Exedra angelegt, die den Blick auf das Meer freigab. Im hinteren Teil befinden sich statt einer Kryptoportikus zwei parallel angeordnete Korridore, die sich jeweils im Norden bzw. Süden auf die einzelnen, ebenfalls parallel liegenden Wohnräume öffnen. Nicht weit davon entfernt sind die Reste eines Peristyls zu erkennen. In einer Linie zu dieser Korridor-Wohneinheit folgt weiter westlich das charakteristischste Merkmal dieser Villa: ein 'Circus' von ca. 85 m Länge. Wenn man dieser Linie bis an beide Enden des Kaps folgt, schließen sie im Westen in einer Raumgruppe an der höchsten Stelle auf einem

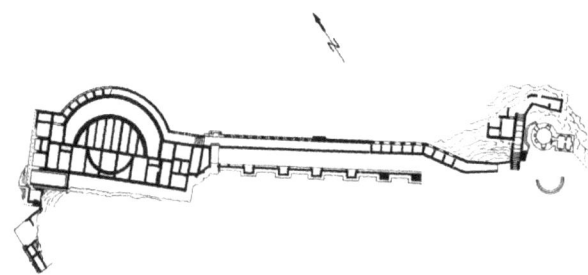

*Abb. 106: Villa Damecuta, Anacapri (Lafon [2001] Abb. 142).*

---

[484] Cüppers (1990) 513f.
[485] Salza Prina Ricotti (1972-73) 82f.; Die Villa LM 20 und LM 2 datieren nach der stilistischen Untersuchung der Mosaiken ins 1. Jh. n. Chr., LM 7 und O 2 ins 2. Jh. n. Chr., wobei die Villa O 2 aufgrund der Ziegelstempel die zuverlässigste Datierung aufzeigt.

Felsvorsprung direkt über dem Meer und im Osten auf einer niedrigeren rechtwinkeligen Raumgruppe ab; auch hier wird es sich um pavillonartige Baukörper gehandelt haben, die den Blick auf das offene Meer gewährten. Eine Besonderheit ist die Kombination mit einer Peristylanlage: Der oberhalb der Villa nur schlecht erhaltene und als 'Winterresidenz' interpretierte Bereich ist durch einen rechteckigen Grundriss gekennzeichnet, in dessen Zentrum sich Spuren eines Peristyls erahnen lassen[486].

Bei dieser Villa sind die natürlichen Gegebenheiten ganz bewusst in den Bau einbezogen worden. Die Villa erstreckte sich auf voller Länge auf dem Kap und nutzte die von der Natur gegebenen Unebenheiten des Geländes für die Errichtung von Aussichtsplätzen in Form von Speiseräumen o. ä. aus[487]. Wie beliebt diese *villae maritimae* mit ihren Aussichtsplätzen auf das Meer waren, zeigen die unzählbaren archäologischen Reste entlang der Küsten und Inseln der Provinzen[488] sowie die Darstellungen auf Wandmalereien und Mosaiken[489]. Die 'Villa del piccolo Circo' ist in ihrem Reihenschema durchaus mit den oben besprochenen Anlagen vergleichbar, jedoch handelt es sich hierbei um einen individuellen Typus einer Villa, zu dem es – außer für den 'Circus' – keine Vergleiche gibt[490].

Vielleicht kann auch eine in Sabratha (**SA 2**) entdeckte Villa diesem Reihenschema zugeordnet werden; auch sie breitet sich auf gesamter Länge in den erkennbaren Resten langrechteckig auf dem Kap aus. Doch aufgrund der nur schlechten archäologischen Erschließung können zum jetzigen Zeitpunkt keine weiteren Aussagen getroffen werden.

Die chronologisch jüngste Villa liegt ebenfalls an der Küste von Silin (**LM 1**), und ihre Fassade war, wie bei den anderen der Gegend, auf das Meer gerichtet. Sie datiert aufgrund stilistischer Analysen ihrer Mosaiken in das 1. Viertel des 3. Jhs. n. Chr. und ist damit zusammen mit derjenigen bei Sfax (**T1**) eine der spätesten *villae urbanae* der nordafrikanischen Provinzen[491]. Beherrscht wird die Villa von einer rechteckigen Empfangshalle mit Apsis und einer dreiseitigen, zum Meer hin geöffneten, U-förmigen Portikus (**LM 1**), auf die sich risalitartig verschieden große Raumeinheiten öffnen. Im westlichen Risalit konnten neben einem Triklinium ein Raum mit einer Viersäulenstellung sowie einem Wasserbecken und ein mit vier Nischen versehener Raum identifiziert werden. Aufgrund des Wasserbeckens und der Säulenstellung wird dieser Raum als Atrium interpretiert; die Nischen des im Norden befindlichen Raumes deutete man als Büchernischen einer Bibliothek[492]. Das Atrium ist das einzige Beispiel in der gesamten nordafrikanischen Wohnarchitektur[493]. Der gesamte östliche Teil wird von einem oktogonalen Baukörper dominiert. Dieser Teil der Anlage ist jedoch nur schlecht dokumentiert, so dass die Funktion dieser Raumeinheiten unklar bleiben muss; es wäre jedoch bei der oktogonalen Bauform und der sich darum gruppierenden Räume an eine Thermenanlage zu denken[494]. Vergleiche für oktogonale Baukörper lassen sich jedoch auch in der Palastarchitektur finden[495].

Vergleiche für die U-förmige Portikus lassen sich in Italien selbst, aber auch in Germanien finden. Die bereits im 1. Jh. v. Chr. entstandene 'Villa di Poppea' in Oplontis (Torre Annunziata) weist wie **LM 1** eine ähnlich U-förmige, offene Portikus auf[496]; eine weitere Gemeinsamkeit besteht im vorhandenen Atrium[497].

Im Aufbau jedoch wesentlich ähnlicher sind Beispiele des 1. Jhs. n. Chr. in Germanien und eine Villa in Istrien; entlang dieser dreiseitigen Portikus erstrecken sich risalitartig weitere Raumeinheiten wie bei der 'Villa du Taureau' (**Abb. 110a, b; Abb. 111**)[498].

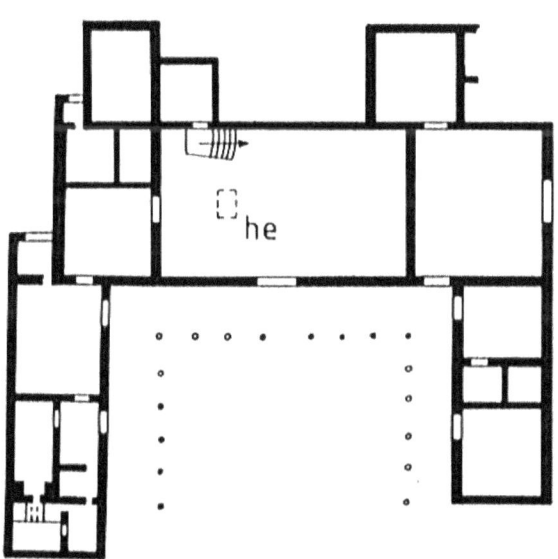

*Abb. 110a: Villa von Schleitheim mit U-förmigen Portiken (Smith [1997] Abb. 69).*

---

[486] Salza Prina Ricotti (1970-71) 135-163.
[487] Die Aussichtsplätze in Form, z. B. von kleinen Pavillons, ist in der römischen Villenarchitektur ein weit verbreitetes Phänomen. Dabei spielte nicht nur das Meer, sondern Flüssen und sowie die reizvolle Landschaft im Landesinneren eine bedeutende Rolle: s. dazu K. Schneider, Villa und Natur (1995); Mielsch (1987) 137-140.
[488] Vgl. dazu: Lafon (2001).
[489] S. Kap. 5.
[490] Zum Circus s.u.
[491] Neben diesen beiden Villen konnten die Reste einer weiteren *villa urbana* des 3. Jhs. n. Chr. etwas im Landesinneren lokalisiert werden (LM 11). Von dieser ist jedoch nur ein Stück einer Portikus (?) archäologisch erschlossen, der weitere Verlauf ist unklar.

[492] Mahjub (1983) 299-306; Picard (1985) 227-241.
[493] Thébert (1989) 309-387.
[494] Beispiele hierfür: Piazza Armerina; Antoninus Pius Thermen in Karthago.
[495] z.B. Domus Aurea, Centcelles und im Diokletianspalast in Split, wobei die beiden letzteren Mausoleen darstellen ( s. dazu: Graen [2008].
[496] Wie der weitere Verlauf dieser Portikus war, kann aufgrund der partiellen Ausgrabung nicht geklärt werden.
[497] Mielsch (1987) 52f., Abb. 26; Lafon (2001) 416.
[498] Smith (1997) 257-262; Cüppers (1990) 663-665.

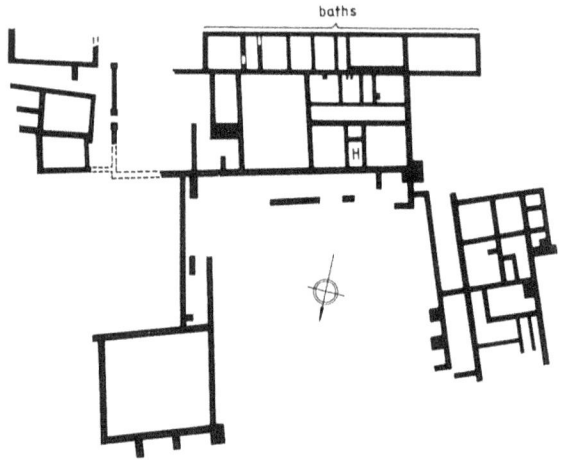

*Abb. 110b: Villa von Weitersbach mit U-förmigen Portiken (Smith [1997] Abb. 69).*

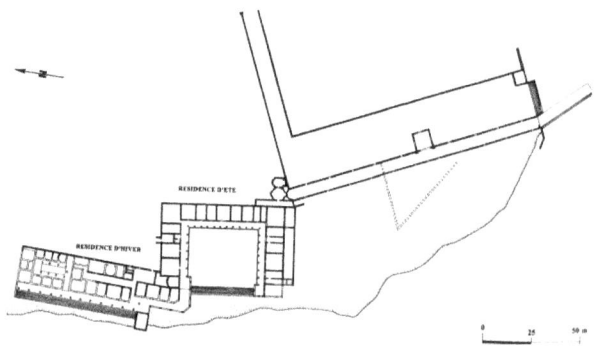

*Abb. 111: Villa von Barbariga/Torran (Istrien) mit U-förmiger Portikus (Lafon [2001] Abb. 193).*

Wie schon die Rufnamen der 'Villa dell'Odeon marittimo' (**LM 2**) und der 'Villa del piccolo circo' (**LM 3**) verraten, beinhalten die beiden in Silin gelegenen Villen zwei besondere architektonische Elemente. Sie sind allerdings nicht die einzigen Beispiele mit solchen außergewöhnlichen Komponenten innerhalb der Villenarchitektur im Imperium Romanum.

Einzelne Elemente, wie Szenenbilder aus Theaterstücken oder Theatermasken auf Mosaiken und Wandmalereien, gehörten schon seit hellenistischer Zeit zur Ausstattung eines besseren Wohnhauses[499]. Aufführungen in Villen und Stadthäusern scheinen dagegen auf Rezitationen und Auftritte bei Gastmählern beschränkt gewesen zu sein[500]. Das früheste italische Beispiel für die Einbeziehung eines Theaters in die Villenarchitektur ist wohl eine Villa auf der Insel Pianosa, die aus dem frühen 1. Jh. n. Chr. stammt (**Abb. 112**)[501]. Die Ausmaße dieses Theaters waren relativ gering, es könnte daher für Rezitationen oder Vorträge gedient haben[502].

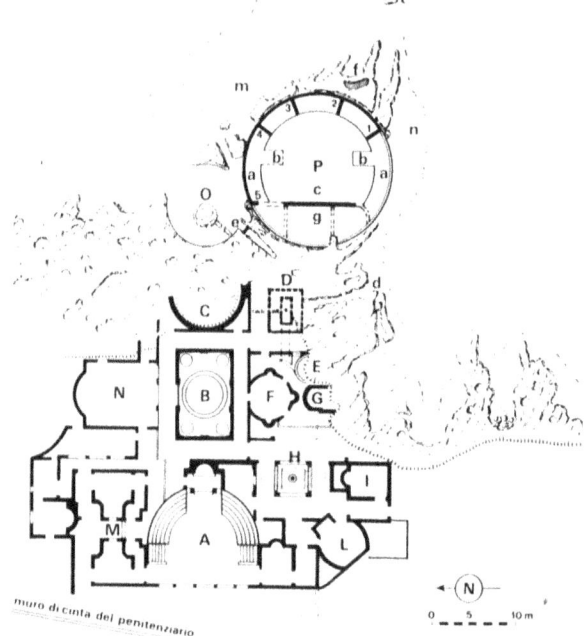

*Abb. 112: 'Villa di Bagni Agrippa' auf Pianosa (Lafon [2001] Abb. 59).*

Ein größeres Theater und zusätzlich noch ein vermutlich gedecktes Odeon von etwas kleineren Ausmaßen besaß eine kaiserzeitliche, großzügig angelegte Villa auf dem Posilipp bei Neapel (**Abb. 113**)[503].

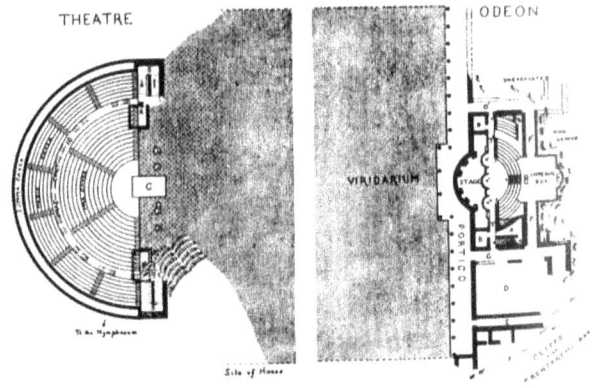

*Abb. 113: Theater und Odeon der Villa auf dem Posilipp bei Neapel (Günther [1913] Abb. 11).*

Die Funktion dieses Baues als Theater dürfte aufgrund der Größe dieser Anlage außer Frage stehen. Es ist möglich, dass Theaterbauten zu den Kennzeichen großzügiger Sommersitze der Kaiser oder auch anderer reicher Villenbesitzer gehörten, wie es vermutlich in Silin der Fall war (**LM 3**). Hier könnten musikalische Aufführungen und Rezitationen, aber durchaus auch

---

[499] Mielsch (1987) 115f.; Moraw – Nölle (2002).
[500] Vgl. Plut. Sull. 36; Plin. Ep. 9, 36, 4.
[501] Mielsch (1987) 116; Lafon (2001) 339.
[502] Mielsch (1987) 116.

[503] Die genaue Datierung der Villa ist nicht gesichert. Sie geht zwar bereits auf augustäische Zeit zurück, die Theater gehören aber wohl zu einer flavischen Bauphase: Günther (1913); Mielsch (1987) 116; Lafon (2001) 406.

kleinere Schauspiele stattgefunden haben; das Meer stellte dabei sicher eine zusätzliche, äußerst reizvolle Hintergrundkulisse dar.

Auch *Circi* waren der Villenarchitektur nicht fremd. Sie waren sicherlich nicht für Wagenrennen gedacht, denn dafür wären die Maße zu klein gewesen. Vielmehr dienten diese wohl als schattige Haine und Gartenanlagen für die heißen Jahreszeiten[504]. Der 'kleine Zirkus' der Villa von Silin besitzt im Inneren eine Spina von fast 70 m Länge, die in zwei halbrunden Wasserbecken endet; ein anderes Wasserbecken befindet sich zudem nicht ganz im Zentrum der 'Spina' (**Abb. 114**).

Als vergleichbare Beispiele hierfür sind das sog. Hippodrom des Herodeions bei Jerusalem (**Abb. 115**)[505], das sog. Gartenstadion des Flavierpalastes auf dem Palatin (**Abb. 116**)[506] und eine Anlage der Quintiliervilla an der Via Appia (**Abb. 117**)[507] anzuführen. Im Unterschied zur 'Villa del piccolo circo' wurden zwar im *Circus* des Flavierpalastes Brunnenanlagen nachgewiesen, diese jedoch waren nicht, wie bei **LM 3**, in die 'Spina' integriert. Wie das Beispiel der Quintiliervilla zeigt, konnten neben *Circi* und Theatern sogar auch kleine Amphitheater in die Villenarchitektur einbezogen werden (**Abb. 117**).

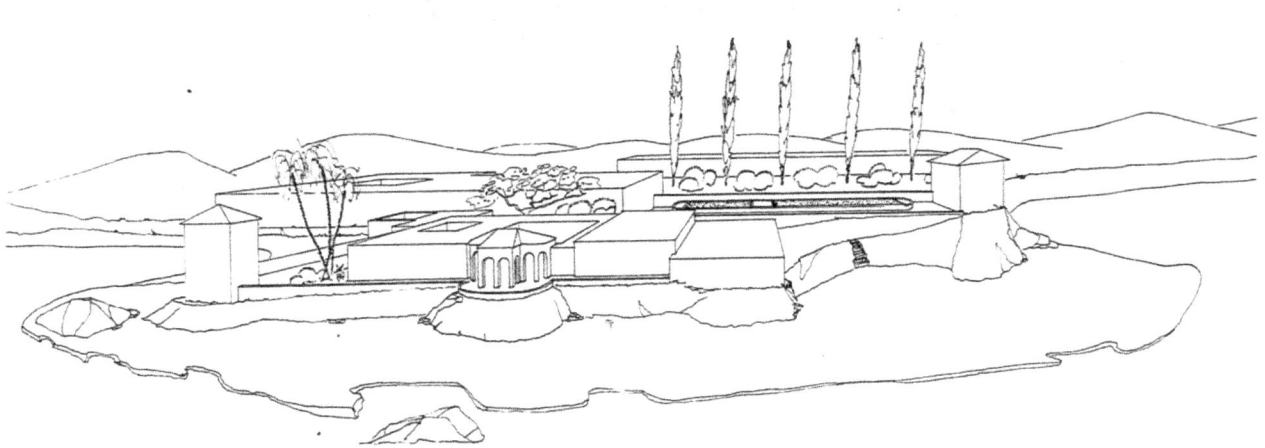

*Abb. 114: Rekonstruktion der 'Villa del piccolo Circo' von Silin (Salza Prina Ricotti [1970-1971] Abb. 12).*

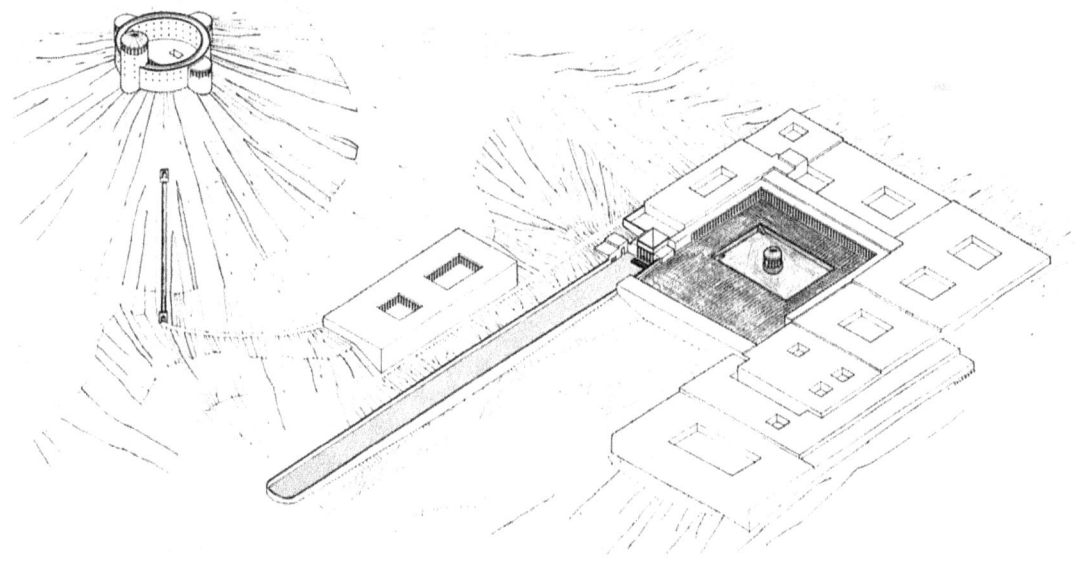

*Abb. 115: Rekonstruktion des Herodeions (Netzer[1999] Abb. 154).*

---

[504] Förtsch (1993) 78-81.

[505] Netzer (1972) 247; Netzer (1999).
[506] Tomei (1998).
[507] Paris (2000).

Zusammenfassend ist zu bemerken, dass sich die *villae urbanae* Nordafrikas – von wenigen Ausnahmen abgesehen – in der Tripolitania und dort vor allem um die Städte Oea, Sabratha und Leptis Magna konzentrieren. Die frühesten Villen entstanden im 1. Jh. n. Chr., der Großteil jedoch unter der Herrschaft des Septimius Severus und der damit verbundenen Blütezeit der Tripolitania.

Auffällig ist auch, dass keine *villa urbana* nach dem 3. Jh. n. Chr. errichtet bzw. umgebaut wurde; hier kann deshalb eine Landflucht der vermögenden Schicht aus den Städten, wie sie in anderen Regionen (z. B. Hispanien) zu vermuten ist, nicht zutreffen. Anscheinend hatten außenpolitische Probleme und die ständig wachsende Bedrohung aus dem Landesinneren zur Folge, dass ab dem 3./4. Jh. statt der luxuriösen *villae urbanae* mit z.T. ungeschützten, auf das Meer gerichteten und offenen Fassaden, Rückzugsorte für Gefahrensituationen in Form von befestigten Anlagen mit Türmen geschaffen werden mussten.

*Abb. 116: Grundriss des Flavierpalastes auf dem Palatin (Tomei [1998] Abb. 44).*

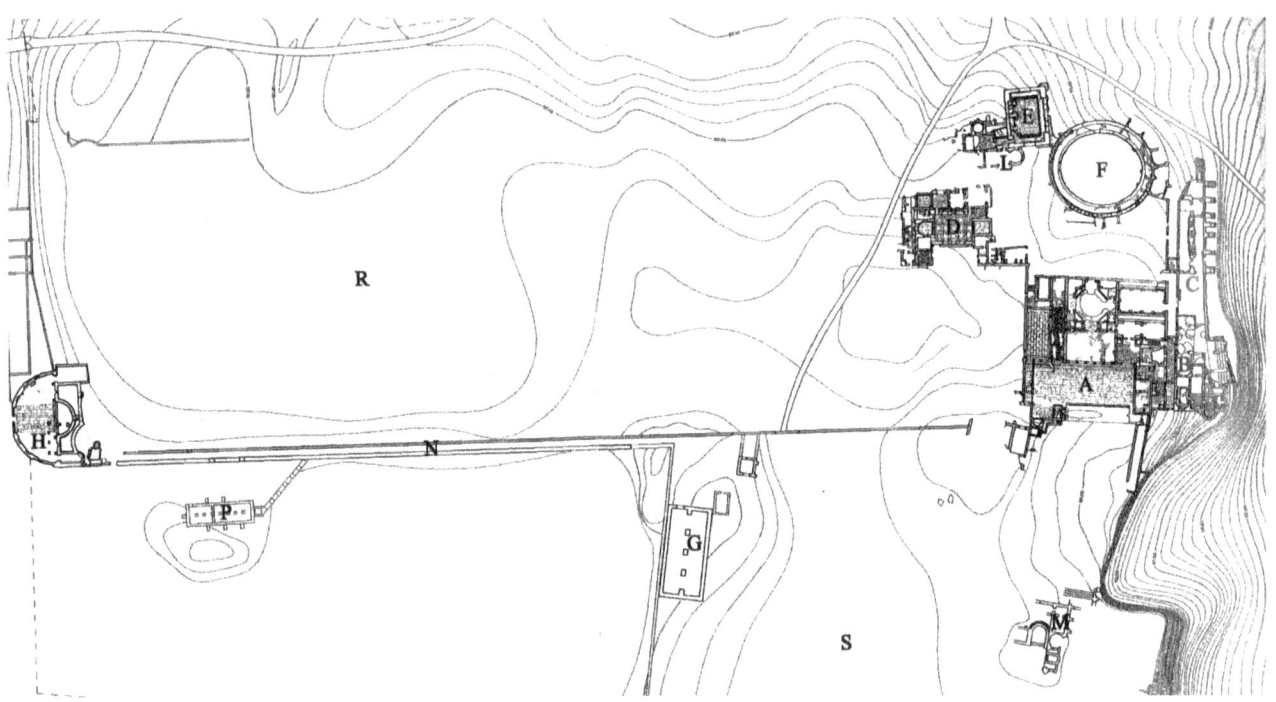

*Abb. 117: Quintiliervilla an der Via Appia in Rom, F=Amphitheater (Paris [2000] Taf. 1).*

## 6.3.1 Ausstattung

Die wissenschaftliche Erforschung der römischen Provinzen Nordafrikas begann im späten 19. und frühen 20. Jh., hauptsächlich durch italienische und französische Archäologen, die in Algerien, Tunesien sowie Libyen eine rege Forschungs- und Grabungstätigkeit entfalteten. Neben ganzen Stadtanlagen wie Thamugadi, Cuicul und Leptis Magna kamen auch zahlreiche *villae urbanae* zutage, deren prachtvolle, großformatige Mosaiken freigelegt und in die örtlichen Museen gebracht wurden. Die zahlreichen Mosaiken aus Nordafrika nehmen innerhalb der Mosaikkunst eine Sonderstellung ein, da ihre Darstellungen neben mythologischen Szenen vor allem auch das private und wirtschaftliche Leben widerspiegeln[508].

Neben zahlreichen geometrischen Mosaiken mit unterschiedlichsten Formen (**Abb. 118a,b**)[509], erfreuten sich auch figürliche Mosaiken äußerster Beliebtheit bei den Villenbesitzern. Besonders Darstellungen mit mariner Thematik waren in vielen Villen zu finden; dabei spielte die Lage der Villa keine Rolle. Meeresdarstellungen konnten sowohl in am Meer als auch im Landesinneren gelegenen Villen vorkommen. Sie repräsentieren vielmehr ein vertrautes Milieu und die allgemeine Liebe zum Meer, wohl auch als Symbole eines allgemeinen Wohllebens; dabei konnte es sich sowohl um Alltagsdarstellungen, wie z. B. die Fischerei handeln (z. B. **Abb. 119 a,b**), als auch um fischende Eroten (**s. Kat. T 1**) und mythische Meerwesen (z. B. Sidi Ghrib[510]).

*Abb. 118b: Geometrische Mosaiken aus den Villen von Ain Zara (O 5; links) und der Villa di Gurgi (O 1; rechts) (Aurigemma [1960] Taf. 54, Taf. 63).*

*Abb. 119a: Fischereiszenen aus der 'Villa del Nilo' (LM 7) (Aurigemma [1960] Taf. 67).*

*Abb. 118a: Geometrische Mosaiken aus den Villen von Ain Zara (O 5; links) und der Villa di Gurgi (O 1; rechts) (Aurigemma [1960] Taf. 54, Taf. 63).*

---

[508] S. Kap. 5.
[509] Dazu s. Schmelzeisen (1992).
[510] Ennabli (1986) Taf. 7.

*Abb. 119b: Fischereiszenen aus der 'Villa di Gurgi' (O 1) (Aurigemma [1960] Taf. 94).*

Eine beliebte Gattung nordafrikanischer Mosaiken sind sog. Xenia-Motive. Diese stehen für Stillleben mit Früchten, Gemüse, jeglicher Art von Speisen, wie Fische und sonstige Tiere. Sie befinden sich meistens in Empfangsräumen bzw. Speiseräumen und dienten der Repräsentation des Reichtums des Hauseigentümers, wenn er Gäste empfing (**Abb. 120**)[511].

Häufig treten diese Motive mit der Darstellung der vier Jahreszeiten und der damit jahreszeitlich abhängigen Speisen auf (**Abb. 121**).

*Abb. 121: Mosaik/opus sectile mit Darstellung der vier Jahreszeiten und seitlichen Xenia-Motiven der Villa von Zliten (LM 20) (Aurigemma [1960] Taf. 126).*

Neben der Repräsentation des Reichtums spielten auch die Tätigkeiten der *domini* eine große Rolle. So lassen sich eine Vielzahl von Jagdmosaiken zwar vorrangig in den Stadthäusern, aber auch anhand vereinzelter Beispiele in der Villenarchitektur nachweisen (**Abb. 122, vgl. auch Kat. T 3**)[512].

*Abb. 122: Jagdszene aus der 'Villa del Nilo' (LM 7) (Aurigemma [1960] Taf. 78).*

Auch die Beliebtheit des Circusrennens in der römischen Gesellschaft fand in der Mosaikkunst ihren Widerhall. Diese Darstellungen waren z. T. dazu da, favorisierte Wagenlenker oder Pferde zu präsentieren[513] oder auch, um die eigene Stiftertätigkeit hervorzuheben. Ein sehr gut erhaltenes Mosaik der 'Villa du Taureau' in Silin (**Kat.**

*Abb. 120: Xenia-Motiv aus der 'Villa di Gurgi' (O 1) (Aurigemma [1960] Taf. 64).*

---

[511] S. dazu : Balmelle u.a. (1990).

[512] Dunbabin (1978) 46-64.

[513] Hierfür kann z.B. das in Sousse gefundene Mosaik angeführt werden, auf dem Namen von Pferden angeführt sind: Dunbabin (1978) 88-108, Taf. 32.

**LM 1**) zeigt sehr detailgetreu den Schluss eines solchen Rennens. Die Szene ist in Draufsicht gezeigt, der Gewinner bewegt sich mit einem Palmenzweig in der Hand in umgekehrter Richtung auf seine Kontrahenten zu (**Abb. 123**)[514].

Weitere Stiftungstätigkeiten (*munus*) wurden auf Gladiatorenspiele oder *venationes* verwendet, und somit erfüllten auch solche Szenen auf Mosaiken keinen dekorativen Zweck, sondern wurden aus demselben Grund wie die Circusmosaike dargestellt: entweder, um an einen Stifter zu erinnern bzw. um sich als Stifter selbst zu feiern oder auch, um an spezielle Ereignisse zu erinnern[515]. An ein solches historisches Ereignis soll nach Meinung einiger Autoren das Gladiatorenmosaik aus der Villa von Zliten erinnern (**Abb. 124**)[516].

Vermutlich infolge von Handelsrivalitäten und Grenzstreitigkeiten zwischen den beiden tripolitanischen Städten Oea und Leptis Magna kam es im Jahre 69 n. Chr. zu kriegerischen Auseinandersetzungen der beiden Küstenstädte. Die Bevölkerung des schwächeren Oea rief die im Hinterland lebende einheimische Bevölkerung der Garamanten zu Hilfe, die das Gebiet der Stadt Leptis Magna auf grausamste Weise plünderten[517].

Der Frieden konnte erst einige Zeit später unter Vermittlung des Legionslegaten Valerius Festus wiederhergestellt werden. Die dabei in Gefangenschaft geratenen Garamanten sollen später im Amphitheater von Leptis Magna den wilden Tieren vorgeworfen worden sein[518].

*Abb. 123: Circusmosaik aus der 'Villa du Taureau' in Silin (LM 1) (Mahjub [1983] Farbtaf.)*

---

[514] Eine ähnliche Darstellung befindet sich im Bardomuseum in Tunis: Yacoub (1996) Abb. 88.
[515] Dubabin (1978) 65-87; ähnliche Darstellungen: Mosaik des Magerius (Smirat), Mus. Sousse.
[516] Aurigemma (1924a) 333-361; Aurigemma (1924b) 197-219; Aurigemma (1926); Aurigemma (1960) 55-60; Ville (1965) 147-155; Romanelli (1970) 253-254;

[517] vgl. Plin. nat. 5, 34-38.
[518] Di Vita (1999) 24f; Dubabin (1978) 65-87.

*Abb. 124: Gladiatorenmosaik der Villa von Zliten
(Aurigemma [1960] Taf. 136).*

Einen relativ kleinen Komplex stellen Mosaiken mit mythologischen Szenen dar. Neben den Darstellungen von Heldensagen, wie Szenen des betrunkenen Herakles (**T 1**), Theseus und des Minotaurus (**Abb. 125**; **O 1**) und der kalydonischen Eberjagd (Meleager) (**Abb. 126**; **LM 7**), gehörten auch Pegasus und die Nymphen (**Vgl. LM 7**), Mars und Venus (**LM 8**) und der von Weinrankenumschlungene Lykurgos (**LM 1**) zum Themenrepertoire.

Neben den zahlreichen Mosaiken haben sich auch in einigen Beispielen *opus sectile*-Fußböden erhalten. Die Villa von Zliten (LM 20) stellt hierbei die luxuriöseste Anlage dar; so besaßen einige Räume reine *opus sectile*-Fußböden, andere Räume wiederum kombinierten Mosaiken und *opus sectile* miteinander (**Abb. 127**).

Bei einigen anderen Villen – besonders in der Umgebung von Leptis Magna – konnten ebenfalls Reste von *opus sectile*-Fußböden bzw. einzelne Fragmente davon nachgewiesen werden (**C 12, LM 2, LM 3, LM 7, LM 8, LM 9, LM 10**). Von besonderer Ausstattung zeugte auch die 'Villa del piccolo circo', in der einige Reste von Porphyr gefunden wurden (**LM 3**).

Zahlreiche Reste von Wandmalereien und Stuckverzierungen konnten z. T. gut konserviert *in situ* unter den Dünen freigelegt werden, wie in der Kryptoportikus der 'Villa Gara delle Nereidi' (**Kat. O 2**); im unteren Teil befindet sich eine Orthostatenzone, u. a. mit Marmorimitation; darüber schließt eine Stuckfaszie an, die geometrisch, aber auch figürlich verziert ist. Darauf folgen wieder eine Orthostatenzone und ein weiterer Stuckabschluss (**Abb. 128**).

*Abb. 125: Mosaik mit Darstellung von Theseus, Ariadne und dem Minotaurus aus der Villa di Gurgi (O 1) (Aurigemma [1960] Taf. 65).*

*Abb. 126: Mosaik mit Darstellung der kalydonischen Eberjagd aus der Villa del Nilo (LM 7) (Aurigemma [1960] Taf. 77).*

*Abb. 127: Jahreszeitenmosaik der Villa von Zliten in Kombination mit opus sectile-Dekor (Aurigemma [1960] Taf. 127).*

*Abb.128: Stuckfragment der Kryptoportikus der 'Villa Gara delle Nereidi' (Di Vita [1966] Taf. III e, d).*

Auf weitere Wandmalereifragmente, u. a. mit floralen Motiven (**Vgl. Kat. LM 12**), Marmorimitationen und Stuckresten stieß man bei fast allen Villen der Tripolitania (**Anlage 1, M 3, A 1, SA 1, SA 2, LM 1, LM 2, LM 7, LM 12, LM 20**).

Der Reichtum der Tripolitania spiegelt sich auch in der Ausstattung ihrer Villen wieder, wie gezeigt werden konnte[519]. Fast alle *villae urbanae* der drei Küstenstädte und deren Hinterland waren gleichermaßen mit prachtvollen Mosaiken, Wandmalereien und *opus sectile*-Fußböden ausgestattet und lassen sich mit dem Luxus der städtischen Wohnhäuser Nordafrikas durchaus vergleichen[520]. Dennoch konnten in Nordafrika – verglichen mit anderen Provinzen, wie z. B. Hispanien – relativ wenige Villen mit urbanem Luxus entdeckt werden. Obwohl die meisten Mosaiken des römischen Reiches aus Nordafrika überliefert sind, stammen nur die wenigsten von ihnen aus Villen. Der Fakt, dass die meisten davon nordafrikanischen Stadthäusern zuzuordnen sind, gibt einen wichtigen Hinweis darauf, wo die vermögende Oberschicht residierte: nämlich in den Städten und nicht auf dem Land.

---

[519] Vgl. Kap. 3.2.
[520] Muth (1998).

# 7. ZUSAMMENFASSUNG UND ERGEBNIS

Durch die Analyse der antiken Schriftquellen über die klimatischen, morphologischen und pedologischen Verhältnisse Nordafrikas wurde zunächst versucht, das sehr vielfältige geographische Erscheinungsbild der Region zur Zeit der römischen Herrschaft wiederzugeben. Auf diese Weise konnte rekonstruiert werden, welche Möglichkeiten sich den Römern für die Landnutzung boten und – in einem zweiten Schritt – ob diese Erkenntnisse mit der Verbreitung der archäologischen Zeugnisse zu vereinbaren sind. Im Vergleich mit den heutigen klimatischen Verhältnissen wurde festgestellt, dass die klimatischen Bedingungen grundlegend übereinstimmen und sich aufgrund dessen nur spezielle Gebiete, nämlich das östliche und mittlere, z. T. steppenähnliche Nordafrika und die mediterran geprägte Küstenzone, zur Besiedlung und für die Landwirtschaft eigneten. Die Landnutzungsmöglichkeiten in der Tripolitania, wo mehr als die Hälfte des Landes (67 %) aufgrund der geringen Niederschlagsmenge für die Landwirtschaft ungeeignet war, waren dagegen wesentlich eingeschränkter. Nur ein kleines Gebiet zwischen Oea und Leptis Magna konnte für den Getreideanbau genutzt werden, während der ebenfalls nicht sehr große, wüstenfreie Rest nur für die klimatisch und pedologisch anspruchslosere Olivenkultivierung geeignet war.

Eine weitere Frage war die nach den infrastrukturellen Bedingungen, die die Römer bei ihrer Ankunft vorfanden und welche Maßnahmen sie selbst noch zur Siedlungsentwicklung und Landnutzung ergriffen. Aufgrund der voll ausgeprägten Infrastruktur sowohl auf punischem, als auch auf numidischem Boden sind zunächst keine weiteren Siedlungen geschaffen worden; durch Zuwanderung römischer Bevölkerungselemente (Provinzialbeamte, Kolonisten, Händler) wurde vielmehr der Grundstein für die allmähliche Romanisierung der bereits bestehenden Niederlassungen gelegt. Auch die infrastrukturellen Rahmenbedingungen waren vor allem im punisch-numidischen Siedlungsgebiet seit dem 5. Jh. v. Chr. bereits vollständig ausgeprägt; dazu gehörten vor allem der effektiv organisierte Getreideanbau und die Olivenkultivierung durch die Aufteilung der landwirtschaftlich nutzbaren Flächen unter mehreren, kleineren Grundbesitzern und Bürgern Karthagos und anderer punischer Siedlungen. Deshalb sah man zu Beginn der römischen Besiedlung zunächst keinen Grund für eine Intensivierung der Landwirtschaft durch Ausweitung der Kulturflächen oder eine Änderung der Anbaumethoden. Die während dieser Zeit durchgeführte Limitation des Landes diente wohl eher der Ordnung der Besitzverhältnisse und der daraus resultierenden Erhebungen von Abgaben.

Das Getreide entwickelte sich zu den wichtigsten Exportprodukten und weitete sich flächen- sowie ertragsmäßig aus; Zuwanderer aus dem italischen Mutterland entwickelten sich allmählich zu Großgrundbesitzern. Die Ertragsmengen zur Zeit Caesars von etwa 42 000 Tonnen Getreide verzehnfachten sich etwa hundert Jahre später, u. a. aufgrund der Provinzerweiterung von Numidien und Tripolitanien, und deckten damit den Getreidebedarf Roms zu zwei Dritteln. Die ersten, unter Marius verzeichneten Koloniegründungen erwiesen sich als effektive Methode zur militärischen, wirtschaftlichen und zivilisatorischen Erschließung des Landes und wurden deshalb in der Folgezeit von Caesar und Augustus fortgesetzt; neben Koloniegründungen gehörten aber auch die Errichtung ländlicher Siedlungen für Veteranen, Freigelassene und Einheimische zum Maßnahmenkatalog der Frühkaiserzeit. Die Maßnahmen im Rahmen der Siedlungsentwicklung in nachaugusteischer Zeit (Straßenbau, Vorschieben der Legionslager nach Westen, die Errichtung von Militär- und Veteranenkolonien sowie die Limitation von Stammesgebieten) dienten hauptsächlich dem Ziel, die Nomaden sesshaft zu machen; gleichzeitig vermehrte sich die Anzahl der Siedlungen rapide. Die wirtschaftliche Erschließung bewegte sich in hadrianischer Zeit in Richtung der Agrikulturgrenze (Wüste).

Die Siedlungsentwicklung in der Mauretania unterschied sich maßgeblich von der der Africa Proconsularis. Nach einigen Koloniegründungen an der Küstenzone und der Erhebung Jubas II. – mit seinen Residenzen Volubilis und Iol – zum Klientelkönig von Mauretanien wurde die Region erst 40 n. Chr. zur Provinz erklärt. Bedingt durch den Widerstand der einheimischen Bevölkerung, der sich für die Bevölkerung der südlichen Grenzstädte, aber auch gut gesicherter Städte wie Caesarea, als ständige Bedrohung erwies, sowie Plünderungen und Raubzüge der Nomaden, dauerte es weitere zwei Jahre, bis die beiden Provinzen Mauretania Caesariensis und Tingitana entstanden. Aus diesem Grund kam auch die Landvermessung nur langsam voran und erreichte ein Gebiet von gerade einmal 150 km Tiefe. Aufgrund der ständigen Unruhen reduzierte sich in der Folgezeit der Einflussbereich der Römer immer mehr und eine Besiedlung mit über das Land verstreuten, ungeschützten Villen wie in der Africa Proconsularis war nicht möglich, und auch die Landnutzungsmöglichkeiten konnten sich in der Mauretania nicht so entfalten, wie in der westlich angrenzenden Proconsularis.

Vergleicht man nun die Siedlungsentwicklung mit den geographischen Gegebenheiten, so fällt auf, dass sich die Besiedlung mit Villen in den klimatisch und hydrographisch begünstigten Gebieten bewegt. Besonders in der Tripolitania, in der es nur geringe Siedlungs- und Landnutzungsmöglichkeiten gab, sind außer den drei großen Küstenstädten und deren Hinterland keine weiteren Siedlungen und größere Städte in der Zeit der römischen Herrschaft zu verzeichnen. So lässt sich auch die Verbreitung der Villen erklären: Die luxuriösen Villen erstreckten sich vor allem entlang der Küsten im Umland größerer Städte wie Caesarea, Leptis Magna, Oea und Sabratha. Die *villae rusticae* sind im Hinterland derselben Städte in den klimatisch und hydrographisch begünstigten Gegenden zu finden und sind immer – wie bei Columella oder Cato beschrieben – in der Nähe von Wadis errichtet worden, um die Wasserversorgung zu sichern.

Als nächstes stellte sich die Frage nach Landverteilung und Bewirtschaftung. Wie aus der Analyse der

Siedlungsentwicklung und Landerschließung ersichtlich geworden ist, handelte es sich bei den ehemaligen punisch-numidischen, klimatisch begünstigten Siedlungsräumen um die wichtigsten Getreideanbaugebiete der Provinz. Daher ist es denkbar, dass ein Großteil der *Africa Vetus* zur Staatsdomäne erhoben wurde, um die Getreidelieferungen für die Hauptstadt – von denen auch die Existenz eines Kaisers abhing – zu sichern. Tatsächlich fand man in dieser Gegend mehrere Inschriften, aus denen hervorgeht, zu welchen Bedingungen Kolonen kaiserlichen Grundbesitz pachten konnten. Neben den Regeln für die Pflege, Instandhaltung und Bewachung der zu bewirtschaftenden Flächen waren auch die Abgabesätze – gestaffelt nach Annbauart – einheitlich geregelt. Aus den Inschriften geht weiterhin hervor, dass sie sich am Vorbild der *lex Manciana* orientierten, die über Jahrhunderte hinweg als Richtschnur für die Verpachtung von Boden gedient hat. Die Anzahl von privaten Grundbesitztümern muss sich seit republikanischer Zeit, u. a. durch Ansiedlung von Veteranen und Getreidehändlern, rapide vermehrt haben, was durch zahlreiche epigraphische Zeugnisse und antike Quellen bestätigt wird. Besonders im Umland der drei Küstenstädte Sabratha, Oea und Leptis Magna sind einige private Großgrundbesitze sogar im *Itinerarium Antoninum* bezeugt. Ihren Reichtum verdankten diese wohl der Kultivierung des Olivenbaumes, die ja in der Tripolitania besonders gefördert wurde (s. o.). Im Hinterland der drei Küstenstädte konnten so viele Ölpressen nachgewiesen werden, dass diese hochgerechnet ca. 15 Millionen Liter Olivenöl pro Jahr produziert haben müssten. Dass dieses als hochwertiges Exportgut u. a. für die Hauptstadt diente, beweisen zahllose auf dem Monte Testaccio und in Ostia gefundene Amphorenscherben, von denen insgesamt 10 % (= 1.000.000 Liter) als tripolitanische Transportamphoren des Typs I (Typ Ostia LXIV) identifiziert werden konnten. Einen Beweis für den Aufschwung des Handels unter dem in Leptis Magna geborenen Septimius Severus sind die im gesamten Mittelmeerraum noch zahlreicher gefundenen Amphoren vom Typ III (Ostia XXIV), deren Fabrikstempel sich zum Teil mit Mitgliedern der Oberschicht von Leptis Magna des 2. und frühen 3. Jhs. in Verbindung bringen lassen. Die antiken Quellen und epigraphischen Zeugnisse über Großgrundbesitze lassen sich auch mit den archäologischen Zeugnissen in der Tripolitania vereinbaren. Direkt im Hinterland, z. B. der in Silin gefunden *villae urbanae*, schließen *villae rusticae* mit Olivenproduktionsanlagen und (vereinzelt) mit Töpferöfen an. Das könnte bedeuten, dass die reichen Besitzer luxuriöser Meervillen im Hinterland *villae rusticae* zur Verpachtung besaßen, wie es auch bei Columella zu lesen ist.

Aber auch in den anderen Regionen der Africa Proconsularis und in der Mauretania Caesariensis konnten zahlreiche *villae rusticae* mit Olivenölproduktionsanlagen nachgewiesen werden: im Küstenhinterland in der Gegend von Kasserine (Cillium), Sbeitla (Sufetula) und Segermes sowie im Umland von Cherchel (Caesarea). Die *villae rusticae* von Kasserine, Sbeitla und Segermes weisen jedoch im Unterschied zu denen der Tripolitania keine in der Nähe liegenden *villae urbanae* auf. Vielmehr befinden sie sich in einer Gegend, in der Inschriften mit Erwähnungen von staatlichem Großgrundbesitz nachgewiesen worden sind; die *fundi* gehörten daher wahrscheinlich zur kaiserlichen Domäne und wurden von in der Stadt ansässigen kaiserlichen *procuratores* an Kleinbauern verpachtet. Eine weitere Erklärungsmöglichkeit für das Fehlen von *villae urbanae* wäre, dass die privaten Großgrundbesitzer, z. B. die Familie der *Flavii* aus Cillium, nicht auf ihren Landgütern residierten, sondern das Land mit *villae rusticae* von ihren sicheren städtischen Residenzen aus verpachteten; in kaum einer anderen Region sind so viele reich ausgestatteten Stadthäuser nachgewiesen worden, wie in Nordafrika.

Die in dieser Arbeit aufgenommen Villen können mehreren Architekturtypen und verschiedenen Zeitstellungen zugeordnet werden. Eine Sonderstellung nehmen hierbei zwei Anlagen aus vorrömischer Zeit ein: Die eine befindet sich in der Mauretania Tingitana und wurde im Zuge der römischen Kolonisation verlassen. Die zweite 'Villa' auf der Insel Djerba stammt aus dem späten 3. Jh. v. Chr. Auch bei Untersuchungen im Umland von Karthago sind zahlreiche (noch unpublizierte) rurale Zentren identifiziert worden. Da sich die archäologische Erforschung der Punier bislang weitgehend auf deren städtische Zentren, Heiligtümer und Nekropolen beschränkte, sind bislang nur wenige solcher Anlagen bekannt oder publiziert. Feststeht, dass es sich hierbei um landwirtschaftlich genutzte Anlagen, u. a. mit Ölpressen und Töpferöfen, handelt. Diese Funde passen gut zu der hinlänglich bekannten, großen Bedeutung der punischen Getreidewirtschaft und der bereits erörterten Tatsache, dass die Römer den bereits optimierten Anbau nahezu unverändert übernommen haben.

Bei diesen Anlagen handelt es sich um Gehöfte mit einfachen, rechteckigen Grundrissen und großzügigem Innenhof; zusätzlich konnte bei einigen dieselbe Konstruktionsweise nachgewiesen werden. Einige der auf Djerba identifizierten Anlagen belegen eine Weiternutzung in römischer Zeit. Auffällig ist, dass es – bis auf wenige Ausnahmen – keine signifikanten Unterschiede zu römischen *villae rusticae* mit diesem Grundrisstyp in Nordafrika zu geben scheint, die zum größten Teil in die Frühkaiserzeit datieren; in beiden Fällen wurde Wein und Olivenöl hergestellt, in Töpferöfen wurden auch die Transportmittel vor Ort hergestellt.

Die Vorbilder dieser vorrömisch-punischen 'Villen' sind aufgrund ähnlicher Merkmale, zu denen auch Olivenölproduktionsanlagen gehören, u. a. im hellenistischen Sizilien gesucht worden; aber auch klassische Gehöfte in Attika und *villae rusticae* in Italien und den anderen Provinzen lassen sich m. E. diesem Typus hinzufügen. Daher ist die Annahme einer Bautradition dieses „schlichten Typs", der von punisch-hellenistischer bis in römische Zeit reicht, zwar durchaus möglich, aber – auch anhand der bislang wenigen Vergleichsbeispiele in Nordafrika – schwer zu beweisen.

Vielmehr handelt es sich m. E. um einen schlichten und weit verbreiteten Typus der *villa rustica*, der sich als reine Nutzanlage für die Produktion landwirtschaftlicher Erzeugnisse speziell in Nordafrika für Verpachtungen anbot, aber ebenso von privaten Kleinbauern verwendet werden konnte.

Den wohl charakteristischsten Architekturtypus dieser Arbeit stellten die schon lange von zahlreichen nordafrikanischen Mosaiken her bekannten befestigten *villae rusticae* mit einem oder mehreren Türmen an der Fassade oder an den Ecken dar. Die Mosaikdarstellungen geben nicht nur diesen speziellen Architekturtypus wieder, sondern gewähren auch einen Einblick in das Leben im Umfeld einer *villa rustica*. So finden sich auf diesen Bildern Szenen aus dem täglichen Leben auf dem Lande, wie jahreszeitlich bedingte Ernteszenen, Viehhaltung, Vegetation oder Repräsentationsszenen des Hausherrn und seiner Frau (Villa des Iulius). Die Villendarstellungen werden von Türmen an der Fassade und/oder der Rückseite, einem monumentalen Eingangstor und einer Loggia im Obergeschoss charakterisiert.

Die Datierung der Mosaiken erfolgt aufgrund ihrer stilistischen Analyse ins 4. und 5. Jh. n. Chr.

Tatsächlich kann dieser Villentypus aber auch archäologisch nachgewiesen werden. Das bekannteste Beispiel stellt das in Algerien gefundene *castellum* von Nador dar, eine befestigte Anlage mit zwei Rundtürmen an den Ecken und zwei Rechtecktürmen an einem monumentalen Toreingang. Zusätzlich konnte eine Inschrift gefunden werden, die den Besitzer und seine Frau nennen. Auch weitere Anlagen zeichneten sich durch monumentale Eingänge und Turmkonstruktionen aus. Sie konnten aufgrund ihrer Bauweise diesem Typus zugeordnet werden, da das Mauerwerk in diesen Bereichen – im Unterschied zum Rest des Baues – aus *opus quadratum* bestand. Hierzu gehören weitere vier bis sechs aus der Umgebung von Caesarea, eine aus dem Umland von Segermes, zwei bei Kasserine und zwei aus dem Hinterland von Leptis Magna. Alle Anlagen waren, wie die einfachen *villae rusticae*, reine Nutzbauten für die Olivenölproduktion und besaßen keinerlei städtischen Luxus. Der Unterschied ergibt sich nur in der Zeitstellung: Die „schlichten" *villae rusticae* ohne Türme datieren in die frühe Kaiserzeit und wurden in einigen Fällen (z. B. Nador) in späterer Zeit umgebaut und mit Türmen befestigt, während die anderen Villen erst im 4./5. Jh. n. Chr. errichtet und gleich mit Turmkonstruktionen ausgestattet wurden. Diese zeitliche Einordnung scheint auch durch die Darstellung befestigter Villen auf Mosaiken bestätigt zu werden und scheint in Nordafrika ein rein spätantikes Phänomen zu sein. Derartige Turmkonstruktionen im Gebäudekontext mit wehrhaftem Charakter haben aber eine lange Tradition. Turmgehöfte lassen sich im ländlichen Kontext bereits im späten 5. Jh. v. Chr. in Attika und Kleinasien nachweisen. Sie waren fast alle mit Olivenpressen ausgestattet, zum Teil sogar im Inneren des Turmes. Dies führte zu der Überlegung, dass die Türme sich neben der Funktion als Rückzugsort der Bewohner in Gefahrensituationen aufgrund der guten Durchlüftung der oberen Geschosse auch zur Lagerung landwirtschaftlicher Erzeugnisse eigneten.

Bei der Betrachtung ländlicher Anwesen in anderen römischen Provinzen konnte festgestellt werden, dass die Ausstattung mit Türmen nicht immer nur allein ein spätantikes Phänomen gewesen zu sein scheint, sondern fast immer mit historischen Ereignissen zu verknüpfen ist. Die aus dem 1. Jh. v. Chr. stammenden hispanischen Turmgehöfte (*casas fuertes*) wurden abseits der schon stärker romanisierten Zentren im Landesinneren zu einer Zeit errichtet, als dort kleinere militärische Auseinandersetzungen, Aufstände und Plünderungen durch marodierende Banden noch alltäglich waren. In den darauffolgenden zwei Jahrhunderten kann dieser Typus im römischen Reich nicht mehr nachgewiesen werden, da das Sicherheitsbedürfnis aufgrund der beruhigten Lage anscheinend nicht mehr sehr groß war; an die Stelle der Türme treten Peristyl- und Portikusvillen mit Eckrisaliten, bei denen Türme und Wehrhaftigkeit zugunsten von Repräsentationselementen zurücktraten. Erst mit zunehmenden Bedrohungen in einzelnen Regionen kann – wie z. B. in den Donau-Balkan-Provinzen durch die Goten oder in Syria durch die Sassaniden – ab dem mittleren 3. Jh. n. Chr. ein erneutes Aufkommen dieses Villentyps wieder registriert werden. In den nordafrikanischen Provinzen war die Situation ähnlich: Die Bevölkerung der Mauretania war aufgrund von Überfällen und Plünderungen durch die Stämme des angrenzenden Hochlandes während der gesamten römischen Herrschaft, jedoch besonders stark seit dem 3. Jh. n. Chr., einem „permanenten Belagerungszustand" (G. Ch. Picard) ausgesetzt. Aus diesen Gründen ist es nur verständlich, dass sich die Bevölkerung mit befestigten Landgütern sichere Rückzugsorte für Gefahrensituationen schuf; die zusätzliche Nutzung der Türme als Speicher widerspricht der Wehrhaftigkeit nicht.

Neben den *villae rusticae* im Hinterland der großen Städte konnten vor allem in Küstennähe zahlreiche luxuriös ausgestattete *villae urbanae* archäologisch nachgewiesen werden. Davon befinden sich eine in Marokko (an der Atlantikküste südlich von Volubilis), drei in im heutigen Algerien (in der Umgebung von Caesarea), zwei in Tunesien (in Sfax und Sidi Ghrib) und, wie bereits angesprochen, der größte Teil im heutigen Libyen zwischen den drei Küstenstädten Sabratha, Oea und Leptis Magna; acht dieser fünfzehn datierten tripolitanischen Villen gehen dabei auf die Regierungszeit des Septimius Severus zurück. Eine Sonderstellung nimmt eine Anlage in Mogador, im äußersten Süden der Mauretania Tingitana, ein: die wohl abgelegenste römische Villa überhaupt lag in der Antike auf einer Insel und ist vermutlich mit einer von Juba II. eingerichteten Purpurfabrik zu verbinden.

Die meisten *villae urbanae* konnten – sofern es aufgrund der mangelnden archäologischen Erschließung überhaupt möglich war – dem weit verbreiteten Typus der Peristylvilla zugeordnet werden. Dieser wurde im gesamten Imperium Romanum durchgehend vom 1. Jh. bis ins 3. Jh. n. Chr. verwendet.

## ZUSAMMENFASSUNG

Neben einigen allgemein verbreiteten, auch in anderen Provinzen vorkommenden Villentypen mit U-förmiger Portikus oder locker angeordneten Gebäudeteilen, stellt aber eine Gruppe von Villen aus der Küstenzone von Oea und Leptis Magna aus dem 1. und 2. Jh. n. Chr. einen außergewöhnlichen Architekturtyp dar, der aufgrund seiner Einzigartigkeit vermutlich einer gemeinsamen Bauhütte zugeordnet werden kann. Diese Villen wurden im Reihenschema entlang der Sandsteinküste langrechteckig bzw. lang gezogen angeordnet. Sie sind durch zwei Portiken charakterisiert: einer auf das Meer gerichteten Portikus und einer – meist in den Sandstein eingetieften – Kryptoportikus parallel dazu; dazwischen befinden sich die Wohnräume. Die Thermenanlagen liegen jeweils im Südosten, im Westen schließen weitere als Winterquartiere gedeutete Raumeinheiten an. Im Unterschied zu den Peristylvillen spielte bei diesem Villentyp die Anordnung der Portiken die zentrale Rolle; er kann daher als Portikustypus definiert werden; die Peristyle bleiben jedoch als zusätzliche Architekturelemente erhalten. Eine dieser Villen weist zudem Eckrisalite auf. Das „langgezogene" Aufbauschema erweist sich auch in den anderen Provinzen und Italien als besonders bei maritimen Villen weit verbreiteter Typus, um die landschaftlichen Reize auf gesamter Länge optimal ausnutzen zu können. Eine wichtige Rolle spielte bei all diesen Villen eine Portikus bzw. Kryptoportikus, welche die einzelnen Raumeinheiten und Baukörper miteinander verband; bei keiner anderen Villa konnte jedoch der für die tripolitanische Gruppe charakteristische Aufbau mit einer „doppelten" Portikus nachgewiesen werden.

Besondere Architekturelemente einzelner Villenkomplexe, wie ein *Circus* als Gartenanlage und ein kleines Odeion für szenische und musikalische Darbietungen, sind in der Villenarchitektur jedoch nicht einzigartig und finden Vergleiche in Italien selbst.

Die Ausstattung der Villen mit prachtvollen Mosaiken, Wandmalereien und Marmor
lässt sich mit dem Luxus der städtischen Wohnhäuser Nordafrikas durchaus vergleichen. Verglichen mit anderen Provinzen sind in Nordafrika jedoch relativ wenige Villen mit urbanem Luxus entdeckt werden. In den Städten dagegen gibt es so viele luxuriös ausgestattete Wohnhäuser wie in kaum einer anderen Provinz. Das lässt die Vermutung zu, dass der Großteil der vermögenden Oberschicht nicht – oder zumindest nicht ständig – auf dem Land, sondern in der Stadt residierte. Darauf, dass sich die Besitzer aber während ihrer Abwesenheit an ihre Landgüter erinnern oder diese ihren Besuchern vorführen wollten, könnten die zahlreichen, in Stadthäusern gefundenen Mosaiken mit Villendarstellungen (z. B. die Mosaiken aus Tabarka) hinweisen. Besonders auffällig ist der Unterschied, wenn man die ländliche Besiedlung Nordafrikas mit der Situation in anderen Regionen vergleicht. In Gallien, Germanien und Hispanien, aber auch im italischen Mutterland, gibt es zahlreiche, großzügige Villenkomplexe, die sich in mehrere Gebäudeteile aufteilen: die *pars urbana*, *pars rustica* und *pars fructuria*. Der Villenbesitzer bewohnt das Herrenhaus, die sog. *pars urbana*, in der *pars rustica* und der *pars fructuaria* waren die Produktionsanlagen und die Lagerstätten der landwirtschaftlichen Erzeugnisse und Werkzeuge untergebracht. Die „kleinen" *villae rusticae* in Nordafrika können daher wohl nur zur Verpachtung an Kleinbauern gedient haben; Besitzer waren entweder der Kaiser oder die in der Stadt lebende Oberschicht. Die reich ausgestatteten, am Meer gelegenen Villen stellen aber in der durch den Olivenölhandel reich gewordenen Tripolitania im Vergleich zu den anderen, eher städtisch geprägten nordafrikanischen Provinzen eine Ausnahme dar.

Auffällig ist, dass keine der luxuriösen Villen nach dem 3. Jh. n. Chr. errichtet bzw. grundlegend umgebaut wurde, wie es in anderen Provinzen – z. B. Hispanien – der Fall war, wo ab dem 3./4. Jh. n. Chr. eine regelrechte Stadtflucht der vermögenden Oberschicht einsetzte. Die Gründe lagen anscheinend in außenpolitischen Problemen und in der ständig wachsenden Bedrohung aus dem Landesinneren, so dass ab dem mittleren 3. Jh. n. Chr. statt ungeschützter *villae urbanae* entweder Rückzugsorte für Gefahrensituationen in Form von befestigten Anlagen mit Türmen geschaffen werden mussten oder sich die Oberschicht in die wesentlich sichereren Städte zurückzog.

## 8. SUMMARY AND CONCLUSION

With the means of interpreting the ancient written sources regarding climatical, morphological and pedologic conditions, an initial attempt has been made to reconstruct the manifold geographical appearance of the region during the period of Roman domination. On that basis, information concerning the possibilities of Roman land use could be gathered and – in a second step – be set in contrast to the distribution of archaeological remains. Thorough comparison between present climatical conditions and those predominating in Roman times has shown that – essentially – much similar conditions as today prevailed then. Therefore, in Roman times only specific areas, e.g. the Eastern and mid –, partly steppe – like Northern Africa and the Mediterranean – like coastal zone were suited for settlement and agriculture – as well as at present times. Against this, the possibilities of land use in the Tripolitania were substantially constrained, because more than half of the land (67 %) was, due to very little amounts of rainfall, unsuited for agriculture. Merely a small territory between Oea and Leptis Magna could be utilized for cereal cropping, while the likewise rather small non- desert remainder of that province could solely be exploited by the climatically and pedologically more unassuming cultivation of olives.

Another issue was the infrastructural situation the Romans found at their arrival and what additional measures in terms of land use and settlement developing they probably adopted. As a reaction to the fully developed infrastructure on Punic as well as on Numidic territory, no further settlements were founded initially, though by the intake of Roman migrants (provincial magistrates, colonists and traders) a foundation for the gradual Romanisation of the already existing settlements was laid. In fact, infrastructural parameters were set out exhaustive within Punic- Numidic territory as soon as in the 5th century BC; especially comprising the effective organization of cereal cropping and olive cultivation by apportionment of agriculturally utilizable areas among various small- scale landowners and citizens of Carthage and other Punic settlements. For that reason, at the onset of Roman settlement no urgent need of action existed on the Roman side in terms of intensifying agriculture by expansion of agricultural spaces or a change in cultivation methods. The limitation conducted by that time apparently rather served the purpose of ordering property conditions for the raise of taxes than an actual enhancement of agricultural techniques.

Grain turned out to be one of the most important export goods and therefore grew both in cultivation space and harvest numbers; migrants from the Italian motherland gradually became large landowners. Harvest amounts, by the time of Caesar at about 42000 tons of grain per year, had increased tenfold a hundred years later, among other things due to the provincial expansions of Numidia and Tripolitania, and thereby covered the overall grain demand of Rome at about two thirds.

The first settlement establishments at the time of Marius proved to be an effective method for military, economic and civilizing development of the land and were therefore subsequently continued by Caesar and Augustus; still, besides the foundation of colonies it was the establishing of rural settlements for veterans, freedmen and native populations that formed a major part within the actions taken during the early Roman Imperial Era. Measures in terms of settlement development, adopted in the time after Augustus (such as road – building, the pushing forward of the legionary fortresses to the West, the foundation of military and veteran colonies and the limitation of tribal territories) mainly served the purpose to turn nomads into sedentary tribes; at the same time the number of settlements increased substantially. Economic development had reached the agricultural boundary by the time of Hadrian.

Settlement progression in Mauretania differed significantly from that in Africa Proconsularis. Following some colony foundations in the coastal area and the appointment of Juba II – with his residences at Volubilis and Iol – as client king of Mauretania, the region became Roman province as late as in 40 AD. Induced by the resistance of indigenous populations, which posed a constant threat for the inhabitants of southern border towns as well as for those of heavily fortified cities like Caesarea, it took two more years until the provinces Mauretania Caesariensis and Tingitana could be established. For that very reason the land surveying also progressed slowly and covered an area of not more than 150 kilometers in depth. Due to permanent unrest, the Roman sphere of influence was reduced in the years that followed and a settlement pattern consisting of scattered and unprotected villas, as carried out in Africa Proconsularis, was no longer manageable. The possibilities of land utilization were also restricted to a minor degree in Mauretania, compared to its Western neighbor, the Proconsularis.

Comparison of settlement progression with geographical conditions shows that villa type- settlements are located in climatically and hydrographically well-suited areas. Especially in Tripolitania, a region with rather meager suppositions for settlement and land utilization, no major settlements of Roman date are known except for the three large coastal towns and their hinterland. The distribution of villas can be explained in the scope of these observations: luxurious structures are particularly concentrated along the coasts within the periphery of larger cities like Caesarea, Leptis Magna, Oea and Sabratha. *Villae rusticae* are situated in the hinterland of these cities, using the best possible natural conditions, always – as described by Cato and Columella – constructed in the proximity of a wade to secure the water supply.

The next section regarded land distribution and cultivation. As made evident by the analysis of settlement progression and land surveying, the former Punic/ Numidic – climatically well-placed – settlement areas constituted the most important cereal- cropping regions in the province. Thus it is imaginable, that a major part of *Africa Vetus* was made an Imperial domain; with the aim of securing the grain shipments to the Capital, on which to some extent the very reign of an Emperor depended. Several inscriptions have indeed been found, referring to the conditions as to which colonists could lease Imperial property. Besides rules for care, maintenance and guard of the cultivated acreage, taxes also were regulated coherently therein – graded according to the respective kinds of cultivation. Furthermore, the inscriptions testify of their orientation to the *lex Manciana*, which for hundreds of years had functioned as guiding principle for the lease of land. The number of estates seems to have increased rapidly from Republican time onwards, among other things due to the settlement of veterans and grain traders; this is confirmed by numerous examples of relevant epigraphic and literary sources. Especially within the environs of the three coastal cities of Sabratha, Oea and Leptis Magna some of the larger private estates have even found entry into the *Itinerarium Antoninum*. Their prosperity they probably owed to the cultivation of the olive tree, which was particularly fostered in the Tripolitania (see above). Within the hinterland of these cities so many olive presses have been discovered, that their annual output must have summed up to approximately 15 million liters of olive oil. This product obviously served as a highly valuable export good – of course not only for the capital – but with Rome as particular destination documented by countless pieces of amphorae, found on Monte Testaccio and at Ostia. Around 10 % (= 1.000.000 liters) of these could be identified as Tripolitanian transport vessels of the type I (Ostia LXIV). Evidence for the upturn of trade during the reign of Septimius Severus (who was born at Leptis Magna) lies in the even more numerous pieces of transport amphorae of the type III (Ostia XXIV), with their fabric stamps to a certain amount being irrefutably connectable to members of the upper class at Leptis Magna in the 2nd and early 3rd century AD. Ancient sources and epigraphic evidence on large estates can also be linked to the archaeological finds in Tripolitania: within the hinterland of *villae urbanae* such as discovered at Silin, *villae rusticae* are connected, featuring structures for olive production and (less frequently) pottery kilns. This suggests that rich owners of luxurious coastal villas in addition to that possessed *villae rusticae* for the purpose of lease, as it is given account of in Columella's works.

In the other regions of Africa Proconsularis and Mauretania Caesariensis, numerous *villae rusticae* with olive production facilities are attested as well: in the coastal hinterland of Kasserine (Cillium), Sbeitla (Sufutela), Segermes and within the periphery of Cherchel (Caesarea). The *villae rusticae* near Kasserine, Sbeitla and Segermes differ from those in Tripolitania in one major point: they are not connected to any *villae urbanae*. In fact they are situated within an area in which inscriptions mentioning Imperial property have been found; the *fundi* therefore certainly belonged to an Imperial domain and were by Imperial urban *procuratores* leased to small-scale farmers. Additionally, the absence of *villae urbanae* could possibly be explained with the assumption that large private landowners, such as the *Flavii* of Cillium, did not dwell on their country estates but rather leased them while residing in their secure urban villas. In hardly another region have so many rich urban residences been documented as in Northern Africa.

The villas compiled in this work can be assigned to several architectural types and building periods. Hereby two structures of the pre-Roman period assume an exceptional position: One lies in Mauretania Tingitana and was abandoned in course of the Roman colonization. The second "villa" on the island of Jerba originates from the late 3rd century BC. Research within the urban fringe of Carthage has brought a considerable number of rural centers to light which are yet unpublished. Due to the fact that archaeological investigation of the Carthaginians has so far concentrated on their urban centers, sanctuaries and necropolises, rather few such rural centers are known and/or published. What is sure is that these structures served an agricultural purpose, among others featuring olive presses and pottery kilns. These finds fit well into the long known and important agricultural tradition among the Carthaginians as well as they support the fact mentioned before, that the Romans essentially took over the already optimized cropping process as it was.

These structures involve homesteads with rather simple rectangular layout and ample interior courtyard; additionally, on some of these buildings an identical construction technique was attested. Some of the structures identified at Jerba prove a continuity of use during Roman times. It is hereby noticeable, that (save some exceptions) almost no differences occur between these buildings and Roman *villae rusticae* with the same layout in Northern Africa (the majority of which date to the Early Imperial period); in both cases olive oil was produced and pottery kilns on the premises provided the means of transport.

The search for the origin of these pre-Roman/ Punic „villas" has (on the basis of similar features like olive production facilities) *inter alia* lead to Hellenistic Sicily; still, in my opinion Classical homesteads in Attica as well as *villae rusticae* in Italy and other provinces can be added to the scope of origin for this type. Therefore the presumption of a building tradition, ranging from Hellenistic to Roman times, can indeed be made amongst this "plain" type of structure, but definite proof will be hard to achieve- among other things due to the lack of adequate comparative examples in Northern Africa up till now. In my mind, this type of structure represents a plain and widespread version of the *villa rustica* and as a strict utilitarian facility for the output of agricultural produce commended itself particularly in Northern Africa, be it for lease or the exploitation by small-scale private farmers.

The most characteristic type of architecture treated within this work comprised the long known fortified *villae rusticae* with one or more turrets on the facade or the corners, depicted on several North African mosaics. Those depictions not only show this particular type of structure, but also allow an insight into the life in the vicinity of a *villa rustica*. Thus, in these pictures daily life within a rural background reveals itself: seasonal harvest scenes, the keeping of livestock, vegetation and of course the representation of the owner and his wife are shown to us (e.g. the villa of Iulius). The villas on the mosaic depictions are distinguished by turrets on the facade and/or the rear side, a monumental entrance gate and a loggia in the upper storey. These mosaics can on the basis of stylistic analysis be dated to the 4th and 5th centuries AD.

Apart from that, this villa-type can be attested in the archaeological record. The most prominent example represents the *castellum* at Nador, found in Algeria: a fortified structure with two circular turrets on its corners and two rectangular turrets on a monumental entrance. Additionally, an inscription has been found, naming the owner and his wife. Other structures featured monumental entrances and turrets as well. These could be subsumed to this type because of the construction technique, where the brickwork in these sections – unlike the rest of the building – consisted of *opus quadratum*. Several other structures belong to this group: 4 to 6 from the vicinity of Caesarea, one from the periphery of Segermes, two near Kasserine and two from the hinterland of Leptis Magna. Like plain *villae rusticae*, these were solely set up for utility purposes such as olive production and bore no urban splendor at all. The difference only occurs in matters of the timeframe: the "plain" *villae rusticae* without turrets date to the Early Imperial period and were in some cases (like Nador) later rebuilt and furnished with turrets, while other villas were newly constructed in the $4^{th}$ and $5^{th}$ centuries AD, featuring turrets in their original outline. This timeframe appears to be supported by the mosaic depictions and seems to be a purely Late Roman phenomenon in Northern Africa. Constructions like these, with turrets in the protective context of a building, nevertheless have an ancient tradition. Bastioned homesteads occur as soon as in the fifth century BC in Attica and Asia Minor. Nearly each of these buildings was fitted with an olive press, sometimes even on the inside of the turret. This observation has lead to the thought, whether these turrets served another purpose besides being a fortification and retreat for the inhabitants of the homestead in times of danger: due to the fine aeration of the upper storeys, they also might have been used for the storage of agricultural produce.

During the consideration of rural estates in other Roman provinces one important observance was made: not everywhere was the furnishing of homesteads with turrets a strictly Late Roman phenomenon; it was almost always connected with historic events. Bastioned homesteads from Hispania, the so-called *casas fuertes*, have been dated to the first century BC and were constructed far from the more Romanized centers in the interior of the country, where things like military conflicts, uprisings and plundering by marauding bands were still common. This type of structure cannot be proven within the Roman Empire during the following two centuries, because apparently the need for security had lowered due to the becalmed state of the Empire in this period; peristyle- and portico- villas with corner risalites take the place of bastioned homesteads, giving way to representative elements at the disadvantage of fortification and protectiveness. A reappearance of fortified villas/homesteads cannot be noted until various menaces (e.g. the Goths in the provinces of the Balkan and Danube or the Sassanids in Syria) occurred in different regions of the Empire since the middle of the $3^{rd}$ century AD. The situation in the provinces of Northern Africa was similar: due to raids and plundering by tribes of the adjacent highland areas the inhabitants of Mauretania found themselves in a „permanent state of siege"(G. Ch. Picard) during the whole period of Roman domination, a threat which increased massively from the 3rd century AD onwards. Hereunder it was more than reasonable for the populace to refer back to fortified estates so as to create a secure place of retreat; additional use of turrets for storage purposes did not interfere with their basic defensive parameters.

Besides the *villae rusticae* in the hinterland of major cities, numerous luxuriously furnished *villae urbanae* could be attested archaeologically. One of those is located in modern Morocco (on the Atlantic coast, to the south of Volubilis), three in Algeria (in the vicinity of Caesarea), two in Tunisia (at Sfax and Sidi Ghrib) and – as mentioned before – the largest number in Libya between the three coastal cities of Sabratha, Oea and Leptis Magna; eight out of the 15 dated Tripolitanian villas belong to the reign of Septimius Severus. A structure at Mogador (located in the outmost South of the Mauretania Tingitana) assumes an exceptional position: this building, probably the most remote Roman villa ever discovered, was in Antiquity situated on an island and might be identified with a facility for the production of purple, constructed at the time of Juba II.

Most of the *villae urbanae* could be assigned to the widespread type of a peristyle villa – at least as far as possible with the limited archaeological evidence. This type of villa was built continuously within the whole Roman Empire during the first three centuries AD.

Nevertheless, a group of villas from the coastal zone near Oea and Leptis Magna (dating to the $1^{st}$ and $2^{nd}$ century AD) constitutes an outstanding type of architecture which clearly differs from several other widely known villa-types such as the ones with U-shaped Porticus or loosely arranged building sections. By virtue of the unique features in their construction, these buildings may be assigned to the same architectural workshop. These villas were constructed in a linear pattern along the sandstone coast and laid out in an extended rectangular or drawn-out fashion. They are characterized by two porticoes: one faces the sea, the other – usually delved into the sandstone – runs parallel as a *cryptoporticus*; the living space lies between the two porticoes. The baths always lie to the southeast, to the west other room units join, interpreted as winter quarters. As distinct from the peristyle villas, the arrangement of porticoes was the central issue within this type of villa; therefore it can justly be defined as "portico- type". Nevertheless the peristyle survives within this type as an additional architectural element. In addition to that, one of these villas features corner risalites. In other provinces as well as in Italy, the "drawn-out" ground plan also turns out to be a popular type of architecture, especially at maritime villas, with the intent of ultimately enjoying the scenic beauty on full length in the best possible way. In all these villas a portico or *cryptoporticus* played a major role, connecting the individual room units and buildings; at no other villa, however, could the characteristic „double-portico"- shape of the Tripolitanian group be discovered.

Distinct architectural elements within certain of those villa complexes, though, like a Circus serving as gardens and/or a small odeon for staged and musical performances, are not unique in villa- design and find comparisons in Italy itself.
The furnishing of these villas with splendid mosaics, wall painting and marble matches well the luxury of urban villas in Northern Africa. Compared to other provinces, Northern Africa yet delivered fewer examples of extra urban villas with urban splendor. Against that, the cities exhibit as many luxuriously furnished residences as hardly found in another province. This allows for the assumption, that the majority of the wealthy elite did not – or at least not constantly – live in the country but rather in the city. Numerous mosaics with depictions of villas (e.g. the mosaics of Tabarka) that have been found in urban residences probably point towards owners of rural estates remembering their country residences or boasting of these in front of guests visiting their urban homes. The difference between rural settlement patterns in Northern Africa and other regions is very remarkable: In Gaul, Germania and Hispania as well as in the Italic motherland numerous lavish villa-complexes existed, divided into several distinct parts: the *pars urbana*, *pars rustica* and *pars fructuria*. The owner of the villa lived in the main building; the so- called *pars urbana*, while the *pars rustica* and *pars fructuria* housed the production and storage facilities of agricultural goods as well as necessary tools and equipment. Therefore, the "plain" *villae rusticae* will have served the purpose of lease to small-scale farmers; owners were either the Emperor or the urban elite. The luxurious maritime villas in the Tripolitania, a region enriched by olive trade, constitute an exception compared to other provinces in Northern Africa of rather urban character.

It is hereby salient, that none of the luxurious villas in Northern Africa has been constructed or rebuilt substantially after the $3^{rd}$ century AD, as it was the case in other provinces like Hispania, where from the $3^{rd}/4^{th}$ century AD a downright exodus from the cities took place among the wealthy urban elite. The reasons for that apparently lay in outward problems as well as in the ever growing menace from the interior of the country, so that, instead of undefended *villae urbanae*, either fortified structures had to be erected or the elite withdrew to the far more secure cities.

# 1. MAROKKO

## M 1 Kuodiat Daïat
*Villa rustica* mit Produktionsanlagen

Lage: Die Anlage liegt zwischen dem Djebel Shiro und dem Djebel Hebib in einer sehr fruchtbaren Zone in der Nähe von Tanger.

Beschreibung: Die Villa zeichnet sich durch einen rechteckigen Grundriss von 34, 20 x 26 m aus und ist N-S ausgerichtet. An der Ostseite befindet sich ein großer Innenhof mit einer Säulenportikus, um den sich an der an der Nord, -Süd, -und Westseite mehrere Raumeinheiten gruppieren. An der Westwand befindet sich ein auf den Hof geöffneter Raumkomplex, der aus zwei einzelnen Räumen besteht (1). Die Fußbodendekoration aus Steinen und gebrannten Ton. Dieser Komplex wird als kleines Heiligtum gedeutet. Nördlich und Südlich dieser Raumeinheit sind zwei langrechteckige Kompartimente (2, 3) zu sehen. In Raum 2 fand man unzählige Amphorenscherben, in Raum 3 ein Gegengewicht für die Olivenpresse. Hierbei handelte es sich wohl um den Produktionstrakt der Anlage. Im Südteil der Villa sind drei parallel nebeneinander angeordnete langrechteckige Räume zu lokalisieren (4, 5, 6), deren Funktion unklar ist, aber durchaus als Wohnräume der Anlage gedeutet werden können. Eine weitere Raumeinheit befindet sich im Norden. Im Zentrum liegt auch der Haupteingang mit einer monumentalen Toranlage. An den Ecken der Nordfassade sind zwei quadratische Vorsprünge zu erkennen, die als Ecktürme zu interpretieren sind. Hierdurch erhält diese Anlage einen fortifikatorischen Aspekt, wie vergleichbare Beispiele in Algerien (z. B. Nador).

Datierung: Die Villa datiert ins 1. Jh. v. Chr. und wurde im Zuge der römischen Kolonisation verlassen.

Literatur: Ponsich (1970) 214-217; Fentress (2001) 256-258.

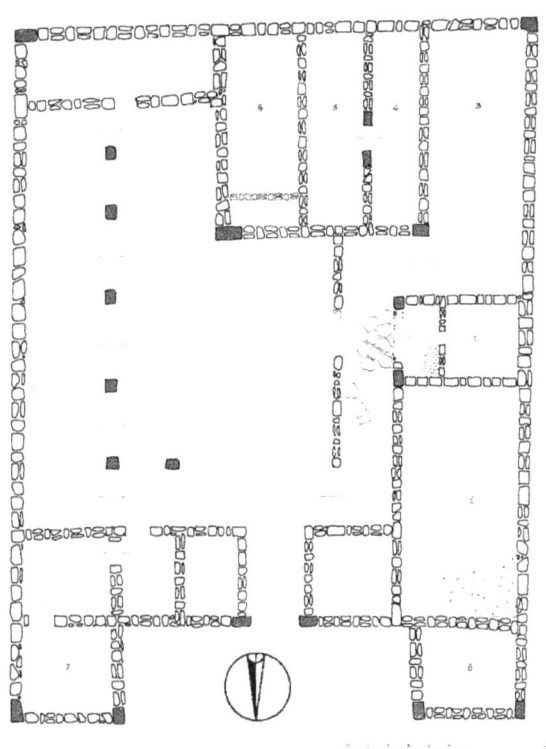

*M 1 Grundriss der befestigten Anlage (Ponsich [1970] Abb. 57).*

*M 1 Luftbild der Anlage (Ponsich [1970] Taf. LXXI).*

## M 2 Jorf el Hamra
*Villa rustica* mit Produktionsanlagen

Lage: Die Villa liegt im Hinterland von Cotta auf der rechten Seite des Oued M'ghaïar.

Beschreibung: Die Gesamtanlage teilt sich in zwei Komplexe. Der nördliche Teil war wahrscheinlich dem Wohntrakt vorbehalten. Im südlichen Teil wird die Villa von einem zentralen Innenhof mit ca. 7,5 m Seitenlänge dominiert (A). Die Reste des Steinplattenfußbodens sind noch zu erkennen. Der Eingang zum Hof ist im Westen gelegen (1 m breite Tür sichtbar), und war wahrscheinlich überwölbt. Vom Hof aus gelangte man weiter südlich in eine kleine Badeanlage (B). Der Eingangsraum (B) war mit Sitzbänken an zwei Seiten und einem Wasserbecken ausgestattet. Von hier aus gelangte man in einen zweiten Raum mit einem Becken, welches beheizt war, wie der Fund einer Heizanlage beweist. Im Südosten des Hofes schließt der Produktionstrakt an. Drei mit *opus signinum* verkleidete Bassins erstrecken sich entlang der Ostseite. Im Norden, Westen und im Osten gruppieren sich mehrere Räume unterschiedlicher Größe um den Innenhof. Die Fußbodendekoration aus Steinplatten ist z. T. noch erhalten.

Datierung: Bei Sondagen konnten Spuren einer vorrömischen Besiedlungsphase nachgewiesen werden. Die Funde der zweiten Phase gehören in die Zeit der Errichtung des Gebäudes im 1. Jh. n. Chr. Bei einem Brand in dieser Zeit wurde das Gebäude zerstört und in einer dritten Phase, in der 2. H. des 1. Jhs., auf den bestehenden Fundamenten wiederaufgebaut. Zu Beginn des 3. Jhs. wurden in einer vierten Phase Vergrößerungen der Thermen und der Produktionsanlagen vorgenommen. Zu einem Zeitpunkt am Ende des 3. Jhs. wurde die Villa verlassen.

Literatur: Ponsich (1964) 235-252.

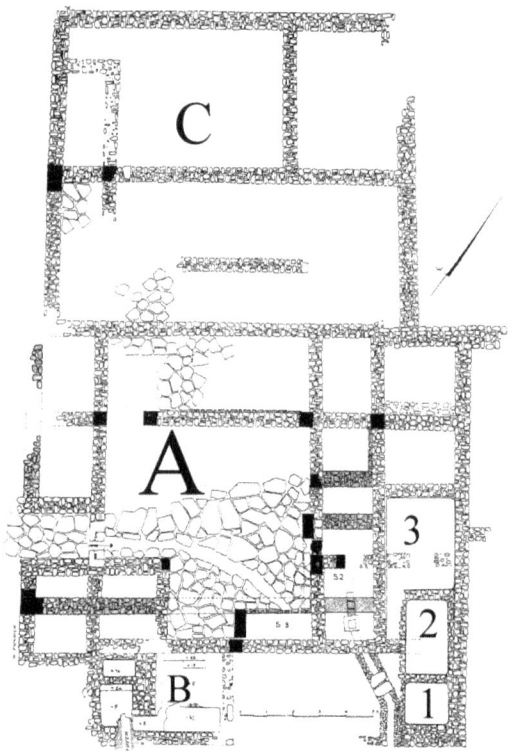

*M 2 Grundriss der Villa (Ponsich [1964] Abb. 3).*

**M 3 Mogador**

*Villa urbana/maritima*

Lage: Die Villa befindet sich auf der Südostseite einer kleinen Insel (Mogador) direkt vor der Atlantikküste südlich von Volubilis.

Beschreibung: Die Reste der nicht vollständig archäologisch erschlossenen Villa erstrecken sich auf einer Länge von etwa 100 m an der Südostseite der Insel auf einer leichten Erhebung über dem Strand. Der nördliche Bereich wird durch ein großes Becken (8, 90 x 9 m) mit unterschiedlichen Niveaus dominiert, an das im Süden eine Reihe von Räumen mit Blickrichtung auf das Meer anschließen. Hinter diesen Räumen sind zwei dazu symmetrisch angeordnete Vorsprünge nahezu gleicher Größe (4, 40 x 3, 70m) sichtbar. An der Küste sind die Reste einer 14 m langen Zisterne sichtbar.

Der zentrale Bereich schließt unmittelbar an den Nordteil an; zu erkennen sind verschieden große symmetrisch angeordnete Raumeinheiten, von denen sich in dem zentralen Raum die Reste eines Mosaikemblems mit der Darstellung von Pfauen und an der Westmauer ein kleines Wasserbecken erhalten haben. (1 x 2, 20m). Im südlichen Teil dieser Raumeinheiten befindet sich eine rechteckige Struktur mit zwei parallel angeordneten Mauern von 3, 60 m Länge, in der Reste eines Ofens und Gebrauchskeramik gefunden worden sind; daher ist die Funktion als Küche denkbar. Einige Meter südlich befindet sich der Südteil der Villa. In der größten Raumeinheit hat sich ein Wasserbecken von mehr als 3 m Länge erhalten, die Südwand beinhaltet einen Wasserkanal, der zum Becken führt.

Die Reste von Produktionsanlagen mit kleineren Becken sind stark durch Meereserosion zerstört an der Küste sichtbar; die zahlreichen Funde der Purpurschnecke weisen auf eine Produktionsanlage für Purpur hin. Die Insel wird mit den bei Plinius erwähnten Purpurinsel von Juba II. in Verbindung gebracht (Plin. nat. 6, 201).

Datierung: Der älteste Bereich der Anlage ist der nördlichste quadratische Vorsprung im Nordteil der Villa. Die Keramikfunde und das unregelmäßige aus großen und kleinen Steinen bestehende Mauerwerk datieren an den Beginn der Klientelherrschaft von Iuba II. Die Funde der weiteren Raumeinheiten und das regelmäßige Mauerwerk und die *opus caementicium* Bauweise können in die Zeit der Klientelherrschaft und das 1. Jh. n. Chr. datiert werden. Das Mosaikemblem und einige Keramikfunde verweisen in die Spätantike und somit kann eine Nutzung der Villa von vorrömischer Zeit bis ins 4. Jh. n. Chr. konstatiert werden.

Literatur: Vidal (1902) 325-329 ; Desjaques – Koeberlé (1955) 193-202; Jodin (1967).

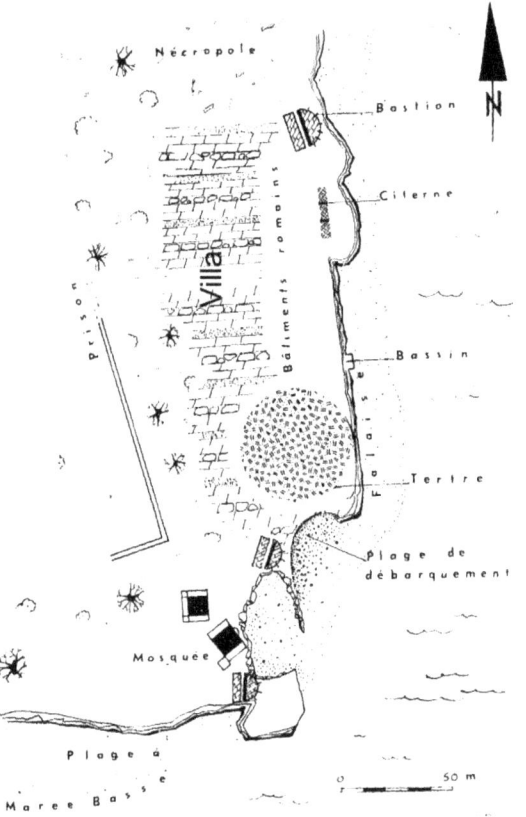

*M 3 Lage der Villa auf der Ostseite der Insel (Jodin [1967] Abb. 7).*

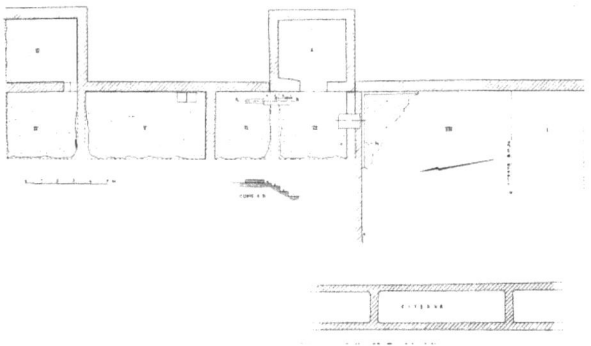

*M 3 Nördlicher Bereich der Villa (Jodin [1967] Abb. 10).*

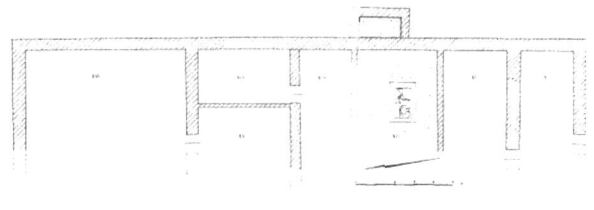

*M 3 Zentraler Bereich der Anlage mit Mosaikresten (Jodin [1967] Abb. 11).*

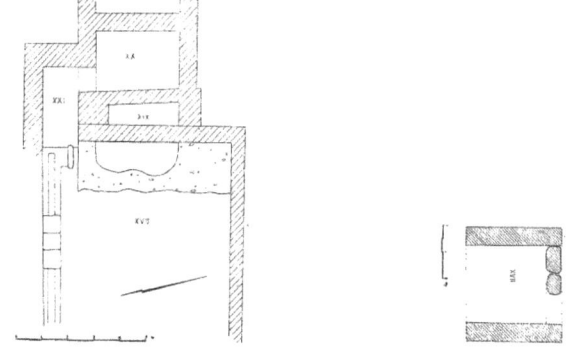

*M 3 Südlicher Bereich der Villa (Jodin [1967] Abb. 12).*

## 2. ALGERIEN
## 2. 1 Caesarea (C)

### C 1 'Trois-Îlots'
*villa urbana/maritima*, Produktionstrakt, Nekropole

Lage: Die *villa urbana/maritima* befindet sich im östlichen Küstenbereichs in einer für Villen bevorzugten Region im Suburbium von Caesarea. Das Areal erstreckt sich zwischen dem Cap Blanc und dem Cap Ras el Meskhouta. Das Villengebäude liegt auf dem Cap Ras el Meskhouta selbst, welches von drei kleinen Inselchen (*trois îlots*) umgeben ist, die der Villa den heutigen Namen gaben.

Beschreibung: Die Villa erstreckt sich auf einem Areal von 1,5 km Länge. Zu ihr gehörten auch Produktionsanlagen mit Öfen und Olivenpressen, eine Nekropole und eine frühchristliche Basilika in unmittelbarer Nähe zur Villa.

Im Zentrum des Kaps bedeckt der freigelegte Teil der Villa eine Fläche von 1800 m². Die einzelnen Gebäudeteile gruppieren sich um eine sehr sorgfältig gearbeitete kreuzförmige Beckenanlage, die von Arkaden umgeben ist. In der NW-Ecke des Gebäudes sind mehrere Becken mit einer Gesamtlänge von 11, 50m und einer Breite von 8 m in unmittelbarer Nähe zum Peristyl angelegt, die als Garum-Tanks interpretiert werden. Aufgrund der Nähe zum Wohnbereich ist diese Interpretation jedoch fraglich (übler Geruch). Vielleicht ist hier doch eher an Fischbecken zu denken. Im Norden des Hofes befindet sich eine 8x7m große Zisterne.

Im westlichen Teil des Kaps wurde eine frühchristliche Basilika freigelegt. Sie misst 26 x 16m und ist dreischiffig. Der Boden der Basilika ist mit einem Mosaikfußboden ausgestattet. Rechts neben der Apsis befindet sich das Baptisterium. In unmittelbarer Nähe zur Kirche wurden *cupae* gefunden, die laut der Inschriften ins 1. und 2. Jh. n. Chr. datieren. Da sie die Formel *diis manibus* enthalten, sind sie sicher nicht in Verbindung mit der Kirche zu bringen und gehörten wahrscheinlich einst zur Nekropole der Villa, die man im SW des Villenareals entlang der modernen Straße entdeckt hat. In dieser Nekropole gab es einfache Gräber – aus Naturstein gemauert – , die O-W orientiert waren und in einen Abstand von 4-5 m voneinander entfernt waren, aber auch Amphorenbestattungen und ein Sarkophag sind aus dieser Nekropole bekannt.

Westlich des Kaps war noch ein zur Villa gehöriger Produktionstrakt angelegt; man fand hier mehrere Töpferöfen und Ölaufbereitungsanlagen.

Datierung: Die Datierung des Villenkomplexes ist nicht bekannt. Die Villa entstand jedoch vor der Basilika, da die *cupae*, die mit hoher Wahrscheinlichkeit zur Nekropole der Villa gehörten, die Formel *diis manibus* enthalten und deshalb ins 1. und 2. Jh. n. Chr. datieren.
Wann die Basilika errichtet wurde, ist ebenfalls unklar.
Die Funde einer Vielzahl von Terra Sigillata des Typus Chiara D zeugen von einer Blütezeit in der Spätantike (5./6. Jh. n. Chr.).

Literatur: Ballu (1925) 9-10; Lassus (1956) 164-165; Lassus (1958a) 201; Lassus (1958b) 119-121; Leveau (1984) 248-253; Picard (1986) 144-145.

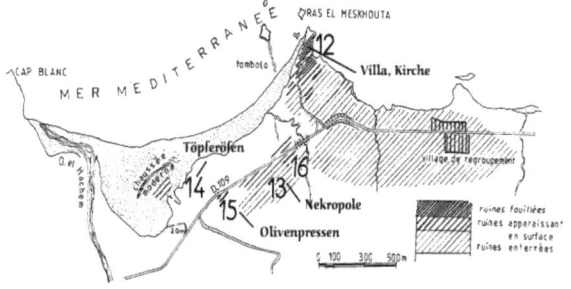

*C1 Lageplan der Villa (Leveau [1984] 249 Abb. 49.)*

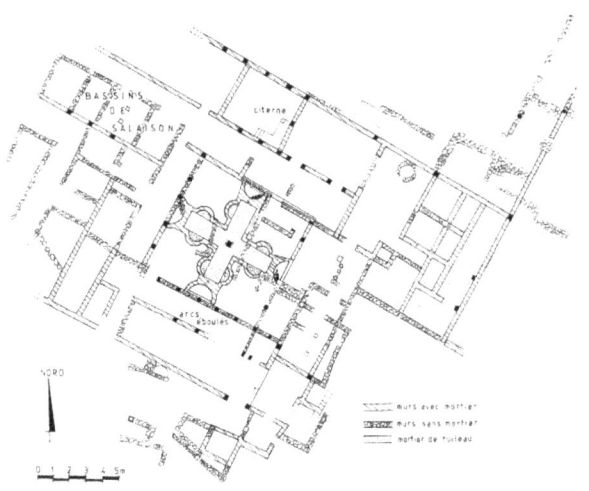

*C1 Plan der Villa (Leveau [1984] 249 Abb. 50).*

## C 2 Thalefsa
*Villa urbana/maritima mit Produktionstrakt*

Lage: Die *villa urbana/maritima* von Thalefsa befindet sich im östlichen Küstenbereich des Suburbiums von Caesarea und ist ca. 3, 5 km von der Villa 'Trois-Îlots' entfernt auf einer Plattform am Meer errichtet.

Beschreibung: Das gesamte Villenareal erstreckt sich über eine Länge von 700m entlang der Küste in Richtung Osten. Der Hauptteil der Anlage bedeckt eine Fläche von einem halben Hektar und besteht aus einem Tell. Die Raumstrukturen sind N-S ausgerichtet und messen 25 x 19 m. Die Mauertechnik besteht aus *opus africanum*. Der mittlere Teil der Strukturen ist noch nicht freigelegt und dicht bewachsen, scheint aber ein Peristylhof gewesen zu sein, da man die Reste von Säulentrommeln gefunden hat. Der nordwestliche Teil der Anlage besteht aus mehreren lockeren, dicht bewachsenen Raumstrukturen, die direkt an der Klippe enden.
In der NW-Ecke befindet sich ein kleines Wasserbecken mit einem Abflusskanal an dessen Nordmauer. Direkt an der Klippe sind noch die Reste einer 15 m hohen, zum Meer gerichteten Terrassenmauer zu erkennen.
Zum Villenkomplex gehörten auch Produktionsanlagen: so befinden sich im NW noch zwei Töpferöfen und im Süden direkt an der Nationalstraße Cherchel-Tipasa eine Ölpresse.

Datierung: Oberflächenfunde (italische und südgallische Terra Sigillata) im Villenkomplex deuten auf eine Errichtung der Anlage in der 1. Hälfte des 1. Jhs. n. Chr. Eine Blütezeit der Anlage ist von flavischer Zeit bis ins 3. Jh. n. Chr. auszumachen (Terra Sigillata Chiara A). Aber auch das Vorkommen von Terra Sigillata Chiara D und eine Vielzahl von Keramik mit geschwärztem Rand, deren Chronologie schwierig, aber charakteristisch für die Spätantike ist, weisen darauf hin, dass die Villa noch mindestens bis ins 4. Jh. in Betrieb war und erst dann aufgegeben wurde.

Literatur: Leveau (1984) 254-257.

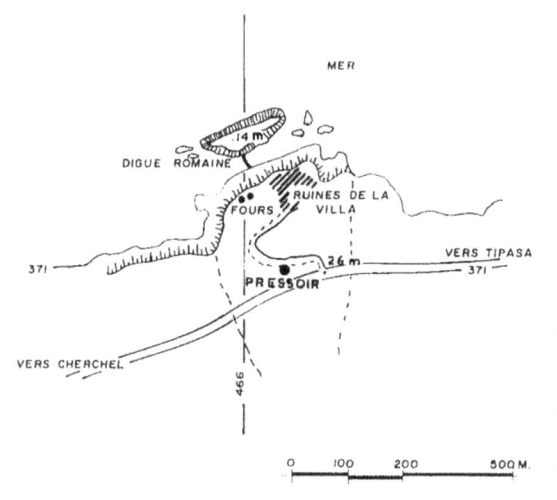

*C2 Lageplan des Villenkomplexes (Leveau [1984] 256 Abb. 60b).*

*C2 Steinplan der Villa (Leveau [1984] 254 Abb. 60a).*

## C 3 Koudiet Bou-Roukht
*Villa rustica mit Produktionstrakt*

Lage: Die Fundstelle liegt im östlichen Küstenbereich des Suburbiums von Caesarea, ein wenig im Landesinneren an der NO-Flanke des Gebel Chem-Beida und zu Füßen des Hügels (Koudiet) Bou-Roukht.

Beschreibung: Die Villa misst 75 x 45m und bedeckt fast eine Fläche von 3400 m$^2$.

Vom aufgehenden Mauerwerk ist nichts erhalten, außer der Terrassenstützmauer im Osten mit einer Höhe von 1,70 m und einer Länge von 35 m in *opus africanum* Bauweise. Im Norden unterbricht die Stützmauer für mehrere Meter, vielleicht für eine Rampe oder einen Aufgang zur Villa. Der Villenkomplex selbst gliedert sich in zwei Teile: der gesamte Bereich im Norden besteht aus einer Ölaufbereitungsanlage, wie die Funde von Gegengewichten von Olivenpressen beweisen, während der südliche Bereich mit lockeren Raumstrukturen wohl dem Wohnen vorbehalten war.

Datierung: Die Oberflächenfunde im Areal weisen auf eine Datierung in die frühe Kaiserzeit (südgallische und italische Terra Sigillata).

Literatur: Leveau (1984) 265-266.

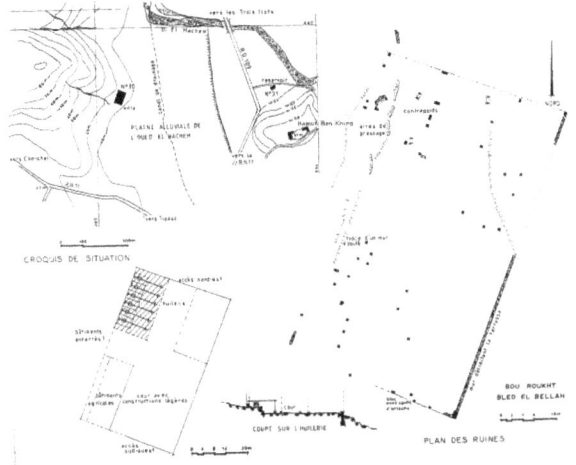

*C3 Lageplan, Stein- und rekonstruierter Plan der Villa (Leveau [1984] 266 Abb. 70).*

**C 4 Sidi-Bou-el-Messabih**
*Villa rustica*, Produktionsanlagen, Mausoleum
Lage: Die Villa liegt im östlichen Küstenbereich des Suburbiums von Caesarea, oberhalb der Nationalstraße Cherchel-Tipasa in einer Talsenke des Oued el Hachem auf einer 35 m hohen Terrasse.

Beschreibung: Das Villenareal misst ca. 60x 40m und ist in *opus africanum*-Bauweise erbaut. Das Areal ist nicht ergraben, doch lassen die Funde von Steinblöcken, Dachziegeln, zwei Säulenbasen und Gegengewichte von Olivenpressen auf eine Villa in dieser Gegend schließen.

Datierung: Die Oberflächenfunde von Terra Sigillata Chiara D weisen auf eine Benutzung bis ins 4./5. Jh. hin.

Literatur: Leveau (1984) 269.

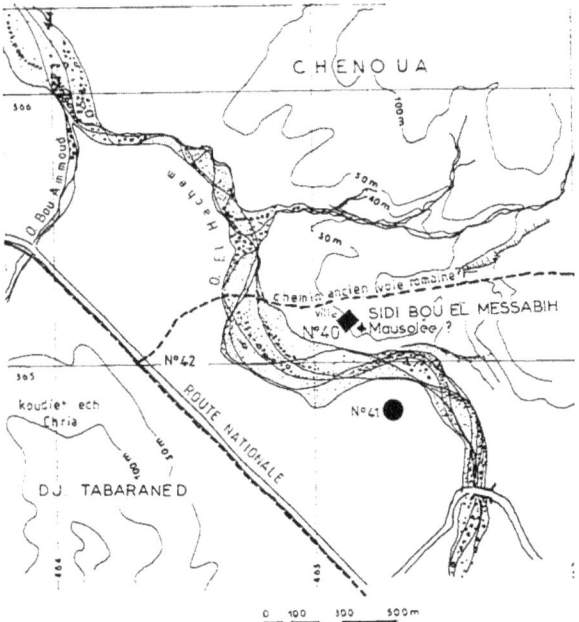

*C4 Lageplan der Villa (Leveau [1984] 269 Abb. 73).*

**C 5 Tirmlit**
*Villa rustica*, Töpferöfen, Grabpfeiler

Lage: Die Villa liegt an der Küste unmittelbar östlich von Caesarea im Oued el Hachem- Tal, welches noch zum Suburbium von Caesarea zu zählen ist.

Beschreibung: Die Villa wurde auf einem Hügel errichtet, und misst ca. 60 x 40 m (entspricht etwa 2400 m$^2$); die Anlage ist noch nicht ausgegraben, allerdings sind oberirdisch einige Strukturen zu sehen, so zwei Zisternen von 2,80 m bzw. 4,20 m Breite und 8 m Länge, deren Gewölbe noch sichtbar ist und Verschalungsspuren aufweist; sie lagen einst unter dem anzunehmenden Hof bzw. Peristyl. Im südlichen und westlichen Bereich der einstigen Anlage sind noch die Reste einer kleinen Terrassenmauer sichtbar, während im Osten eine halbrunde Apsis zu erkennen ist, die eventuell zur *pars urbana* gehörte und wohl zu einem repräsentativen Raum, z. B. einem *tablinum*, gehörte. Der Haupteingang der Villa befand sich auf der Flussseite, wo man einige monumentale Steinblöcke fand, die wahrscheinlich zu einem Tor gehörten. Auf dem rechten Flussufer wurden vier Töpferöfen gefunden, die mit Sicherheit zur Villa gehörten; der größte von ihnen besaß einen Durchmesser von etwa 5 m. 700m östlich des Hauptgebäudes wurde ein Grabpfeiler von 7,20 m Höhe entdeckt, der ebenfalls mit den Besitzern der Villa zu verbinden ist.

Datierung: Zur Datierung sind keine Angaben vorhanden.

Literatur: Leglay (1954) 140; Leveau (1984) 271- 272; 407-408; Graen (2008) 489f.

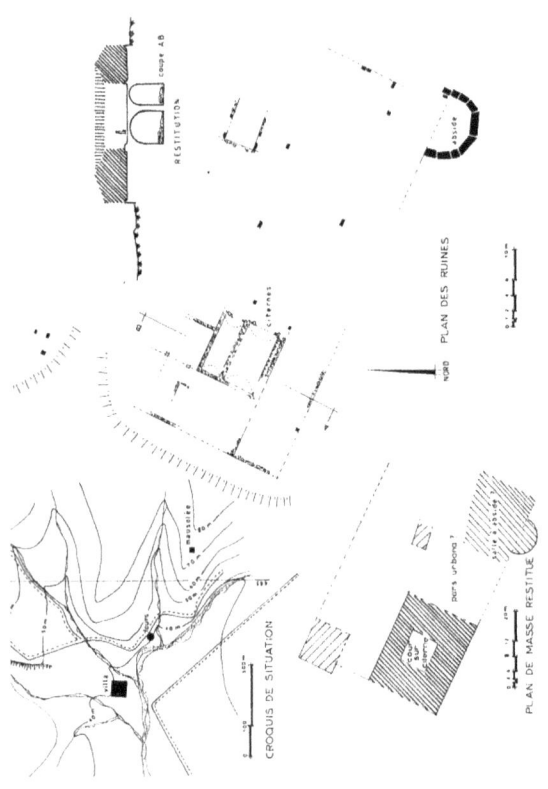

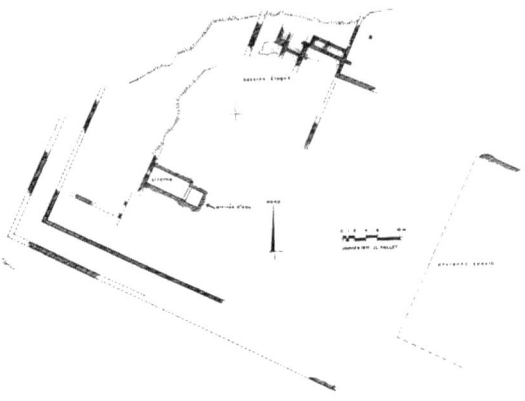

*C 6 Grundriss der Villa (Leveau [1989] Abb. 3).*

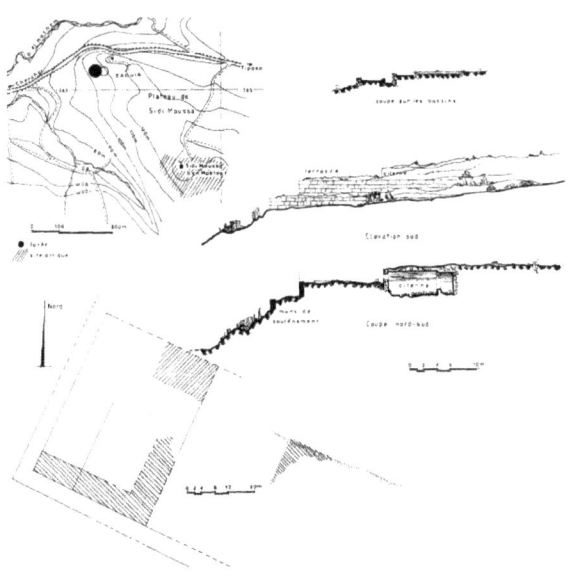

*C 5 Lageplan, Schnitt, Steinplan und rekonstruierter Grundriss der Villenanlage (Leveau [1984] 271 Abb. 76).*

## C 6 Zaouia
*Villa rustica* mit Produktionsanlagen

Lage: Die Überreste der Villa liegen im östlichen Küstenbereich des Suburbiums von Caesarea am Rand des Sidi-Moussa Plateaus unterhalb der Nationalstraße Cherchel-Tipasa.

Beschreibung: Die Villa wird im Süden und im Westen durch die noch sichtbaren Reste einer gewaltigen aus Quadern errichteten Terrassenmauer abgegrenzt. Im SW – parallel zur Terrassenmauer –sind zwei weitere Mauern sichtbar, an die eine fast 10 m lange Zisterne mit zwei separaten Bassins anschließt. Im Norden der Anlage finden sich sieben flachere Becken. Sie gehörten vermutlich zum Produktionstrakt der Villa und waren vielleicht Fischbecken oder *garum*-Tanks. Nördlich des Villengebäudes – jenseits der Nationalstraße – ist auch ein Töpferofen dieser Anlage zuzuordnen.

Datierung: Zur Datierung sind keine Angaben vorhanden.

Literatur: Leveau (1984) 275-277; Leveau (1989) 23-25.

*C 6 Lageplan, Schnitt und rekonstruierter Grundriss der Villenanlage (Leveau [1989] Abb. 4).*

## C 7 Sidi-Ali-bou-Arrar
*Villa rustica* und Nekropole

Lage: Die Ruinen liegt im östlichen Küstenbereich des Suburbiums von Caesarea 1200 m südlich des Sidi-Moussa Plateaus.

Beschreibung: Die noch nicht vollständig freigelegte Anlage misst 36 x 24 m; in ihrem Zentrum befindet sich ein 18 x 12 m großes Peristyl. Im Inneren des zentralen Innenhofes ist mindestens eine Zisterne nachzuweisen. Die Terrassenmauer, die an allen vier Seiten noch zu erkennen ist, ist in *opus africanum* errichtet worden. In der Nähe des Villenkomplexes ist eine Nekropole lokalisierbar.

Datierung: Zur Datierung sind keine Angaben vorhanden.

Literatur: Leveau (1984) 276-278; Leveau (1989) 25-26.

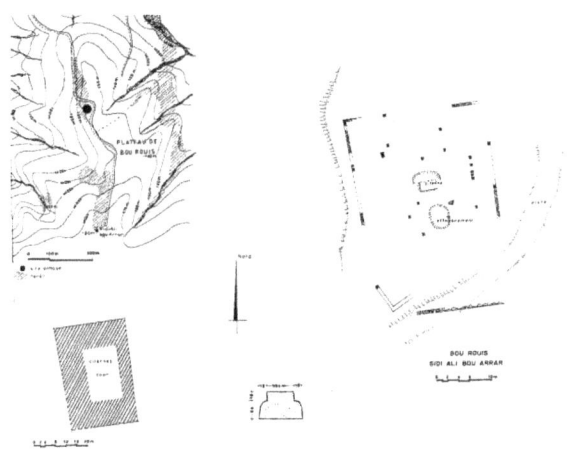

*C 7 Lageplan, Steinplan und rekonstruierter Grundriss der Villa (Leveau [1984] Abb. 5).*

### C 8 Oued Zariel
*Villa rustica* mit Produktionsanlagen

Lage: Die Anlage befindet sich im östlichen Küstenbereich des Suburbiums von Caesarea, im westlichen Teil des Sidi Moussa-Plateaus, am Rand des Oued Zariel in einem größeren Wäldchen.

Beschreibung: Die in *opus africanum* errichtete Villenanlage erstreckt sich über 1050 m² und misst 30 x 35 m. Der am besten erhaltene Teil des Komplexes befindet sich im Norden. Hier ist an der Oberfläche eine Olivenpresse entdeckt worden, deren Pressbaumständer für das *prelum* (Pressbaum) noch *in situ* liegt. Im SW sind – in der noch nicht freigelegten und von Gestrüpp bedeckten Anlage – noch die Reste von kleineren Raumstrukturen zu erkennen; hier könnte sich die Wohneinheit der Villa befunden haben.

Datierung: Zur Datierung sind keine Angaben vorhanden.

Literatur: Leveau (1984) 277-279; Leveau (1989) 26-27.

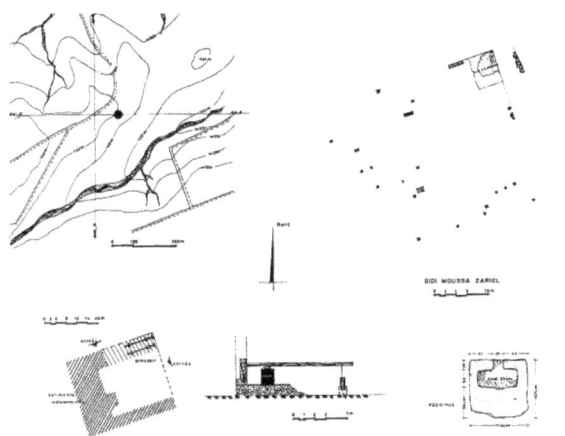

*C 8 Lage-, Steinplan, rekonstruierter Grundriss und Schnitt der Olivenpresse der Villa (Leveau [1989] Abb. 6).*

### C 9 Bou-Kisnaden
*Villa rustica* mit Produktionsanlagen

Lage: Die Villa liegt im östlichen Küstenbereich des Suburbiums von Caesarea, 1, 5 km südöstlich der Villa Oued Zariel in Bou Kisnaden und wurde auf einer kleinen Anhöhe über zwei Oueds errichtet.

Beschreibung: Die Anlage bedeckt eine Fläche 2800 m² und misst 70 x 40 m. Der Haupteingang befindet sich im Osten und besitzt ein monumentales Tor, dessen Reste als Versturz sichtbar sind. Dieses führte auf einen zentralen Innenhof. Im Norden der Anlage ist die Abgrenzungsmauer der Villa in *opus africanum* noch relativ gut erhalten. Auf der anderen Seite des zentralen Innenhofes schließt sich die Produktionsanlage an: im Südosten eine Zisterne und im SW vier Olivenpressen mit Pressbaumständer für das *prelum* und Gegengewichten. Im Südosten der Anlage erstreckt sich eine Terrasse. Nicht weit entfernt im SO befindet sich ein 1,90 m x 0,80 m großer Gärbottich, vermutlich für die Weinproduktion.
30 m östlich ist eine halbrunde Apsis mit einem Durchmesser von 10 m an das Villengebäude angeschlossen, die nach Osten hin orientiert ist und vermutlich als Kirche zu interpretieren ist, die zur Villa gehörte.

Datierung: Zur Datierung sind keine Angaben vorhanden. Es ist auch nicht zu klären, ob Villa und Basilika gleichzeitig sind oder ob die Basilika erst später entstanden ist.

Literatur: Leveau (1982) ; 689-698.Leveau (1984) 277-280; Leveau (1989) 27-28.

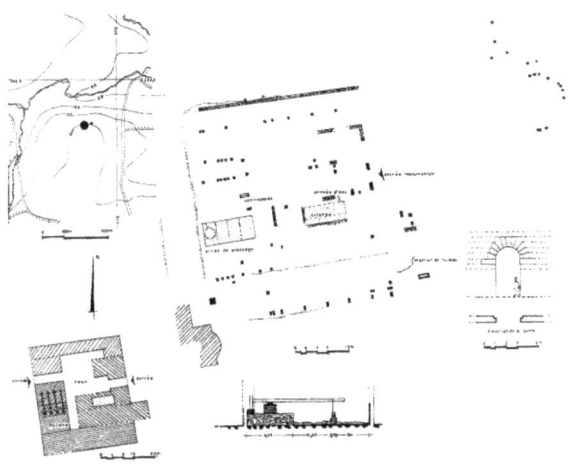

*C 9 Lage-, Steinplan, rekonstruierter Grundriss, Schnitt der Olivenpresse und Rekonstruktion des Eingangsbereich des Villenkomplexes (Leveau [1989] Abb. 7).*

## C 10 *Castellum* Nador
Befestigte *Villa rustica* mit Produktionsanlagen

Lage: Die Ruinen von Nador liegen im östlichen Küstenbereich des Umlandes von Caesarea an der Nationalstraße Cherchel-Tipasa, im Landesinneren im Bou-Rouis Plateau.

Beschreibung: Das sogenannte *castellum* ist eine spätrömische „Farm" mit einem rechteckigen Grundriss von 52,50 m x 41,40 m. Die monumentalen Fassade besteht aus einem Torbogen als Eingangsbereich, der von zwei rechteckigen Türmen flankiert ist, und zwei Rundtürmen mit einem Durchmesser von ca. 8 m an den Ecken. Die zwei Rundtürme und der Eingangsbereich wurden in *opus quadratum* aus großen rechteckigen Blöcken (*grès*) eines lokalen Steinbruchs, der Rest des Inneren der ersten Bauphase aus Mauerwerk mit regelmäßigen Steinen (*petit appareil*) errichtet, wie es seit antoninischer Zeit aus der Region um Caesarea und Tipasa bekannt ist. Über dem Eingangsbereich befindet sich eine Inschrift, die den Besitzer dieses Landgutes nennt: Marcus Cincius Hilarianus und seine Frau Vetidia Impetrata. Hinter dem Eingangsbereich öffnet sich L-förmiger Hof mit Kieselfußboden, um den sich in der NW-Ecke und entlang der Ost- und Südseite verschiedene Räume gruppieren. Die zwei rechteckigen Türme konnte man vom Hof aus betreten, wie die Reste der Türschwellen belegen; vielleicht war das eine Art Treppenhaus, über das man in das Obergeschoss gelangte. Die Wohnbereiche, deren Fußböden zum einen aus gestampfter Erde, zum anderen aus Kiesel bestehen, liegen in den Raumgruppen in der NO-Ecke, in der sich auch ein Ofen befindet, und in der NW-Ecke, die eine 4,30 m x 5,80 m große Zisterne enthält. Hier sind auch Zugangsmöglichkeiten zu den Rundtürmen integriert. Der ganze übrige Teil der Anlage war dem landwirtschaftlichen Produktionstrakt vorbehalten. Im SO befindet sich ein großer quadratischer Raum – das sog. *horreum* – mit einer Seitenlänge von 13,30 m, in dem fünf Gruben für *dolia* gefunden wurden, vier davon mit deren Böden *in situ*. Im Süden dieses Vorratsraumes ist der Produktionsbereich für die Oliven – und Weinverarbeitung angesiedelt: im SO ein rechteckiger Raum mit zwei *opus signinum* verkleideten Becken für die Weinkelterei und zahlreiche *dolia in situ* sowie deren Gruben, im SW ein nahezu quadratischer Raum mit zwei *opus signinum*-Becken und zwei Ölpressen. In der Vandalenzeit kam es zu einer Umgestaltung der gesamten Anlage. Der Hof fiel weiteren Raumeinteilungen zum Opfer und es kamen noch zwei weitere Olivenpressen im (ehemaligen) Wohnbereich hinzu, eine im NO und eine im NW.

Datierung: Die gut ergrabene und publizierte Villa untergliedert sich in mehrere Bauphasen: Die Fundamente der ersten Villa sind nur noch im Süden, leicht versetzt zur Außenmauer nachzuweisen und werden frühkaiserzeitlich (2. Viertel des 1. Jhs.) datiert, mit einer Kontinuität bis zum Beginn des 3. Jhs. n. Chr. Die 2. Bauphase umfasst die „Farm" des M. Cincius Hilarianus, d. h., die monumentale Fassade, den aufwändigen Eingangsbereich, die Ecktürme und im Inneren die Aufteilung mit einem L-förmigen Hof, um den sich die Wohn-und Produktionsbereiche gruppieren. Die Analyse der Inschrift und der zahlreichen Funde ergab eine Datierung in die 2. Viertel des 4. Jhs. Die dritte Bauphase ist die der Vandalenzeit und zeichnet sich aus durch die Aufteilung des zentralen Innenhofes in mehrere kleine Raumeinheiten und das Hinzukommen zweier weiterer Olivenpressen im ehemaligen Wohnbereich; die Fundanalyse macht eine Datierung ins 2. Viertel des 5. Jhs. wahrscheinlich. Im Zuge der schwierigen politischen und militärischen Situation zwischen Mauren, Vandalen und Byzantinern im 6. Jh. ist ein Verlassen der Villa im 1. Viertel des 6. Jhs. wahrscheinlich.

Literatur: Ballu (1911) 75; Romanelli (1970) 255; Bouchenaki (1980) 19-20; Leveau (1984) 280-281; Manacorda (1986) 203-208; Baistrocchi (1984) 260-284; Potter (1988) 190-196; Anselmino u.a. (1989); Mattingly – Hayes (1992) 408-418.

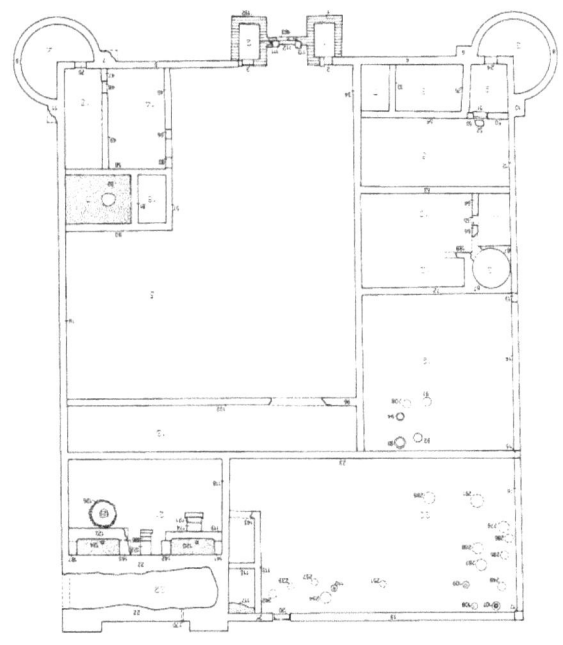

*C 10 Grundriss des Castellum aus der 2. Bauphase (Anselmino u.a [1989] Abb. 13).*

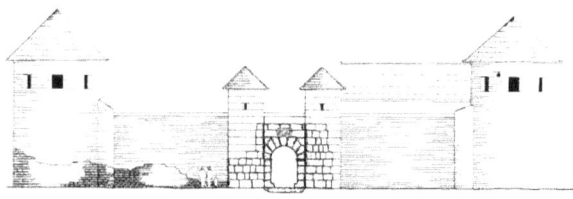

*C 10 Rekonstruktion der Fassade (Anselmino u.a. [1989] Abb. 49)*

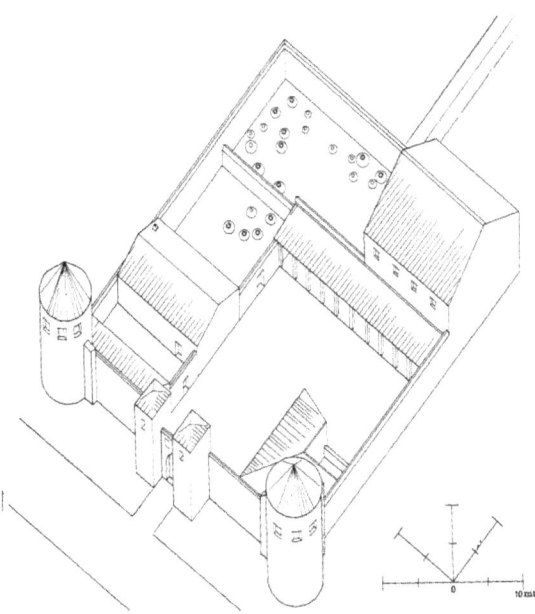

*C 10 Rekonstruktion der Villa (Anselmino u.a. [1989] Abb. 48)*

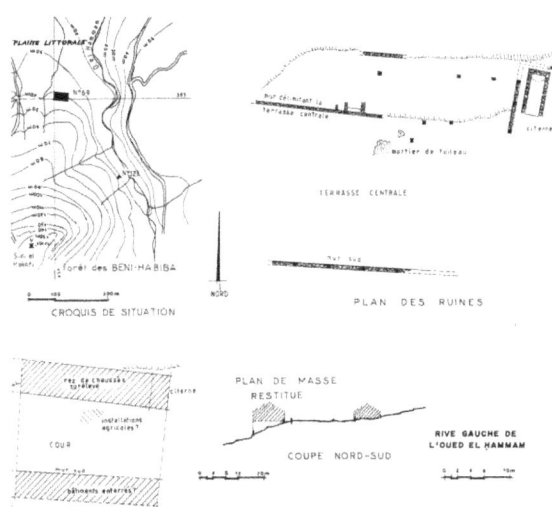

*C 11 Lage-, Steinplan, Schnitt und rekonstruierter Grundriss der Villenanlage (Leveau [1984] 287 Abb. 93).*

**C 11 Oued el Hammam**
*Villa rustica* mit Produktionsanlagen (?)

Lage: Die Reste der Villa von Oued el Hammam liegen im westlichen Küstenbereich des Umlandes von Caesarea, auf dem Plateau zwischen dem Oued el Hammam und Oued el Afiri.

Beschreibung: Die Villa ist auf zwei künstlichen Terrassen errichtet und bedeckt ein Areal von ca. 1500 m² (45 m x 25 m). Die höher gelegenere Terrasse ist 22 m breit und im Süden durch eine im aufgehenden Mauerwerk aus *opus africanum* erhaltene Mauer von etwa 20 m Länge abgegrenzt. Auf der zweiten, im Norden gelegenen Terrasse sind noch die Terrassenmauern erkennbar und die Reste einer überwölbten Zisterne von 5,95 m Länge und 2,20 m Breite. An zwei Seiten ist sie noch von Mauern aus *opus africanum* umschlossen. Zwischen beiden Terrassen sind noch Reste eines Mörtelfußbodens erkennbar; hier rekonstruiert man einen zentralen Innenhof.

Datierung: Die Oberflächenfunde (italische, südgallische und afrikanische Terra Sigillata [Chiara A/D]), weisen auf eine kontinuierliche Besiedlung zwischen dem späten 1. Jh. bis mindestens zum Ende des 6. Jhs. hin.

Literatur: Leveau (1984) 286-288.

**C 12 Cave Hardy**
*Villa urbana/maritima* und Grabbau

Lage: Die Villa mit dem Namen 'Cave Hardy' liegt im fruchtbaren Küstenstreifen westlich von Caesarea, unmittelbar am Meer unweit des Cap Hauoch Taberkoût Mohamed und östlich eines am Meer gelegenen Steinbruchs, der schon in antiker Zeit ausgebeutet wurde.

Beschreibung: Die Villa erstreckt sich parallel zur Küstenlinie auf einem rechteckigen Grundriss und misst ca. 58 m x 28 m. Das zentral auf dem Kap gelegene Hauptgebäude ist heute zum größten Teil von dichtem Gebüsch überwachsen; man erkennt aber trotzdem eine rechteckige, N-S ausgerichtete Struktur von 35 m Breite und etwa 60 m Länge. Im NW dieser Struktur ist eine weitere Mauer zu sehen, die an den Klippen endet. Ein *opus sectile*-Fußboden aus rosafarbenem Marmor eines lokalen Marmorbruchs östlich von Caesarea ist unterhalb der beschriebenen Struktur erhalten. Im NO ist eine zweite Mauer zu erkennen, die parallel zur Ostmauer in einem Abstand von 3,50 m verläuft. Innerhalb dieses Mauer-Rechtecks ist eine 6,80 m x 2,95 m große Zisterne angelegt. Die Teile des Villenkomplexes, die sich im SW des Kaps entlang der Klippen erstreckten, wurden im Laufe der Jahrhunderte vom Meer zerstört; hier sind lediglich eine Mauer in *opus reticulatum* und ein Kanal zu fassen, der ins Meer mündete. Ein in *opus quadratum* errichteter Grabbau mit überwölbter Grabkammer, der etwa 35 m südlich der beschriebenen Überreste liegt, gehört wohl ebenfalls zum Villengebäude. Höchstwahrscheinlich hat es sich um ein Columbarium gehandelt, da Reste von Nischen in den Wänden (zur Aufnahme von Urnen) erkennbar sind.

Datierung: Für eine Errichtung der Villa im 1. Jh. n. Chr. sprechen vor allem zahlreiche Oberflächenfunde (italische und südgallische Terra Sigillata). Das Vorkommen von Terra Sigillata Chiara D belegt eine Kontinuität bis mindestens ins 6. Jh. n. Chr.

Literatur: Leveau (1984) 294-298 ; Graen (2008) 487f.

*C 12 Lage-, Steinplan und rekonstruierter Grundriss der Villa urbana/maritima (Leveau [1984] 296f. Abb. 101).*

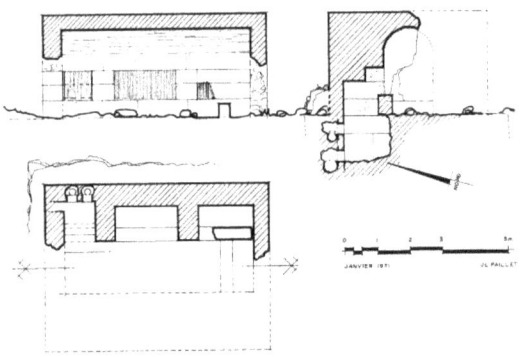

*C 12 Zur Villa gehörender Grabbau (Leveau [1984] 296f. Abb. 102).*

### C 13 + C 14 Oued Aïzer
*Villa rustica* mit Produktionsanlagen (?)

Lage: Die Fundstellen liegen am nördlichen Abhang des Atlasgebirges südlich im Umland von Caesarea in der Talsenke des Oued Aïzer. Die Villen liegen in unmittelbarer Nähe zueinander. Villa C 13 befindet sich rechts und Villa C 14 links des Oued Aïzer.

Beschreibung:
Villa C 13: Die am rechten Flussufer gelegene Villa bedeckt eine Gesamtfläche von mehr als 1100 m² (45 x 25 m). Sie erstreckt sich, etwas höher gelegen, auf einer kleinen Anhöhe. Im Osten dieser kleinen Erhebung ist eine größere Struktur in Trockenmauerwerk zu erkennen und weiter südlich eine Beckenanlage. Im Westen sind noch mehrere Reste von Mauern auszumachen, die jedoch wegen des starken Bewuchses nicht genau geklärt werden können. Aufgrund der strukturellen Ähnlichkeiten mit anderen Villen mit Produktionstrakt dieser Gegend ist eine Rekonstruktion mit zentralem Innenhof und Produktionsanlagen vorstellbar.
Villa C 14: Die am linken Flussufer gelegene Villa erstreckt sich ungefähr auf einer Fläche von 2000 m² (40 x 50 m). Im Osten, Norden und SO sind noch die Reste von Mauern und Steinhäufungen zu erkennen, die einen ungefähren rechteckigen Grundriss ergeben, in deren Zentrum sich ein zentraler Innenhof erstreckt haben könnte. Auch hier ist durch den Vergleich mit anderen Villen dieser Region eine Villa mit zentralem Innenhof und Produktionstrakt zu rekonstruieren. 110 m nordwestlich dieser Anlage befindet sich eine über 10 m lange und in zwei Kompartimente unterteilte Beckenanlage, deren Mauerstärke 0,70 m beträgt; sie sollte wohl das Wasser einer heute erloschenen Quelle speichern.

Datierung:

Villa C 13: Die Oberflächenfunde (italische und südgallische Terra Sigillata) lassen eine Entstehung der Villa im 1. Jh. n. Chr. zu. Die Funde von nordafrikanischer Terra Sigillata Chiara A sprechen für eine Kontinuität bis in 3. Jh. Das völlige Fehlen der Form Chiara D, wie in den anderen Villen der Gegend, lässt darauf schließen, dass die Villa im 5./6. Jh. nicht mehr besiedelt war.

Villa C 14: Auch hier lassen die Oberflächenfunde aufgrund der Funde italischer und südgallischer Terra Sigillata auf eine Entstehung im 1. Jh. n. Chr. schließen. Die Steinhäufungen, die als Versturz interpretiert werden können und das Fehlen von nordafrikanischer Terra Sigillata sprechen dafür, dass die Villa nicht über das Ende des 2. Jhs. n. Chr. bestand hatte und eventuell zerstört wurde.

Literatur: Leveau (1984) 306-310.

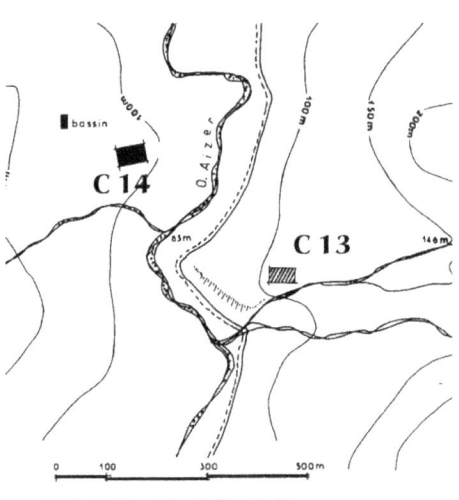

*C 13, C 14 Lageplan der beiden Villen (Leveau [1984] 309 Abb. 111).*

### C 15 Hamda Hadroug
*Villa rustica* mit Produktionsanlagen

Lage: Der Fundplatz befindet sich am nördlichen Abhang des Atlasgebirges südlich im Umland von Caesarea auf der linken Seite des Chabet Hadroug und 297 m östlich der Straße Cherchel/Tizi Mbouya am Abzweig zum Atlas Césaréen.

Beschreibung: Die Villa steht auf Privatgrund und ist nicht ergraben. Sie bedeckt etwa eine Fläche von 2000m² (40 x 50 m). Zu erkennen sind ein Wasserbecken im NW, die Überreste eines *opus signinum*-Fußbodens und die Reste von *opus africanum*-Mauern einer rechtwinkeligen Struktur. Zusätzlich wurden Gegengewichte für die Olivenpressen in Zweitverwendung für die Errichtung der Villenmauer aufgefunden. Tatsächlich finden sich 500 m nördlich die Strukturen einer Ölaufbereitungsanlage in SW-NO Ausrichtung, deren Größe etwa 30 m x 12 m beträgt und die in drei Kompartimente unterteilt ist. Innerhalb dieser befinden sich noch eine Pressbaumverankerung, ein Pressbaumständer für das *prelum* und auch Gegengewichte.

Datierung: Zur Datierung sind keine Angaben vorhanden.

Literatur: Leveau (1984) 310-312.

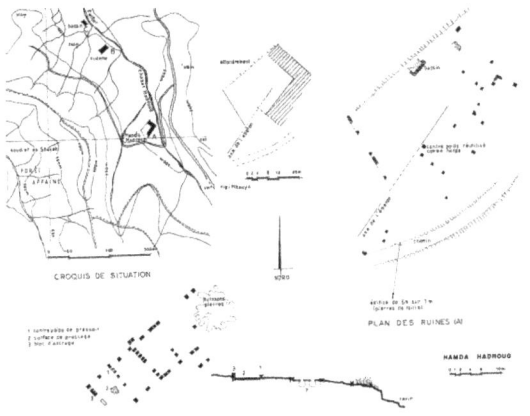

*C 15 Lage-, Steinplan, rekonstruierter Grundriss und Schnitt durch die Villenanlage (Leveau [1984] 311 Abb 112).*

### C 16 Karmoud
*Villa rustica* mit Produktionsanlagen

Lage: Die Ruinen der Villa befinden sich am nördlichen Abhang des Atlasgebirges südlich im Umland von Caesarea, in der Talsenke des Oued Sidi-Ghilès auf der linken Seite des Oued Karmoud.

Beschreibung: Der auf einer Terrasse über dem Oued Karmoud in *opus africanum* errichtete Hauptkomplex der Villa misst 37 m x 18 m. Der Eingang in der noch gut erhaltenen Ostmauer ist noch durch die Gewände markiert. Auch die NW-Mauer ist weitgehend rekonstruierbar. Die SO- sowie die NO-Mauer, die direkt am Geländeabhang errichtet wurden, sind aufgrund der Erosion weitgehend nicht mehr vorhanden. Dennoch lässt sich ein rechteckiger Grundriss mit zentralem Innenhof rekonstruieren, wie bei den anderen Villen in dieser Gegend.

50 m nördlich gehören Töpferöfen zum Produktionstrakt der Villa.

Datierung: Aufgrund der Oberflächenfunde ist eine Nutzung der Villa im 2. und 3. Jh. wahrscheinlich (Terra Sigillata Chiara A).

Literatur: Leveau (1984) 318-319.

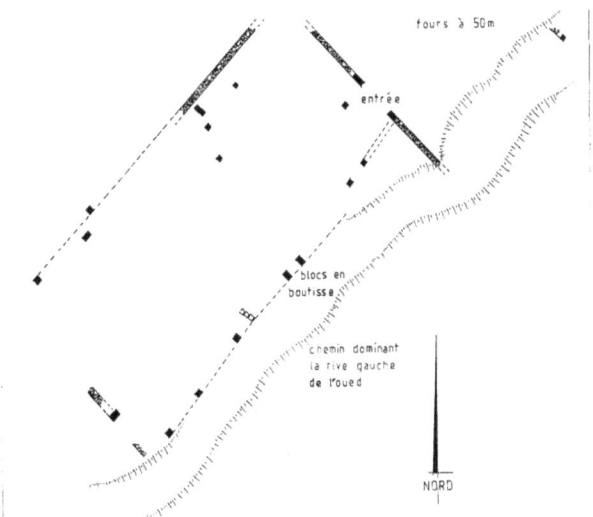

*C 16 Steinplan der Villa (Leveau [1984] 319 Abb. 119).*

### C 17 Sidi-Mohand-ou-Yaya
*Villa rustica* mit Produktionsanlagen

Lage: Die Reste Villa befinden sich im zentralen Teil des Atlasgebirges im oberen Becken des Oued Aïzer, im Umland der Stadt Caesarea.

Beschreibung: Die etwa 700 m² große Villenanlage zeichnet sich durch eine leicht trapezoide Form aus und ist in *opus africanum* erbaut; die Ostmauer misst 25 m, die am besten erhaltene Westmauer 23 m und die beiden Längsseiten etwa 24 m. Der Eingang befand sich wahrscheinlich im Osten; hier ist einer der Gewändesteine erhalten. Im Inneren sind einzelne Raumeinheiten zu erkennen, die einen zentralen Innenhof umgeben. Die Funde zweier Gegengewichte von Olivenpressen etwas nördlich der Anlage lassen die Interpretation einer Villenanlage mit Produktionstrakt zu.

Datierung: Die Oberflächenfunde lassen eine Entstehungszeit der Villa am Anfang des 1. Jhs. n. Chr. zu, mit einem Höhepunkt im 2. Jh. (italische und südgallische Terra Sigillata sowie Terra Sigillata Chiara A). Das Vorkommen von Terra Sigillata Chiara D spricht für eine Nutzung des Villengebäudes bis ins 5./6. Jh. n. Chr.

Literatur: Leveau (1984) 326-327.

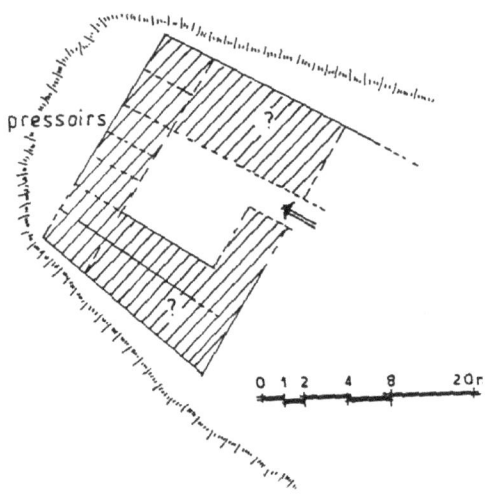

*C 17 Rekonstruierter Grundriss der Villa (Leveau [1984] 327 Abb. 128).*

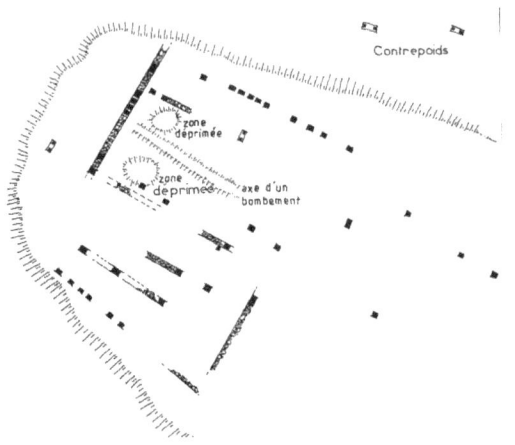

*C 17 Steinplan der Villa und Rekonstruierter Grundriss der Villa (Leveau [1984] 327 Abb. 128).*

## C 18 Sidi Salah
Befestigte *Villa rustica* mit Produktionsanlagen

Lage: Die Fundstelle befindet sich im zentralen Teil des Atlasgebirges, am nördlichen Abhang des Berges El Gourine (Dent de Menacer) im Umland von Caesarea.

Beschreibung: Das Villenhauptgebäude liegt im NO des gesamten Komplexes und ist 45 m x 42 m groß und in *opus quadratum*-Bauweise errichtet. Der Eingang befand sich möglicherweise im NO und war aufgrund der *opus quadratum*-Bauweise ähnlich monumental wie Bou-Kisnaden (C 9) und Nador (C 10).
Die einzelnen Raumkompartimente gruppierten sich um einen zentralen Innenhof. Zwei Mauervorsprünge an der Ostseite könnten als Türme wie bei C 10 interpretiert werden. Im SO der Anlage wurden eine Pressbaumverankerung und Gegengewichte für die Presse gefunden, so kann hier eine Anlage zur Herstellung von Olivenöl rekonstruiert werden. Im NW sind noch diverse Mauerreste sichtbar, die wohl zum Produktionstrakt der Villa gehörten. Zwei große *opus signinum*-Becken westlich des Hauptgebäudes können auch zur Villa gezählt werden und fungierten wohl als Wasserauffangbecken.

Datierung: Eine Entstehungszeit der Villa ist aufgrund der Oberflächenfunde im 1. Jh. n. Chr. (italische und südgallische Terra Sigillata) anzunehmen. Die Funde von Terra Sigillata Chiara D sprechen für eine Kontinuität bis in die Spätantike.

Literatur: Leveau (1984) 330-333.

*C 18 Steinplan und rekonstruierter Grundriss der Villa (Leveau [1984] 332 Abb. 136).*

*C 18 NO-Ecke der Villa in opus quadratum (Leveau [1984] 332 Abb. 137).*

## C 19 Mialah (Tamdit-at-Djouala)
Befestigte *villa rustica* mit Produktionsanlagen Villa

Lage: Der Fundplatz befindet sich im zentralen Teil des Atlasgebirges, am südlichen Abhang des Kalksteinmassivs Quatre-Mamelons im Umland von Caesarea und oberhalb des Oued Bou-Iafdel.

Beschreibung: Die Villa besteht aus zwei Teilen, einem Villenhauptgebäude und einer Anlage zur Herstellung von Olivenöl. Vom Hauptgebäude, das die Maße von 25 m x 30 m besitzt, ist die gut erhaltene NW-Ecke in *opus quadratum* sichtbar, die eine Rekonstruktion einer befestigten Villa wie C 10 mit zwei Türmen an der Fassade erlaubt. Aus dem Inneren stammen zwei Pilaster aus weißem Marmor, von denen sich einer im Museum in Cherchel befindet, während der andere sich noch *in situ* im zentralen Innenhof befindet. Im SO muss sich wohl die Ölaufbereitungsanlage befunden haben, da hier Gegengewichte für die Olivenpresse aufgefunden worden sind.

Datierung: Die Keramikfunde sprechen für eine Besiedlung im 1. Jh. n. Chr. (italische und südgallische Terra Sigillata). Die Villa hatte ihre Blütezeit im 2. und 3. Jh. (hispanische Terra Sigillata) und bestand bis ins 5./6. Jh. n. Chr., wie die Existenz afrikanischer Terra Sigillata Chiara D beweist.

Literatur: Leveau (1984) 346-348.

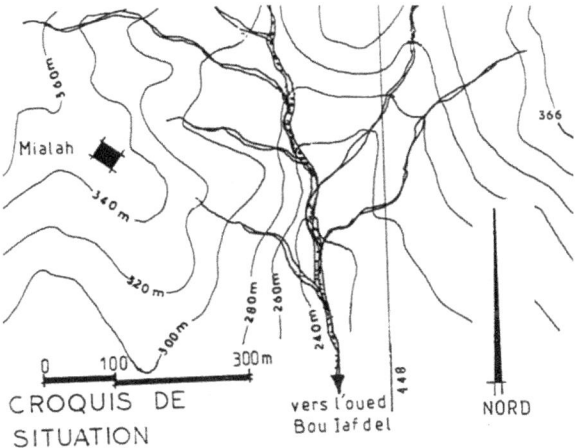

*C 19 Lageplan der befestigten Villa (Leveau [1984] 348 Abb. 161).*

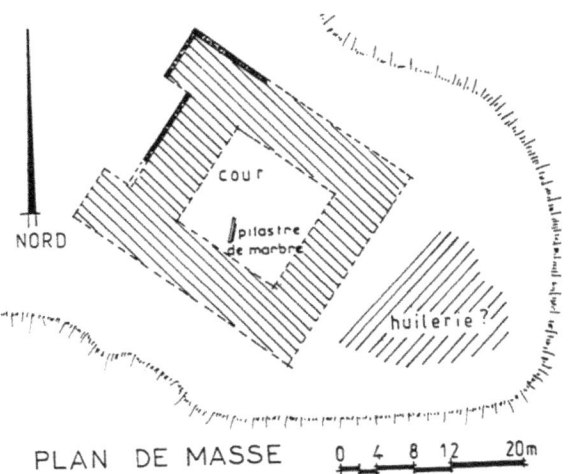

*C 19 Grundriss der befestigten Villa (Leveau [1984] 348 Abb. 161).*

## C 20 Handla
*Villa rustica* mit Produktionsanlagen

Lage: Die Ruinen der Villa befinden sich im zentralen Teil des Atlasgebirges, auf der westlichen Seite des Nordabhanges des Kalksteinmassivs Quatre-Mamelons im Umland von Caesarea.

Beschreibung: Die Villenanlage war auf zwei verschiedenen Niveaus terrassenähnlich angelegt und bedeckte eine Fläche von ca. 1050 m². Der eigentliche Hauptteil der Villa befand sich auf der höher gelegenen Terrasse.
Die Reste von *opus africanum*-Mauern bilden eine rechteckige Struktur mit einem zentralen Innenhof. Im Jahre 1970, beim Bau einer Dorfschule, bei dem man auch Steine aus der Villa wiederverwendete, wurde auch die Existenz von Gegengewichten für die Olivenpresse bezeugt.
Auf der unteren Terrasse sind noch die Reste von Mauern zu erkennen, die sich auf einer Fläche von 40 m x 20 m erstrecken. Ein paar Meter östlich ist noch ein zur Villa gehörendes Wasserbecken auszumachen, welches von einer noch sichtbaren Quelle gespeist wird.

Datierung: Zur Datierung sind keine Angaben vorhanden.

Literatur: Leveau (1984) 350-352.

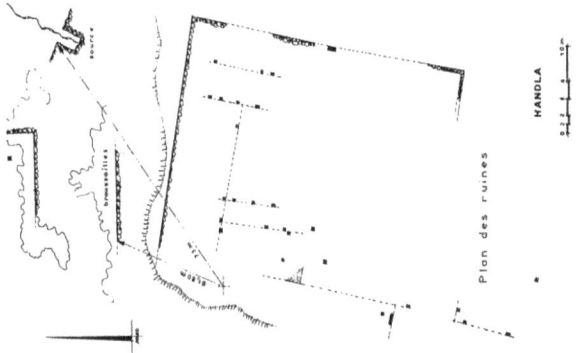

*C 20 Steinplan der Villa (Leveau [1984] 351 Abb. 166).*

## C 21 Sidi-el-Masmeudi
*Villa rustica* mit Produktionsanlagen (?)

Lage: Die Villa liegt im Menacer-Becken südlich des Zentralatlas im Umland von Caesarea.

Beschreibung: Die Ruinen der Villa bedecken etwa eine Fläche von 900 m² und sind wenig bekannt. Erkennbar ist ein nahezu quadratischer Grundriss mit einer Inneneinteilung in einzelne Kompartimente, wozu auch ein zentraler Innenhof gehörte. Die einzelnen Aufteilungen der Raumstrukturen sind unsicher. Teilweise sind noch Reste des ehemaligen Mörtelfußbodens erhalten, vor allem im N und NW. Die Reste eines südlich der Villa beginnenden Aquäduktes führen an ihr vorbei nach Caesarea. Nördlich der Villa sind die Reste eines Töpferofens identifiziert worden.

Datierung: Aufgrund der Oberflächenfunde kann man die Entstehung der Villa etwa in die 2. Hälfte des 1. Jhs. n. Chr. datieren (italische Terra Sigillata). Die Funde von afrikanischer Terra Sigillata Chiara D sprechen für eine Kontinuität bis ins 5./6. Jh. n. Chr.

Literatur: Leveau (1984) 357-360.

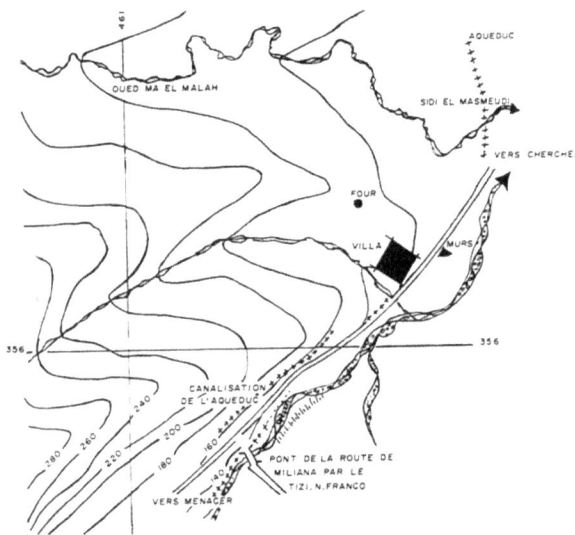

*C 21 Lageplan der Fundstelle (Leveau [1984] 357 Abb. 168a).*

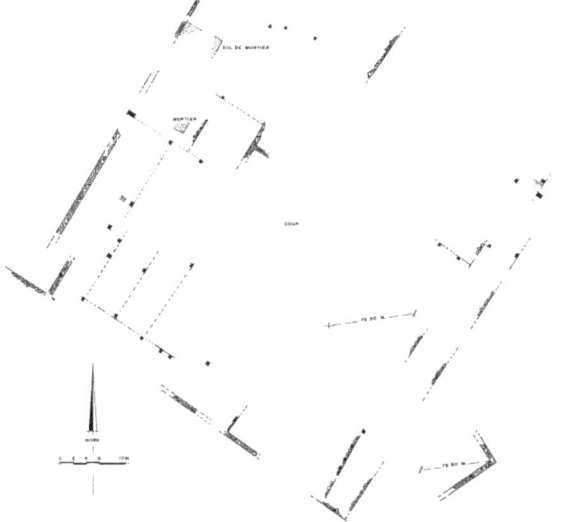

*C 21 Grundriss der Villa (Leveau [1984] 357 Abb. 168b).*

**C 22 Bou Alem**
*Villa rustica* mit Produktionsanlagen

Lage: Die Ruinen der Villa liegt im Touares-Becken südlich des Zentralatlas im Umland von Caesarea.

Beschreibung: Die Reste der Villa erstrecken sich über eine Fläche von etwa 3000 m². Die noch sichtbaren Mauerreste ergeben, dass die Villa aus zwei Teilen besteht: einem Villenhauptgebäude im südlichen und einem Produktionstrakt für die Olivenaufbereitung im nördlichen Bereich. Die Zugänge befanden sich auf der Nord-, sowie auf der Südseite, wobei sich der Haupteingang mit Rampe und einem monumentalen Torbogen, dessen Versturz noch zu sehen ist, auf der Südseite befand. Auch hier besteht, wie bei allen Villen mit monumentalen Fassaden und Eingangsbereichen, das Mauerwerk aus *opus quadratum*. Im Inneren des Hauptgebäudes ist ein zentraler Innenhof von ca. 20 m x 25 m mit anzunehmen, eine Säule und Mörtelfußboden befinden sich noch *in situ*. Der Produktionstrakt trennt sich ebenfalls durch eine Art Innenhof vom Villengebäude ab und ist in mehrere Kompartimente aufgeteilt, in denen man die signifikanten Bestandteile für die Olivenölgewinnung, d. h. Gegengewichte und Pressbaumverankerung, auffand. Südlich der Villa sind noch die Reste von Mauerstrukturen vorhanden, die einen quadratischen Grundriss erkennen lassen, sogar eine Schwelle im Eingangsbereich ist noch erhalten. Der ganze südöstliche Teil ist mit Mauerresten überzogen, die jedoch kein zusammenhängendes Gebäude erkennen lassen. Der Fund eines Wasserbeckens im SW lässt auf einen Garten schließen, der durch einzelne Mauern voneinander abgetrennt war.

Datierung: Die Oberflächenfunde lassen auf eine Entstehung im 1. Jh. n. Chr., eine Blütezeit der Anlage im 2./3. Jh. n. Chr. und einer Nutzung der Villa bis ins 4./5. Jh. n. Chr. schließen (afrikanische Sigillata Chiara A-D).

Literatur: Leveau (1984) 361-363.

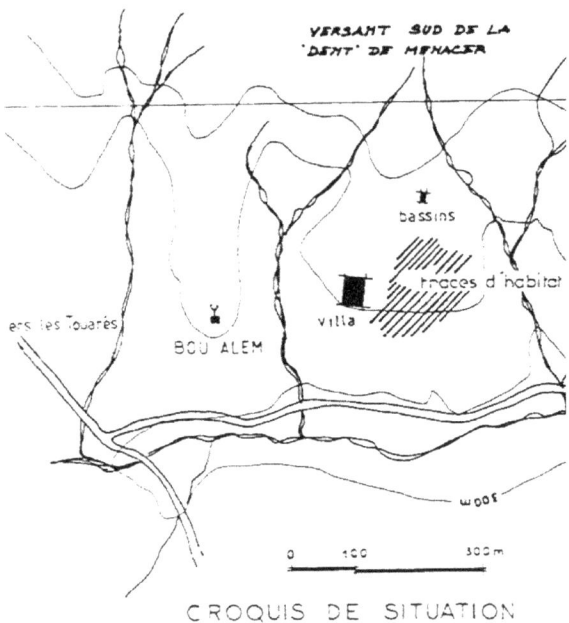

*C 22 Lageplan der Villa (Leveau [1984] 362 Abb. 171).*

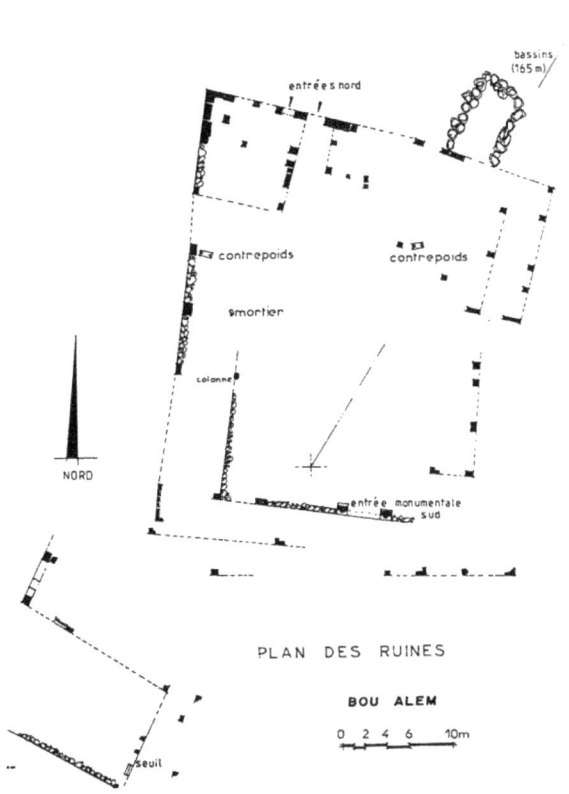

*C 22 Grundriss der Villa (Leveau [1984] 362 Abb. 171).*

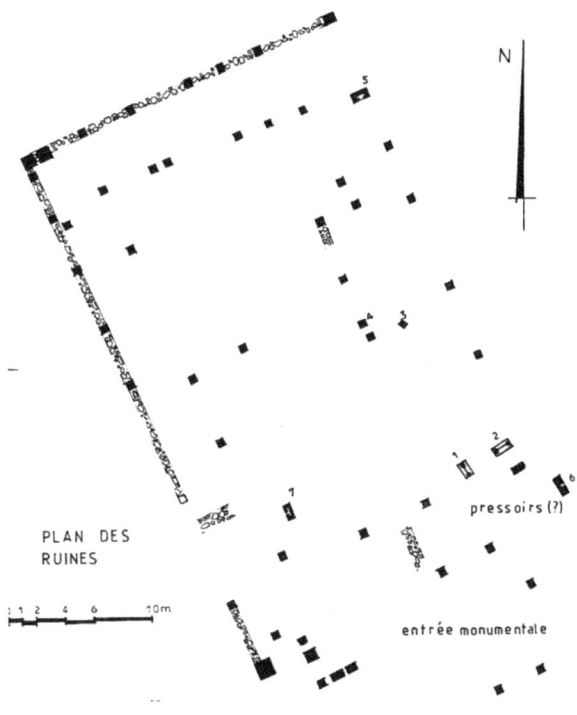

*C 23 Grundriss der Villa (Leveau [1984] 388 Abb. 200).*

## C 23 Achir
*Villa rustica* mit Produktionsanlagen

Lage: Die Ruinen der Villa liegen an der Nordseite des Djebel Bou Maad im Bou-Hadj-Becken in der Randregion von Caesarea.

Beschreibung: Die noch sichtbaren Mauerreste lassen eine 24 m x 48 m große, rechteckige Struktur einer Villenanlage erkennen. Besonders gut erhalten sind die Nord- und die Westmauer, deren Ecken aus großen, regelmäßig behauenen Steinen bestehen. Der Eingang befindet sich im SO mit einer monumentalen Toranlage, dessen Versturz noch zu sehen ist. Im Inneren muss sich in der SO-Ecke des Komplexes eine Olivenaufbereitungsanlage befunden haben, da hier Gegengewichte für eine Olivenpresse gefunden worden sind. Die übriggebliebenen Orthostaten des *opus africanum* lassen es zu, im Zentrum der einzelnen Raumkompartimente einen Innenhof zu rekonstruieren.

Datierung: Aufgrund der Keramikfunde an der Oberfläche ist eine Besiedlung im 2., 3. und 4. Jh. n. Chr. nachzuweisen (afrikanische Terra Sigillata A-D).

Literatur: Leveau (1984) 387-389.

## 2. 2 ÜBRIGES ALGERIEN (A)

### A 1 Aïn-Sarb – Tiaret
*Villa urbana*

Lage: Die Villa ist nach dem Eisenbahnhaltepunkt Aïn-Sarb benannt, der südlich der Hauptstadt Algier an der Strecke Tiaret-Relizane liegt, etwa 10 km vor dem Ort Prévost-Paradol im Zentrum der Kommune Mechraa-Sfa. Die Fundstelle befindet sich 2 km südlich des Bahnhofes entlang des kleinen Oued Bou Kayes auf einer kleinen Anhöhe.

Beschreibung: Im Zentrum der noch nicht vollständig ergrabenen Villa befindet sich ein 5,60 m großes quadratisches Peristyl, dass mit sieben Säulen und äolischen! Kapitellen ausgestattet war; 5 attische Säulenbasen sind noch *in situ* anzutreffen, aber auch ein äolisches Eckkapitell wurde ausgegraben. Die Säulen haben einen Durchmesser von 58 cm mit einer Verjüngung bis 50 cm und waren mindestens 2 m hoch.
Westlich des Hofes erstrecken sich in einer Reihe auf ca. 19 m Länge und ca. 5 m Breite mehrere Raumkompartimente, deren Außenmauer 80 cm dick ist. Dieser Bereich ist relativ gut erhalten, die Höhe des aufgehenden Mauerwerk beträgt 50-80 cm. Die Raumeinheit im SW mit *opus signinum*-Fußboden besteht aus zwei verschiedenen Räumen, die wahrscheinlich vom Hof aus zugänglich waren. Die Funde von Stuckfragmenten mit Zahnschnitt und anderen floralen und geometrischen Ornamenten deuten auf eine luxuriöse Ausstattung hin. Die anderen Räume, deren Fußboden aus gestampftem Lehm besteht, sind durch Türen miteinander verbunden, der weitere Verlauf im N ist

jedoch unklar. Aufgrund zahlreicher gefundener Amphorenscherben geht man davon aus, dass die beiden mittleren Räumen eventuell als Vorratsräume für Wein und Öl fungierten.

Datierung: Das Kapitell und die Amphoren (Dressel 1) datieren ins 1. Jh. v. Chr. Weitere Funde weisen auf eine Kontinuität bis zum Anfang des 4. Jhs. n. Chr..

Literatur: Leglay (1955) 187; Lassus (1956) 164 ; Lassus (1959), 227; Cadenat (1974) 73-88.

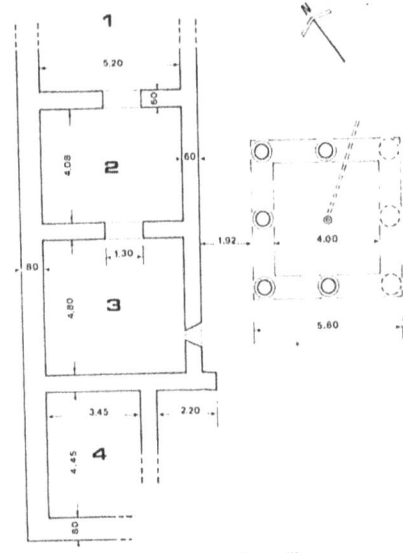

*A 1 Grundriss (Cadenat [1974] Abb. 2).*

*A 1 Ansicht des Peristyls (Cadenat[1974] Abb. 1, 2, 3).*

## A 2 Oued-Athmenia
*Villa rustica* mit Produktionsanlagen (?)

Lage: Die Anlage befindet sich südlich von Constantine am Oued Atmenia im sog. Val d'Or.

Beschreibung: Die Villa zeichnet sich durch einen quadratischen Grundriss mit einer Seitenlänge von 70 m aus. Der Eingang befindet sich im Zentrum der Ostseite. Der Eingang führt durch einen 8 m langen und 3 m breiten, mit Steinplatten ausgelegten Gang zum zentralen Innenhof mit einer Seitenlänge von 53 m. Die Reste der Säulenportikus sind noch zu sehen. Um den Innenhof gruppieren sich in zwei Reihen verschiedene Raumeinheiten. Im Norden und im Süden des Eingangs sind die Raumeinheiten in mehrere kleinere Raumkompartimente mit Mörtelfußboden unterteilt. Hierbei handelte es sich wohl um den Wohnbereich. Der gesamte westliche Teil ist auf der gesamten Länge mit Futtertrögen für das Vieh ausgestattet.

Datierung: Zur Datierung sind keine Angaben vorhanden.

Literatur: Berthier (1962) 7-20; Romanelli (1970) 204-207; Lassère (1977) 323 f.

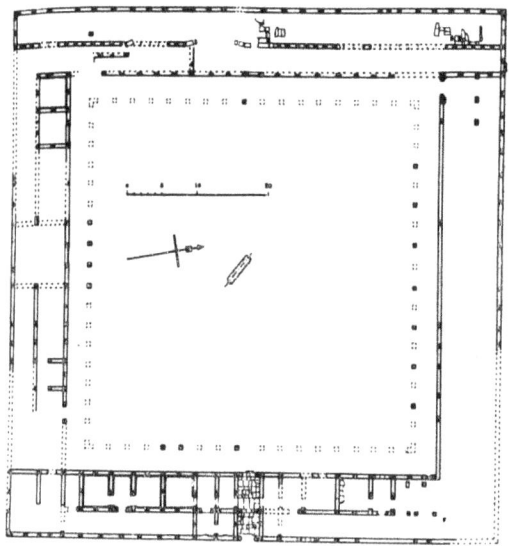

*A 2 Grundriss der Anlage (Berthier [1962] 8 Abb.1).*

*A 2 Luftbild der Villa (Berthier [1962] 10 Abb. 2).*

# 3. TUNESIEN

## 3.1 Segermes (S)

### S1 C 13-1
*Villa rustica* mit Produktionsanlagen

Lage: Die Villa liegt im nördlichen Umland von Segermes, im Osten des Oued Cleft bzw. an den Ausläufern des Djebel Tellet Rhezlane.

Beschreibung: Die 40 m x 50 m große Fundstelle besteht aus zwei Teilen und ist bislang nicht ergraben. Der größere Komplex (20 m x 33 m), der etwa 3 m höher liegt, bildet nach den Resten der *opus africanum*-Orthostaten einen rechteckigen Grundriss mit zentralem Innenhof. Etwa 5 m nördlich befindet sich eine zylindrische Zisterne aus *opus caementicium*, die 4 m tief ist und einen Durchmesser von 60 cm besitzt. Zwischen Zisterne und Nordmauer sind an der Oberfläche noch Spuren von *opus signinum* sichtbar. Der Westflügel ist etwas länger als der Ostflügel und bildet an der Südfassade eine quadratische Struktur, die auf einen Turm hindeuten könnte.
Der kleinere Komplex mit einer Größe von 10 m x 10 m bildet zunächst einen scheinbar quadratischen Grundriss mit zwei Raumeinheiten. Die Westmauer verlängert sich aber auf eine Länge von 36 m und bildet mit der SW-Ecke insgesamt einen rechteckigen Grundriss. Die Funde von Gegengewichten lassen auf einen Produktionstrakt für Olivenöl schließen.

Datierung: Die Oberflächenfunde weisen auf eine Besiedlung im 4./5. Jh. hin. Zur Entstehungszeit der Villa sind keine Angaben vorhanden.

Literatur: Dietz u.a. (1995) 219-222; Ørsted (1992) 69-85.

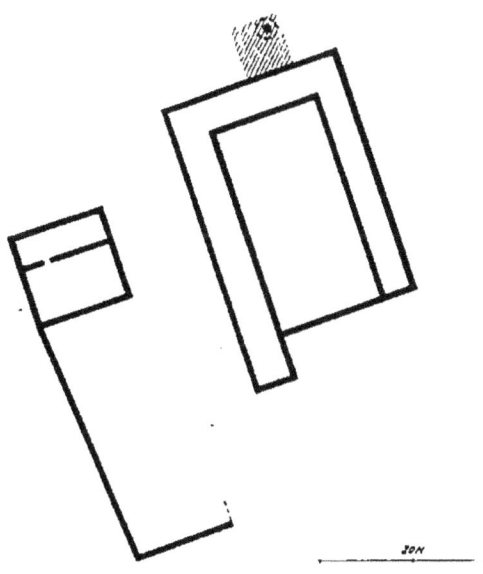

*S 1 Grundriss des Villenkomplexes (Dietz u.a. [1995] 220).*

### S 2 N 12-1
*Villa rustica* mit Produktionsanlagen

Lage: Der Fundplatz liegt auf einem kleinen Hügel, oberhalb des Oued R'mel, 2 km nordöstlich von Segermes.

Beschreibung: Die Reste der *opus africanum*-Orthostaten weisen zunächst auf einen L-förmigen Komplex hin. Der NW-Flügel ist aus zwei parallelen Mauern gebildet und 24 m lang. Der Südflügel, aus drei Reihen gebildet, ist 21,50 m lang. Orthostatenreste an der SO-Seite weisen auf einen dritten Flügel hin. Um den Gesamtkomplex herum sind drei tonnenüberwölbte Zisternen angeordnet. Eine 2,45 m x 6,85 m große Zisterne liegt in der Westecke, parallel zum SW- Flügel und mit einem Meter Abstand von diesem. Das Becken ist mit zwei Schichten *opus signinum* ausgekleidet. Eine andere, im Norden liegende Zisterne misst 2,50 m x 5,04 m. Auch diese besteht aus zwei Lagen *opus signinum*. Die dritte Zisterne ist die am besten erhaltene und ist 4 m tief. In der näheren Umgebung sind Gegengewichte für die Olivenölproduktion lokalisierbar.
100 m südlich des Komplexes befinden sich einige ausgeraubte Steinkistengräber.

Datierung: Die Oberflächenfunde datieren von der Mitte des 5. Jhs. bis in späte 6. Jh. n. Chr. Zur Entstehungszeit der Villa sind keine Angaben vorhanden.

Literatur: Dietz u.a. (1995) 313-314; Ørsted u.a. (1992) 69-85.

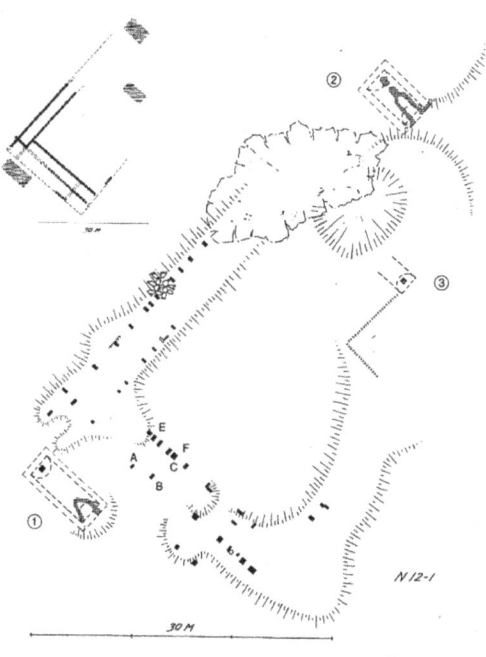

*S 2 Steinplan und vermuteter Grundriss der Villa (Dietz u.a. [1995] 313).*

### S 3 E 15-1
*Villa rustica* mit Produktionsanlagen

Lage: Die Fundstelle befindet sich im Umland von Segermes, auf der höchsten Stelle zwischen dem Oued Abid Allah und Oued Merdja.

Beschreibung: Der Komplex nimmt eine Fläche von 32 m x 35 m ein und besteht aus drei Flügeln in U-Form, die einen nach Süden offenen, 24 m x 27 m großen Innenhof umgeben. In der SW-Ecke ist eine große Konzentration von Mörtelresten in Verbindung mit farbigen Mosaiktesserae, deren genaue Interpretation jedoch ohne Ausgrabung unklar bleiben muss. Die Existenz von Gegengewichten für die Olivenpresse ist bezeugt.
Ca. 75 m südlich der Anlage befindet sich auf einem kleinen Hügel eine Nekropole mit geplünderten Kistengräbern.

Datierung: Die Oberflächenfunde datieren vom 1. Jh. n. Chr. ins späte 5. Jh. n. Chr. (italische und afrikanische Terra Sigillata).

Literatur: Dietz u.a. (1995) 249-250; Ørsted u.a. (1992) 69-85.

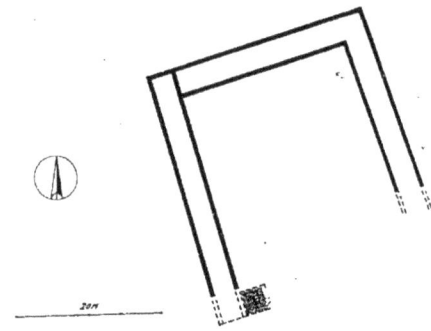

*S 3 Plan der Villa (Dietz u.a. [1995] 250).*

## S 4 D 10-2
*Villa rustica* mit Produktionsanlagen (?)

Lage: Die Fundstelle liegt im nördlichen Umland von Segermes auf einer Terrasse des leicht abfallenden westlichen Abhangs des Djebel Tellet.

Beschreibung: Die Reste der *opus africanum*-Orthostaten ergeben einen rechteckigen Grundriss, der aus zwei Teilen besteht, mit den Maßen 20 m x 62 m (=1100 m$^2$). Der nördliche Teil der Anlage misst ca. 20 m x 27 m und beinhaltet mehrere Raumkompartimente. Die Funde von Säulen (DM: 39 cm, H: 1,40 m) und Kapitellen (H: 31 cm) aus Sandstein zeugen von einer gehobeneren Ausstattung. Der südliche Teil ist weniger detailliert strukturiert und könnte der Produktionstrakt der Anlage gewesen sein, da man zudem in der näheren Umgebung Gegengewichte für die Ölpresse fand. Die Villa besitzt keinen zentralen Innenhof, wie die anderen Villen in dieser Gegend, jedoch könnte es im nördlichen Gebäude aufgrund der Existenz der Säulen kleinere Innenhöfe gegeben haben.

Datierung: Die Oberflächenfunde datieren vom Anfang des 4. Jhs. bis zum Ende des 6. Jhs. n. Chr. (afrikanische Terra Sigillata).

Literatur: Dietz u.a. (1995) 230-231; Ørsted u.a. (1992) 69-85.

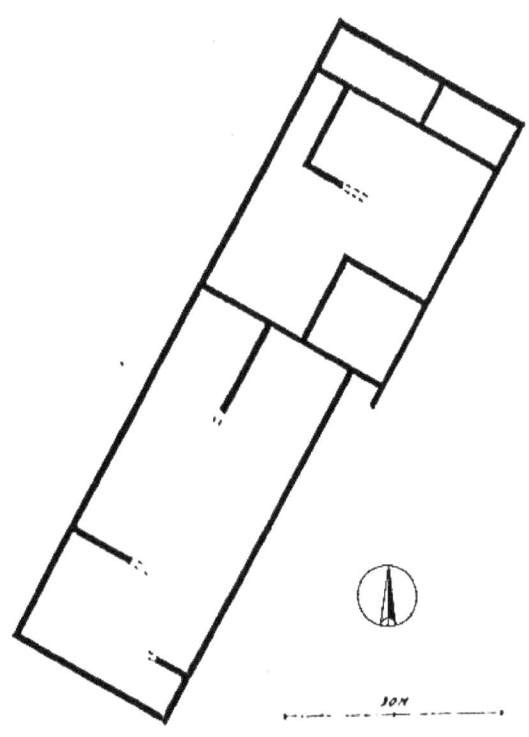

*S 4 Grundriss der Anlage (Dietz u.a. [1995] 231).*

## S 5 R 11-1
*Villa rustica* mit Produktionsanlagen (?)

Lage: Die Villa befindet sich im Umland von Segermes auf einem Gebirgskamm, der nordwestlich in das Flusstal des Oued Ramla ausläuft, mit Blick auf den Djebel Zaghuoan.

Beschreibung: Einige *opus africanum*-Mauerfundamente der Villa sind auf dem Hügel gut sichtbar. Sie umfassen eine Fläche von 1472 m$^2$ (28 m x 52 m) und bilden einen rechteckigen Grundriss. Der Haupttrakt befindet sich entlang der SW-Seite mit einer Zisterne unter der S-Ecke und unterteilt sich in mehrere rechteckige Raumkompartimente. Der größte dieser Räume ist 10,30 m breit und liegt in der NW-Ecke. Unter dem südwestlichsten Raum fand man eine überwölbte, in zwei Kammern unterteilte Zisterne mit einer doppelten Lage *opus signinum*. Alle Räume sind mit Mörtelfußboden ausgestattet. In der nordöstlichen Mauer der Zisterne befindet sich zudem eine Nische mit einem Kanal, der zu einem Peristyl (23 m x 32 m) führt. Etwas bergabwärts im S sind zwei weitere Fundamente zu erkennen: zum einen eine runde Zisterne mit einem Durchmesser von 6,10 m, zum anderen eine auf einem kleinen Plateau errichtete rechteckige Struktur von 7,10 m x 7,50 m Größe.

Datierung: Die Oberflächenfunde datieren vom frühen 4. bis ins späte 5. Jh. n. Chr. (afrikanische Terra Sigillata).

Literatur: Dietz u.a. (1995) 340-342; Ørsted u.a. (1992) 69-85.

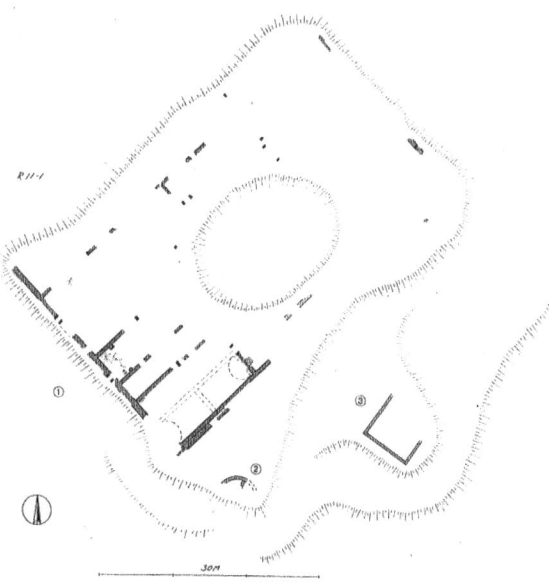

*S 5 Steinplan der Villa (Dietz u.a. [1995] 340).*

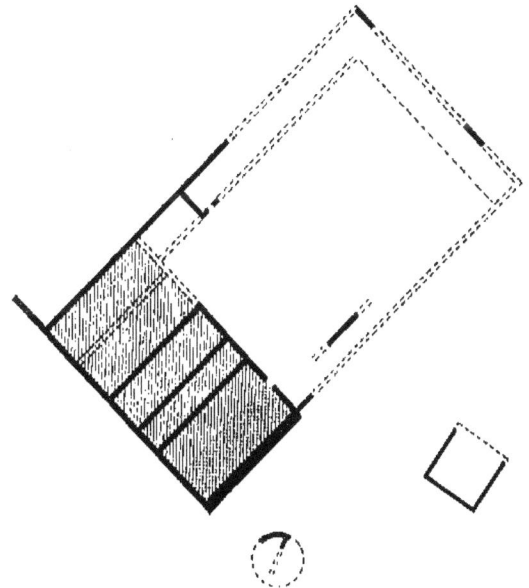

*S 5 Grundriss der Villa (Dietz u.a. [1995] 342).*

**S 6 R 12-1**
*Villa rustica*

Lage: Die Fundstelle liegt im südlichen Umland von Segermes auf einer Geländeerhebung einer hügeligen Landschaft zwischen dem Djebel el Rhezala und dem Oued R'mel. Die Villa erstreckt sich auf einem Hügelplateau.

Beschreibung: Sichtbar sind noch einige Mauerreste und einzelne Kalksteinorthostaten, die einen rechteckigen Grundriss ergeben. Besonders gut erhalten ist die 52 cm breite Südmauer mit einer Länge von 37,80 m. Parallel zur Südmauer sind noch zwei langgestreckte, separate Räume zu erkennen. Die 22 m lange Ostmauer endet im N mit einer *opus caementicium*-Struktur, die aus 3 Kompartimenten besteht und im Inneren mit *opus signinum* ausgelegt ist. Es könnte sich hier vielleicht um eine kleine Badeanlage gehandelt haben. Auch Reste von Mörtelfußboden haben sich im gesamten Komplex erhalten. Die Weiterführung der Strukturen ist im Norden unklar und kann zum jetzigen Zeitpunkt nicht geklärt werden. Im Inneren befand sich eventuell ein zentraler Innenhof.

Datierung: Die Oberflächenfunde datieren vom Anfang des 2. bis ins frühe 6. Jh. n. Chr.

Literatur: Dietz u.a. (1995) 342-343.

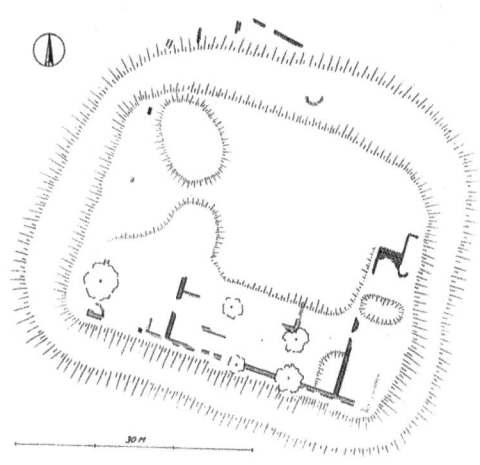

*S 6 Steinplan der Villa (Dietz u.a. [1995] 343).*

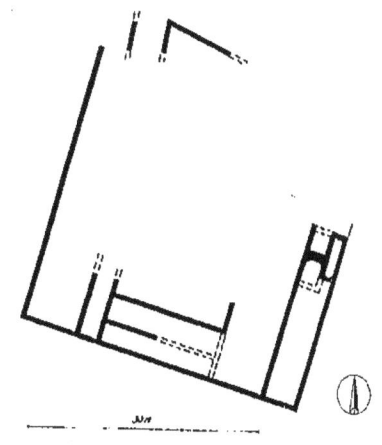

*S 6 Grundriss der Villa (Dietz u.a. [1995] 343).*

## S7 S 10-2
*Villa urbana* (?) und Thermenanlage

Lage: Der Fundplatz befindet sich im südlichen Umland von Segermes in den NW-Ausläufern des Djebel el Rhezala.

Beschreibung: Der Villenkomplex besteht aus zwei Teilen: einem Hauptkomplex im Norden und einem kleineren, isolierten Komplex auf der Südseite des Hügels.
Vom Hauptgebäude sind noch die Reste der *opus africanum*-Orthostaten und einige Mauerreste zu erkennen, die eine Fläche von 2180 m² einnehmen und im NW, NO und SO zu einem U-förmigen Grundriss verbunden werden können. Am südlichen Ende der NO-Seite sind zwei kleinere Raumeinheiten zu erkennen, in denen noch Mosaikreste mit weißen und grünen *tesserae* zu finden sind. Im Inneren der Villa ist ein Innenhof anzunehmen. Auf der Südostseite sind drei parallele Reihen von Orthostaten, die eine Raumgruppe mit drei rechteckigen Räumen ergeben, die wahrscheinlich außerhalb des Hofes lagen.
Südlich des Villenhauptgebäudes ist ein weiterer Komplex erhalten, der als Thermenanlage interpretiert werden könnte. Entlang der Westseite sind drei separate Räume sichtbar. Zwei sind quadratisch von 2,60 m x 2,60 m Größe, der dritte Raum (Länge: 3,90 m) endet mit einer halbrunden Apsis mit einem Durchmesser von ca. 3 m. Die Räume waren mit *opus signinum* ausgestattet. Östlich der Apsis liegen noch mehrere Mauerfundamente, die sich weiter nach Norden erstrecken.

Datierung: Die Oberflächenfunde lassen sich zwischen der Mitte des 2. Jhs. und der Mitte des 6 Jhs. n. Chr. datieren.

Literatur: Dietz u.a. (1995) 344-346.

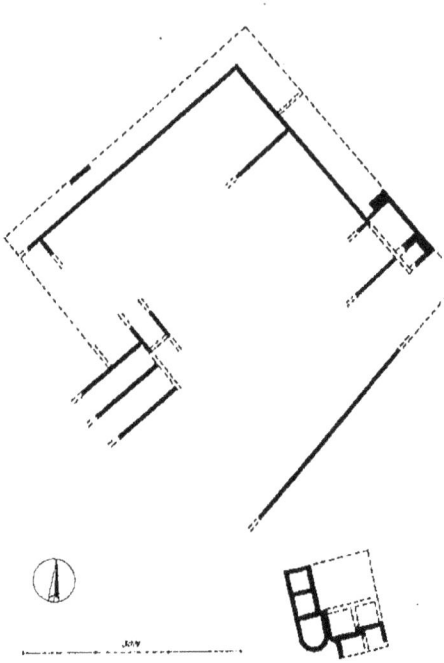

*S 7 Steinplan und Grundriss des Villenkomplexes (Dietz u.a. [1995] 345).*

### 3. 2 Kasserine - Cillium (K)

#### K 1 Henchir et Touil (KS 225)
*Villa rustica* mit Produktionsanlagen

Lage: Die Surveyfundstelle befindet sich im Umland von Kasserine/Cillium in Henchir et Touil.

Beschreibung: Die Überreste der Villa, deren Außenmauern aus *opus quadratum* bestehen, ergeben einen rechteckigen Grundriss von 37 m x 53 m. Der Haupteingang befindet sich auf der SO-Seite und öffnet sich auf einen Innenhof von 24 m x 26 m Größe. Um den Hof herum gruppieren sich an allen vier Seiten verschiedene Raumeinheiten in *opus africanum*. In der S-Ecke sind noch die Produktionsanlagen für die Gewinnung von Olivenöl zu erkennen, während sich in den übrigen Kompartimenten die Wohneinheiten befunden haben könnten. Gegenüber in der SW-Ecke liegt ein kleinerer Zugang. Hier haben sich auch die Reste von Bogen-, oder eventuell Gewölbekonstruktionen erhalten.

Datierung: Der Großteil der Oberflächenfunde datiert ins 4. Jh. n. Chr.

Literatur: Hitchner (1990) 231-255; Hitchner (1994) 35-37; Fentress (2001) 255-260.

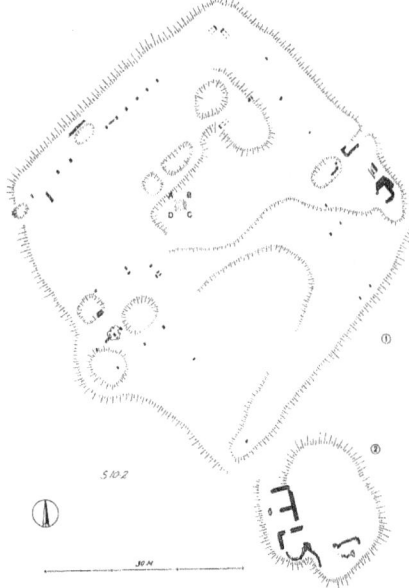

*S 7 Steinplan des Villenkomplexes (Dietz u.a. [1995] 345).*

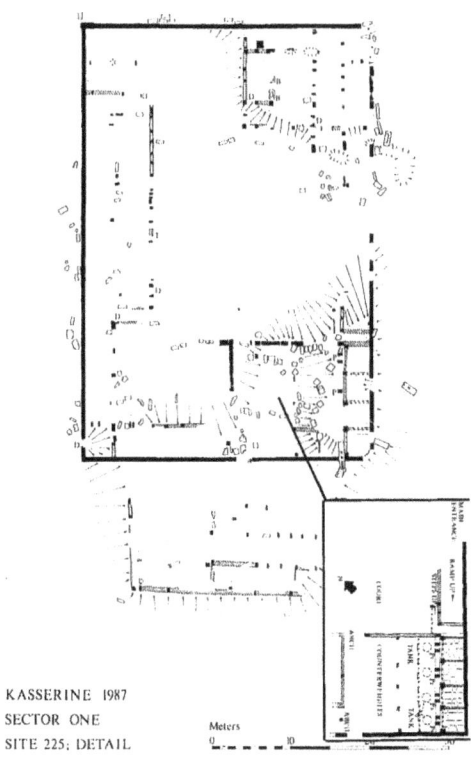

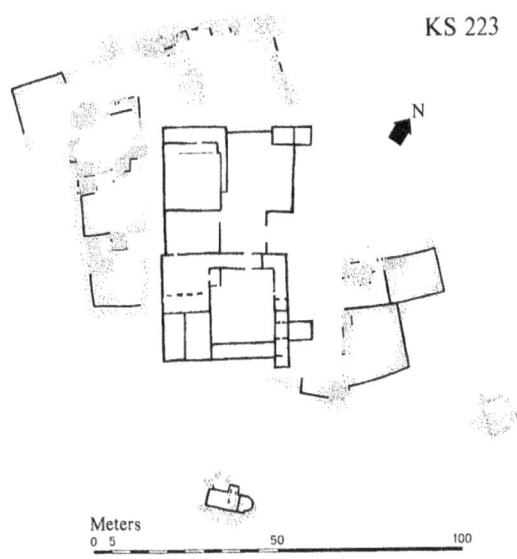

*K 1 Steinplan der Villa; rechts unten: Umzeichnung des Produktionstraktes (nach: Hitchner (1990) 3+13).*

**K 2 Henchir et Touil (KS 223)**
Villa rustica mit Produktionsanlagen

Lage: Der Fundplatz befindet sich im südlichen Umland von Kasserine/Cillium in Henchir et Touil nordwestlich des Djebel Selloum.

Beschreibung: Die in *opus africanum*- Mauerwerk errichtete Villa besteht aus einem zentralen Hauptgebäude und mehreren sich darum gruppierenden Strukturen, deren genaue Funktion unklar bleiben muss. Den Haupttrakt, welcher den südlicheren Teil des Hauptgebäudes umfasst und 36 m x 28 m groß ist, betritt man durch den Haupteingang im Osten. Im Zentrum befindet sich ein Innenhof, um den sich die einzelnen Räume gruppieren. In der SW-Ecke sind die Reste einer Olivenproduktionsanlage zu sehen. Nördlich des Haupttraktes ist in einer späteren Phase ein Vorgebäude an das Hauptgebäude angebaut worden, über das man nun Zutritt durch einen monumentalen Eingang hatte. Die zwei quadratischen Vorsprünge an der Westseite des Hauptgebäude können als Türme einer monumentalen Fassade interpretiert werden, wie es z.B. in Nador der Fall ist. Über die beiden anderen Nebengebäude im Osten und Süden (evtl. eine kleine Thermenanlage) ist bislang nichts bekannt.

Datierung: Die Oberflächenfunde datieren vom 2. bis ins 4. Jh. n. Chr.

Literatur: Hitchner (1990) 231-255; Hitchner (1994) 35-37.

*K 2 Grundriss der Villa und der sich darum gruppierenden Strukturen (nach: Hitchner [1990] 5+7).*

**K3 Henchir Rebta (KS 060)**
Villa rustica mit Produktionsanlagen

Lage: Die Villa befindet sich im westlichen Suburbium von Kasserine und ist unter dem Namen Henchir Rebta bekannt.

Beschreibung: Die Villa erstreckt sich über eine Fläche von ca. 2, 5 ha auf der Nordseite eines kleinen Oued. Sie besteht aus zwei verbunden rechteckigen Strukturen, dessen zentrale Innenhöfe miteinander verbunden sind. In der SO-Ecke befindet sich die Olivenproduktionsanlage (Olivenpresse), in dessen NW-Ecke ein Bassin erhalten ist. Der Fußboden besteht aus *opus signinum*. Wenn der südliche Teil dem Produktionstrakt vorbehalten war, könnte es sich bei den nordöstlichen Raumeinheiten um den Wohntrakt gehandelt haben.

Datierung: Die Oberflächenfunde datieren ins 2. Jh. n. Chr. und zeigen eine Kontinuität bis ins 6. Jh. n. Chr.

Literatur: Hitchner (1988) 36-37.

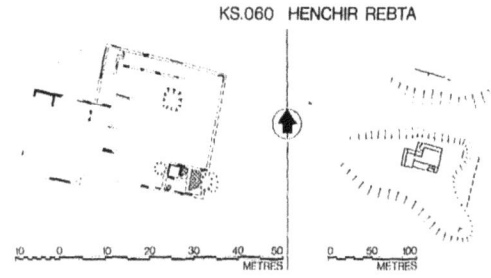

*K 3 Steinplan und Grundriss der Villa (Hitchner [1988] Abb. 21).*

## K 4 Henchir Misra 040, Henchir Gouss 041 und 042
*3 Villae rusticae* mit Produktionsanlagen

Lage: Die Villen liegen im westlichen Umland von Kasserine in unmittelbarer Nähe zueinander.

Beschreibung: Die Villen zeichnen sich durch einen rechteckigen Grundriss aus. Im Zentrum befindet sich jeweils ein Innenhof, um den sich mehrere Räume anordnen. In 041 und 046 sind Olivenpressen und Gegengewichte gefunden worden. Aufgrund mangelnder Erschließung können zur Interpretation der einzelnen Raumeinheiten keine weiteren Angaben gemacht werden.

Datierung: Die Oberflächenfunde weisen eine Kontinuität vom 3 Jh. bis ins 7. Jh. n. Chr. auf.

Literatur: Hitchner (1988) 37; Hitchner (1995) 153-157.

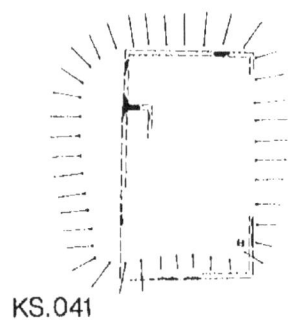

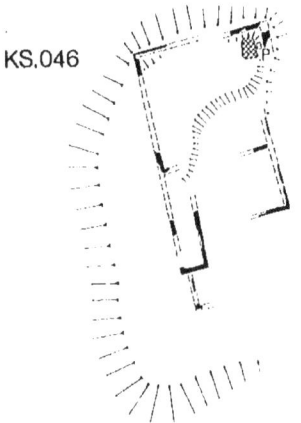

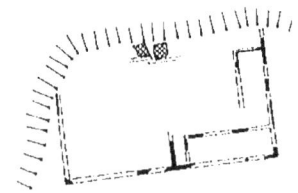

*K 4 Grundrisse der drei Anlagen (Hitchner [1988] Abb.4)*

## 3. 3 Übriges Tunesien (T)

### T 1 Taparura/Sfax – 'Maison des Oceans'
*Villa urbana*

Lage: Die Villa liegt ca. 7 km nordwestlich der Stadt Sfax an der Straße nach Tébessa und ist auch als 'Villa des Ennius' bekannt.

Beschreibung: Die Villa ist nur zum Teil erschlossen; es sind Teile des zentralen Wohntraktes in *opus incertum* mit einem größeren apsidialen Saal im Zentrum ergraben. Sowohl im W als auch im S schließen sich mehrere Räume von unterschiedlicher Größe an. Die Raumgruppen im S und SO öffnen sich nach außen, eventuell auf einen Hof. Die Räume sind mit prächtigen Mosaiken ausgestattet, was auf die privilegierte *pars urbana* der Villa schließen lässt. Im O schließt sich ein Innenhof an, der im Norden von mehreren kleinen Räumen bescheidener Ausstattung umgeben ist. Hierbei wird es sich wohl um den Produktions- oder Wirtschaftstrakt *(pars rustica)* gehandelt haben. Im Osten, ziemlich abseits des Wohntraktes, ist bei der Ausgrabung ein weiterer Raum zu Tage gekommen, der aufgrund der U-Form seines Mosaikdekors als Triklinium gedeutet werden kann. Die Verbindung dieser beiden Komplexe ist aufgrund mangelnder Erschließung aber nicht nachzuvollziehen.

Der Apsidensaal sowie die sich im Westen anschließenden Räume besitzen Mosaiken mit geometrischem Dekor. Mit figürlichem Dekor waren der Raum 2 (mit einer Darstellung eines Dichters, der von Musen umgeben ist), Raum 4 (mit einer Darstellung des trunkenen Herakles) und das Triklinium mit einer marinen Thematik (Fische, Meerwesen) ausgestattet.

Datierung: Die Datierung erfolgt nur aufgrund der stilistischen Einordnung der Mosaiken, da andere Indizien fehlen. Die Mosaiken werden in das fortgeschrittene 3. oder frühe 4. Jh. n. Chr. datiert.

Literatur: Fendri (1963) 3-12; Yacoub (1966) 43, 49; Picard (1968) 123-124; Parrish (1984) 218-220; Muth (1998) 380-381.

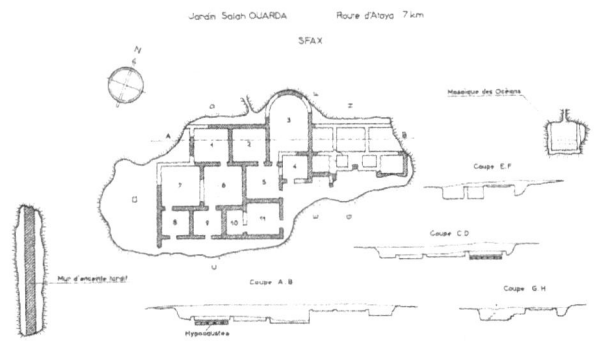

*T 1 Grundriss der Villa (Fendri [1963] Taf. 2)*

*T 1 Mosaik aus dem Triklinium der Villa (Sfax, Musée, Inv. M 11: Foto d. Verf.)*

**T 2 Djerba - KO50**
*'Villa rustica'* mit Produktionsanlagen

Lage: Die Villa liegt im südöstlichen Teil der Insel Djerba nördlich von Meninx.

Beschreibung: Die Überreste der noch nicht ergrabenen Villa ergeben mit Hilfe des Geophysikbildes einen rechteckigen Grundriss von 46 m Seitenlänge und 26 m Breite (=ca. 1200 m$^2$). Im Zentrum der Villa befindet sich ein Innenhof, um den sich an allen Seiten mehrere Räume gruppieren. Im Süden der Anlage sind mehrere vereinzelte Strukturen zu erkennen, deren Verhältnis zur Villa jedoch aufgrund der bislang nicht erfolgten Ausgrabung nicht zu deuten ist. Es könnte sich aber um einen Produktionstrakt für Wein-, und/oder Olivenölproduktion gehandelt haben. Sicher zu erkennen sind auf dem Geophysikbild mehrere Töpferöfen für die Herstellung von Amphoren, von denen zahlreiche Scherben an der Oberfläche liegen.

Datierung: Die Oberflächenfunde datieren in das frühe 2. Jh. v. Chr. (Schwarzfirniskeramik; Amphora Typus Mau 35).

Literatur: Fentress (2000) 73-85; Fentress (2001) 249-268.

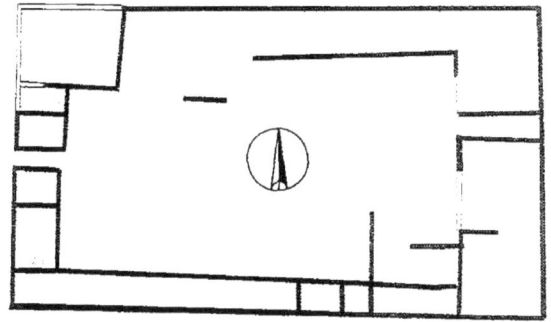

*T 2 Grundriss der Villa (Fentress [2001] 258, Abb. 4.1).*

**T 3 Sidi Ghrib**
*Villa urbana*, Thermen und Produktionstrakt

Lage: Die Villa liegt ca. 35 km südwestlich von Karthago an der antiken Straße, die Karthago mit Dougga verband. Sie wurde auf einem Hügel am Oued Medjerda errichtet, der den Blick auf allen vier Seiten auf die Landschaft freigab.

Beschreibung: Die Villa urbanen Charakters besteht aus einem Villenhauptgebäude und einer Thermenanlage sowie einem weiter südlich gelegenen Produktionstrakt mit Olivenpressen. Während das Thermengebäude vollständig ergraben wurde, ist das Villengebäude, welches in byzantinischer Zeit völlig umgestaltet wurde, nur z. T. erschlossen. Der Haupteingang befindet sich im NO, zwischen Villengebäude und Thermen (1) und führte durch zwei Säulen *in antis* in ein Vestibül (4 m x 6 m) mit Sandsteinplatten. Das Vestibül öffnete sich auf einen 4,75 m x 8,50 m großen Hof, der den Thermentrakt mit dem Villengebäude verband.

Im Zentrum der ca. 25 m x 35 m großen Anlage befindet sich ein weiträumiges Peristyl, in welches in einer späteren (byzantinischen) Nutzungsphase mehrere Bassins als Tiertränken eingebaut worden sind. Der Fußboden ist mit Kalksteinplatten ausgelegt. Um das Peristyl gruppierten sich die einzelnen Wohnräume. Im Süden endete das ursprünglich Peristyl in einer Apsis mit zwei Säulen *in antis*, die mit einem Mosaik mit der Darstellung einer Jagdszene ausgestattet war. In der SO-Ecke des Peristyls befindet sich eine Reihe von Räumen (3), die in byzantinischer Zeit als Produktionstrakt umfunktioniert worden sind und dabei die Säulenstellung des Peristyls mit einbezogen. In einem dieser Räume fand man die Reste eines Mosaikbodens, weiter nördlich ein korinthisches Kapitell. Das Zentrum der Thermenanlage wird durch ein quadratisches *Frigidarium* mit östlichem und westlichen Becken sowie einer Apsis mit innerer Säulenstellung dominiert. Vom *Frigidarium* gelangte man zunächst durch einen langrechteckigen Raum mit Wasserbecken in ein rundes *Tepidarium*. Von hier aus betrat man in Richtung Osten einen weiteren Raum mit einem Becken in einer Apsis und gelangte so weiter in ein sechseckiges *Caldarium* mit zwei seitlichen ovalen Becken. Die großzügige Thermen war reich mit Mosaiken ausgestattet. Neben marinen Szenen wie der Venus Marina sowie Neptun und Amphitrite und ihr Gefolge sind auch Mosaiken mit Toilettenszenen und der Vier Jahreszeiten freigelegt worden.

Starke Scherbenkonzentrationen, die sich etwa 40 m nach Norden und 10 m nach Westen ausdehnen sowie Ziegelschutt und andere Baumaterialien sprechen für weitere Nebengebäude der Villa.

Datierung: Die früheste nachweisbare Phase stammt aus dem 1. Jh. Die sichtbaren Umbauten der Villa sowie der Thermenanlage datieren in byzantinische Zeit. Die Villa wurde um die Mitte des 6. Jhs. n. Chr. verlassen, wahrscheinlich nach der Zerstörung der Villa durch einen Brand.

Literatur: Ennabli (1986) 3-59 ; Ennabli (1994) 207-220; Churchin (1998) 373-384.

*T 3 Grundriss der Villenanlage (Ennabli [1994] Abb. 1).*

## 4. LIBYEN

### 4. 1 Sabratha (SA)

**SA 1 Dehman**
*Villa urbana/maritima*

Lage: Die Villa liegt direkt am Meer in der Dehman - Küstenregion von Sabratha.

Beschreibung: Von der Villa ist so gut wie nichts bekannt. Sie ist zum größten Teil von Sand bedeckt. Der zu sehende Teil erstreckt sich auf ca. 100 m². Die Villa muss mit Mosaiken und Wandmalereinen ausgestattet gewesen sein, wie unzählige Mosaiktesserae und Wandmalereifragmente beweisen, die hier an der Oberfläche liegen. In der Umgebung ist noch ein *opus signinum* Becken zu lokalisieren, dass eventuell zu einer Thermenanlage gehört hat.

Datierung: Es sind keine Angaben zur Datierung vorhanden.

Literatur: Lassère (1977) 314 ; Zenati (1997) 224.

**SA 2**
*villa urbana/maritima* und Mausoleum

Lage: Die Villa befindet sich im östlichen Umland von Sabratha zwischen zwei Kliffs auf einer niedrigen Landspitze an einer Sandsteinküste.

Beschreibung: Die sich entlang der Meeresküste erstreckende Villa wurde 1948 und ist nur z. T. ergraben worden; einige weitere Mauerreste finden sich auf gesamten Landspitze verteilt unter dem Dünensand. Im Osten der Landspitze befinden sich eine Zisterne sowie einige Reste von Strukturen (I), in denen zahlreiche geometrische Mosaike mit sowie Stuck- und Wandmalereifragmente gefunden worden sind. Unter dem Kliff sind viele Fragmente von Säulen und Kapitellen aufgefunden worden, die vermutlich zu einer Portikus gehörten, die auf das Meer ausgerichtet war. Im Westen schließen sich weitere Strukturen mit einer Länge von ca. 43 m und einer Breite von fast 8 m an (II). Am westlichen Ende dieser Struktur ist ein runder Baukörper erkennbar, der als Zisterne interpretiert wird, da hier weder Fragmente von Wandmalerei noch Mosaiktesserae gefunden worden sind.

Direkt anschließend sind die Mauerreste eines Badehauses sichtbar. Nördlich davon (III) sind vier in den Fels gehauene und ca. 1 m tiefe Becken auszumachen, die durch einen Kanal mit dem Meer verbunden sind. Es könnte sich hierbei entweder um Fischbecken oder um eine vom Meerwasser gespeiste Badeanlage handeln. Westlich der Beckenanlage (III) sind von Sand und Wasser bedeckte Gebäudereste zu erkennen (IV). Man kann zwei parallele Mauern erkennen, in deren Zentrum ich ein Durchgang befindet, der in einer Apsis endet, Die Interpretation eines auf das Meer gerichteten Tricliniums wäre denkbar.

Ca. 100 m westlich sind zwei lange Fundamentmauern (V) auszumachen, die die Abtrennungen einzelner Räume erahnen lassen; im östlichen Bereich sind Wandmalereifragmente aufgefunden worden. Nicht weit davon entfernt sind zwei Wasserbecken (VI) gefunden worden, die den Untersuchungen nach als zweites Badehaus interpretiert werden. Im Süden der Villenanlage konnte ein quadratisches Fundament einem Obeliskengrabmonumentes (VII) zugeordnet werden.

Datierung: Anhand der stilistischen Einordnung der Mosaiken und anhand von Oberflächenfunden erfolgt die Datierung in die 2. H. des 2. Jhs. n. Chr.

Literatur: Alcock (1950) 92-100; Graen (2008) 489f.

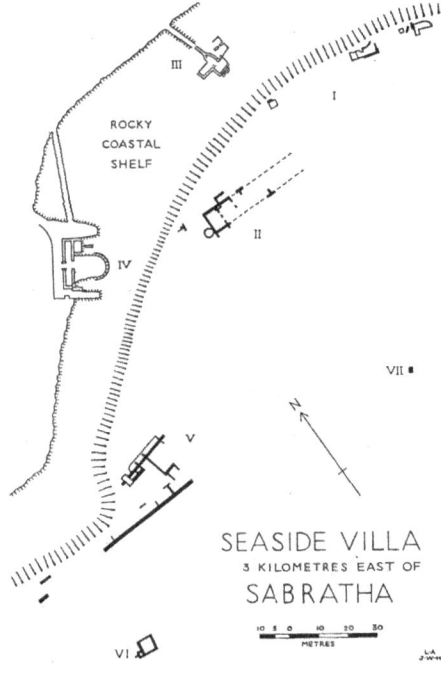

*SA 2 Lageplan der auf der Landspitze verteilten Ruinen der Villa (Alcock [1950] Abb. 2).*

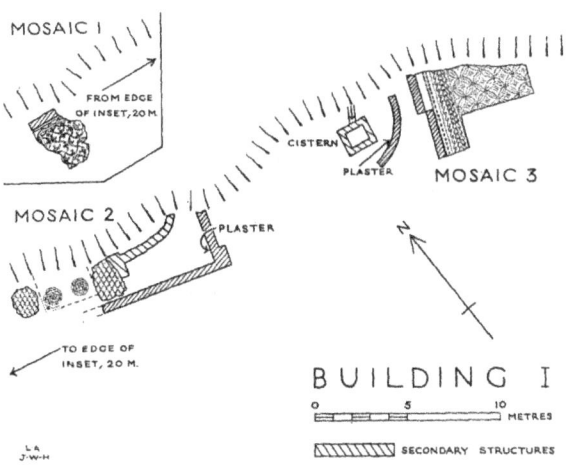

*SA 2 Bereich I der Villa mit Mosaikfunden (Alcock [1950] Abb. 3).*

## Oea /Tripolis (O)

### O 1 'Villa di Gurgi'
*villa urbana*

Lage: Die Villa liegt ca. 4, 5 km südwestlich der Stadt Oea (Tripolis) nahe der Oase Suáni-Gurgi.

Beschreibung: Von der Villa ist nur ein Teil des zentralen Wohntraktes ergraben, daher ist die Raumstruktur im einzelnen unklar. Der zentrale Wohnbereich umfasst einen Korridor mit mehreren Raumstrukturen. Im Zentrum des Korridors liegt ein 5 m x 6,50 m großer Repräsentationsraum, der sich im Norden auf einen Innenhof öffnet. Da dieser Raum die charakteristische U-Form der Fußbodendekoration aufweist, scheint die Identifikation eines Trikliniums sicher. Östlich folgen mehrere unterschiedlich große Räume, deren Funktion nicht zu klären ist.
Einer weiterer, jedoch kleinerer Raum mit U-förmiger Fußbodendekoration befindet sich in der NW-Ecke. Ihm folgen zwei weitere Räume, deren Funktion einstweilen ebenfalls nicht zu identifizieren ist. Alle ergrabenen Räume sind mit Mosaiken ausgestattet, meist mit geometrischem Dekor. Doch auch figürliche Mosaiken befinden sich im Triklinium und in dem kleinen Raum in der NW-Ecke. Das Mosaik des kleinen Raumes in der NW-Ecke besteht aus einem geometrischen Dekor mit einem zentralen Emblem, auf dem eine Fischerszene mit Meerestieren dargestellt ist. Im Repräsentationsraum (Triklinium) befindet sich im zentralen Feld zwischen den Klinenstellflächen ein geometrisches Rapportmuster mit drei zum Eingang hin ausgerichteten Emblemata. Das vordere besteht aus einem geometrischen Dekor, das zweite ist eine Xenia-Darstellung, und das dritte zeigt Theseus und Ariadne im Kampf gegen den Minotaurus.

Datierung: Der Stil der Mosaiken datiert in die Zeit des späten 2. bis in die 1. Hälfte des 3. Jh. hin und geht mit dem baulichen Befund konform.

Literatur: Bartoccini (1928-29) 94-101; Aurigemma (1929) 246-261; Aurigemma (1960) 41-42; Rebuffat (1974) I, 459; Muth (1998) 380-381.

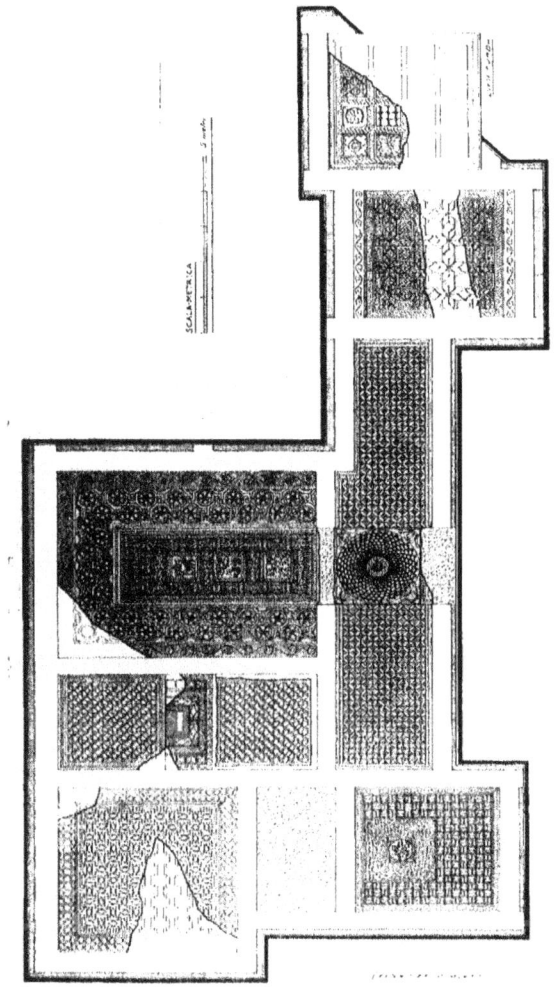

*O 1 Grundriss und Mosaikplan der Villa (Bartoccini [1928-29] 96 Abb. 28).*

*O1 Mosaik mit Darstellung des Theseus und der Ariadne im Kampf gegen den Minotaurus (Tripolis, Museum; Aurigemma [1960], Taf. 65).*

## O 2 Tagiura – 'Villa Gara delle Nereidi'
*villa urbana/maritima*

Lage: Die Villa liegt 29 km östlich von Tripolis/Oea direkt am Meer in der Ortschaft Tagiura.

Beschreibung: Die 1964 entdeckte Villa erhebt sich auf zwei Terrassen direkt am Meer. Auf der unteren Terrasse erstreckt sich das Villengebäude, auf der Oberen eine durch eine Kryptoportikus mit dem Hauptgebäude verbundene Thermenanlage. Von der Kryptoportikus gelangt man über einen schmalen Gang und eine Treppe in den Teil der Anlage, die direkt am Meer liegt. Sondagen an mehreren Stellen haben ergeben, dass sie auf einem ehemaligen Steinbruch errichtet wurde, den man für die Errichtung der Villa mit Sand verfüllte, um eine Ebene zu erhalten. Man betritt ein durch eine Portikus das Peristyl, in deren NW-Ecke sich ein kleines mit Marmorplatten ausgekleidetes Nymphäum befindet, welches auf das Triklinium mit zwei Säulen *in antis* ausgerichtet ist, dass auf der Südseite des Hofes liegt. In der NO-Ecke sind noch die Reste eines Brunnens zu erkennen. Wie sich das Peristyl in Richtung Norden weiter erstreckte, kann nicht mehr geklärt werden, da durch die Meereserosion Teile der Villa abgetragen worden sind. Neben dem Triklinium sind noch weitere Räume – *cubicula* (14) und ein weiteres Triklinium – in einer Reihe parallel zur Kryptoportikus angeordnet, die sich nach Norden auf das Peristyl öffnen. Die Zimmer sind z. T. in den Felsen eingearbeitet und nach oben aufgemauert. Hinter dieser Raumgruppe befinden sich weitere Zimmer, die ganz in den Felsen eingearbeitet sind. Alle Räume besitzen meist geometrische Schwarz-Weiß-, aber auch polychrome Mosaikfußböden und, wie im Fall des Tripkliniums (21), Marmorbelag im Zentrum des Raumes.

Östlich des Peristyls gelangt man über einen Vorraum in ein *tablinum*, welches sich auf ein weiteres Peristyl öffnet. Auf dieses öffnen sich im Süden ein langer Korridor mit Sitzbänken.

Die Kryptoportikus ist an beiden Enden mit einer Apsis ausgestattet, in denen Basen für Statuen standen. Beide Apsiden sowie der gesamte Gang zeigen Wandmalerei: im unteren Teil eine Orthostatenzone, u.a. mit Marmorimitation; darüber schließt eine Stuckfaszie an, die geometrisch, aber auch figürlich verziert ist. Darauf folgen wieder eine Orthostatenzone und ein weiterer Stuckabschluss.

Südlich der Kryptoportikus, auf der höher gelegeneren Terrasse, schließt sich der Thermentrakt an. Man betritt ihn im SO durch einen kleinen Eingangsbereich, der auf eine Raumgruppe mit Bänken auf drei Seiten führt (15, 19, 18). Der größte dieser Räume, in dessen Zentrum sich ein Kanal befindet, fungierte wohl als *apodyterium*. Das Mosaik mit wetteifernden Nereiden, welches diesen Saal schmückt, gab der Villa ihren Namen. Westlich schließt sich nun das *frigidarium* mit zwei Becken an: ein halbrundes und ein rechteckiges. Den Fußboden schmückt ein weiß-graues Mosaikpaviment. Anschließend gelangt man in die Warmbadebereiche; rechts in das *tepidarium* (26), links in das *caldarium* mit einer Apsis (24). Verbunden sind beide Badebereiche durch ein *laconicum* in der Mitte. Im Westen der Thermen schließen sich das *praefurnium* und zwei Wasservorratsbecken für die Anlage an. In einer zweiten Bauphase gelangte man nicht mehr vom *frigidarium* in das *caldarium*, der Zugang wurde geschlossen, man musste zunächst das *tepidarium* passieren. Ein weiteres Warmwasserbecken kam westlich des Eingangsbereiches dazu.

Datierung: Über Ziegelstempel ist die Bauzeit der Villa zwischen 157 und 161 n. Chr. einzugrenzen. Die Mosaike der ersten Phase konnten stilistisch in die Mitte des 2. Jhs., die der zweiten Phase an den Anfang des 3. Jhs. n. Chr. datiert werden. Die in den Fundamenten einer späteren Bebauung über dem *praefurnium* der Thermenanlage gefundenen Münzen des 4. Jhs. n. Chr. belegen eine Nutzung der Villa mindestens bis in diese Zeit.

Literatur: Di Vita (1966); Romanelli (1970) 252-254; Salza Prina Ricotti (1972-1973) 75-84; Picard (1986) 143; Lafon (2001) 469.

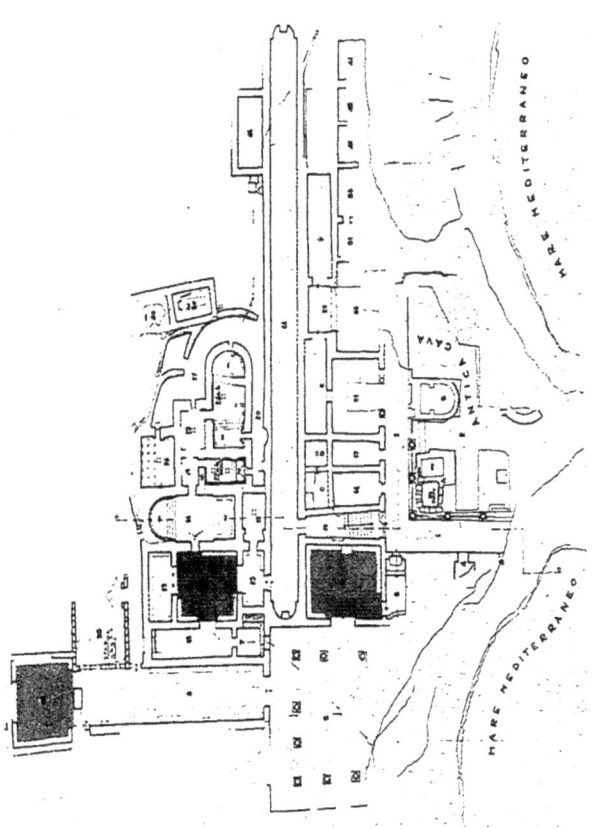

*O 2 Grundriss der Villa (Di Vita [1966] Taf. XV).*

*O 2 Ansicht der Villa von Süden auf die ambulatio und den Wohntrakt, im Vordergrund die Thermenanlage (Di Vita [1966] Taf. IIb).*

*O2 Blick auf das Peristyl und das cubiculum in SO-Ecke (Di Vita [1966] Taf. IXa).*

*O 2 Ansicht des Peristyls mit Mosaikfußboden (Di Vita [1966] Taf. IIIa).*

**O 3 Sidi el-Andulsi (Region Tagiura)**
*Villa urbana/maritima*

Lage: Die Villa liegt 15, 5 km östlich von Oea/Tripolis in der Nähe von Sidi el-Andulsi in der Region von Tagiura.

Beschreibung: Von der 1922 entdeckten Villa ist nur ein kleiner Teil ergraben. Zu sehen ist ein 19, 23 m langer Korridor im Süden, der sich im rechten Winkel an der SW-Ecke nach Norden in etwa derselben Länge erstreckt. Hier schließen sich im Westen drei Räume an, von denen der erste 5, 02 x 4, 43 m groß ist, die sich zum Korridor hin öffnen. Die Fußböden waren mit polychromen Mosaiken geometrischen Dekors ausgestattet, die Türschwelle des ersten Raumes zierte die Darstellung eines Kraters.

Datierung: Zur Datierung sind keine Angaben vorhanden.

Literatur: Bartoccini (1927) 220-223; Aurigemma (1960) 34-35.

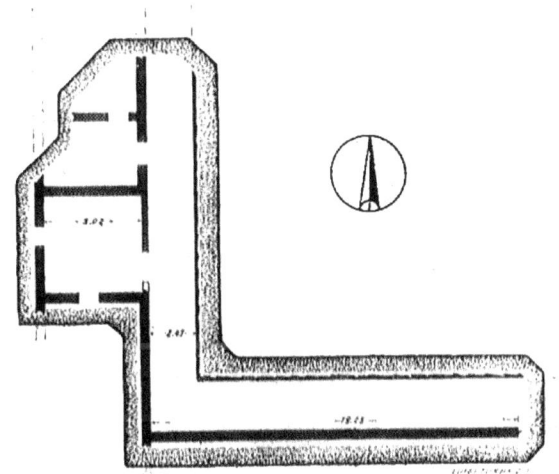

*O 3 Grundriss des ergrabenen Bereiches der Villa (Bartoccini [192], 220).*

*O 3 Mosaik der Türschwelle (Aurigemma [1960] Taf. 52)*

## O 4 Gargàresc
*Villa urbana/maritima* (?)

Lage: Die Villa liegt nicht weit vom Meer, etwa 500 m östlich von der ehemaligen osmanischen Festung entfernt, im Umland von Oea/Tripolis.

Beschreibung: Über die 1915 bei Militärarbeiten entdeckte Villa ist nur wenig bekannt. Ergraben sind nur einige Strukturen mit Mosaikpavimenten mit geometrischem Dekor. Mauerreste sind nur an einer Stelle im Zentrum erhalten. Zu sehen zwei langrechteckige Räume können mit einheitlichem geometrischem Dekor, die als Flure oder Korridore gedeutet werden, sowie zwei Räume mit unterschiedlichen Mosaikfeldern, bei denen im Zentrum ein anderes Muster vorherrscht. Sie können als Empfangsäle oder Triklinia interpretiert werden. Doch aufgrund mangelnder Erschließung kann eine genaue Interpretation der einzelnen Kompartimente nicht gegeben werden.

Datierung: Angaben zur Datierung sind aufgrund mangelnder Erschließung nicht vorhanden.

Literatur: Romanelli (1915) 35-38; Aurigemma (1960) 39-40.

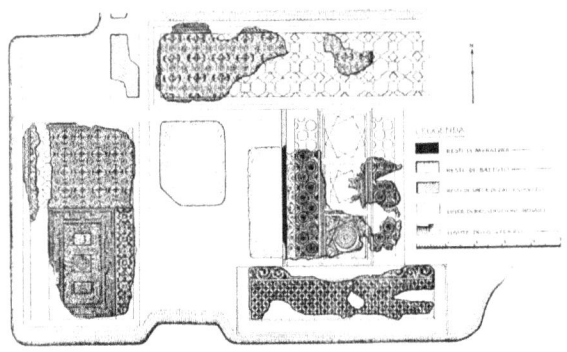

*O 4 Plan der ergrabenen Mosaikpavimente (Aurigemma [1960] Taf.59).*

## O 5 Ain Zàra
*Villa urbana*

Lage: Die Fundstelle befindet sich ca. 10 km süd/südöstlich von Tripolis in der Region Ain Zàra auf einer leichten Erhebung.

Beschreibung: Die 1911 freigelegten Reste eines Mosaikfußbodens gehören wahrscheinlich zu einer Villa, die sich zahlreich im Umland von Tripolis finden. Das Paviment ist 6,75 m x 5,80 m groß und besitzt geometrischen Dekor. Der zentrale Teil des Fußbodens besteht aus einem Rechteck, welches sich wiederum in neun kleinere Quadrate, ebenfalls mit geometrischem Dekor, aufteilt. Das größere Quadrat beinhaltete ein rundes Emblem, welches von Lorbeerblättern eingefasst war. Im Zentrum dessen befand sich ein figürliches Motiv, welches nicht mehr mit absoluter Sicherheit identifiziert werden kann. Die Reste lassen jedoch eine Interpretation als Meerwesen zu. Gerahmt war der Lorbeerkranz von stilisierten Kratern an allen vier Ecken.

Datierung: Angaben zur Datierung sind aufgrund mangelnder Erschließung nicht vorhanden.

Literatur: Paribeni (1912) 75-77; Aurigemma (1960) 35-37.

*O 5 Ansicht des freigelegten Mosaiks (Aurigemma [1960] Taf. 53).*

*O 5 Details des Fußbodens (Aurigemma [1960] Taf. 54).*

## O 6 Bag eg-Gedid
*Villa urbana/maritima*

Lage: Der Fundplatz liegt westlich der Stadt Tripolis zwischen der Stadtmauer und dem Meer.

Beschreibung: Im Jahre 1914 entdeckte man einen Komplex, ausgestattet mit Mosaiken, der zu einer Villa gehören muss. Ergraben sind vier Räume, alle mit Mosaiken mit geometrischem Dekor. Der größte Raum mit einer Breite von 4,90 m und einer Länge von ca. 7 m besaß zudem eine Mosaikausstattung mit Xenia-Darstellungen. Auf einer dieser Darstellungen sieht man Weinreben, einen Korb Feigen, drei Rebhühner und im unteren Teil eine Gazelle.

Datierung: Es sind keine Angaben zur außerstilistischen Datierung vorhanden. Die Mosaiken werden ins 1. bis 2. Jh. n. Chr. datiert.

Literatur: Romanelli (1916) 301-364; Aurigemma (1960) 30-32.

## 4. 3 Leptis Magna (LM)

### LM 1 Silin – 'Villa du Taureau'
*Villa urbana/maritima*

Lage : Die Villa liegt in der für Villen bevorzugten Region 'cabila' (Silin) ca. 15 km westlich von Leptis Magna und des Oued Iala direkt am Meer.

Beschreibung: Die Villa wurde 1974 entdeckt und ergraben. Beherrscht wird der Haupttrakt von einer großen rechteckigen Raumeinheit, die im Süden aus einem 24 m x 18 m großen ummauerten Hof mit einer Apsis und im Norden aus einer dreiseitigen Portikus besteht. Getrennt werden diese beiden Teile durch eine Raumgruppe, bestehend aus vier Räumen mit Mosaikfußböden, in deren Zentrum sich ein Durchgang befindet, welcher sich auf die dreiseitige Portikus hin mit zwei Säulen *in antis* öffnet (12). Östlich und westlich schließen sich weitere Raumgruppen parallel an, die risalitartig nach Norden vorspringen. Die Raumeinheit im W besteht insgesamt aus sieben größeren und kleineren Räumen. Die zwei größten fallen wegen ihrer Architektur auf, da der südliche eine Viersäulenstellung und ein 2,60 m x 2,60 m großes Wasserbecken im Zentrum aufweist (1) und daher als Atrium interpretiert wird. Der andere zeichnet sich durch vier Nischen aus und wird deshalb als Bibliothek bezeichnet (8). Auf das Atrium öffnet sich im Westen ein Raum, der aufgrund seiner Mosaikdekoration als Triklinium gedeutet werden kann (5). Das Mosaik besitzt geometrischen Dekor, und im Zentrum befindet sich eine Darstellung des von Weinranken umschlungenen Lykurgos. Die beiden Räume südlich des Atriums weisen die aufwändigste Mosaikdekoration auf. Der Raum, der sich direkt auf das Atrium öffnet (2), zeigt im Zentrum eines geometrischen Motivs eine detailgetreue Darstellung eines Wagenrennens in einem Circus. Im Süden dieser Raumgruppen befindet sich ein größerer Saal mit einer halbrunden Apsis und drei Säulen *in antis*, der wohl als Repräsentations- oder Empfangsraum gedeutet werden kann. Die andere Raumeinheit im Osten besteht aus insgesamt sechs Räumen, von denen sich zwei auf die dreiseitige Portikus öffnen (15, 16). Westlich schließt sich ein Trakt an, dessen Funktion nicht erkennbar ist. Er besteht aus einem oktogonalen Baukörper im Zentrum (43), um den sich mehrere Räume verschiedenster Grundrisse kreisförmig gruppieren. Weitere Räume schließen sich unregelmäßig auf allen Seiten an. Südlich dieser Partie ist ein rechteckiger Raum mit einer nach Süden gerichteten Apsis erkennbar. Im Westen ist eine weitere Raumgruppe sichtbar mit einer nach Norden auf die Küste gerichteter Portikus.

Datierung: Die Villa datiert nach der stilistischen Analyse der Mosaike in das 1. Viertel des 3. Jhs. n. Chr.

Literatur: Mahjub (1983) 299-306; Picard (1985) 227-241; Lafon (2001) 469.

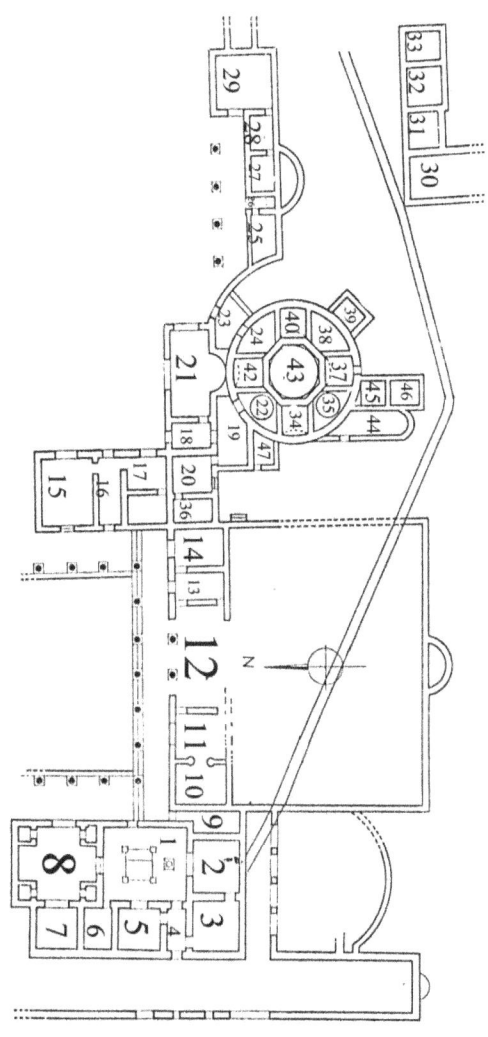

*LM 1 Grundriss der Villa urbana/maritima (Picard [1985] 229 Abb. 1).*

### LM 2 Silin – 'Villa dell'Odeon Marittimo'
*Villa urbana/maritima*

Lage: Die *villa urbana/maritima* liegt im westlichen Umland von Leptis Magna in der für Meervillen bevorzugten Region Silin. Sie wurde mit der Fassade zum Meer hin auf einem felsigen Kap erbaut.

Beschreibung: Beherrscht wird die Villa wird von einer elfsäuligen Portikus (s. Plan Nr. 14), die an beiden Längsseiten von risalitartig vorspringenden halboktogonalen Baukörpern (15, 16) begrenzt wird, die auf das Meer gerichtet sind. Südlich der Portikus schließt sich auf ganzer Länge eine weitere Portikus oder ein langer Korridor an (13) mit 57,16 m Länge und 3,10 Breite an, die sich auf eine Reihe von unterschiedlich großen Räumen, vielleicht den Wohntrakt, öffnet.

Nördlich der Portikus befindet sich der charakteristischste Teil der Villa, der ihr den heutigen Rufnamen gab. In einen alten Steinbruch, der nicht völlig abgearbeitet ist, wurde ein zwölfstufiges Odeon (21) mit einem Durchmesser von 14 m in einer Achse zur Villa eingebaut. Östlich des Odeons befindet sich ein in den Fels eingearbeitetes 2,50 m tiefes Becken (22) mit den Maßen von ca. 14 x 9 m. Da es nur wenige Zentimeter von Meer entfernt ist und als Zisterne unbrauchbar wäre, könnte es sich um ein Fischzuchtbecken handeln. Der ganze südliche Teil hinter dem Wohntrakt ist fast gänzlich zerstört. Die Reste der *opus africanum*-Orthostaten erlauben jedoch eine Erstellung eines Grundrisses von 51,5 x 103 m Ausdehnung. Es könnte sich aufgrund der Länge um eine zweite Portikus oder auch Kryptoportikus handeln. Ca. 160 m südlich, am Flussbett des Wadi, sind weitere Strukturen sowohl aus *opus africanum* als auch aus Mauerwerk aus großen einheitlichen Steinquadern (25, 26, 27, 28) erkennbar, die zum Thermengebäude der Villa gehören. Der westlichste Raum aus *opus africanum* war mit einem rechteckigem Becken mit abgerundeten Ecken ausgestattet (28). Um die Villa herum sind außerdem Reste dreier Öfen (29, 30, 31) mit Kalkresten zu lokalisieren. Das erklärt auch, dass von der Ausstattung der Villa nur wenig geblieben ist. Der Marmor wurde in späterer Zeit zu Kalk verbrannt. Nur vereinzelte Marmorfragmente und ein Teil einer Säule aus *marmo grigio* sind noch übrig, außerdem haben sich ein Sandsteinkapitell aus einem der halboktogonalen Baukörper und eine Sandsteinsäule aus dem Fischbecken erhalten. Aber auch zahlreiche Fragmente von Wandmalerei mit Marmorimitation und polychrome sowie s/w Mosaikreste im westlichen halboktogonalen Raum zeugen von einer gehobeneren Ausstattung.

Westlich des Villenhauptgebäudes befindet sich noch ein kleiner künstlicher Hafen mit Anlegestellen für Boote und kleinere Schiffe.

Datierung: Die Villa datiert aufgrund der Funde und ihrer Bauweise ins 1. Jh. n. Chr. Das Vorkommen spätantiker Münzen zeugt von einer Nutzung bis in die Spätantike.

Literatur: Salza Prina Ricotti 1968-70, 21-32; Salza Prina Ricotti (1970-71) 135-163; Salza Prina Ricotti (1972-73) 75-84; Lassère (1977) 314; Picard (1985) 227-228; Lafon (2001) 463-469.

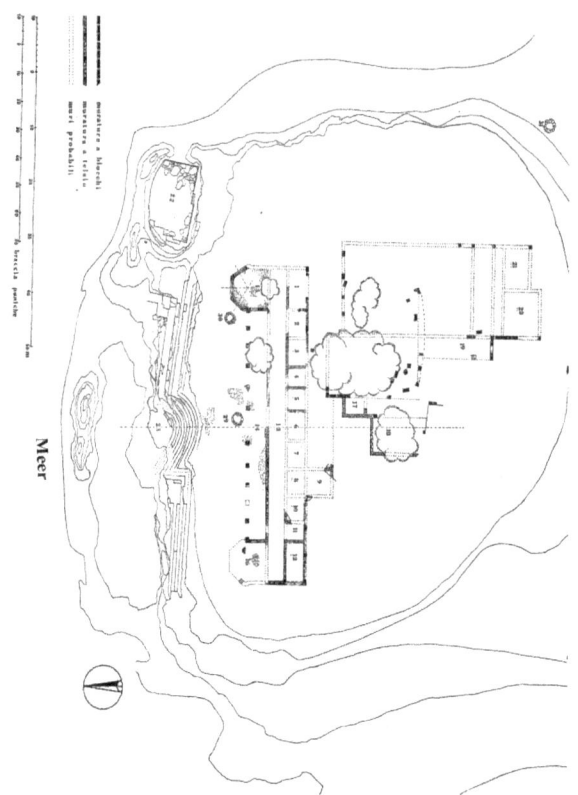

*LM 2 Grundriss der Villa (Salza Prina Ricotti [1970-71] Taf. 1).*

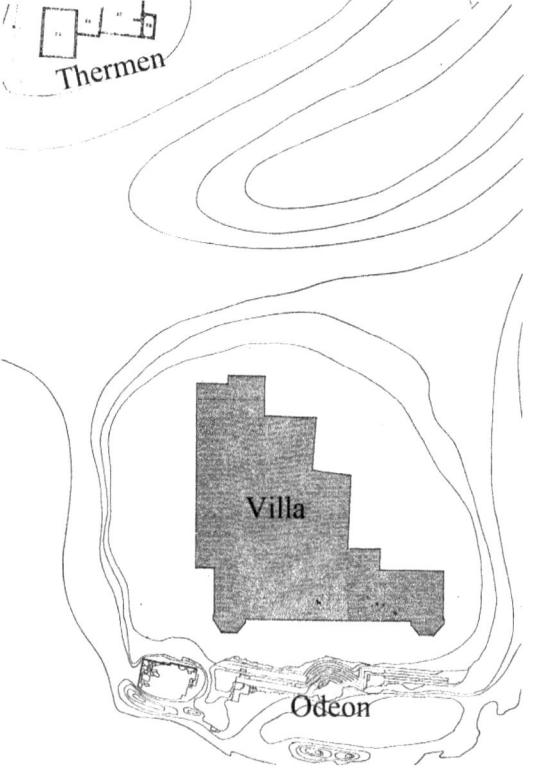

*LM 2 Lageplan der Villa und Thermenanlage (Salza Prina Ricotti [1970-71] Taf. 2).*

*LM 2 Rekonstruktion der villa urbana/maritima (Salza Prina Ricotti [1970-71] Abb. 2a+b)*

**LM 3 Silin – 'Villa del piccolo Circo'**
*Villa urbana/maritima*

Lage: Die Villa liegt ca. 2 km westlich der 'Villa dell'Odeon marittimo' (LM 2) im Umland von Leptis Magna in der für Villen beliebten Region 'cabila' (Silin) direkt am Meer.

Beschreibung: Die in *opus africanum* errichtete Villa ist terrassenförmig auf unterschiedlichen Niveaus angelegt. Sie nimmt eine Fläche von 300 m x 100 m auf einem Kap ein. Die Villa besteht aus zwei separaten Teilen: einem Trakt auf der gesamten Fläche des Kaps und aus einem Trakt im Südosten etwas weiter vom Meer entfernt. Dieser Teil der Villa, der aufgrund mangelnder archäologischer Erschließung und Erdrutsch nur schemenhaft bekannt ist, besitzt einen rechteckigen Grundriss. Im Inneren befand sich ein säulenumstandener Innenhof, um den sich die einzelnen Räume gruppierten. Die Reste von Marmorinkrustation aus rotem Porphyr zeugen von einem hohen Ausstattungsstandard. Aufgrund der vor dem Meer geschützten Lage wird dieser Teil als Winterresidenz interpretiert. Nördlich lassen sich einige Mauerstrukturen fassen, die Bezug zur „Winterresidenz" nehmen. Es ergeben sich drei Raumeinheiten, davon zwei kleinere Korridore, die als Bedienstetentrakt gedeutet werden. Der nördliche Teil der Villa wird als Sommerresidenz interpretiert. Der Linie des Kaps folgen im Osten einige im rechten Winkel angeordnete Raumstrukturen (c, d). Der nordwestlichste dieser Räume (d) besitzt eine Mauerstärke von ca. 1,20 m und lässt den Schluss zu, dass er mehrere Etagen gehabt haben muss. Mit seiner Größe von 6,43 m x 7,46 m könnte man hier an einen Turm denken. Weiter westlich sind die Reste von Säulenbasen zu erkennen, die aufgrund ihres quadratischen Grundrisses an ein Peristyl erinnern lassen. An das Peristyl schließen sich weitere undefinierbare offene Mauerstrukturen an (p). Das Zentrum des nördlichen Villenkomplexes wird von einer 20 m x 15,96 m großen Struktur dominiert, die einen quadratischen Grundriss mit halbrundem Abschluss und einer Exedra im Norden aufweist. Hierbei könnte es sich um einen Repräsentationsraum mit Blick auf das Meer gehandelt haben (e). Der Eingang dieses Raumes befindet sich im Osten und ist noch durch zwei Säulen *in antis* markiert. Südlich schließt sich eine Reihe von Räumen desselben Grundriss an, die sich auf das *viridarium* (e) öffnen. Parallel dazu folgt im Süden eine 30 m lange Kryptoportikus (l), die sich auf weitere Wohnräume öffnete. Im Westen befindet sich ebenfalls ein Serie von Räumen, die an das *viridarium* anschließen. Darauf folgt im Westen ein Raumkomplex, von dem sich in einem der Räume noch das *praefurnium in situ* befindet (f) und deshalb als Thermentrakt interpretiert wird. Darauf folgt der Teil der Villa, dem sie ihren heutigen Namen verdankt (g). Der 'kleine Zirkus' mit einer Länge von 85,21 m und einer Breite von 23,41 m besitzt im Inneren eine Spina von fast 6 m Breite und 70 m Länge, die in zwei halbrunden Wasserbecken endet. Ein anderes Wasserbecken (3,60 m x 4,40 m) befindet sich nicht ganz im Zentrum der Spina. Diese Anlage in Verbindung mit den Thermen war eventuell für gymnische Agone oder aber als Gartenanlage (vgl. Gartenstadion des Domitian auf dem Palatin) gedacht und weniger für Wagenrennen. Der 'Zirkus' verbindet den Thermentrakt mit einer isolierten Raumeinheit an höchster Stelle des Kaps (h) an einem Felsvorsprung, der sich 15 m über dem Meer befindet. Die Fundamente einer Treppe (i) deuten auf mehrere Geschosse. Außer der Marmorinkrustation der 'Winterresidenz' haben sich noch zahlreiche Wandmalereifragmente, drei Sandsteinsäulen und ein Sandsteinkapitell in und um das *viridarium* (e) erhalten. Im Thermentrakt (f) und auf der Plattform an höchster Stelle (h) fand man neben Wandmalereifragmenten zudem s/w sowie polychrome Mosaike mit geometrischem und floralem Dekor.

Datierung: Die Villa wird in die frühe Kaiserzeit datiert.

Literatur: Salza Prina Ricotti (1968-70) 21-32; Salza Prina Ricotti (1970-71) 135-163; Salza Prina Ricotti (1972-1973) 75-84; Picard 1985, 227-228; Lafon (2001) 463.

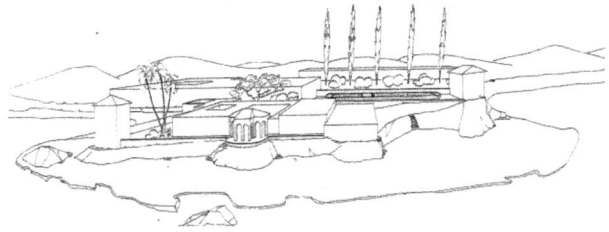

*LM 3 Rekonstruktion der Villa (Salza Prina Ricotti (1970-1971) Abb. 12).*

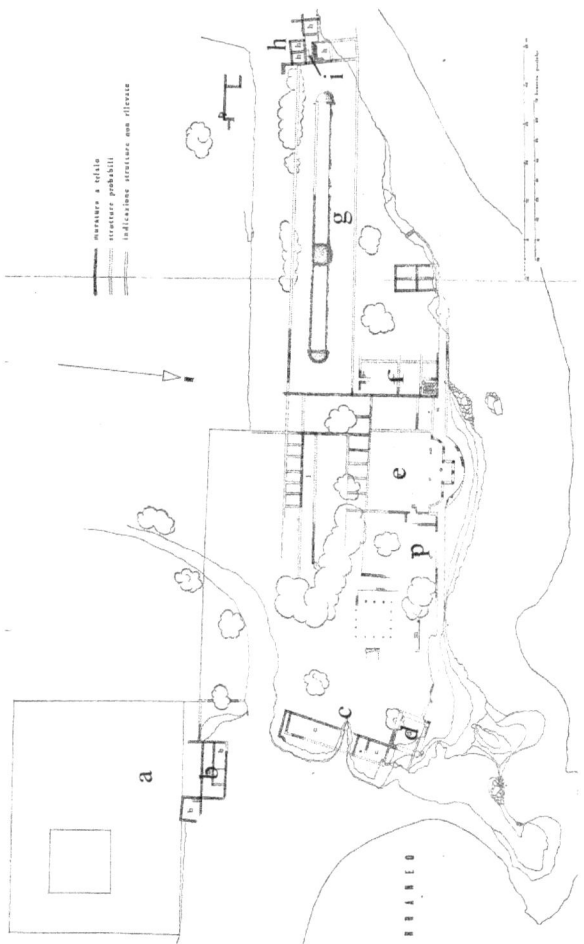

*LM 3 Grundriss des Villenkomplexes (Salza Prina Ricotti [1970-1971] Taf. 3).*

Literatur: Salza Prina Ricotti (1970-71) 135-163; Picard (1986) 143; Mahjub (1983) 299-306; Mahjub (1987) 69-74; Masturzo (1997) 216-217; Graen (2008) 493f.

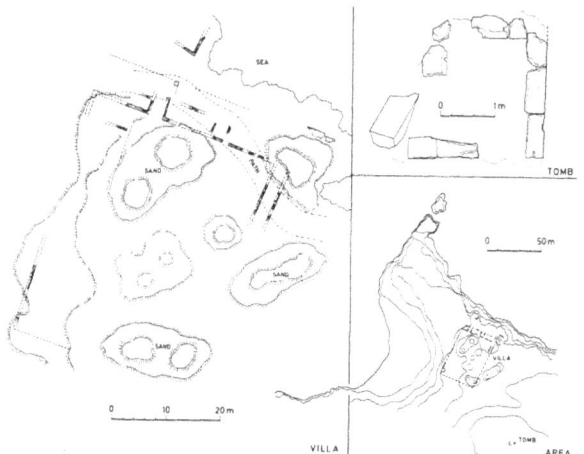

*LM 4 Lageplan des Villenkomplexes und Grundriss (Masturzo [1997] 217 Abb. 1).*

*LM 4 Reste der von Sanddünen verdeckten Villa (Masturzo[1997] Taf. XCIV b).*

## LM 4 Silin – Haleg al-Karuba
*Villa urbana/maritima*

Lage: Die *villa urbana/maritima* befindet sich im Umland von Leptis Magna in einer für Villen bevorzugten Region 'cabila' von Silin. Die Villa liegt auf einer Landspitze, die direkt ins Meer ragt. Etwas weiter landeinwärts gehört noch ein Grabbau zur Villa.

Beschreibung: Von der Villa ist nicht sehr viel bekannt. Nur einige kleine Sondagen wurden durchgeführt, die Villa ist noch zum größten Teil von Sanddünen bedeckt. Die an der Oberfläche sichtbaren Strukturen lassen aber einen rechteckigen Grundriss von ca. 35 m x 40 m erkennen. An der NO-Seite und in der O-Ecke sind noch die Reste schmaler Räume sichtbar. Auf der O-Seite unter den Dünen wird die Thermenanlage angenommen.
Der Grabbau befindet sich einige Meter südöstlich auf einem höher gelegeneren Hügel. Zu sehen sind lediglich die Reste einer quadratischen Fundamentbasis, vermutlich eines Grabturms.

Datierung: Die Oberflächenfunde deuten auf eine Datierung in die mittlere Kaiserzeit.

## LM 5 Silin – 'Fattoria 5'
*Villa rustica* mit Produktionsanlagen

Lage: Die landwirtschaftliche Villa liegt im Umland von Leptis Magna, im unmittelbaren Hinterland der Meervillen von Silin.

Beschreibung: Die Anlage bedeckt eine Fläche von fast 2000 m$^2$ und lässt einen rechteckigen Grundriss erkennen. Auf den ersten Blick ist im Ostteil des Komplexes eine 12 m x 9,50 m große Fläche von Schutt zu sehen (A), auf den sich auf der Nordseite ein länglicher Hof öffnet (34 m x 9,20 m), gefolgt von einem auf das Meer gerichteten langrechteckigem (34 m x 4,63 m) Raum auf der Nordseite. Im Süden befinden sich drei Raumeinheiten, die leicht nach Süden hin hervorspringen. Der östlichste Raum besitzt ein unterirdisches Geschoss mit Gewölbe als Vorratskammer (B). Der Rest des

Gewölbes liegt als Versturz ein wenig südlich der Villa (C). In der Nähe des Gewölberestes sind eine Zisterne und Reste eines Wasserbeckens zu finden (D). Im Westteil der Anlage liegt ein zweiter Innenhof mit einer Portikus auf der West- und auf der Nordseite. In der NW-Ecke befinden sich zwei mit *opus signinum* verkleidete Becken (E). Der Hof ist an drei Seiten von Raumeinheiten umgeben, die Südseite bildet einen Mauerabschluss. Die Raumeinheit im Norden (38,30 m x 4,63 m) hat einen fast identischen Grundriss wie Ostteil der Anlage und öffnet sich zum Hof durch eine Portikus. Die beiden Höfe sind durch eine weitere Raumeinheit mit mehreren unterschiedlich großen Räumen miteinender verbunden. Welcher von beiden Trakten dem Wohn- und welcher dem Produktionsbereich vorbehalten war, lässt sich aufgrund der mangelnden Erforschung nicht ausmachen.

Datierung: Zur Datierung sind keine Angaben vorhanden.

Literatur: Salza Prina Ricotti (1970-1971) 149-151.

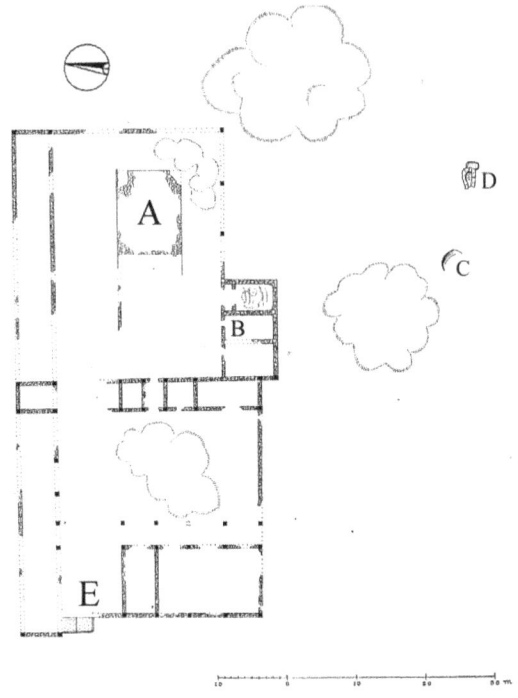

*LM 5 Grundriss der 'Fattoria' (Salza Prina Ricotti [1970-1971] Abb. 9).*

**LM 6 Silin – 'Fattoria 11'**
*Villa rustica (?) mit Produktionsanlagen*

Lage: Die Fundstelle befindet sich im Umland von Leptis Magna, direkt im Hinterland des Villenareals von Silin.

Beschreibung: Die kleine 'Fattoria' ist ca. 20 m x 35 m groß und besitzt einen rechteckigen Grundriss. Die ganze Anlage wird von einem 26 m x 19 m großen Innenhof bestimmt, um den sich die einzelnen Raumeinheiten gruppieren. Auf der N- und S-Seite befinden sich die Reste einer Olivenproduktionsanlage (B, C), wie die Funde eines Gegengewichtes und mehrerer Pressbaumständer beweisen. Auf der O-Seite ist eine großer Raum mit 19 m Länge und fast 6 m Breite sichtbar (D). Auf der gegenüberliegenden Seite ist eine etwas kleinere ca. 13 m x 4 m große Raumeinheit lokalisierbar (F). Im Süden der Anlage liegt eine unterirdische Vorratskammer (A). Bis auf einen kleinen Teil aus Quadermauerwerk im Süden ist der gesamte restliche Bau in *opus africanum* errichtet.

Datierung: Zur Datierung sind keine Angaben vorhanden.

Literatur: Salza Prina Ricotti (1970-1971) 151-152.

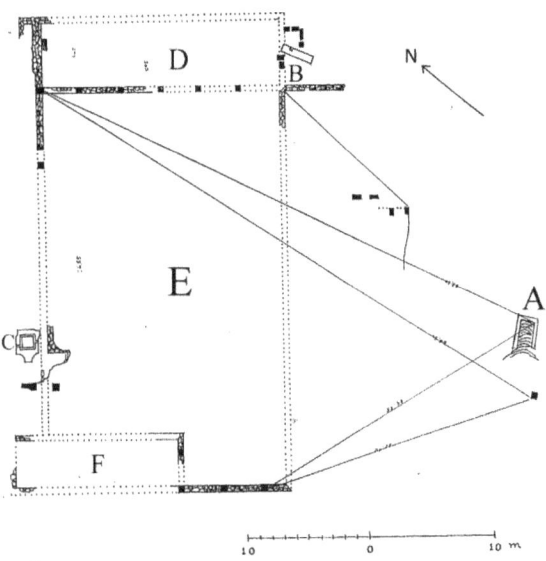

*LM 6 Grundriss der 'Fattoria' (Salza Prina Ricotti [1970-1971] Abb. 10).*

**LM 7 'Villa del Nilo'**
*Villa urbana/maritima*

Lage: Die Villa liegt östlich der Stadt Leptis Magna direkt am Meer zwischen dem Circus und dem Hafen, rechts des Wadi Lebda.

Beschreibung: Die nur zum Teil erschlossene Villenanlage besteht aus zwei getrennten Sektoren, die sich auf zwei Terrassen erstreckten. Auf der höheren Terrasse befindet sich das Villengebäude, auf deren Südseite sich eine ca. 20 m lange in den natürlichen Fels gehauene Kryptoporticus in O-W-Ausrichtung ausbreitete. Auf deren N-Seite schlossen sich kleinere, zur Portikus hin geöffnete Raumkompartimente an. Die weitere Raumsituation bleibt aufgrund unzureichender Erschließung der Villa unklar. Auf der tieferen Terrasse befindet sich etwa 4 m entfernt die Thermenanlage des Villenkomplexes, die direkt an das Meer grenzt. Im Osten wird der kleine ergrabene Teil des Komplexes durch einen größeren Saal von 9 m x 5 m mit zwei quadratischen seitlichen Becken bestimmt, der auf einen Innenhof mit Säulenstellung führt. Im Westen schließen sich weitere Räume an, deren genaue Bestimmung unklar bleiben muss. Die Verbindung der Villa mit ihrer Kryptoportikus zur Thermenanlage bleibt ebenfalls im Dunkeln. In beiden freigelegten Komplexen finden sich Mosaiken mit außerordentlich reichem figürlichen Dekor. Die Portikus ziert ein Mosaik mit Rapportmuster mit mehreren quadratischen Bildfeldern, die auf den Eingang der Räume hin ausgerichtet sind: zu sehen sind ein Bildfeld mit der kalydonischen Eberjagd und ein Bildfeld mit einer Raubtierjagd. Im großen Saal der Thermen entstammen die Darstellungen dem Thema Wasser und Meer. So sieht man seefahrende und fischende Eroten, Fischer, Pegasus bei den Nymphen und eine Personifikation des Nil. In den Thermen finden sich zudem Reste von Wandmalerei mit blauen Wellen und Marmorinkrustation in weißem Marmor, *Bardiglio* und *Cipollino*.

Datierung: Außerstilistische Hinweise für die Datierung der Villa fehlen. Die Mosaiken lassen sich stilistisch in zwei Phasen einteilen. Der früheren Phase gehören die Mosaike der Thermenanlage an, die ins späte 2. u. 3. Jh. n. Chr. datiert werden können. Aus der jüngeren Phase stammen die Mosaiken der Kryptoportikus, die ins späte 3. oder 4. Jh. n. Chr. datieren.

Literatur: Aurigemma (1929) 246-261; Aurigemma (1960) 45-49; Guidi (1933) 1-56; Romanelli (1970) 255; Picard (1986) 144; Muth (1998) 371-372; Lafon (2001) 469.

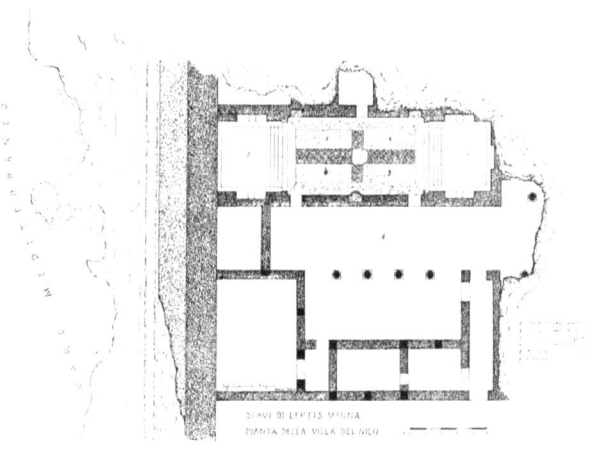

*LM 7 Grundriss des ergrabenen Teiles des Thermenkomplexes (Aurigemma [1960], Taf. 80).*

*LM 7 Ansicht der Kryptoportikus mit Lagesituation der Mosaiken (Aurigemma [1960] Taf. 76).*

**LM 8 'Villa di Homs ('Villa fuori Porta Lébda')**
*Villa urbana/maritima*

Lage: Die *Villa urbana/maritima* liegt ca. 3 km östlich der Stadt Leptis Magna außerhalb der Porta Lebda in der heutigen Siedlung El-Choms.

Beschreibung: Die Villa wurde in den 20er Jahren ergraben und danach zum Schutz der verbliebenen Mosaiken mit Sand bedeckt. Im Zuge eines Straßenbaus, bei dem mehrere Teile der Villa letztendlich zerstört wurden, legte man die Villa 1988 erneut frei und die restlichen Mosaiken wurden ins Museum nach Tripolis gebracht. Die nur in ihren zentralen Teilen erschlossene Villa zeigt eine quadratische Peristylanlage mit Orientierung auf das Meer im Osten. Im Hof befindet

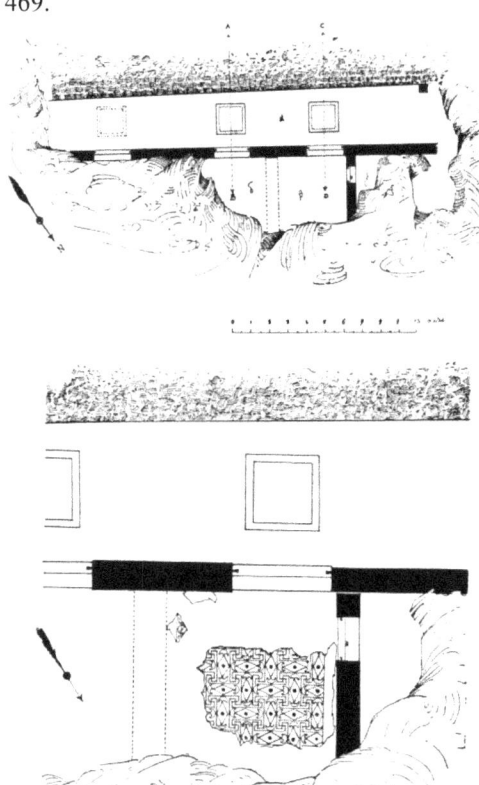

*LM 7 Grundriss und Mosaiklageplan der Kryptoportikus (Aurigemma [1960], Taf. 75).*

sich eine Zisterne, die von einem Kanal gespeist wurde. Auf der anderen Seite der Säulenstellung gibt es zudem einen runden Brunnen. Um den Peristylhof gruppieren sich auf der NW- und SW-Seite elf Räume. Die Situation im SO und NO ist nicht geklärt. Zwei größere Repräsentationsräume bestimmen die SW-Seite: ein quadratischer Raum (7,50 m x 7,50 m) mit zwei flankierenden schmalen, länglichen Räumen und ein weiterer, südlich gelegener, länglicher Raum von 6 m x 8 m. Beide können als Triklinien gedeutet werden, da sie die typische Fußbodendekoration in U-Form aufweisen. Dazwischen befindet sich ein kleinerer Raum mit *procoeton*. Der hintere Teil ist leicht erhöht und wird vom anderen Teil des Raumes durch einen Treppenabsatz und flankierende Halbsäulen getrennt. Auf der NW-Seite schließen sich kleinere Raumgruppen an das Peristyl an, zwei davon mit U-förmiger Fußbodendekoration. Die Villa ist mit Mosaiken, meist mit geometrischem Dekor und z. T. in Kombination mit *opus sectile*, ausgestattet. Zwei Raumeinheiten zeigen figürlichen Dekor: der Raum mit *procoeton* zeigt ein Bild von Mars und Venus als zentrales Feld in einem geometrischen Rapportmuster (C) und der nordwestliche Raum der Villa besitzt Xenia-Darstellungen (A).

Datierung: Die Villa kann nur anhand stilistischer Merkmale der Mosaiken ins späte 2. und 3. Jh. n. Chr. datiert werden, da außerstilistische Hinweise fehlen.

Literatur: Bartoccini (1927) 226-232; Aurigemma (1960) 50-52; Matoug (1997) 155; Muth (1998) 372-373.

*LM 8 Xenia-Mosaik aus dem nordwestlichsten Raum der Villa (A) (Tripolis, Museum; Aurigemma [1960] Taf. 100.*

### LM 9 Wadi al-Fani (Khoms)
*Villa urbana*, Mausoleum

Lage: Die Fundstelle liegt im Hinterland von Leptis Magna westlich der Siedlung Khoms im Wadi al-Fani. Zur Villa, die auf einem Geländesporn liegt, der ins Tal hineinreicht, gehört noch ein 200 m in südwestlicher Richtung hügelaufwärts gelegenes Mausoleum.

Beschreibung: Die Villa umfasst ein Areal von etwa 40 m x 43 m auf einem rechteckigen Grundriss. An der O-Seite lassen sich noch einige Raumeinheiten erkennen, die Reste von Kiesel-, aber auch Mosaikfußböden enthalten. Der Produktionstrakt befand sich im Westen der Villa, hier sind die Spuren eines *opus signinum*- Bodens, einer Olivenpresse und eines Beckens gefunden worden. Außerhalb des Villengebäudes in nordwestlicher Richtung liegt ein kleiner Badetrakt. Zu sehen sind noch ein kleines rechteckiges, mit *opus signinum* ausgekleidetes Becken, in das einige Stufen hinabführen sowie Fragmente von Marmorinkrustation, Wandtubulatur und zahlreichen Mosaiktesserae, die auf eine Thermenanlage schließen lassen.
Das zur Villa gehörende Mausoleum liegt weiter südlich. Hiervon sind nur die Teile einer rechteckigen Basis erhalten, weitere Versturzteile liegen in der Umgebung. In der Spätantike wurde das Mausoleum in eine befestigte Wohnanlage (*gasr*) eingebunden oder vorher abgetragen.

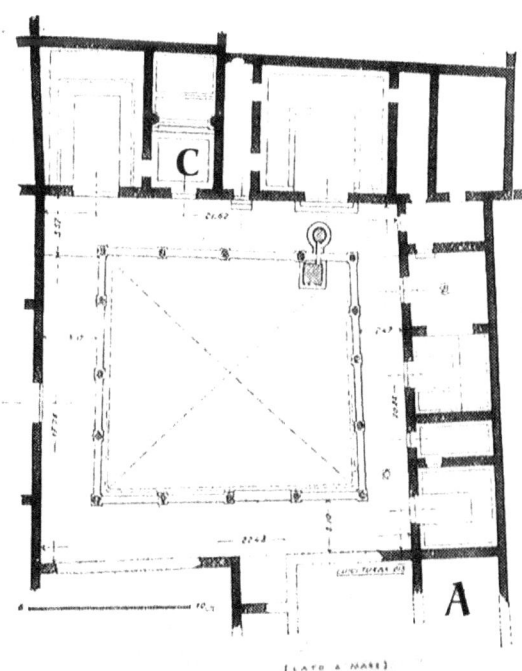

*LM 8 Grundriss der Villa (Bartoccini [1927] 226).*

Datierung: Die Villa wird wegen der Oberflächenfunde in die mittlere Kaiserzeit datiert, d. h., an das Ende des 1. bzw. in die Mitte des 2. Jhs. n. Chr.; sie weist eine Kontinuität bis ins 4. Jh. n. Chr. auf. Die Datierung des Mausoleums erfolgt aufgrund einiger Architekturteile ins späte 2./frühe 3. Jh. n. Chr.

Literatur: Absalam – Masturzo (1997) 214-216; Graen (2008) 494f.

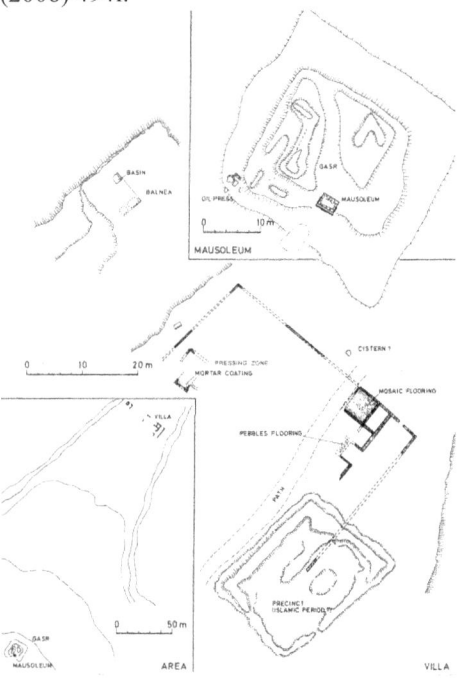

*LM 9 Lageplan des Villenkomplexes und Grundriss der Villa (Absalam – Masturzo [1997] 215 Abb.1).*

**LM 10 Tarhuna – Wadi Guman**
*Villa urbana*, Thermen

Lage: Die Villa liegt im südwestlichen Umland von Leptis Magna, in auf dem Tarhuna-Plateau, ca. 6 km nordöstlich von al-Khadra in unmittelbarer Nähe des Wadi Guman.

Beschreibung: Von der Villa ist bislang kaum etwas bekannt. Auf einer Fläche von ca. 20 m² sind an der Oberfläche einige Raumeinheiten zu erkennen, bei denen die Mauern z.T. noch bis zu 2 m Höhe anstehen. Zahlreiche Marmorfragmente an dieser Stelle lassen den Schluss zu, dass einige Räume mit Marmorinkrustation ausgestattet waren. In einem Raum ist noch ein fragmentarisch erhaltener, polychromer Mosaikfußboden mit geometrischem Dekor erhalten. Beides sind Indizien für eine gehobenere Ausstattung. In unmittelbarer Nähe ist ein Becken des Thermentraktes sichtbar, dass mit *opus signinum* ausgekleidet und durch Stufen zugänglich war.

Datierung: Die stilistische Datierung des Mosaiks erfolgt ins 2. Jh. n. Chr. Die Oberflächenfunde deuten auf eine Besiedlung bis mindestens ins 3. Jh. n. Chr.

Literatur: Ali Asmia – Ahmed al-Haddad (1997) 218-220.

**LM 11 Aïn Scerciara**
*Villa urbana* mit Produktionsanlagen

Lage: Die Villa befindet sich im südwestlichen Umland von Leptis Magna auf dem Tahuna Plateau in Aïn Scerciara. Sie wurde auf einer kleinen Erhebung 200 m nördlich eines Wasserfalls erbaut.

Beschreibung: Von der Villa ist nur wenig bekannt. Durch den Bau einer Straße stieß man auf die Reste eines geometrischen Mosaikfußbodens. Bei sporadischen Ausgrabungen vervollständigte sich dieser zu einem langrechteckigen Korridor mit einer Portikus in Richtung des Wadi und des Wasserfalls. Die Säulen der Portikus waren aus *opus caementicium* und mit Stuck verkleidet. Bei den Grabungen sind keine anschließenden Räume gefunden worden, die die Portikus mit der Villa verbinden. Die terrassenförmige Gestalt des Geländes lässt darauf schließen, dass sich die bislang noch nicht entdeckte Villa auf mehreren Terrassen erstreckte und die Portikus wohl als separate Aussichtsplattform auf den Wasserfall zu verstehen ist.
100 m nördlich des Wasserfalls sind die Reste eines Töpferofens mit einem Durchmesser von 6 m entdeckt worden.

Datierung: Die Datierung der Mosaiken erfolgt ins 2. Jh. n. Chr.

Literatur: Goodchild (1951) 43-77.

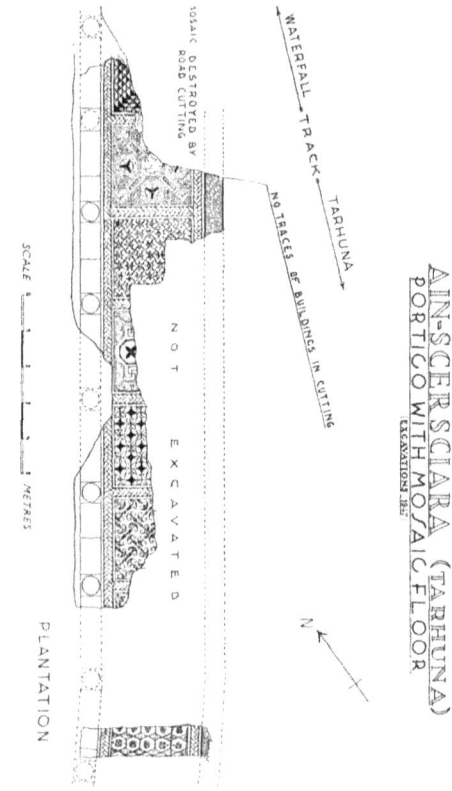

*LM 11 Umzeichnung der ergrabenen Portikus (Goodchild [1951] 43-77).*

## LM 12 Wadi er-Rsaf
*Villa urbana* und Nekropole

Lage: Die Ruinen liegen im Umland der Stadt Leptis Magna, etwa 500 m westlich außerhalb der Stadtmauer. Der gesamte Villenkomplex verteilt sich über ein größeres Areal; neben dem Villenhauptgebäude gehörten auch eine Nekropole und eine Thermenanlage dazu.

Beschreibung: Die Reste des Villenareals verteilen sich über eine Fläche von ca. 1100 m². Im Süden befindet sich das Villengebäude und eine kleine anliegende Nekropole, im O eine weitere größere Nekropole mit Mausoleen und im NO ein noch nicht identifizierbarer Komplex. Vom Villengebäude ist nur ein Teil freigelegt.
Zu sehen ist ein NW-SO ausgerichteter Bau auf rechteckigem Grundriss und ca. 50 m x 20 m Größe. Anhand ihrer charakteristischen Mosaikdekoration sind der Raum in der NW-Ecke und der Raum im SO als Triklinia zu identifizieren. Das Triklinium Nr. 4 (siehe Plan) war im SW durch einen Korridor (7) zugänglich. Im NO sind in einer noch nicht gänzlich freigelegten Fläche die Reste von Säulenbasen und Kieselfußboden zu erkennen (19). Hier könnte es sich um das Peristyl als zentraler Mittelpunkt der Villa gehandelt haben. An der NO-Seite ist an dieser Stelle noch ein Brunnen sichtbar. Westlich folgen drei weitere Räume (5, 8/9, 11), die sich auf das Peristyl (19) öffnen.
Das Triklinium im SO aus einer etwas späteren Bauphase ist leicht in Richtung des Wadi versetzt. Vielleicht legte man es zu einem späteren Zeitpunkt an, um einen Blick auf das Wadi zu haben. Zwischen den beiden Triklinien sind mehrere größere und kleinere Raumeinheiten erkennbar, die aus verschiedenen Bauphasen stammen, deren genaue Funktionen jedoch nicht mehr eruierbar sind. Beide Triklinien waren mit Mosaiken ausgestattet, von beiden sind nur noch wenige Fragmente erhalten; dasjenige im SO besaß geometrischen Dekor, jenes im NW figürlichen Schmuck. Mehrere Fragmente von Wandmalerei mit floralen Motiven und Marmorimitation sind ebenfalls in der Villa aufgefunden worden.
An der NW-Wand der Villa schließt sich eine Nekropole mit einem Hypogäum und mehreren kleineren Urnengräbern an.
Im Norden der Villa ist eine Nekropole mit Mausoleen, einem Hypogäum mit Nischen in der Ost-, und Westwand und zahlreichen kleineren Gräbern (z. T. gemauerte *cupae*) entdeckt worden. Sie befindet sich auf einem etwas höher gelegeneren Geländestreifen, der ca. 11-12 m breit und NW-SO ausgerichtet ist. Im SW befinden sich Strukturen, die als Thermen zu identifizieren sind. Erhalten ist ein mit *opus signinum* verkleidetes Becken (Nr.1), ein *caldarium* (Nr.2) und das *praefurnium* (Nr.3).

Datierung: Die Villa ist in mehreren Bauphasen errichtet worden. Die erste Bauphase aus ungebrannten Ziegeln ist in den Räumen 12-14 und 17-18 nachzuweisen. Die hier gefundene Keramik datiert an das Ende des 1. bis ins dritte Viertel des 2. Jhs. n. Chr. Die zweite Phase umfasst das Peristyl, das Triklinium Nr. 4 und die darum angeordneten Räume und datiert ins letzte Viertel des 2. Jhs. In der ersten Hälfte des 3. Jhs. kamen weitere Raumeinteilungen und ein neues, leicht versetztes Triklinium (Nr.6) im SO hinzu. Zu Beginn des 4. Jhs. war der gesamte NO-Teil der Anlage verlassen, wie das Fehlen der entsprechenden Keramik beweist. Eine Kontinuität für den Rest der Anlage ist jedoch noch bis ins 5. Jh. zu beobachten.

Literatur: Musso (1996) 152-158; Munzi – Ricci (1997) 158-160; Fonatana (1996) 161-163; Mallegni (1996) 163-164; Masturzo (1996) 165-168; Missione archeologica (1997) 257-294; Munzi (1998) 189-194; Felici (1998) 194; Pentiricci (1998) 41-98; Graen (2008) 491f.

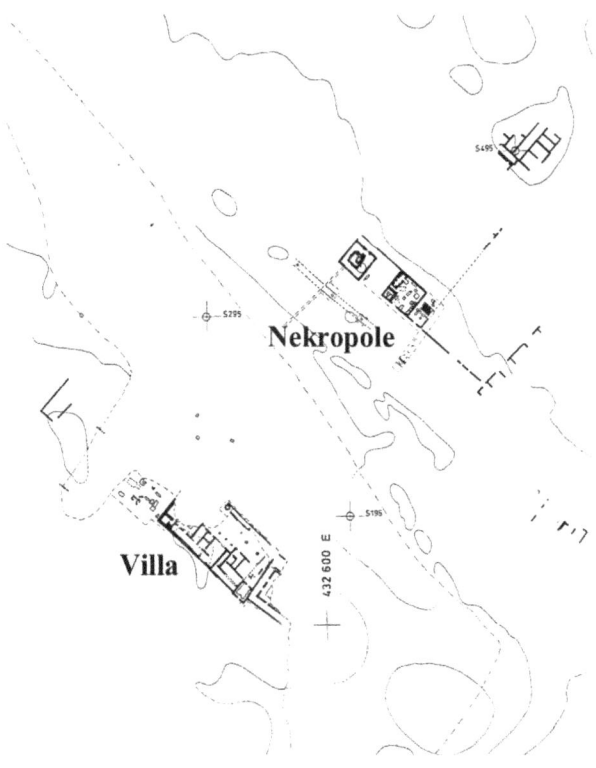

*LM 12 Grundriss des Villenkomplexes (Plan nach: Musso u.a. [1997] 259 Abb. 1).*

*LM 12 Ansicht des Villengebäudes (Musso u.a. [1997] CXXXa).*

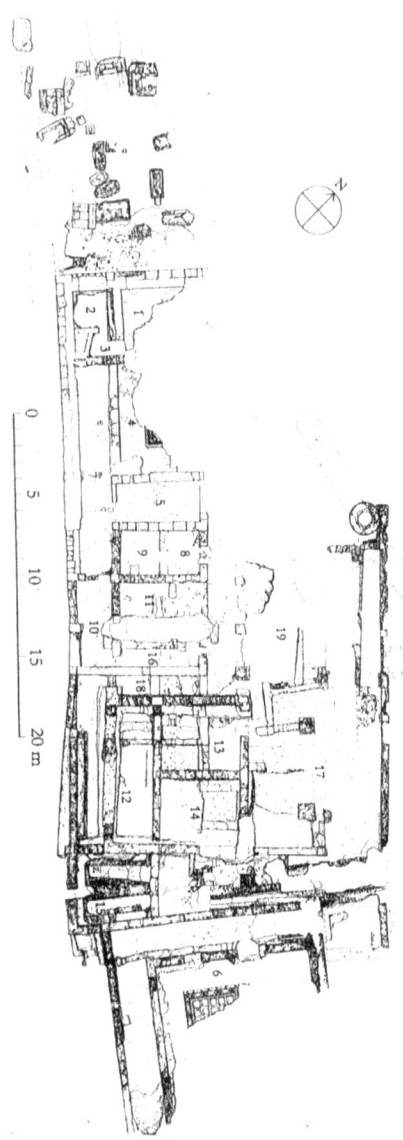

*LM 12 Grundriss der Villa (Musso u.a. [1997] 261 Abb. 2).*

Datierung: Die Oberflächenfunde datieren ins 2. n. Chr. und zeugen von einer Besiedlung bis ins 7. Jh. n. Chr.

Literatur: Fontana u.a. (1996) 67-69.

*LM 13 Ansicht der Villa, Blick auf die Olivenpresse (Fontana u.a. (1996) Taf. XXIIa).*

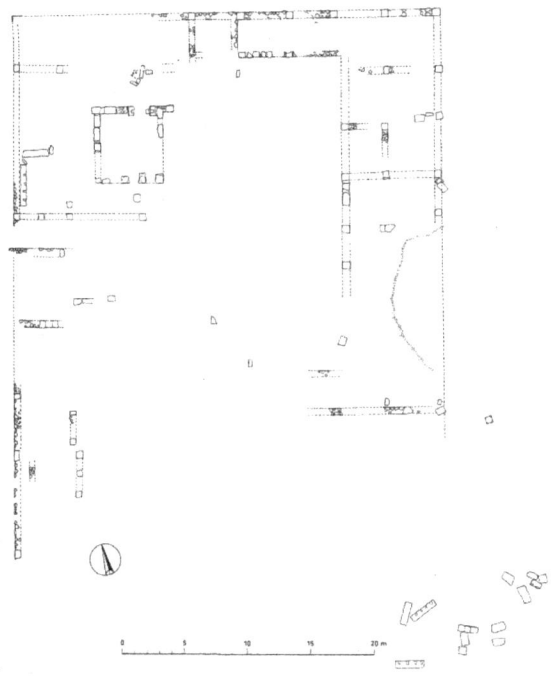

*LM 13 Grundriss der Villa (Fontana u.a. [1996] 70 Abb. 2)*

**LM 13 Wadi Bendar**
*Villa rustica* mit Produktionsanlagen

Lage: Die Ruinen liegen etwa 10 km südöstlich von Leptis Magna am rechten Ufer des Wadi Bendar.

Beschreibung: Die Reste der Villa aus *opus africanum*-Mauerwerk ergeben einen rechteckigen Grundriss von 50 m x 35 m Größe (1750 m$^2$). Im Zentrum ist ein Innenhof anzunehmen, um ihn herum gruppieren sich an allen vier Seiten mehrere Räume. Im Innenhof sind zwei Kalksteinsäulenbasen (DM: 51, 5 cm) und ein Fragment eines „Volutenkapitells" gefunden worden. In der Raumeinheit in der N-Ecke sind die Reste der Pressbaumverankerungen einer Olivenpresse zu erkennen.

**LM 14 Grarat D'nar Salem**
*Villa rustica* mit Produktionsanlagen

Lage: Die auf einem Plateau errichtete Villa liegt etwa 33 km nordwestlich von Ben Ulid im südlichen Umland von Leptis Magna.

Beschreibung: Die Überreste der Villa lassen einen rechteckigen Grundriss mit einem zentralen Innenhof erkennen. Um den Hof herum gruppieren sich verschiedene Raumkompartimente. Im Nordflügel befinden sich die Reste einer Olivenpresse für die

Olivenproduktion. In der SO-Ecke sind *opus quadratum*-Strukturen zu erkennen, die einen quadratischen Vorsprung markieren, der mit einem Turm zu rekonstruieren ist. In den restlichen Raumstrukturen hat sich wohl der Wohntrakt befunden.

Datierung: Zur Datierung sind keine Angaben vorhanden.

Literatur: Jones (1985) 263-289.

*LM 14 Grundriss der Villa (Jones [1985] Abb. 16:3)*

*LM 14 Rekonstruktion der Villa (Jones [1985] Abb. 16:4).*

**LM 15 Wadi Merdum**
*Villa rustica* mit Produktionsanlagen (?)

Lage: Die Fundstelle liegt entlang des nördlichen Wadirandes im Umland von Leptis Magna ca. 28 km von Beni Ulid entfernt.

Beschreibung: Durch die Reste der *opus africanum*-Orthostaten kann man einen L-förmigen Grundriss im Zentrum der Anlage rekonstruieren, davon bildet ein rechteckiges Gebäude mit einem zentralen Innenhof den Haupttrakt. Funde verschiedener Mosaiktesserae zeugen von einer gehobeneren Ausstattung. Die Gebäudestrukturen im Süden sind nicht mit dem Gebäude in Verbindung zu bringen, sondern aus viel späterer Zeit. Die Gebäude im Norden stammen aus der Zeit der Villa, sie können als Nebengebäude wie Produktionsanlagen und Thermentrakte interpretiert werden.

Datierung: Die Villa wird aufgrund der Keramikfunde ins späte 1. Jh. bzw. an den Anfang des 2. Jhs. n. Chr. datiert.

Literatur: Jones (1985) 272-275; Mattingly (1996) 144-147; Barker u.a. (1996) 118-121.

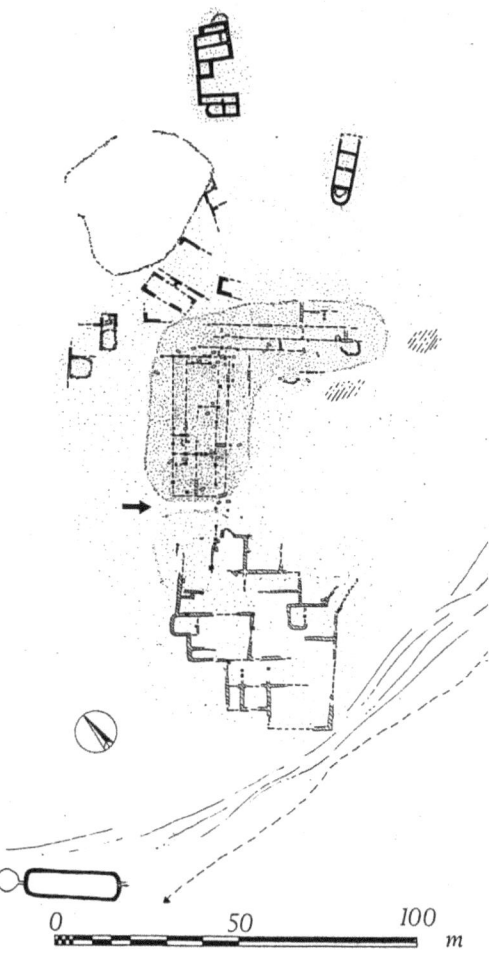

*LM 15 Grundriss des Villenkomplexes (Jones (1985) Abb. 16:6).*

**LM 16 Wadi Mansur**
*Villa rustica* mit Produktionsanlagen (?)

Lage: Der Fundplatz befindet sich im südlichen Umland von Leptis Magna, nördlich von Beni Ulid.

Beschreibung: Die ca. 35 m x 32 m große auf einer kleinen Terrasse über dem Wadi errichtete Villa ist in *opus africanum*-Mauerwerk erbaut und dank der Reste der Orthostaten im Grundriss rekonstruierbar. So ergibt sich ein nahezu quadratischer Grundriss, der im Inneren einen zentralen Innenhof birgt, um den an allen Seiten Räume angeordnet sind. Wegen mangelnder Erschließung können über die Funktion der einzelnen Raumeinheiten keine Angaben gemacht werden. An N-Ecke sind große Blöcke mit Phallus-Symbolen aufgefunden worden, die mit großer Wahrscheinlichkeit das monumentale Tor des Haupteinganges zur Villa zierten. Dieser Eingang ist im Norden nachweisbar und ist ca. 3, 5 m breit. Ein halbrunder Vorsprung am Eingang sowie quadratische Vorsprünge an der O- und W-Ecke können als Türme interpretiert werden. Im SW des Villenhauptgebäudes finden sich mehrere Reste von Gebäudestrukturen, die zwar zur selben Phase der Villa gehören, jedoch nicht mit Sicherheit zu interpretieren sind. Es könnte sich jedoch um einen Produktionstrakt mit Olivenpressen oder um einen Thermentrakt gehandelt haben. Weiter südwestlich ist eine langrechteckige Zisterne zu lokalisieren.

Datierung: Die bei Sondagen gefundene Keramik attestiert eine Besiedlung vom späten 1. bis ins 4. Jh. n. Chr.

Literatur: Jones (1985) 273-275; Hunt – Mattingly (1986) 7-47; Barker u.a. (1996) 118-121; Mattingly (1996) 149-152; Fentress (2001) 259-260.

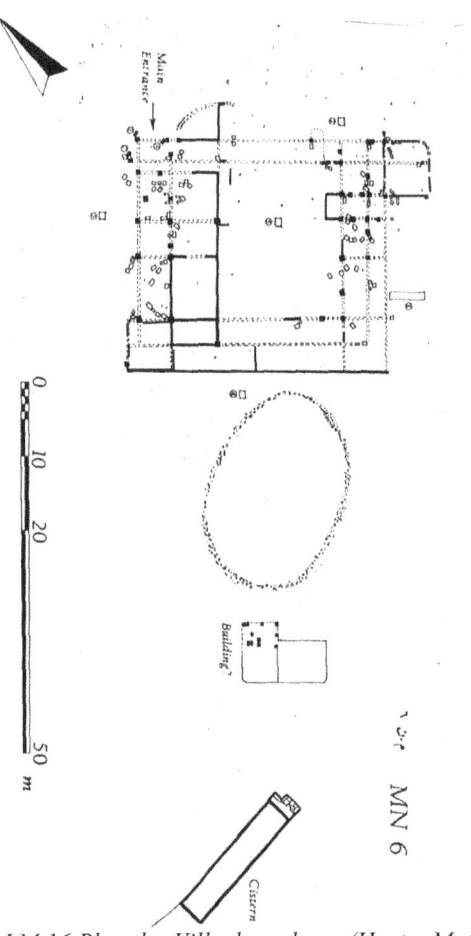

*LM 16 Plan des Villenkomplexes (Hunt – Mattingly [1986] 18 Abb. 5).*

**LM 17 Senam Howod Nejem**
*Villa rustica* mit Produktionsanlagen

Lage: Die Villa liegt im südlichen Umland von Leptis Magna, in der Fergian-Region, etwas südlich des Gasr ed-Daun.

Beschreibung: Der Grundriss der Villa ist nur aufgrund der *opus africanum*-Orthostaten rekonstruierbar. Sie hat einen nahezu rechteckigen Grundriss, nur ab Mitte der NO-Seite weicht die Mauer von der Geraden ab und zieht schräg bis zur Mitte der SO-Seite. Der Haupteingang befindet sich im SW und öffnete sich durch einen Korridor auf einen zentralen Innenhof, um den sich verschiedene Raumkompartimente gruppieren. Ein weiterer, jedoch kleinerer Eingang liegt im SW. An der NW-Seite war der Produktionstrakt angesiedelt, die Reste von drei Olivenpressen sind noch erkennbar sowie die 3 m hohen Orthostaten für die Pressanlage. Die SO-Seite war wohl dem Wohnbereich vorbehalten.

Datierung: Die Besiedlung der Villa beginnt aufgrund von Keramikfunden wahrscheinlich im späten 1. bzw. am Anfang des 2. Jhs. n. Chr.

Literatur: Mattingly (1985) 31-38; Mattingly (1996) 142-143.

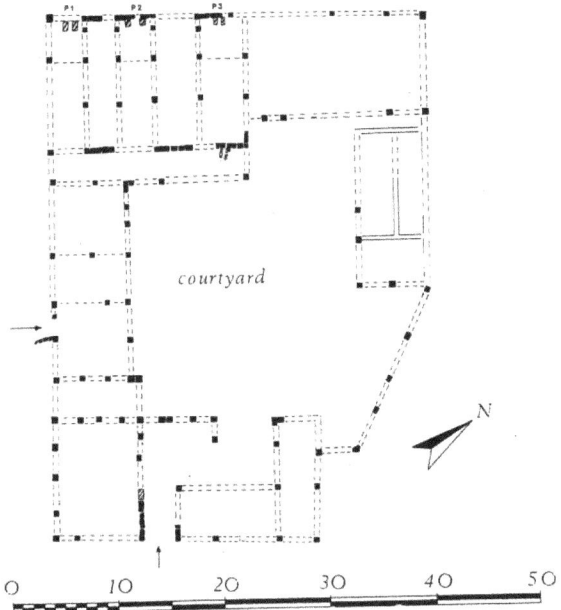

*LM 17 Grundriss der Villa (Mattingly [1985] Abb. 4:4.).*

**LM 18 Senam Rubdir**
*Villa rustica* mit Produktionsanlagen

Lage: Der Fundkomplex liegt im südlichen Umland von Leptis Magna etwas südlich von Gasr ed-Daun in der Fergian Region, einem für die Landwirtschaft bevorzugten Gebiet.

Beschreibung: Die Villa besteht aus zwei zusammengehörenden Trakten. Im NO befindet sich mit einem nahezu quadratischem Grundriss der Produktionstrakt, im SW ein etwas kleinerer, rechteckiger Trakt, der als Wohnbereich zu interpretieren ist. Den Produktionsbereich betrat man im Norden und er besteht aus zwei parallel hintereinanderangeordneten Olivenpressen und weiteren Räumen im NO und NW. Die Presssteine und Gegengewichte befinden sich noch *in situ*. Ein weiterer Zugang ist im SO lokalisierbar. Der Eingang des im SW gelegenen Wohnbereiches ist noch in der S-Ecke erkennbar, der sich auf einen L-förmigen Hof öffnet. Ob es eine direkte Verbindung zwischen Wohn- und Produktionstrakt gegeben hat, ist nicht eruierbar. Verschiedene Raumgruppen befinden sich im südwestlich des Hofes.

Datierung: Über die genaue Datierung sind keine Angaben vorhanden. Jedoch ist Keramik aus den ersten beiden Jahrhunderten n. Chr. belegt

Literatur: Oates (1953) Nr. 40, 43; Mattingly (1985) 31-38.

weicht vom Typus der *villa rustica* ab, da an der gesamten W-Seite Olivenpressen parallel nacheinander angeordnet sind. SW des Hofes befindet sich ein Trakt mit vier Trögen. Hier ist wohl der Viehstall anzusiedeln. Eine weitere Olivenpresse liegt im NO-Ecke. Weiter nordöstlich springt ein Gebäudeteil mit 15 m Breite und ca. 25 m Länge aus der Anlage hervor. Hier könnte sich der Wohnbereich befunden haben, jedoch aufgrund mangelnder Erschließung kann eine genaue Interpretation nicht gegeben werden. Etwa 130 m südlich befinden sich die Reste einer Zisterne.

Datierung: Es wir eine Datierung ins 2. Jh. n. Chr. angenommen.

Literatur: Haynes (1959) 142-145; Romanelli (1970) 204-207; Peacock – Williams (1991) 35.

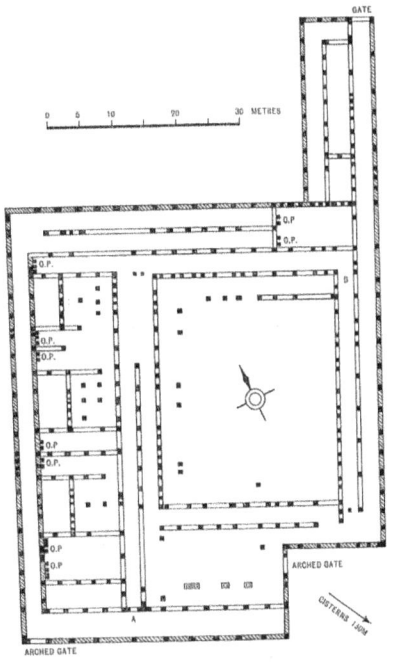

*LM 19 Grundriss der Olivenfarm (Haynes (1959) 144 Abb. 18).*

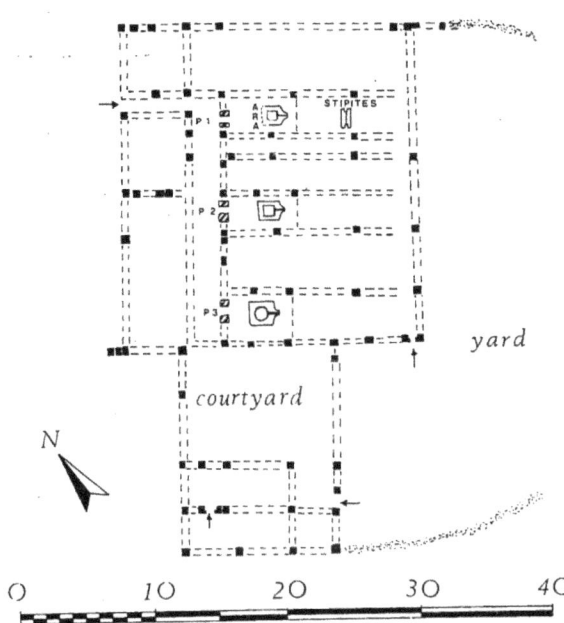

*LM 18 Grundriss der Villa (Mattingly [1985] Abb. 4:5).*

**LM 19 Sidi Hamdan – Wadi Tareglat**
*Villa rustica* mit Produktionsanlagen

Lage: Der Fundplatz liegt im südlichen Umland von Leptis Magna und etwa 10 km südöstlich von Gasr ed-Daun.

Beschreibung: Durch die Überreste der *opus africanum*-Orthostaten kann man den Grundriss der etwa 65 m x 55 m großen Anlage rekonstruieren. Im Zentrum befindet sich ein rechteckiger Hof von ca. 30 m x 30 m Größe, der an allen vier Seiten von verschieden Raumstrukturen umgeben ist. Drei Zugänge sind zu lokalisieren. Monumentale Torbögen markierten die Eingänge im S und W, im NO befand sich ein einfaches Tor. Die Anlage

**LM 20 Zliten – Dar Buc Ammèra**
*Villa urbana/maritima*

Lage: Die *villa urbana/maritima* liegt im östlichen Küstenbereich von Leptis Magna, 9 km östlich der Quelle des Uádi Caám und 4, 5 km westlich des heutigen Ortes Zliten. Die Villa erstreckt sich auf dem Hügel Dar Buc Ammèra, der vom Meer her aufsteigt. In der älteren Literatur ist die Fundstelle unter dem arabischen Wort für „Hügel" *Orir* oder *Uriren* bekannt.

Beschreibung: Die Villa von Dar Buc Ammèra wurde auf einer natürlichen Erhebung mit der Fassade zum Meer errichtet. Im Zentrum wird die Villa von einer Portikus (A) beherrscht, auf die sich im Süden mehrere Räume in einer Reihe öffnen. Der westlichste Raum (D) ist aufgrund seiner charakteristischen Bodendekoration in U-

Form als Triklinium interpretierbar. Ein weiterer Raum mit dieser Bodeneinteilung findet man im Zentrum dieser Raumeinheit (K). Im S schließt sich ein überwölbter Korridor an (B), der die Raumeinheiten mit einer Raumgruppe verbindet, die aufgrund einer in diesem Bereich dokumentierten Wasserleitung vielleicht als Thermenanlage zu deuten ist (S-Z); in der Ausgrabungspublikation fehlt dazu jegliche Beschreibung. Im N öffnete sich die Portikus (A) auf eine Terrassenanlage, die ihren Abschluss in einer langrechteckigen Raumeinheit findet (P); darunter liegt auf gleicher Länge eine Zisterne. Der ganze nördliche Teil der Anlage wurde direkt an den Rand des Hügels gebaut, so dass sich von hier aus ein Blick auf das Meer bot. Zu einer unbestimmten Zeit wurden die Interkolumnien zugemauert. Zwischen Portikus und Zisterne liegen zwei halbrunde Nischen, die von Aurigemma als „belvedere" bezeichnet werden. Vor der östlichen (O) Nische sind noch die Reste einer zweiten kleineren Säulenstellung freigelegt worden.

Der gesamte südliche Teil wurde seinerzeit nicht vollständig freigelegt, so dass weitergehende Erkenntnisse zu diesem Teil und zur Gesamtstruktur der Villa im Kontext ohne weitere Forschungen offen bleiben müssen.

Die Ausstattung – zumindest des ausgegrabenen Teiles– ist dagegen relativ gut dokumentiert, da man sich in dieser Zeit weniger für die Architektur als für die prächtigen Mosaiken interessierte. In der Villa fand man zahlreiche Fußböden mit geometrischem aber auch mit figürlichem und *opus sectile* Dekor. So besaßen z.B. die Räume K und V reine *opus sectile*-Fußböden, andere Räume kombinierten Mosaiken und *opus sectile* miteinander wie das Triklinium (D). Das Mosaik der Klinenstellflächen weist ein einfaches geometrisches Muster auf. Das quadratische Mittelfeld war aus 16 Quadraten zusammengesetzt, die abwechselnd aus *opus sectile* und Xenia-Motiven (Meeresfauna) bestanden. Um diese Kombination folgte eine Reihe aus unterschiedlich zusammengesetzten *opus sectile*-Quadraten, die, voneinander durch ein Flechtband abgetrennt, von einem aufwendig gestalteten Gladiatorenmosaik umgeben war. Zwei Räume weiter östlich befindet sich ein weiterer Raum (H), der eine Kombination aus Mosaiken mit Darstellung der Jahreszeiten und *opus sectile* aufweist. An beiden Seiten wird diese Komposition durch Quadrate mit Xenia-Darstellungen abgeschlossen.

Reine geometrische Darstellungen besitzen die Kryptoportikus (A), der sich darauf öffnende Raum N, die halbrunde Nische (O) südlich der kleineren Säulenstellung und der Raum E am westlichen Ende der Kryptoportikus. Im Südosten der Anlage, die vermutlich zu den Thermen gehörte, sind zwei Raumeinheiten (U) mit figürlichen Mosaiken ergraben. Die Komposition des größeren Raumes besteht aus einer Rahmung von Mosaiken mit einfachem geometrischen Dekor, in die figürliche Emblemata eingesetzt worden sind, die landwirtschaftliche Themen in verschiedenen Jahreszeiten behandeln[520]. Den zweiten Raum schmückt im Zentrum ein Mosaik mit einer Darstellung der Meeresfauna. Die Existenz verschiedener Wasserzuflüsse und der fünf Nischen im Eingangsbereich lassen den Schluss zu, dass es sich um ein Wasserbecken oder Nymphäum gehandelt haben muss. Östlich dieser Raumgruppe befindet sich ein Raum (Y) mit halbrundem Abschluss im Osten. Der Mosaikfußboden weist im Zentrum ein von einem Flechtband gerahmtes rundes Bildfeld auf. Das Zentrum ist nicht erhalten, der Rand des Innenkreises ist durch mehrere Bogensegmente in Form von Girlanden und Bukranien unterteilt, die Darstellungen mit Meeresthematik zeigen.

Datierung: Die Villa datiert aufgrund stilistischer Untersuchungen der Mosaiken ins 1. Jh. n. Chr. Das Gladiatorenmosaik weist zudem ein historisches Ereignis auf: einen Wettstreit zwischen Oea und Leptis Magna im 1. Jh. n. Chr.

Literatur: Aurigemma (1915); Mariani (1914) 42-46; 69-71; 405-413; Romanelli (1916b) 294-312; Romanelli (1922b) 295-314; Aurigemma (1924a) 333-361; Aurigemma (1924b) 197-219; Aurigemma (1926); Aurigemma (1960) 55-60; Ville (1965) 147-155; Romanelli (1970) 253-254; Salza Prina Ricotti (1970-1971) 136; Salza Prina Ricotti (1972-1973) 75-84; Lafon (2001) 469.

*LM 20 Ansicht der Portikus (A) während der Ausgrabungen 1914 (Aurigemma [1926] Abb. 11).*

---

[520] Die Darstellungen dieser Mosaiken werden in Kapitel 5 ausgewertet.

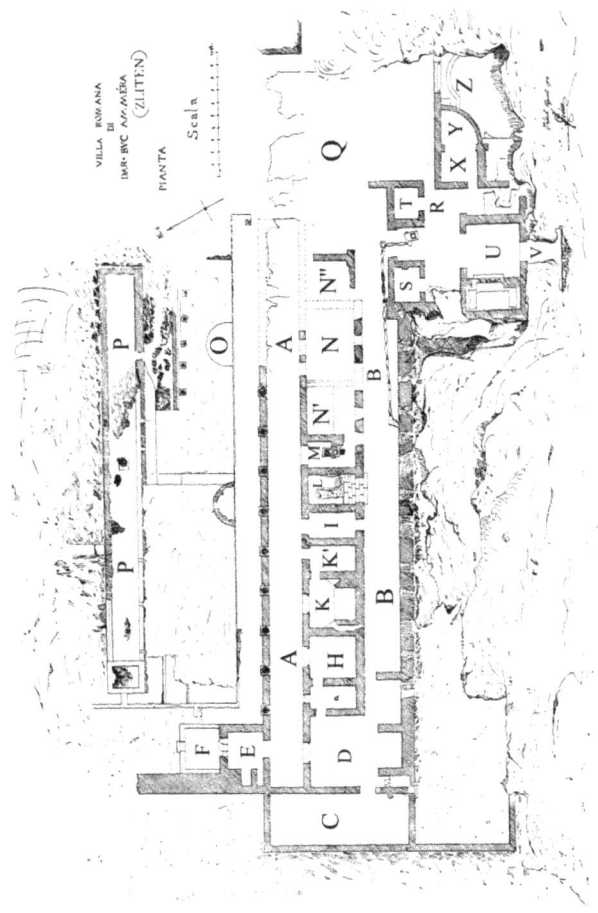

*LM 20 Mosaik aus Raum Y der Thermenanlage (?) (Aurigemma [1960] Taf. 161).*

*LM 20 Grundriss der Villa (Aurigemma [1926] Abb. 11)*

*LM 20 Mosaik des Trikliniums (D) mit Gladiatorendarstellung (Aurigemma [1960] Taf. 136).*

## 9. BIBLIOGRAPHIE

Absalam – Masturzo:
K. Absalam Ben Rhaba – N. Masturzo, Archeological News 1996, LibAnt N.S. III, 1997, 214-216.

Accardo (2000):
S. Accardo, Villae Romanae nell'Ager Bruttius. Il paesaggio rurale calabrese durante il dominio romano (2000).

Albertini (1930):
E. Albertini, Actes de vente du V$^e$ siècle, trouvés dans la région de Tébessa (Algérie), JS 1930, 23f.

Alcock (1950):
L. Alcock, A Seaside Villa in Tripolitania, BSR 18, 1950, 92-100.

Ali Asmia – Ahmed al-Haddad (1997):
M. Ali Asmia – M. Ahmed al-Haddad, Archeological News 1996, LibSt N.S. III, 1997, 218-220.

Ameling (1993):
W. Ameling, Karthago. Studien zu Militär, Staat und Gesellschaft (1993).

Amouretti – Brun (1993):
M.-C. Amouretti – J.-P. Brun, La production du vin et de l'huile en Mediterranée, BCH Suppl. XXVI (1993).

ANRW (1982):
Aufstieg und Niedergang der Römischen Welt, II 10.2 (1982).

Anselmino u.a. (1989):
L. Anselmino u.a., Il Castellum del Nador. Storia di una fattoria tra Tipasa e Caesarea (1989).

Aquaro u.a. (1973):
E. Aquaro u.a. Prospezione archeologica al Capo Bon (1973).

Archeologica Classica (1961):
Atti del VII Congresso Internazionale di Archeologica Classica (1961).

Archäologische Neuigkeiten (1900):
Archäologische Neuigkeiten aus Nordafrika, AA 1900, 68.

Aubet (2004):
M. E. Aubet Semmler, Handel unter wirtschaftlichen Aspekten, in: Hannibal ad portas (2004) 323-327.

Aurigemma (1915):
S. Aurigemma, Notizie archeologiche sulla Tripolitania, Notiziario Archeologico del Ministero delle Colonie, 1915.

Aurigemma (1924a):
S. Aurigemma, Mosaico con scene d'anfiteatro in una villa romana a Zliten in Tripolitania, Dedalo V, 1924, 333-361;

Aurigemma (1924b):
S. Aurigemma, Mosaico con volute decorative ed animali in una villa romana a Zliten in Tripolitania, Dedalo V, 1924, 197-219.

Aurigemma (1924-25):
S. Aurigemma, Mosaico presso il forte di Trigh Tarhuna, Revista della Tripolitania I, 1924-25, 47-58.

Aurigemma (1926):
S. Aurigemma, I mosaici di Zliten, Africa Italiana II (1926).

Aurigemma (1929):
S. Aurigemma, Mosaici di Leptis Magna, tra l'uadi Lebda e il Circo, AfrIt II, 1929, 246-261.

Aurigemma (1960):
S. Aurigemma, L'Italia in Africa. Le scoperte archeologiche. Tripolitania Vol.I – Monumenti d'arte decorative – I mosaici (1960).

Baistrocchi (1984):
M. Baistrocchi, Sui reperti rinvenuti negli scavi della fattoria fortificata del Nador, in: Presenza culturale italiana nei Paesi arabi (1984) 260-284.

Ballu (1911):
A. Ballu, Ruines du Nador, Journal Officiel de la République française, Annexe 1911, 75.

Ballu (1925):
A. Ballu, Rapport sur les travaux de fouilles et de consolidations exécutés par le Service des Monuments Historiques 1924 (1925) 9-10.

Balmelle u.a (1990):
C. Balmelle u.a., Recherches Franco-Tunisienne sur la Mosaique de l'Afrique antique I : Xenia (1990).

Barker u.a. (1996):
G. Barker u.a., Farming the desert. The UNESCO Libyan Valleys Archeological Survey (1996).

Barthel (1911):
W. Barthel, Römische Limitation in der Provinz Africa, BJb 12, 1911, 39-126.

Bartoccini (1927):
R. Bartoccini, Rivenimenti vari di interesse archeologico in Tripolitania (1920-25), AfrIt I, 1927, 213-248.

Bartoccini (1929):
R. Bartoccini, Scavi e rinvenimenti in Tripolitania negli anni 1926-1927. Villa romana con mosaici a Gurgi, AfrIt II, 1929, 77-110.

Basileia (1996):
Basileia. Die Paläste der hellenistischen Könige (1996).

Bender – Wolff (1994):
H. Bender – H. Wolff (Hrsg.). Ländliche Besiedlung in Landwirtschaft in den Rhein-Donau –Provinzen des römischen Reiches (1994).

Bernadini (2004):
P. Bernadini, Das phönizische und punische Sardinien, in: Hannibal ad portas (2004) 142-183.

Berthier (1962) :
A. Berthier, Établissements agricoles antiques a Oued-Atmenia, BAAlger 1, 1962, 7-20.

Blanchard-Lemée u.a. (1996):
M. Blanchard-Lemée u.a. Mosaics of Roman Africa. Floor Mosaics from Tunisia (1996).

Blazquez – J. Remesal (1980):
J.M. Blazquez – J. Remesal (Hrsg.), Producíon y Comercio del aceite en la Antigüedad (1980).

Bouchenaki (1980) :
M. Bouchenaki, Récentes recherches et étude de l'antiquité en Algérie. La ferme antique du Nador, AntAfr 15, 1980, 9-28.

Brun (1987) :
J.-P. Brun, L'oléiculture antique en Provence. Les huileries du départment du Var (1987).

Buck- Mattingly (1985):
D.J.Buck – D.J. Mattingly, Town and Country in Roman Tripolitania. Papers in honour of Olwen Hackett (1985).

Bullo-Ghedini (2003):
S. Bullo – F. Ghedini (Hrsg.), AMPLISSIMAE ATQUE ORNATISSIMAE DOMUS. L'edilizia residenziale nella città della Tunisia romana (2003).

Bussi (2003):
R. Bussi (Hrsg.), Misurare la terra: centuriazione e coloni nel mondo romano (2003).

Butcher (2003) :
K. Butcher, Roman Syria and the Near East (2003).

Cadenat (1974) :
P. Cadenat, La Villa berbéro-romaine d'Ain-Sarb (Département de Tiaret, Algérie), AntAfr 8, 1974, 73-88.

Carlsen u. a. (1994):
J. Carlsen u. a., Landuse in the roman empire (1994).

Chaouali (2002-03) :
M. Chaouali, Les *Nundinae* dans les grands domaines en Afrique du Nord à l'époque romaine, AntAfr 38/39, 2002-03, 375-386.

Chevallier (1958):
R. Chevallier, Essai de chronologie des centuriations romaines de Tunisie, MEFRA 70, 1958, 61ff.

Churchin (1998):
L.A. Churchin, Surface Survey at the Roman Villa at Sidi Ghrib, EchosCl 17, 1998, 373-384.

Colloquio sul mosaico antico (1983):
III Colloquio Internazionale sul mosaico antico, Ravenna 1980 (1983).

Cüppers (1990):
H. Cüppers (Hrsg.), Die Römer in Rheinland-Pfalz (1990).

Desjaques – Koeberlé (1955):
J.P. Desjaques – P. Koeberlé, Mogador et les Iles Purpuraires, Hesperis 42, 1955, 193-202.

Dietz u.a. (1995):
S. Dietz u. a. (Hrsg.), Africa Proconsularis. Regional Studies in the Segermes Valley of Northern Tunisia (1995).

Di Vita (1966):
A. di Vita, La Villa della "Gara delle Nereidi" presso Tagiura: un contributo allo storia del mosaico romano ed altri recenti scavi e scoperte in Tripolitania (1966).

Di Vita (1999):
A. Di Vita (Hrsg.), Das antike Libyen (1999).

Dremsizowa-Nelcinova (1969) :
C. Dremsizowa-Nelcinova, La villa romaine en Bulgarie, in: Ètudes Balkaniques et Sudest-Europóennes (1969) 503-512.

Dunbabin (1978):
K. M. D. Dunbabin, The Mosaics of Roman North Africa (1978).

Duval (1986):
L'iconographie des « villas africaines » et la vie rurale dans l'afrique romaine de l'antiquité tardive, in : Histoire et archéologie (1986) 163-176.

Ennabli (1986):
A. Ennabli, Les thermes du Thiase Marin de Sidi Ghrib, MonPiot 68, 1986, 3-59.

Ennabli (1994):
A. Ennabli, Excavation of the Roman Villa at Sidi Ghrib, EchosCl 13, 1994, 207-220.

Ennaïfer (1996) :
M. Ennaïfer, Life on the graet estates, in : Blanchard-Lemée u.a. (1996) 167-183.

Ètudes Balkaniques et Sudest-Européennes (1969):
Actes du I Congrés Internationale des Ètudes Balkaniques et Sudest-Européennes 2 (1969).

Fantar (1985) :
M. Fantar, Gammarth avant la conquête romaine, in : Histoire et archeologie (1985) 3-18.

Felici (1998):
F. Felici, Uadi er-Rsaf, Area sud. La tomba ipogea a nord della villa, LibAnt N.S. IV, 1998, 194.

Fendri (1963) :
M. Fendri, Découverte Archéologique dans la Région de Sfax. Mosaique des Oceans (1963) 3-12.

Fentress (1998):
E. Fentress, The House of the Sicilien greeks, in: Frazer (1998) 29-41.

Fentress (2000):
E. Fentress, The Jerba Survey: Settlement in the Punic and Roman Periods, in: L'Africa romana (2000) 73-85.

Fentress (2001):
E. Fentress, Villas, wine and kilns: the landscape of late Hellenistic Jerba, JRA 14, 2001, 249-268.

Fentress – Holod – Drine (2009):
E. Fentress – R. Holod – A. Drine, An Island through time: Jerba Studies Vol I. The Punic and Roman Periods (JRA supp.70) (2009).

Flach (1982) :
D. Flach, Die Pachtbedingungen der Kolonen und die Verwaltung der kaiserlichen Güter in Nordafrika, ANRW II 10.2, 1982, 427-469.

Flach (1990):
D. Flach, Römische Agrargeschichte (1990).

Flavii (1993) :
Les Flavii de Cillium. Étude du mausolée de Kasserine, Collection de l'école Française de Rome (1993)

Fontana (1996):
S. Fonatana, L'Area funeraria a occidentale della domus, Archeological News, LibAnt N.S. II, 1996, 161-163.

Fontana u.a. (1996):
S. Fontana u.a., Insediamenti agricoli di età ellenistica e romana nell'area dell'uadi Bendar (Leptis Magna), LibAnt N.S. II, 1996, 67-69.

Förtsch (1993):
R. Förtsch, Archäologischer Kommentar zu den Villenbriefen des jüngeren Plinius (1993).

Förtsch (1996):
R. Förtsch, Öffentlichkeit in der spätrepublikanischen Wohnarchitektur, in: Basileia (1996) 240-249.

Frank (1959):
T. Frank (Hrsg.), An Economic Survey of Ancient Rome 4 (1959).

Frazer (1998):
A. Frazer, The roman villa: villa urbana (1998).

Frontières romaines (1974):
Actes du Ixe Congrès International d'Etudes sur les frontières romaines (1974).

Fushöller (1979):
D. Fushöller, Tunesien und Ostalgerien in der Römerzeit (1979).

Gabricević (1961) :
B. Gabricević, Il palazzo di Diocleziano, Ultime scoperte nel palazzo di Diocleziano, in: Archeologica Classica (1961) 411-429.

Ghedini (2003):
F. Ghedini, La casa romana in Tunisia fra tradizione e innovazione, in: Bullo – Ghedini (2003) 349-351;

Gilles (1990):
K.-J. Gilles, Beiträge zur Geschichte und Kultur der Stadt Wittlich I. Die Geschichte der Stadt von den Anfängen bis zur Mitte des 14. Jhs. (1990).

Goette (2000):
H. R. Goette, Landeskund-liche Studien in Südost-Attika (2000).

Goodchild (1951):
R.G. Goodchild, Roman Sites on the Tarhuna Plateau of Tripoliania, BSR 1951, 43-77.

Gorges (1979):
J. G. Gorges, Les Villas hispano-romains, Inventaire et Problématique archéologiques (1979).

Gorges – Rodríguez Martín (1999) :
J.-G. Gorges – F.G. Rodríguez Martín, Economie et territoire en Lusitanie romaine. Collection de la Casa de Velázquez 65 (1999).

Graen (2008):
D. Graen, „Sepultus in Villa". Die Grabbauten römischer Villenbesitzer. Studien zu Ursprung und Entwicklung von den Anfängen bis zum Ende des 4. Jahrhunderts nach Christus (2008).

Grenier (1985):
A. Grenier, Manuel D'Archeologie Gallo-Romaine 2, L'Archeologie du Sol (1985).

Günther (1913):
R.T. Günther, Pausilypon (1913).

Guidi (1933):

G. Guidi, La Villa del Nilo, AfrIt V, 1933, 1-56.

Hafemann (1981):
D. Hafemann, Historische Geographie-Nordafrika, Afrika-Kartenwerk Bh. N 15 (1981).

Hammerstaedt (2002):
J. Hammerstaedt, Apuleius: Leben und Werk, in: Nesselrath u. a. (2002) 9-22.

Hannibal ad portas (2004):
Hannibal ad portas. Macht und Reichtum Karthagos. Ausst. Kat. Karlruhe 2004 (2004).

Haynes (1959):
D. E. L. Haynes, Antiquities of Tripolitania (1959).

Haywood (1959):
R. M. Haywood, Roman Africa, in; Frank (1959) 1-44.

Henning (1994):
J. Henning, Die ländliche Besiedlung im Umland von Sadovec und die römischen Agrarstrukturen im europäischen Vorland von Byzanz, in: Bender – Wolff (1994).

Hinrichs (1974):
F. Tannen Hinrichs, Die Geschichte der gromatischen Institutionen. Untersuchungen zu Landverteilung, Landvermessung, Bodenverwaltung und Bodenrecht im römischen Reich (1974).

Histoire et archéologie (1986) :
Histoire et archéologie de l'Afrique du Nord. Actes du III[e] Colloque international sur l'Histoire et l'Archéologie de l'Afrique du Nord, Montpellier 1985 (1986).

Histoire et archéologie (1995) :
VI[e] Colloque international sur l'Histoire et l'Archeologie de l'Afrique du Nord. Productions et exportation africaines (1995).

Hitchner (1988):
R.B. Hitchner, The Kasserine archeological Survey, 1982-1986, AntAfr 24, 1988, 7-41.

Hitchner (1990):
R.B. Hitchner, The Kasserine archeological Survey – 1987, AntAfr 26, 1990, 231-256.

Hitchner (1994):
B. Hitchner, Image and Reality. The Changing Face of Pastoralism in the Tunisian High Steppe, in: Carlsen u.a. (1994) 35-37.

Hitchner (1995) :
R. B. Hitchner, Irrigation, Terraces, Dams and Aqueducts in the Region of Cillium, in: Histoire et archéologie (1995) 153-157.

Hunt – Mattingly (1986):
C.O. Hunt – D.J. Mattingly u.a., ULVS XIII: Interdisziplinary Approaches to Ancient Farming in the Wadi Mansur, Tripolitania, LibSt 17, 1986, 7-47.

Imperium Romanum (2005):
Imperium Romanum. Roms Provinzen an Neckar, Rhein und Donau, Ausst. Kat. Stuttgart (2005).

Jacques (1993):
F. Jacques, L'origine du domaine de la Villa magna Variana id est Mappalia Siga (Henchir Mettich): Une Hypothèse, AntAfr 29, 1993, 63-69.

Jáuregui (1954):
J. J. Jáuregui, Las Islas Canarias y la carrera del oro y la púrpura en el periplo de Hannón, in: Marruecos Español (1954) 271-276.

Jodin (1967):
A. Jodin, Les Etablissements du Roi Juba II aux Iles Pupuraires-Mogador (1967).

Jones (1964):
A. H. M. Jones, The later roman empire 284-603. A social, economic and administrative survey II (1964) 767f.

Jones (1985):
G.D.B. Jones, The Libyan Valleys Survey: The Development of Settlement Survey, in: Buck-Mattingly (1985) 263-289.

Kehoe (1988) :
D. P. Kehoe, The Economics of Agriculture on Roman Imperial Estates in North Africa (1988).

Keil – Premerstein (1914):
J. Keil – A. v. Premerstein, Bericht über eine dritte Reise in Lydien und den angrenzenden Gebieten Ioniens, Denkschriften der kaiserlichen Akademie der Wissenschaften in Wien (1914).

Kolendo (1981):
J. Kolendo, Le role économique des iles Kerkena au premier siècle avant notre ère, BAParis 17, 1981, 241-248.

Kolendo (1986):
J. Kolendo, Les grands domaines en Tripolitaine d'après l'itinéraire antonin, in : Histoire et archéologie (1986) 149-162.

Kloft (2006):
H. Kloft, Die Wirtschaft des Imperium Romanum (2006).

Kubitschek (1902):
W. Kubitschek, Eien römische Straßenkarte, ÖJh V, 1902, 20-96.

Kuhnen (1999):
H.-P. Kuhnen (Hrsg.), Archäologie zwischen Hunsrück und Eifel (1999).

L'Africa romana (2000):
L'Africa romana. Atti del XIII convegno di studio Djerba, 10-13 dicembre 1998 (2000).

Lafon (2001) :
X. Lafon, Villa Maritima. Recherches sur les villas littorales de l'Italie romaine (2001).

Lalović (1985) :
A. Lalović, Gamzigrad, Romuliana, Arheoloski Pregled (1985).

Laronde (1989):
A. Laronde, La vie agricole en Libye jusqu'à l'arrivée des Arabes, LibSt 20, 1989, 127-134.

Laskowski (1981):
R. Laskowski, Ausgrabungen im Rheinland 1979/80 (1981).

Lassère (1977) :
J.-M. Lassère, VBIQVE POPVLVS. Peuplement et mouvements de population dans l'Afrique romaine de la chute de Carthage à la fin de la dynastie des Sévères (1977).

Lassus (1956) :
J. Lassus, L'archéologie algérienne en 1955, Libyca arch. 4, 1956, 164-165.

Lassus (1958a) :
J. Lassus, L'archéologie algérienne en 1957, Libyca arch. 6, 1958, 201.

Lassus (1958b) :
J. Lassus, Un église déblayée aux Trois-Ilots (près de Cherchel), Bulletin Archéologique du Comité des Travaux Historiques et Scientifiques (1955-1956), 1958, 119-122.

Lassus (1959) :
J. Lassus, L'Archéologie algérienne en 1958, Libyca arch. 7, 1959, 227.

Leglay (1954) :
M. Leglay, Rapport sur l'activité archéologique en Algérie au cours des quatre dernières années (1950-1953), Bulletin Archéologique du Comité des Travaux Historiques et Scientifiques, 1954, 140.

Leglay (1955):
M. Leglay, L'Archéologie algérienne en 1954, Libyca arch. 3, 1955, 187.

Lembke (2004):
K. Lembke, Ägyptens späte Blüte. Die Römer am Nil (2004).

Leveau (1982) :
Ph. Leveau, Caesarea de Mauretanie, in: ANRW (1982) 683-738.

Leveau (1984) :
Ph. Leveau, Caesarea de Maurétanie. Une ville romaine et ses campagnes (1984).

Leveau (1989):
Ph. Leveau, Il contesto topografico. L'occupation du plateau de Sidi-Moussa et de Bou-Rouis, in : Anselmino u.a. (1989).

Lusitania romana (im Druck):
Ciudad y foro en Lusitania romana, Kolloquium Museo NAcional de Arte Roman, Mérida 13.-15. Dezember 2007 (im Druck).

Maia (1986):
M. Maia, Os castella do Sul de Portugal, MM 27, 1986, 214-222.

Mahjub (1983):
O. al Mahjub, I mosaici della Villa Romana di Silin, in: Colloquio sul mosaico antico (1983) 299-306.

Mahjub (1987):
O. Al-Mahjub, I mosaici della villa romana di Silin, LibAnt 15-16, 1978-79 (1987) 69-74.

Mallegni (1996):
F. Mallegni, La tomba ipogea: relazione antropologica preliminare, Archeological News, LibAnt N.S. II, 1996, 163-164.

Manacorda (1986) :
D. Manacorda, Nador (Tipasa, Algeria). Il contesto della villa di M. Cincius Hilarianus, in: Società romana (1986) 203-208.

Mano-Zisi (1956) :
D. Mano-Zisi, Le castrum de Gamzigrad et ses mosaiques, ArchIug 2, 1956, 67-84.

Marasović (968) :
T. Marasović – J. Maraović, Diocletian's Palace (1968).

Marcone (1997):
A. Marcone, Storia dell'agricoltura romana (1997).

Mariani (1914):
L. Mariani, Musaici di Zliten, Rendiconti della Reale Accademia dei Lincei XXIII, 1914, 42-46; 69-71; 405-413.

Marruecos Español (1954):
I Congreso Arqueológico del Marruecos Español, Tetuán (1954).

Marzano (2007):
A. Marzano, Roman Villas in Central Italy (2007).

Masturzo (1996):
N. Masturzo, L'area nord, Archeological News, LibAnt N.S. II, 1996, 165-168.

Masturzo (1997):
N. Masturzo, Archeological News, Haleg al-Karuba (Silin): Remains of a coastel villa, LibAnt N.S. 3, 1997, 216-217.

Mataloto (2002):
R. Mataloto, Fortins e recintos-torre do Alto Alentejo: antecâmara da „romanizaçao" dos campos, Revista Portuguesa de Archeologia 5-1, 2002, 193-196.

Matoug (1997):
J.M. Matoug, Excavation at the site of the villa of Wadi Zennad (Khoms), Archeological News 1993-1994, Libya Antiqua N.S. III, 1997, 155.

Mattingly – Hayes (1992):
D.J. Mattingly – J.W. Hayes, Nador and fortified farms in North Africa, JRA 5, 1992

Mattingly (1985):
D.J. Mattingly, Olive oil production in roman Tripolitania, in: Buck-Mattingly (1985) 27-46.

Mattingly (1988a):
D.J. Mattingly, Oil for export? A comparison of Libyen, Spanish and Tunisien olive oil production in the Roman empire, JRA 1988, 33-56.

Mattingly (1988b):
D.J. Mattingly, The olive boom. Oil surpluses, Wealth and Power in Roman Tripolitania, LibSt 19, 1988, 21-41.

Mattingly (1996):
D.J. Mattingly, Tripolitania (1996).

Mattingly – Hitchner (1993):
D.J. Mattingly – R.B. Hitchner, The Kasserine Survey Results, in: Amouretti – Brun (1993).

Mau (1909):
A. Mau, CIL IV, Suppl. 2 (1909).

McKay (1980):
A.G. McKay, Römische Häuser, Villen und Paläste (1980).

McNally (1996) :
S. McNally, The Architectural Ornament of Diokletian's Palace (1996).

Merlin (1921):
A. Merlin, La mosaique du Seigneur Julius, BAC 1921, 95-114.

Mielsch (1987):
H. Mielsch, Die römische Villa. Architektur und Lebensform (1987).

Mielsch (2001):
H. Mielsch, Römische Wandmalerei (2001).

Mirković (1982) :
M. Mirković, Eine spätrömische befestigte Villa in der Provinz Dacia Ripensis, in : Papenfuss – Strocka 1982) 485-492.

Moraw – Nölle (2002):
S. Moraw – E. Nölle (Hrsg.), Die Geburt des Theaters in der griechischen Antike (2002).

Moret (1999):
P. Moret, Casas fuertes romanas en la Bética y la Lusitania, in: Gorges – Rodríguez Martín (1999) 59-72).

Morizot (1993) :
P. Morizot, L'Aurès et L'Olivier, AntAfr 29, 1993, 177-240.

Munzi – Ricci (1997):
M. Munzi – G. Ricci, Lo scavo della domus suburbana, Archeological News 1995, LibAnt N.S. II, 1997, 158-160.

Munzi (1998):
M. Munzi, Uadi er Rsaf, Area sud. Lo scavo della villa suburbana, LibAnt N.S. IV, 1998, 189-194.

Musso (1996):
L. Musso, Il suburbio occidentale di Leptis Magna (Uadi er-Rsaf): scavo e ricognizione topografica, Archeological News, LibAnt N.S. II, 1996, 152-158.

Musso u.a. (1997):
L. Musso u.a., Missione archeologica dell'Università Roma Tre a Leptis Magna 1996, LibAnt N.S. III, 1997, 257-294.

Muth (1998):
S. Muth, Erleben von Raum – Leben im Raum. Zur Funktion mythologischer Mosaikbilder in der römisch-kaiserzeitlichen Wohnarchitektur (1998).

Nesselrath u.a. (2002):
H.-G. Nesselrath u. a. (Hrsg.) Apuleius. Über die Magie (2002).

Netzer (1972):

E. Netzer, Notes and News - Herodium, IEJ 22, 1972, 247.

Netzer (1999):
E. Netzer, Die Paläste der Hasmonäer und Herodes des Großen (1999).

Nuber (2005):
H. U. Nuber, Villae rusticae. Römische Bauernhöfe und Landgüter in Baden Württemberg, in: Imperium Romanum (2005) 270-277.

Oates (1953):
D. Oates, The Tripolitanian Gebel: Settlement of the Roman Period around Gasr ed-Daun, BSR 21, 1953, Nr. 40, 43.

Oehme (1988):
M. Oehme, Die römische Villenwirtschaft. Untersuchungen zu den Agrarschriften Catos und Columellas und ihrer Darstellung bei Niebuhr und Mommsen (1988).

Oettel (1996):
A. Oettel, Fundkontexte römischer Vesuvvillen im Gebiet im Pompeji (1996).

Ørsted u.a. (1992):
Peter Ørsted u.a., Town and countryside in Roman Tunisia: a preliminary report on the Tuniso-Danish survey project in the Oued R'mel basin in and around ancient Segermes, JRA 5, 1992, 69-85.

Ørsted u.a. (1994): Africa Proconsularis. Regional Studies in the Segermes Valley of Northern Tunisia, III (1994).

Ørsted (1994a):
P. Ørsted, Centuriation and Infrastructure, in: Ørsted u.a. (1994).

Ørsted (1994b):
P. Ørsted, From Henchir Mettich to the Albertini Tablets, in: Carlsen u. a. (1994) 115-125.

Ostia III (1973):
Ostia III. Le terme del nuotatore. Studi miscellanei 21 (1973).

Panella (1973):
C. Panella, Appunti su un gruppo di anfore della prima media e tarda età imperiale, in: Ostia III (1973) 460-633.

Papenfuss – Strocka (1982) :
D. Papenfuss – V.M. Strocka (Hrsg.), Palast und Hütte (1982).

Paribeni (1912):
R. Paribeni, Il mosaico di Ain Zàra, Bolletino d'arte del Ministero della Pubblica Istruzione, 1912, 75-77.

Paris (2000):
R. Paris (Hrsg.), Via Appia. La Villa dei Quintili (2000).

Parrish (1979):
D. Parrish, Two Mosaics from Roman Tunisia: An African Variation of the Season Thema, AJA 83, 1979, 279-285.

Parrish (1984) :
D. Parrish, Season mosaics of Roman North Africa (1984).

Pavis (1981) :
H. Pavis D'Escurac, *Nundinae* et vie rurale dans l'Afrique du Nord Romaine, BAParis 17, 1981, 251-258.

Peacock – Williams (1991):
D.P.S. Peacock – D.F. Williams, Amphorae and the Roman economy. An introductory guide (1991).

Pentiricci (1998):
M. Pentiricci, La villa suburbana di Uadi er-Rsaf (Leptis Magna): il contesto ceramico di età antonina (150-180 d.C.), LibAnt 4, 1998, 41-98.

Picard (1951):
C. Picard, Carthage (1951).

Picard (1968) :
G. Picard, Thermes du Thiase Marin à Acholla, AntAfr 2, 1968, 123-124.

Picard (1985):
G. Picard, La villa du taureau à Silin (Tripolitaine), CRAI 1985, 227-241.

Picard (1986):
G. Picard, Banlieues de villes dans l'Afrique romaine, in: Histoire et Archéologie (1986) 144-145.

Ponsich (1964) :
M. Ponsich, Exploitations agricoles romaines de la région de Tanger, BAMaroc 5, 1964, 235-252.

Ponsich (1970) :
M. Ponsich, Recherches archéologiques a Tanger et dans sa région (1970).

Ponsich (1970):
M. Ponsich, Volubils (1970).

Potter (1988):
T. W. Potter, City and territory in Roman Algeria: the case of Iol Caesarea, JRA 1988, 190-196.

Précheur-Canonge (o.J.) :

T. Précheur-Canonge, La vie rurale en Afrique romaine d'après les mosaiques (o.J.).

Presenza culturale italiana nei Paesi arabi (1984):
Atti II Convegno sulla presenza culturale italiana nei Paesi arabi: storia e prospettive 1982 (1984).

Radt (1970):
W. Radt, Siedlungen und Bauten auf der Halbinsel von Halikarnassos, 3. Beih. IstMitt (1970) 181-196.

Raven (1993):
S. Raven, Rome in Africa (1993).

Rea (1989):
D. Rea, Die Fresken von Pompeji (1989).

Rebuffat (1969) :
R. Rebuffat, Maisons à Péristyle d'Afrique du Nord, MEFRA 81, 1969.

Rebuffat (1974) :
R. Rebuffat Maisons à Péristyle d'Afrique du Nord, MEFRA 86, 1974, 445-499.

Reed (1978) :
N. Reed, Pattern and Purpose in the Antonine Itinerary, American Journal of Philology, 1978, 228-251.

Rickmann (1980) :
G. Rickman, The Corn Supply of Ancient Rome (1980).

Risse (2001):
M. Risse, Volubilis. Eine römische Stadt in Marokko von der Frühzeit bis in die islamische Periode (2001).

Rodríguez Almeida (1972):
E. Rodríguez Almeida, Novedades de epigrafia anforaria del Monte Testaccio, Recherches sur les amphores romaines (1972).

Rodríguez Almeida (1980):
E. Rodríguez Almeida, Alcuni aspetti della topografia e dell'archeologia attorno al monte Testaccio, in: Blazquez – Remesal (1980) 103-130.

Romanelli (1915):
R. Romanelli, Antichità della regione di Gurgi (Tripoli), NotArch 1915, 35-38.

Romanelli (1916):
P. Romanelli, Scavi e scoperte nella città di Tripoli, NotArch II, 1916, 301-364.

Romanelli (1916b):
P. Romanelli, Studi e ricerche archeologiche in Tripolitania nei primi quattro anni di occupazione italiana, Nuova Antologia 1916, 294-312.

Romanelli (1922):
P. Romanelli, Antichità della regione di Gurgi, Notiziario Archeologico del Ministero delle Colonie III, 1922, 35-38.

Romanelli (1922b):
P. Romanelli, Dieci anni di esplorazione archeologica in Tripolitania, Aegyptus, Revista italiana di Egittologia e di Papirologia III, 1922, 295-314.

Romanelli (1930) :
P. Romanelli, La vita agricola tripolitana attraverso le rappresentazioni figurate, AfrIt III, 1930, 53-75.

Romanelli (1970):
P. Romanelli, Topografia e archeologia dell'Africa romana (1970).

Rupprechtsberger (1997):
E. M. Rupprechtsberger, Die Garamanten. Geschichte und Kultur eines libyschen Volkes in der Sahara (1997).

Salza Prina Ricotti (1968-1970):
E. Salza Prina Ricotti, Ville marittime residenziali nel Nord Africa, ColloquiSod 2, 1968-70, 21-32.

Salza Prina Ricotti (1970-1971):
E. Salza Prina Ricotti, Le ville marittime di Silin (Leptis Magna), RendPontAc 43, 1970-1971, 135-163.

Salza Prina Ricotti (1972-73):
E. Salza Prina Ricotti, I porti della zona di Leptis Magna, RendPontAc 45, 1972-73, 75-103.

Sarnowski (1978):
T. Sarnowski, Les représentations de villas sur les mosaiques africaines tradives (1978).

Schattner (1998):
T.G. Schattner (Hrsg.), Archäologischer Wegweiser durch Portugal (1998).

Schattner – Guerra (im Druck):
Th. Schattner - A. Guerra, El foro de Lancia Oppidana. Nuevas observaciones y descubrimientos en Centum Celas/Belmonte, in: Lusitania romana (im Druck).

Schierl (2005):
T. Schierl, Frühe Kontakte nach Italien und der Beginn der Romanisierung auf dem Gebiet der römischen Provinz Lusitania, in: Schörner (2005) 101-133.

Schmelzeisen (1992):
K. Schmelzeisen, Römische Mosaiken der Africa Proconsularis. Studien zu Ornamenten, Datierungen und Werkstätten (1992).

Schneider (1995):
K. Schneider, Villa und Natur (1995).

Schneider (1983):
L. Schneider, Die Domäne als Weltbild (1983).

Schörner (2005):
G. Schörner (Hrsg.), Romanisierung-Romanisation. Theoretische Modelle und praktische Fallbeispiele (2005).

Schubert (1996) :
C. Schubert, Land und Raum in der römischen Republik. Die Kunst des Teiles (1996).

Sjöström (1993):
I. Sjöström, Tripolitania in Transition: Late roman to islamic settlement (1993)

Slim (1995) :
Hedi Slim, L'architecture, in: M. Hassine Fantar u.a., La mosaique en Tunisie (1995) o.S.

Smith (1997):
J. T. Smith, Roman Villas. A Study in Social Structure (1997) 199f.

Società romana (1986):
Società romana e impero tardo-antico III (1986).

Srejović – Lalović (1991) :
D. Srejović – A. Lalović, Felix Romuliana, Galerius Palace in Gamzigrad (1991).

Srejović (1993) :
D. Srejović, Roman Imperial Towns and Palaces in Serbia: Sirmium, Romuliana Naissos (1993).

Srejović (1996) :
D. Srejović, Felix Romuliana. La residence de l'empéreur Galère, Les Dossiers D'Archeologie 319, 1996, 20-29.

Stone (1998):
D. L. Stone, Culture and Investment in the rural Landscape, AntAfr 34, 1998, 103-113.

Swoboda (1924):
K. M. Swoboda, Römische und romanische Paläste (1924).

Teichner (1997):
F. Teichner, Die römischen Villen von Milreu. Ein Beitrag zur Romanisierung der südlichen Provinz Lusitania, MM 38, 1997, 71-98.

Teichner (2005):
F. Teichner, Cerro da Vila-aglomeração secundária e centro de produção de tinturaria no sul da Província Lusitania, Actas do 2º Encontro de Arqueologia do Algarve 2003 (2005) 85-100

Thébert (1989):
Y. Thébert, Privates Leben und Hausarchitektur in Nordafrika, in: Veyne (1989) 309-387.

Tchalenko (1953) :
G. Tchalenko, Villages antiques de la Syrie du Nord. Le Massif du Bélus a l'époque romaine, II (1953).

Tomei (1998):
M. Tomei, Der Palatin (1998).

Van Berchem (1973):
D. van Berchem, L'Itinéraire Antonin et le voyage en Orient de Caracalla, CRAI, 1973, 123-126.

Van Berchem (1974):
D. van Berchem, Les itineraires de Caracalla et l'Itinéraire Antonin, in: Frontières romaines (1974) 301-307.

Van der Werff (1978):
J. H. van der Werff, Amphores de tradition punique à Uzita, BaBesch 53, 1978, 171-200.

Veyne (1989):
P. Veyne (Hrsg.), Geschichte des privaten Lebens Bd.1: Vom römischen Imperium zum byzantinischen Reich (1989).

Vidal (1902):
P. Vidal de la Plache, Les Purpurariae du Roi Juba, Mélanges Perot, 1902, 325-329.

Ville (1965):
G. Ville, Essai de datation de la mosaique des gladiateurs de Zliten, in: La Mosaique Gréco-Romaine (1965) 147-155.

Virzí Hägglund (1995):
R. Virzí Hägglund, La villa rustica di Monte Torto. Gli impianti produttivi (1995).

Wahl (1985):
J. Wahl, Castelo da Lousa. Ein Wehrgehöft caesarisch-augustäischer Zeit, MM 26, 1985, 161-169.

Whittaker (1978):
C.R. Whittaker, Land and Labour in North Afrika, Klio 2, 1978, 355-361.

Wilkes (1993) :
J. J. Wilkes, Diocletian's Palace, Split (1993).

Yacoub (1966) :
M. Yacoub, Guide du Musée de Sfax (1966).

Yacoub (1996) :
M. Yacoub, Le musée du Bardo (Départements antiques) (1996).

Zanker (1995):
P. Zanker, Pompeji. Stadtbild und Wohngeschmack (1995).

Zenati (1996):

M. Zenati, Archeological News 1996, LibAnt N.S. III, 1997, 224.

**Anlage 1: Algerien**

| Kat. Nr. | Lage | Produktionsanlagen | Ausstattung | Datierung | Sonstiges |
|---|---|---|---|---|---|
| C 1<br>*Villa urbana/maritima* | Östlich von Caesarea Trois Ilots, Kap Meskhouta | Olivenpresse und Töpferöfen außerhalb | | 1.-5./6. Jh. n. Chr. | Nekropole |
| C 2<br>*Villa urbana/maritima* | Östlich von Caesarea, auf Plattform am Meer | Olivenpresse und Töpferöfen außerhalb | Säulentrommeln | 1. H. 1. Jh. – 4. Jh. n. Chr. | |
| C 3<br>*Villa rustica* | Östlich von Caesarea, am Flußufer | Olivenpresse innerhalb | | Frühe Kaiserzeit | |
| C 4<br>*Villa rustica* | Östlich von Caesarea, in Talsenke auf Terrasse | Olivenpresse innerhalb | | 4./5. Jh. n. Chr. | Mausoleum |
| C 5<br>*Villa rustica* | Östlich von Caesarea, in Tirmlit, an Fluss gelegen | Töpferöfen außerhalb | | Keine Angaben vorhanden | Grabpfeiler |
| C 6<br>*Villa rustica* | Östlich von Caesarea, in Zaouia | Garum (?) innerhalb, Töpferöfen außerhalb | | Keine Angaben vorhanden | |
| C 7<br>*Villa rustica (?)* | Östlich von Caesarea, in Sidi-Ali-bou-Arrar | ? | | Keine Angaben vorhanden | Nekropole |
| C 8<br>*Villa rustica* | Östlich von Caesarea, Oued Zariel | Töpferöfen außerhalb | | Keine Angaben vorhanden | |
| C 9<br>*Villa rustica mit Turm* | Östlich von Caesarea, Bou Kisnaden, auf Anhöhe zwischen zwei Oueds | Olivenpresse und Weinkelterbecken innerhalb | | Keine Angaben vorhanden | Basilika |
| C 10<br>*Villa rustica mit Türmen* | Östlich von Caesarea, Nador | Olivenpresse, Weinkelterbecken und dolia innerhalb | | 2. Viertel 1.Jh.-1. Viertel 6. Jh. n. Chr. | Inschrift des Villenbesitzers |
| C 11<br>*Villa rustica* | Westlich von Caesarea, Oued el Hammam, auf Plateau | Olivenpresse (?) | | 1.-6. Jh. n. Chr. | |
| C 12<br>*Villa urbana/maritima* | Westlich von Caesarea, Cave Hardy, am Meer auf Kap | | *Opus sectile* | 1.-6. Jh. n. Chr. | Grabbau |
| C 13, 14<br>*Villae rusticae* | Nördlicher Abhang des Atlas, Oued Aizer, rechts und links des Oueds | ? | | 1-5./6. Jh. n. Chr. bzw. 1-Ende 2. Jh.n. Chr. | |
| C 15<br>*Villa rustica* | Nördlicher Abhang des Atlas, Hamda Hadroug, links des Oued Hamda Hadroug | Olivenpresse 500 m außerhalb | | Keine Angaben vorhanden | |

| Kat. Nr. | | Lage | Produktionsanlagen | Ausstattung | Datierung |
|---|---|---|---|---|---|
| C 16 | *Villa rustica* | Nördlicher Abhang des Atlas, Karmoud, in Flusstalsenke | Töpferöfen außerhalb | | 2./3. Jh. n. Chr. |
| C 17 | *Villa rustica* | Zentralatlas, oberes Becken des Oued Aizer | Olivenpresse innerhalb | | 1.-5./6. Jh. n. Chr. |
| C 18 | *Villa rustica* mit zwei **Türmen** | Zentralatlas, Sidi Salah | Olivenpresse innerhalb | | 1.-5./6. Jh. N. Chr. |
| C 19 | *Villa rustica* mit zwei **Türmen** | Zentralatlas, Mialah | Olivenpresse außerhalb | Marmorpilaster | 5./6. Jh. n. Chr |
| C 20 | *Villa rustica* | Zentralatlas, Handla | Olivenpresse innerhalb | | Keine Angaben vorhanden |
| C 21 | *Villa rustica* | Südlicher Zentralatlas, Sidi el Masmeudi | Töpferöfen außerhalb | | 2. H. 1.-5./6. Jh. n. Chr. |
| C 22 | *Villa rustica* mit **Turm** | Südl. Zentralatlas, Bou Alem | Olivenpresse innerhalb | | Keine Angaben vorhanden |
| C 23 | *Villa rustica* | Randregion Caesarea, in Achir | Olivenpresse innerhalb | | 2./3./4. Jh. n. Chr. |
| A 1 | *Villa urbana* | Nähe Algier, Tiaret, auf kleiner Anhöhe über Oued Bou Kayes | | Säulen, Kapitell, Stuckfragmente | 1. Jh. v. Chr.-5. Jh. N. Chr. |
| A 2 | *villa rustica* | Oued Athmenia | ? | | Keine Angaben vorhanden |

**Tunesien**

| Kat. Nr. | Lage | Produktionsanlagen | Ausstattung | Datierung | Sonstiges |
|---|---|---|---|---|---|
| S 1 *villa rustica* mit **Turm** | Umland v. Segermes, östl. Oued Cleft | Olivenpressen | | 4./5. Jh. n. Chr. | |
| S 2 *villa rustica* | Umland v. Segermes, oberhalb Oud R'mel | Olivenpressen | | 5./ 6. Jh. n. Chr. | Steingräber |
| S 3 *villa rustica* | Umland v. Segermes, zwischen zwei Oueds | Olivenpressen | Mosaik (Tesserae) | 1.-5. Jh. n. Chr. | Nekropole, Kistengräber |
| S 4 *villa rustica* | Umland v. Segermes | Olivenpressen | Sandsteinsäulen und Kapitelle | 4.-6. Jh. n. Chr. | |
| S 5 | Umland v. Segermes, Oued | Olivenpressen | | 4./5. Jh. n. Chr. | |

| Kat. Nr. | Lage | Produktionsanlagen | Ausstattung | Datierung | Sonstiges |
|---|---|---|---|---|---|
| *villa rustica* | | | | | |
| S 6 *villa rustica* | Ramla | Olivenpressen | | 2.-6. Jh. n. Chr. | Thermen (?) |
| S 7 *villa rustica* | Umland v. Segermes, Oued R'mel | | Mosaik (Tesserae) | 2.-6. Jh. n. Chr. | Thermen (?) |
| K 1 *villa rustica* | Umland v. Segermes | Olivenpressen <u>innerhalb</u> | | 4. Jh. n. Chr. | |
| K 2 *villa rustica* mit **2 Türmen** | Umland Kasserine, Henchir et Touil | Olivenpressen <u>innerhalb</u> | | 4. Jh. n. Chr. | |
| K 3 *villa rustica* | Umland Kasserine, Henchir et Touil | Olivenpressen | | 2.-6. Jh. n. Chr. | |
| K 4 *villa rustica* | Umland Kasserine, Henchir Rebta | Olivenpressen | | 3.-6. Jh. n. Chr. | |
| T 1 *villa urbana* | Umland Kasserine | | Mosaiken | 3./4. Jh. n. Chr. | |
| T 2 'Villa rustica' | Taparura/Sfax | Wein-und Olivenproduktion; Töpferöfen | | Spätes 3. bzw. frühes 2. Jh. v. Chr. | **Vorrömisch !** |
| T 3 *Villa urbana* | Djerba | Olivenpressen <u>außerhalb</u> | Mosaiken, korinth. Kapitell | 1-6. Jh. n. Chr. | Thermen |
| | Sidi Ghrib, südwestl. v. Karthago, am Oued Medjerda | | | | |

## Libyen

| Kat. Nr. | Lage | Produktionsanlagen | Ausstattung | Datierung | Sonstiges |
|---|---|---|---|---|---|
| SA 1 *Villa urbana/maritima* | Sabratha, Dehman, am Meer | | Mosaiken, Wandmalerei | Keine Angaben vorhanden | Thermen |
| SA 2 *Villa urbana/maritima* | 3 km östlich v. Sabratha, am Meer | | Mosaiken, Wandmalerei | 2. H.2. Jh. n. Chr. | Thermen, Mausoleum |
| O 1 *Villa urbana/maritima* | Westlich von Oea, 'Villa di Gurgi' | | Mosaiken | Spätes 2. – 1.H. 3. Jh. n. Chr. | |
| O 2 *Villa urbana/maritima* | Östlich von Oea, Tagiura, 'Villa gara delle Nereidi' | | Mosaiken, Wandmalerei | 157/161 n. Chr. (Ziegelstempel) Mitte 2. Jh./Anfang 3. Jh.-4. Jh.n. Chr. | Auf ehemaligen Steinbruch errichtet |
| O 3 *Villa urbana* | Östlich von Oea, Sidi el-Andulsi | | Mosaiken | Keine Angaben vorhanden | |
| O 4 | Westlich von Oea, | | Mosaiken | Keine Angaben vorhanden | |

| Villa urbana/maritima | Kat. Nr. | Lage | Produktionsanlagen | Ausstattung | Datierung | Sonstiges |
|---|---|---|---|---|---|---|
| | | Gargàresc | | | | |
| Villa urbana | O 5 | Ain Zara, Umland Oea, mit Meerblick | | Mosaiken | Keine Angaben vorhanden | |
| Villa urbana/maritima | O 6 | Westlich von Oea, Bag eg-Gedid | | Mosaiken | 1.-2. Jh. n. Chr. (Mosaiken) | |
| Villa urbana/maritima | LM 1 | Westlich von Leptis Magna, in Silin, 'Villa du Taureau' | | Mosaiken, Wandmalerei | 1. Viertel 3. Jh. | |
| Villa urbana/maritima | LM 2 | Westlich von Leptis Magna, in Silin, 'Villa dell'Odeon Marittimo', auf Kap errichtet | Öfen für Marmorverbrennung | Mosaiken, Wandmalerei, Marmorfragmente, Marmorsäule | 1.-5. Jh. n. Chr. | Odeon in ehemaligem Steinbruch |
| Villa urbana/maritima | LM 3 | Westlich von Leptis Magna, in Silin, 'Villa del piccolo circo' | | Marmor, Porphyr, Mosaiken | Frühe Kaiserzeit | Zirkus, Thermen |
| Villa urbana/maritima | LM 4 | Westlich von Leptis Magna, in Silin, Haleg al Karuba, auf Landspitze | | Mosaikreste | Mittlere Kaiserzeit | Grabbau |
| villa rustica | LM 5 | Westlich von Leptis Magna, im Hinterland v. Silin | Olivenpressen | | Keine Angaben vorhanden | |
| villa rustica | LM 6 | Westlich von Leptis Magna, im Hinterland v. Silin | Olivenpressen | | Keine Angaben vorhanden | |
| Villa urbana/maritima | LM 7 | Östlich v. Leptis Magna, zw. Zirkus und Hafen, 'Villa del Nilo' | | Marmor, Mosaiken | 1. Phase: 2/3. Jh. n. Chr. 2. Phase:3./4. Jh.n.Chr. | |
| Villa urbana/maritima | LM 8 | Östlich v. Leptis Magna, 'Villa di Homs'-'Villa fuori Porta Lebda' | | Opus sectile, Mosaiken | Spätes 2./frühes 3. Jh.n. Chr. | |
| villa urbana | LM 9 | Hinterland v. Leptis Magna, Wadi al-Fani | | Marmor, Mosaiken | Ende 1./Mitte 2. Jh.n. Chr.-4. Jh. n. Chr. | Mausoleum |
| villa urbana | LM 10 | Hinterland v. Leptis Magna,Wadi Guman | | Marmor, Mosaiken | 2. Jh. n. Chr | Thermen |
| villa urbana | LM 11 | Hinterland v. Leptis Magna, Ain Scerciara | Töpferöfen | | 3. Jh. n. Chr. | |

| | | | | | |
|---|---|---|---|---|---|
| LM 12 *villa urbana* | Hinterland v. Leptis Magna, Wadi er-Rsaf | | Wandmalerei, Mosaiken | 1. Phase: Ende 1. Jh.-3. Viertel 2. Jh.n. Chr. 2. Phase: 2. Jh.-1. H. 3. Jh. n. Chr. | Nekropole, Thermen |
| LM 13 *villa rustica* | Hinterland v. Leptis Magna, Wadi Bendar | Olivenpressen | Volutenkapitell | 2.-7. Jh.n. Chr | |
| LM 14 *villa rustica* mit **Turm** | Südl. Hinteralnd v. Leptis Magna, Grarat D'nar Salem | Olivenpressen | | Keine Angaben vorhanden | |
| LM 15 *villa rustica* | Südl. Hinterland v. Leptis Magna, Wadi Merdum | Olivenpressen (?) | Mosaik (Tesserae) | Spätes 1./Anfang 2. Jh. n. Chr. | Badeanlage (?) |
| LM 16 *villa rustica* mit **Türmen** | Südl. Hinterland v. Leptis Magna, Wadi Mansur | Olivenpressen (?) | | Spätes 1.-4. Jh. n. Chr. | Badeanlage (?) |
| LM 17 *villa rustica* | Südl. Hinterland v. Leptis Magna, Senam Howod Nejem | Olivenpressen | | Spätes 1./Anfang 2. Jh. n. Chr. | |
| LM 18 *villa rustica* | Südl. Hinterland v. Leptis Magna, Senam Rubdir | Olivenpressen | | 1./2. Jh.n. Chr, | |
| LM 19 *villa rustica* | Südl. Hinterland v. Leptis Magna, Sidi Hamdan | Olivenpressen | | 2. Jh. n. Chr. | |
| LM 20 *villa urbana/maritima* | Östlich v. Leptis Magna, Zliten –Dar Buc Ammera, auf Hügel am Meer | | *Opus sectile*, Mosaiken, Wandmalerei, Marmor | 1. Jh. n. Chr. | |

## Marokko

| Kat. Nr. | Lage | Produktionsanlagen | Ausstattung | Datierung | Sonstiges |
|---|---|---|---|---|---|
| M 1 *Villa rustica* mit **Türmen** | Koudiat Daiat, Nähe Tanger | Olivenpressen | | 1. Jh. v. Chr. | **Vorrömisch!** |
| M 2 *Villa rustica* | Jorf el Hamra, Nähe Cotta | Olivenpressen | | 1. Jh. v. Chr.-3. Jh. n. Chr. | Badeanlage |
| M 3 *Villa urbana/maritima* | Insel Mogador, südlich von Volubilis an der Atlantikküste | Purpur-produktionsanlagen | Mosaiken Stuck | 1. Jh. v. Chr. bis 4. Jh. n. Chr. | |